责任编辑：管　辉
封面设计：王国庆 马学武

图书在版编目(CIP)数据

北京公安年鉴.2002/北京市公安局编.—北京：中国档案出版社，2002.10

ISBN 7-80166-262-8

I.北... II.北... III.公安-工作-北京市-2002-年鉴 IV.D631-54

中国版本图书馆 CIP 数据核字(2002)第 074959 号

北京公安年鉴（2002）

BEIJING GONGAN NIANJIAN

北京市公安局 编

出　　版：中国档案出版社
地　　址：北京市西城区丰盛胡同 21 号
印　　刷：北京印刷一厂

版　　次：2002 年 10 月第 1 版
印　　次：2002 年 10 月第 1 次
印　　张：28.5
开　　本：787 毫米×1092 毫米 1/16
字　　数：566 千字
印　　数：0001～7200 册

ISBN 7-80166-262-8/D·41
定　　价：78.00 元

（公安保卫系统　内部发行）
联系电话：(010)64989415

《北京公安年鉴》编纂委员会

北 京 公 安 年 鉴

编 辑 说 明

一、《北京公安年鉴》是一部综合性、资料性工具书。在北京市公安局党委的领导下，由《北京公安年鉴》编委会主持编纂。

二、本年鉴以马列主义、毛泽东思想、邓小平理论为指导，以江泽民总书记“三个代表”重要思想为指针，遵循党的十一届三中全会以来的路线、方针和政策，坚持四项基本原则，科学地反映客观情况，为领导决策提供可资参考的依据，为局属各单位总结工作、制定计划提供有价值的资料，为企事业保卫部门了解公安工作提供准确的信息。

三、本年鉴从2001年开始，逐年编纂。当年出版的年鉴，记述上一年北京市公安局及所属单位各方面的主要工作和情况。采用公安业务系统、区域警务管理分类编辑法，概况与条目相结合，用规范的语体文、记述体，直陈其事，文字力求言简意赅。

四、本年鉴在以记述北京市公安局各单位情况为主的前提下，设有大事记、法规选编、警务信息栏目；根据2001年的工作情况，增设了重大活动栏目。

五、本年鉴所编内容均由北京市公安局局属各单位负责撰稿或提供，并经领导审核。全局统计资料由市局办公室综合处核准提供。业务部门、分县局的统计数字由各单位核准提供。本年鉴保密问题由市局保密委员会办公室审核把关。

六、本年鉴收有北京市公安局副处长（不含内设机构）以上领导干部名录，所列均以2001年内任职为限，其中有任免情况的分别予以注明。

七、本年鉴面向公安机关和保卫（司）局、处、科内部发行，所载录的资料属内部资料，请勿公开引用并注意保存。

八、本年鉴篇目、条目的设置尚在探索中，欠妥疏漏之处恳请读者指正，以利改进。

九、本年鉴反映2001年1月1日至12月31日期间情况（部分内容依据实际情况时限略有前后延伸），凡2001年事情，均直书月、日，不再写年份。

十、2002《北京公安年鉴》的编辑出版，是全局各级领导、编辑和特约编辑人员辛勤劳动的成果。在此，表示衷心的感谢！

目 录

特 载

重大活动

大事记

法规选编

指挥决策系统

办公室

法制办公室

队伍管理系统

政治部

纪委

北京人民警察学院

装备财务管理系统

装备财务处

北京市公安医院

公安科技系统

科技处

国家安全保卫系统

国内安全保卫总队

文化保卫处

行动技术处

出入境管理处

刑事侦查系统

刑事侦查总队

经济犯罪侦查处

监所管理处

治安管理防范控制系统

治安管理总队

巡察执法总队

人口管理处

防爆安全检查处

北京市安康医院

内部安全保卫系统

内部单位保卫局

·案例举要·

保安管理处

交通管理系统

北京市公安交通管理局

安全警卫系统

警卫局

消防管理系统

消防局

区域警务管理

东城分局

西城分局

崇文分局

丰台分局

石景山分局

昌平分局

大兴分局

天安门地区分局

北京西站分局

公共交通分局

地下铁道分局

经济技术开发区分局

燕山分局

清河分局

怀柔县公安局

铁道建筑公安局第十六公安处

警务信息

特　载

突出教育　强化管理　转变作风
全面加强首都公安队伍建设

北京市公安局党委书记　刘　德

近年来，首都公安机关在上级党委的领导和人民群众的支持下，根据首都公安工作面临的新情况、新特点，坚持一手抓公安业务工作，一手抓公安队伍建设，两手抓，两手硬。强有力的思想政治工作，促进了各项公安保卫任务的完成。在队伍建设方面，我们坚持解放思想，实事求是，改革创新，锐意进取，推出了一系列新的举措，各级领导、全局上下在队伍建设上取得了许多共识。

一是政治思想教育与严格的管理相结合。几年来，按照市委、市政府和公安部的部署，全局狠抓了队伍的集中教育整顿和经常性教育。“三讲”教育、三项教育、“立党为公、执政为民”等教育活动都收到了良好的成效。在教育的同时采取了严格的管理措施，如在“三项教育”中实施离岗培训、“两减一树”活动中实施末位调整等，使教育活动更加有力度、有实效。

二是队伍素质提高的根本出路在教育培训。市局党委高度重视教育训练工作。几年来，按照全局教育训练工作总体格局，突出重点、稳步推进，按照划分系列、区分等级、全员终生培训的原则，开展了警务技能大练兵、大比武活动，确立了“两年轮训一遍”的机制，确立了逢晋必考的制度。建立了教官队伍，启动了教材编写，选拔培养高层次人才，建设新的警官培训中心，全局的教育训练工作已经逐步走上了正规化、规范化的轨道。强有力的教育培训，大大提高了民警的素质。

三是队伍管理要建立长效机制，实现队伍管理的正规化、规范化和法制化。队伍的正规化、规范化和法制化建设，是队伍建设的根本方向。近年来，全局狠抓规范管理，认真贯彻《内务条令》，使各单位的办公秩序、生活环境和民警的精神风貌普遍发生了明显变化，警务活动的日常管理日趋规范。市局专门组织课题组，对队伍规范化管理开展了专题调研，构建了由民警行为规范、队伍管理规范、警务工作规范和经费装备保障规范四方面组成的市局规范化管理体系框架，要在两年时间内将规范制度建立起来。此外，还要形成由市局各职能部门直接参与，以各项工作完成实效为主要考核内容和考核标准的数字化目标管理体系。

四是要把竞争机制引入干部人事制度管理，选贤任能，优胜劣汰，激活队伍。激发队伍活力的关键在于干部人事制度改革，干部人事制度改革的关键在于引入竞争机制。几年来，市局在选人用人方面，推出了一系列制度，引入竞争，选贤任能，包括领导干部综合考核、干部最高任职年限、公开选拔竞争上岗、任前公示、异地交流，民警辞退、双向选择、离岗培训等举措，出台了优劣评价标准，规范奖惩工作机制。打破了“一枝不动，百枝不摇”、缺乏竞争、“一潭死水”的局面，有效地激发了队伍的生机与活力。

五是要保持队伍的纯洁，必须大力加强纪检监察工作。近年来，全局充分运用制度和教育的手段，从源头上遏制腐败，防止违法违纪问题的发生，形成了党委统一领导、党政齐抓共管的党风廉政建设工作模式。通过认真落实中央关于领导干部从政行为的规定，各级领导干部廉洁自律意识得到进一步增强；各级党委、纪检监察部门加大工作力度，民警违法违纪案件得到了严肃查处；坚持纠建并举的工作方针，公安行风建设取得了新的进步；紧密结合公安业务开展警务督察，保障圆满完成各项中心任务和促进了严格公正文明执法；全局队伍的党风廉政建设工作迈出了坚实的步伐。

六是政治工作要研究探索现代化的科技手段，与时俱进。把现代科技手段引入队伍管理，必然会促进队伍建设的发展。这两年，市局加大了网络政工建设的力度。市局政治部开通的政工网站，成为反映政工动态、指导队伍建设的信息中心，政工网站上的“留言板”，也成为民警反映心声、建言献策的园地和窗口，为各级领导了解民警思想动态，改进工作，做好决策提供了重要依据。去年，市局集中开展了人员管理和机构管理应用信息系统的开发，完成了数据信息的集中录入，为实现网上授权查询和综合利用奠定了基础。

围绕落实、规范、深化、发展市局党委的“十五字”方针，全局的队伍建设和思想政治工作已经形成了整体框架和基本格局。队伍建设的这些经验和认识可以概括为：思想教育是基础，规范管理是保障，教育训练是途径，改革创新是动力，加强党风警风建设是关键，依法治警、正规化建设是核心。

按照这个基本思路和整体框架，全局队伍建设和首都公安工作与时俱进，取得了初步成效。2001年，市局深化了同“法轮功”邪教组织的斗争，全力维护了首都政治稳定。持续开展了“严打”整治斗争，社会治安秩序持续稳定，人民群众的安全感大大增强。在市政府组织的对各委办局的评比中，市局被评为2001年度市级国家行政机关政绩突出单位，市政府给予了通报表彰。在全市文明服务规范化达标工作考评中，考评组对全局19个分县局的86个户籍派出所和110报警服务台进行了考评，调查访问了大量群众，结果表明，对户籍派出所系统的满意率为98.25%，对110报警服务系统的满意率为99%。在公安部对全国百县公安机关“三项教育”的综合考评中，市局成绩名列第八，位居四个直辖市之首。在最近召开的北京市两会上，人大代表、政协委员充分肯定了首都的公安工作，反映公安机关存在问题的数量比前几年也有了明显减少。这些成绩，是市局党委和各级领导狠抓队伍建设的结果，是全局四万多民警辛辛苦苦，勤勤恳恳，顽强拼搏的结果，成绩来之不易，一定要加倍珍惜。

按照首都公安队伍建设的基本思路和整体框架，虽然取得了一些成绩，但是队伍良好作风的点滴养成，队伍管理先进理念的树立，都不可能一蹴而就，必须经过长期的、艰苦的努力和扎实的工作，才能实现市局党委提出的“警务指挥管理现代化、设施装备现代化和警察人文素质现代化，跻身世界一流”的奋斗目标。

首都公安队伍建设工作要在前几年工作的基础上，继往开来，坚持“突出教育，强化管理，狠抓作风，争创一流”的工作方针，打造一支过硬的高素质的首都公安队伍。通过抓队伍建设，保证各项业务工作的完成。

要深入贯彻落实党的十五届六中全会《决定》精神，抓党风促警风。按照中央《决定》和中政委、公安部会议精神，把作风建设作为今年思想政治工作的主线抓紧抓好。组织全局领导干部、共产党员和广大民警深入学习江总书记的“七一”重要讲话和中央的《决定》，把大家的思想统一到“三个代表”重要思想和中央精神上来。各级党委要按照“八个坚持、八个反对”要求，坚决贯彻市局党委关于加强和改进党的作风建设的意见，抓党风促警风。要深入开展“立党为公、执政为民”教育、“争创人民满意”活动和学习方工同志的活动。

大力加强各级党组织建设，把加强基层党组织建设列入党委的重要议事日程，严格落实各项组织生活制度和规定，不断提高组织生活质量，使广大党员强化党员意识，充分发挥基层党支部的战斗堡垒作用和党员的先锋模范作用。

大力加强领导班子建设。切实加强对领导干部队伍的培养、选拔、监督、管理和任免，进一步加大干部人事制度改革，特别要在选拔优秀年轻干部上加大力度，在前几年改革的基础上，继续大胆创新，体现竞争，能者上，平者让，庸者下，建立起充满生机与活力的干部人事机制。

领导班子、领导干部和领导机关要带头转变作风。要深入基层调查研究，针对队伍中存在的突出问题，确定重点调研课题，亲自动手，量化分析，研究改进措施，形成调研报告，努力转化为决策，增强工作的针对性、创造性和有效性。各级领导、各单位要进一步精简会议和文件，从繁杂的应酬中解脱出来，把时间和精力用在解决实际问题上。

要把转变作风体现到实际工作中去。各警种、各单位要切实以人民满意为最高标准，坚持以人为本和方便社会、方便群众的原则，围绕广大群众关注本警种、本地区的热点、难点问题，制定具体措施，改革管理机制，减少办事程序，实实在在地为群众办好事、实事。各窗口单位要开展规范化文明服务活动，深入进行服务质量专项治理，重点解决“冷、硬、横、推、拖”和责任心不强、工作效率低等问题。

要切实做好思想政治工作，为“十六大”安全保卫工作提供坚强的保障。各级领导班子要时刻保持清晰的工作思路、扎实的工作作风和良好的精神状态，深入一线、突出重点、务求实效，率先垂范，充分发挥领导核心作用，使领导干部的责任意识、各项工作的组织程度、广大民警的思想觉悟程度，达到市局党委提出的要求，为“十六大”安全保卫工作和“严打”整治斗争的顺利开展提供强有力的思想保障、组织保障和素质保障。

要教育广大民警充分认识做好保卫工作的重大意义，克服松懈麻痹和疲劳厌战情绪。要充分发挥党支部的战斗堡垒作用和党员的先锋模范作用，发挥青年突击队生力军作用。要切实掌握民警的思想动态，落实队伍定期分析和重点人摸排制度，一年至少两次对队伍思想动态进行分析，对重点人采取一对一的帮教措施。要加强网络宣传力度，加强思想引导，激浊扬清。要强化内部管理，落实岗位责任制，防止“人车枪”发生问题和事故。

继续深入开展“两减一树”和“争创”活动，紧密围绕中心工作，着眼基层、着眼一线，推出一批先进探组、车组、岗组、警区等先进集体和先进个人，使之成为展示队伍良好形象的窗口和旗帜。

在全局民警中深入进行法纪教育，各单位要编写“荣誉志”，将本单位历年来先进典型的事迹汇编成册，进行大力宣传，表彰先进，弘扬正气。还要编写“警示志”，把本单位历年来发生的违法违纪问题汇编成册，让大家从中吸取深刻教训，明辨是非，警钟长鸣，筑严思想防线。

努力落实从优待警方针，凝聚警心。各单位领导要把民警的困难和疾苦时刻放在心上，注意珍惜警力，科学用警。要建立民警心理健康咨询服务机制，及时缓解民警工作、家庭和生活中产生的心理压力。要积极争取各级党委、政府的支持，千方百计地为民警办实事、办好事，排忧解难，进一步提高队伍的凝聚力、向心力。

完善并落实市局管理体系，打牢队伍规范化建设的基础。要在调研的基础上，依据《人民警察法》、《公务员暂行条例》等法律法规，对管理体系的所有规章制度进行全面汇总，清理整合。对近几年队伍建设实践中探索总结出的长效机制，以制度规范的形式固定下来，建立起一套符合国家法律法规要求，体现现代行政管理等科学原理，反映首都公安工作与队伍建设规律和特点的管理规章制度体系。

继续抓好目标管理考评机制建设。建立由市局各职能部门直接参与，引进社会中介机构采集数据，适用于全局的数字化目标管理考核机制，增强目标管理的规范性、科学性和准确性。根据部门、警种和岗位的工作职责，量化考核指标，严格考核程序和办法，科学、公正地评价单位的工作实绩。局属各单位要将考核评价结果与单位、民警的评先评优、晋职晋级和经济利益，与领导班子调整和干部任免、民警岗位调动，以及实行离岗培训、末位调整辞退等制度紧密结合起来，奖优罚劣，奖勤罚懒，充分激发和调动各级领导干部和民警的工作积极性。

贯彻公安部《训练条令》，全面提高队伍素质。要以贯彻《公安机关人民警察训练条令》为契机，进一步完善全局教育培训体系，加大对民警规范化培训的力度，不断提高民警素质和队伍的战斗力。各警种、各系统要从民警执法执勤必备的技能抓起，要突出抓好民警警务技能训练，提高各警种、各专业民警的业务水平和实战技能。要全面启动外语培训。按照奥运安保培训计划，通过7年的时间使全局民警外语水平呈三个层次阶梯状分布，有500人达到专业水平，其中300人达到英语专业水平，200人达到小语种专业水平；有6000人通过口语中级考试，能够处理一般的涉外勤务；一线民警特别是直接担负奥运安保任务的民警能够进行一般警务工作的外语会话，提供咨询、紧急救助等服务。要抓好计算机应用技能培训，2002年底，50岁以下的民警必须掌握计算机操作及“电子政务”技能，并取得相应的等级证书。要继续抓好学历教育，提倡和鼓励民警参加国民教育序列的学历教育；根据业务和实战需要，合理调整专业结构；同时，还要按照“入世”和2008年奥运会的要求，培养一大批懂法律、懂管理、懂经济、懂外语的高层次复合型人才。

加大队伍管理的科技力度，实现队伍管理的信息化、自动化、系统化。将现代科学技术引入队伍管理，是建设高素质首都公安队伍的必由之路。全局要大力推进队伍管理信息系统建设，建立政工应用信息系统，形成以市局政治部信息库为中心，以现代化计算机和通信技术为主要手段，覆盖全局各级政工部门的多层次、开放式、智能型信息管理和办公决策服务系统网络。实现对各类人员数据的统一管理，使“队伍管理信息系统”成为通过网上授权能够联网查询的系统，实现内部办公文件的网上传输及各类办公管理信息的综合利用和快速查询，提高办公效率。各单位要密切注意政工网络上民警的思想反映，定期分析，加强引导，充分发挥网络政工的优势。

大力加强党风廉政建设和反腐败工作。要坚持领导干部廉洁自律、查办违法违纪案件、纠正部门和行业不正之风三项工作一起抓的格局，使反腐倡廉工作整体推进，协调发展，不断取得新的成效。要严格落实从政行为规定，不断深化领导干部廉洁自律工作，对违反规定的行为，必须严肃处理。要加大案件检查工作力度，严肃查处违法违纪案件，做到发现一起查处一起，决不姑息迁就，对那些性质恶劣、影响较大的案件，主要领导要亲自抓，保证办案质量。要进一步抓好队伍的行风建设，结合职业特点，在抓源头、抓治理、抓标本兼治上下功夫，逐步建立防范和遏制不正之风发生的长效机制。

建立铁规铁纪，研究适应纪律部队特点的敞开出口制度。抓队伍管理，必须从严，必须令行禁止。市局要研究确定若干条铁纪、铁规，凡是触犯这些高压线的，要坚决严肃处理。各单位要建立“民警行为信息库”，实行警示制度，凡存在违法违纪苗头的民警都要输入信息库，并给予书面警示。要重点研究适应纪律部队特点的敞开出口制度，对几次警示仍无改进的，要下岗培训，再无改进的，予以辞退。

加强警察文化建设，提高民警的人文素质和职业道德意识。要贯彻以人为本的思想和“人文奥运”的理念，大力加强警察文化建设，不断提高民警的文化素质和文化修养，用科学的理论、正确的思想、先进的文化团结队伍、凝聚警心。市局要举办警察文化节，召开警察文化研讨会，组织警察卡通形象展示、演讲比赛、艺术作品展、合唱比赛、礼仪大赛等一系列警察文化活动。局属各单位要从本单位实际出发，运用多种形式，努力营造体现本警种、本单位特色，反映警察精神风貌的警营文化氛围，丰富基层民警的文化生活。使广大民警在参与中思想情操得到熏陶，精神生活得到充实，职业荣誉感和道德意识得到升华，不断提高思想文化素养。

（市局政治部供稿）

统一思想　凝聚力量
2001年工作取得明显成效

北京市公安局局长　马振川

2001年首都公安机关在市委、市政府和公安部的领导下，以“三个代表”重要思想为指导，认真学习江泽民总书记“七一”讲话和党的十五届六中全会精神，进一步落实、规范、深化、发展“保稳定、打基础、抓改革、兴科技、强素质”的工作方针，统一思想，凝聚力量，扎扎实实地开展工作，取得了明显成效。

一、深化同“法轮功”邪教组织斗争，全力维护首都政治稳定。针对“法轮功”邪教组织由公开聚集闹事转向地下活动的特点，继续打攻坚战，全年共捣毁“法轮功”窝点317个，收缴“法轮功”宣传品61.5万份，制作宣传品的各种设备252台。对“法轮功”顽固分子聚集滋事活动做到超前防范，预做准备，进一步完善应付各种突发事件的工作方案，及时粉碎了“法轮功”顽固分子到天安门广场等重点地区的各种闹事活动。5名“法轮功”在天安门广场自焚和35名外籍“法轮功”在天安门广场地区寻衅滋事及“法轮功”痴迷者傅怡彬杀人案发生后，迅速查清内幕，积极配合党委、政府，利用新闻媒体对“法轮功”邪教本质作了彻底揭露，为全国深入揭批“法轮功”邪教本质提供了有力证据。

为有效防止美国恐怖袭击（简称“9.11”）事件后所引发的暴力恐怖活动，制定严密防范和果断处置暴力恐怖活动的工作方案，成立专门领导小组和办公机构，进一步加大了反恐怖防暴力工作力度。强化对天安门广场等重点地区及关系国计民生的重点要害部位的防范控制措施。紧紧围绕各项重大政治、外事活动的安全保卫工作，充分发挥秘密力量、内线侦察、网络监控等优势，努力获取内幕性、深层次、预警性情报信息，及时挫败了少数敌对分子在国际奥委会考察团来京考察期间和“两会”等重要敏感日进行捣乱破坏的企图，牢牢掌握了斗争主动权。

二、持续开展“严打”整治斗争，严厉打击各种刑事犯罪活动。认真落实全国治安工作会议、北京治安工作会议和全国公安厅局长会议关于开展“严打”整治斗争的部署精神，结合首都实际，组织开展了“打黑除恶”、“清案会战”、“网上追逃”和打击经济犯罪、打击扒窃犯罪、打击抢劫犯罪等专项行动，对重特大案件及重点逃犯挂牌督捕，深入开展监所政治攻势，始终保持了“严打”的高压态势。共破获各类刑事案件51116起，破案率57.5%，与上年同期相比破案率提高了18.1个百分点；抓获犯罪嫌疑人39880名，打掉犯罪集团2784个，其中带有黑恶势力性质的犯罪集团24个，查获团伙成员10995名，抓获逃犯3005名；破获毒品案件1913起，抓获毒品犯罪嫌疑人2093名，收缴各类毒品103042.3克；破获各类经济案件6015起，抓获犯罪嫌疑人1693名，追缴赃款赃物价值8.5亿元。铲掉了以安徽陈一兵和河南窦校海及绰号“老狼”为首的三个黑恶势力团伙；抓获了潜逃16年之久的杀人犯程占明和持爆炸物品劫持人质的犯罪分子郑有军；迅速破获了“12.11”李吉文等“打闷棍”抢劫杀害民警案和华瑞茁杀害14名歌厅小姐系列案；香港黑社会新义安帮贩运毒品团伙案；安徽姜高峰为首的21人盗割电力线5万余米的团伙案；全国涉案金额最大的浙江陈学军等人虚开倒买增值税发票案及中央关注的香港辉煌集团特大诈骗案等。坚持把解决朝阳、海淀、丰台3个城近郊地区社会治安突出问题作为改变全市治安状况的重中之重来抓，对33个高发案派出所实行挂牌督战，朝、海、丰地区发案明显下降，在全局起到了良好的示范带头作用。

三、以整治治安重点地区为突破口，强化社会治安管理工作。年内，以整治77处治安重点地区为突破口，实行市局、分县局、派出所三级备案制度，进一步强化整治力度，打掉违法犯罪团伙33个，查获违法犯罪人员2041名，使这些地区的治安面貌得到较大改观。对梳理出的83处区、县级案件多发地区，通过不断强化清理、整顿、规范、建设等各项措施，带动了整个社会面治安管理工作的深入开展。认真开展整顿规范文化娱乐服务场所的专项行动，对卖淫嫖娼问题严重的地区和场所集中开展了打击整治专项行动。全年共查处违法经营娱乐服务场所4461家，查获卖淫嫖娼人员5510名，赌博人员11416名。深入开展治爆缉枪专项行动。全年发生涉爆案件7起，比上年下降70.8%。共收缴非法枪支2858支、火炸药4420公斤，查处涉爆、涉枪违法人员1427名。针对群众反映强烈的自行车被盗问题，自10月下旬起，集中开展了打击专项行动，通过“抓现行、打团伙、端窝点”共查处偷盗自行车案件645起，依法处理622人，打掉团伙28个，查获赃车3057辆，收缴和清理无主自行车34865辆，向群众发还13833辆，受到社会各方面的好评。

在内部单位开展了安全大检查，发现和解决不安全问题2895件，发“治安隐患通知书”948份。召开了高校治安工作会议，经市政府批准下发“北京高校安全技术防范规定”。全市保安行业管理已逐步走向规范化，在全国保安服务行业率先推出了“保安服务操作规程”和“保安服务质量标准”，弥补了国内尚无保安服务标准的空白，这支4.5万人的队伍在维护首都社会治安秩序中发挥了更加突出的作用。

四、严密措施，圆满完成第二十一届世界大学生运动会（以下简称“大运会”）等一系列重大活动的安全保卫任务。为确保“大运会”安全，建立了高效严密的组织指挥系统，制定总体方案、专项方案和工作预案141个，并进行了反复演练、磨合，共组织动员值班巡逻、看门护院等各种群防群治力量35万余人。由于精心筹划，严密措施和广大民警、武警官兵连续作战、顽强拼搏，圆满完成了169个国家和地区7000名运动员、教练员在京比赛、训练、游览等活动的安全保卫任务，确保了“大运会”开、闭幕式等重大活动以及52个比赛场馆、主要行车路线和记者、运动员村的绝对安全，受到公安部通令嘉奖。年内还圆满完成了全国“两会”、国际奥委会考察团来京考察、紫禁城广场“三高”音乐会、首都各界庆祝奥运申办成功文艺晚会、中国足球冲击世界杯获得成功、党的十五届六中全会等一系列重大政治活动的安全保卫任务。全年共完成各项安全警卫勤务6653次，投入警力79万人次。

五、积极推进派出所规范化建设和巡逻工作改革，基层基础工作得到明显加强。深入开展派出所达标活动，通过安全防范、人口管理、“110”接处警、执法工作等14项指标初评考核，全市382个派出所中已有83.5%达标。通过巡逻工作改革，强化了城近郊主要大街和辐射区域的巡逻控制，“110”快速反应能力和社会治安动态控制能力明显提高，全年通过“110”处警和巡逻盘查，现场抓获犯罪嫌疑人15581名，比上年增加11.3%，全市263条重点大街发案比上年下降63%。强化人口管理工作，对全市境外人员住宿登记进行了调查摸底，摸清了散居社会境外人员的基本情况，为进一步有针对性地加强管理奠定了基础。集中开展对外来人口和出租房屋的调查摸底，使办理暂住手续纳入管理视线的外来人口达257.7万人。分类摸清了各类出租房屋的底数。进一步加强了外来人口基层管理组织建设，已建立各种基层管理站3589个，自管小组23777个，聘用专职协管员5610名。紧密结合“严打”整治斗争和换发新型《暂住证》，会同有关部门对31个外来人口管理重点地区开展了集中清理整顿，已有15个外来人口聚居村、点人员结构趋于合理，日常管理得到加强，治安秩序基本良好。结合清理整顿，共清理有轻微违法行为及“三无”人员26万人，从中查获外地刑事犯罪嫌疑人3471名。深入开展创安活动，继续推行居民小区的封闭式管理，并融入科技创安手段，使采取封闭式管理的居民小区总数达到2154个，其中技防达标的已有996个，占总数的46.2%。重点单位和重要部位的科技创安普及率已达92.5%，居全国之首。在全市派出所4124个责任区中，已有3229个达到安全责任区标准，占总数的78.3%，有效提高了社区防范水平。

六、加快实施“十五”公安事业发展规划，科技强警迈出了新步伐。市局编制的《“十五”公安事业发展规划》首次纳入了北京市国民经济和社会发展的总体规划中，按照规划大力开展了以“金盾工程”为龙头的公安科技项目建设，公安工作的科技含量不断增强。其中：完成和建成了全市信息中心容错容灾系统一期工程、公共信息网络监控中心及工人体育场图像监控设备改造等一批有关公安通信系统建设项目。大力加强公安电子政务社会服务系统建设，在对外网站上推出了网上公示、网上咨询等14个栏目，实现了交通管理、治安管理、网络监察、行政复议等部分对外业务的网上办公。由市局承担的国家重点课题“社区安全防范综合报警服务体系研究与示范工程”，通过了公安部组织的专家验收，其研究成果填补了多项国内空白，达到了国际水平。科学技术在侦查破案和公安管理中得到广泛应用。集信息收集和统计分析于一体，并具有智能化串并案功能的刑事案件综合信息管理系统全面运行；心理测试技术、枪弹痕迹自动识别系统、现场自动测绘系统、多传感器同通道指纹采集仪和无线数据移动查询终端及便携式查询终端已投入使用；进一步改善了DNA检验实验室的技术装备，检验能力达到国际先进水平。

七、交通管理水平逐步提高，火灾事故基本平稳。交通管理工作以申办“奥运会”、举办“大运会”为契机，以实施“畅通工程”和创建“平安大道”等活动为载体，努力加快现代化建设步伐，建成了无线数据传输系统，实施交通事故快速处理，在全市发生的交通事故中，有78%实现了由执勤民警当场快速处理，并改革了机动车登记注册办法，简化手续，方便群众，取得了良好的社会效果。对现有道路资源充分挖潜，优化渠化路口173处、路段42处，增加导向车道36条，进一步提高了路网整体通行能力。持续开展了交通秩序的专项整顿工作，坚持依法管理和严格管理，共处罚交通违章1667万人次，暂扣各种车辆62.8万辆，拘留3834人。进一步巩固、深化和扩展了创建平安大道工作，使14条国、市道全部达到公安部提出的标准。全年共发生交通事故17645起，伤10424人，均比上年明显下降；死亡1447人，与上年基本持平。

消防工作坚持“预防为主，防消结合”的方针，以“申奥”、“大运会”等重大消防安全保卫任务为中心，全力以赴、攻坚破难，确保了各项活动的万无一失，保持了首都火灾形势的相对稳定。去年全市共发生火灾5302起，死亡27人，直接财产损失1392.3万元；与上年相比，火灾次数虽略有上升（上升5.3%），但死亡人数减少15人，下降35.7%，财产损失减少43.6万元，下降3%。

八、认真开展调查研究，大力推进公安法制建设。市局党委继续围绕事关首都公安工作可持续发展的根本性、迫切性、前瞻性问题，组织开展重点课题的调研。局属各单位也紧紧围绕本地区、本部门的实际，确定了117个课题开展调研，并积极推动调研成果的转化。7月13日北京获得2008年奥运会主办权后，根据市委、市政府要求，会同国家安全、武警等部门，研究编制了“奥运安全保卫专项规划”，提出未来7年“奥运”安保工作的指导思想、战略目标和重点任务，上报市委、市政府，拟在全市部署实施。

公安法制建设以网站“执法问答”栏目为载体，面向基层一线民警，实时解答执法问题，提高了办案指导和法律服务水平。制定和实施执法办案“三个试行规定”，结合严打整治斗争，重点规范了留置盘查、监外执行等薄弱环节的执法程序，使全局刑事、行政执法力求精简、统一、高效。清理各类执法规范性文件751件，执法行为292项，公安行政审批事项82项，进一步完善了地方公安法规体系，为改革创新公安行政审批制度打下了基础。

九、依法从严治警，不断完善队伍的正规化和规范化建设。为巩固、深化“三项教育”活动成果，开展了“减少违法违纪、减少群众投诉，树立人民警察良好形象”的活动，从领导干部抓起，研究制定了加强领导干部廉洁自律的四项规定，并结合党风廉政建设宣传教育月和贯彻落实《公安机关人民警察内务条令》，对分管队伍的领导干部进行了集中培训，进一步用制度规范了领导干部的行为。重点开展了以“制止刑讯逼供、滥用警械具、滥用强制措施”为内容的教育整顿活动，配套出台了“严打整治斗争期间的纪律规定”，从个别巡警严重违法犯罪案件中吸取教训，不断加大违法违纪案件的查处力度，落实了督办、催办制度。通过警务督察，共检查民警26.8万人次，发现和纠正各类问题3929件，市局警务投诉台共受理群众投诉电话24647件，其中当场答复群众满意的20599件，占投诉总数的83.6%。

市局党委把2001年定为队伍建设“管理年”，年内对152个贯彻落实内务条令的标杆单位进行了全面检查评比，收到了良好效果。对全局53个单位的领导班子和496名领导干部进行了集中综合考核，并结合贯彻十五届六中全会精神，制定了加强和改进作风建设的意见。完成了党组改建党委和换届选举工作，加强了党的组织建设，建立了工会组织，强化了思想政治工作，加大了宣传力度，为“严打”整治、确保“大运会”安全等中心工作提供了强有力的思想保证。

切实关心民警生活，制定了民警年休假和值班加班补休规定，出台了民警加班工资实施细则，解决了烈士子女免费入学问题，提高了民警人身意外伤害保险赔付标准等，其中已有75人获得了人身意外伤害保险赔付总额238万元，真正体现了从优待警。加强了教育培训，认真组织了5个衔级晋升考试和警务技能培训，按照中央政法委的要求，圆满完成了“三年轮一遍”的培训任务。为推动全局警体活动，增强民警身体素质，举行了第十二届警察体育运动会，活跃了民警文体生活，增强了队伍凝聚力。北京警察博物馆于2001年7月1日落成并对外开放，年内接待国内外观众75687人，民警20832人。

（市局办公室研究室供稿）

重 大 活 动

圆满完成第二十一届世界大学生运动会安全保卫任务

北京市公安局办公室综合处、档案处

第二十一届世界大学生运动会（以下简称大运会）于2001年8月22日至9月1日在北京举行。169个国家和地区的近7000名运动员参加了13个大项和168个子项共620场的比赛，观众人数超过200万人次。大运会期间还举办了以青年、友谊、和平为主题的文化节、体育节、大型展览、文艺演出等系列活动。

大运会是新世纪国际体坛第一个综合性大型运动会，是中国首次承办的世界性综合运动会，也是北京承办2008年奥运会的一次预演。在市委、市政府的领导下，成立了大运会安全保卫工作领导小组，由市委副书记、政法委书记、市公安局局长强卫总负责，常务副市长孟学农，公安部、安全部、武警总部、总参三部、市国家安全局、市局有关领导参加，对大运会安全保卫工作实施领导决策。市公安局负责大运会安全保卫日常工作的组织协调。大运会各比赛场馆、住地及所在区县分（县）局均成立了相应的领导机构，按照属地管理的原则加强社会面的防范控制，具体落实各项安全保卫措施。在公安部的协调下，市公安局召开了周边省市交管部门领导座谈会和华北地区保障大运会供电安全工作会，取得了周边省市公安机关的协作配合。

针对这次大运会“规模大、规格高、相关活动多、情况复杂”等特点，市局办公室综合处与有关单位经深入调查共同研究，制定了大运会安全保卫工作总体方案和主会场开闭幕式、大运村、比赛训练场馆、大体联官员住地、交通、消防、防爆安检等共计141个工作方案及处置突发事件、暴力案件工作预案。为使各种安保方案适应实战需要，市局治安、通信等各参战部门不断进行磨合演练，先后组织了开闭幕式等9次实战演练，从指挥、程序、通讯保障等方面完善方案。为保证执勤人员胜任岗位工作，编写了《安保人员工作手册》、《大运会安保工作100个怎么办》、《公安民警防爆安检工作提示》等教材并下发到执勤民警手中。针对保卫任务特点，着重加强了防爆安检、制证验证、外事知识、消防知识、交通管理、随车保卫、场馆内部安全、外围控制等项培训，受训人数达6350人。

大运会举行前，人口管理处向各分县局提出了“关于严密社会面控制确保第21届世界大学生运动会安全的工作意见”，巡察执法总队组织城八巡警支队和西站分局巡警队开展“维护首都良好秩序，确保‘大运会’圆满成功”主题宣传咨询活动，向市民发放“致首都市民的一封信”、“110报警服务简介”和“社会调查问卷”等宣传材料。全市召开各种宣传会14633个，789569人参加。通过宣传发动，有353406名治保积极分子投入了安全保卫工作。

为给大运会创造良好的治安环境，市局强化了打防控措施。8月5日至15日，在全市范围内开展了“严打”整治集中统一行动，共破获刑事案件1312起，查获各类违法犯罪嫌疑人1323名，打掉犯罪团伙143个，收缴各种非法枪支158支，子弹120发，炸药426公斤，有力地打击和震慑了犯罪。强化治安整治和安全检查，在集中整治行动中，市局治安管理总队、人口管理处、内部单位保卫局及通州、昌平等分局共检查出租房屋5.8万间次，集贸市场近600处，文化娱乐服务场所4500余家，清理整治工地工棚1400余处次，旅馆、中小门店等单位1.1万家次，清理“三无”人员6795名，有效地净化了社会环境。对大运会各场所周边的重点单位及水、电、气、热、易燃易爆等要害部位，治安管理总队、人口管理处、内部单位保卫局、消防局及有关分局开展了以防火、防爆、防事故为重点的安全大检查。大运会期间，全市共发现各种不安全隐患和问题8555件，及时解决6912件，其余均采取了临时措施，确保了大运会期间全市没有发生火灾等治安事故。交通管理部门集中开展了为期20天的交通秩序整顿，共纠正交通违章63万余起，处罚56万余人次，有效地维护了良好的交通秩序。加强对重点人的管理控制，治安管理总队、人口管理处、内部单位保卫局等部门提前对大运会比赛训练场馆、住地、活动场所周围200米范围内进行排查，并将摸排出的“法轮功”重点对象、国保重点人、原“法轮功”活动场所逐人逐地落实监控措施。对全市“法轮功”重点对象、重点精神病人、重点集体访和重点上访人员，市局和各分县局分层次加强控制，并积极配合有关部门加强疏导教育，严防失控闹事。及时查获了扬言到大运会比赛现场滋事的辽宁省鞍山市老上访户魏恩铎，消除了一大隐患。

在大运会安全保卫工作中，市局以开、闭幕式、大运村、比赛场馆为重点，点面结合，以面保点，确保了大运会各项比赛和活动的绝对安全。

开、闭幕式是大运会安全保卫工作的重中之重。8月22日、9月1日，大运会开、闭幕式分别在工人体育场举行。江泽民、李鹏、朱镕基、李瑞环、胡锦涛、尉健行、李岚清等49位党和国家领导同志，基里安等47位大体联执委以及3000余位贵宾出席开幕式；李岚清副总理等领导及国际大体联执委和贵宾3000余人出席闭幕式。为确保安全，开、闭幕式前，由市局治安管理总队负责，组织市局防爆安全检查处、内部单位保卫局、警卫局等单位对主会场进行了全方位、地毯式防爆安全检查并实施严格封闭控制。按照“疏在外围、控在场内、分区管理、确保中心”的原则，由内向外分别设置了中心会场区、外场封闭区、控制区和外围疏导区等18个安保分区，由公安交通管理局、朝阳分局、东城分局、警卫局等单位进行现场和外围控制，对入场人员全部进行安全检查，确保了安全。严格票证管理，针对开幕式中出现的入场券重号现象及几十名外国运动员无入场券要求凭大运会证件入场的问题，市局现场指挥部采取灵活措施，将他们放行入场，安排在空位或上台不堵塞通道的地方就坐，并由警卫局、治安管理总队加强现场秩序维护，避免了涨台和不安全问题的发生。

大运会运动员村（以下简称“大运村”）位于海淀区知春路北京航空航天大学南侧，占地面积11万平方米。针对大运村地域相对狭窄、聚集人员多、活动时间长、人员宗教信仰、风俗习惯多样等特点，治安管理总队等有关单位切实做好大运村安全保卫工作，将大运村划分为封闭区、国际区、警戒区和外围疏导区四个控制区域，全方位、全天候严密控制。信息通信处在大运村周界1580米护栏装配了远红外报警装置，村内各要害部位安装了电视监控系统，实施全天候监控。在装备财务处的支持下，防爆安检大厅和室内安检点配置了大型X光机，金属、炸药探测器，车底检查系统等专用设备、仪器，对进入村内人员、车辆实施严格的安全检查。大运村安保部指挥中心运用宽带指挥系统，随时了解和掌握大运村和各比赛场馆的情况。期间，治安管理总队、防爆安全检查处、消防局、内部单位保卫局等部门对村内4870间房屋、35部电梯、613个地井、餐厅、地下停车场和村内所有地面设施和附属物进行了无一遗漏的防爆安全检查，大运会期间，共检查41万余人次，836车次，物品30余万件，没有发生因漏检而出现不安全问题。

在比赛训练场馆安全保卫工作中，市局严部署、细检查，防爆安全检查处、消防局、内部单位保卫局等部门对大运会使用的52个比赛训练场馆，前期进行了彻底的安全检查验收，使其全部达到安全使用标准。比赛期间，治安管理总队、文化保卫处及朝阳、宣武、丰台分局等单位对场地实行分块划区域控制，维护现场秩序，对场馆重点地区还安排专人进行巡视，及时发现和消除不安全隐患，保证了比赛活动的安全顺利进行。8月26日晚，在中央民族大学逸夫体育馆南斯拉夫对日本队的篮球比赛中突遇停电事故。为防止发生混乱，值勤民警迅速打开全部安全出口，用消防车探照灯为馆内照明，及时启动备用供电系统，维护了赛场秩序。

严格住地保卫措施，确保大运会相关人

员的安全。大运会期间，大运会国际大体联官员、裁判员、境内外记者等共4000余人分别住在9家宾馆饭店。治安管理总队及朝阳分局等单位组织力量对各住地反复进行了调查摸底，对参与服务的4522名饭店员工进行了政审，并与住地饭店逐一签订了“治安责任书”，同时对住地周边进行了清理整治，保证了安全。

为确保大运会期间交通安全、顺畅，公安交通管理局对大运村、住地、主会场及52个比赛训练场馆的主要行车路线反复进行实地勘察确定，规划了停车场地、班车站点，在主要行车路线制作和安装指路标志1973面、隔离护栏5000米、施划标线近80公里、设置大运会优先道92公里。对1265辆与会车辆全部进行了安检，对司机进行了安全教育。同时，在大运村交通指挥部和开幕式主会场分别设立交通电视监控系统，随时观察和掌握大运村内外及工体周边的交通情况，有效地实施交通指挥和疏导，大运会期间，从大运村开往各比赛场馆的运动员班车，没有发生因交通问题而耽误比赛的情况。开幕式当晚，由于公安交通管理局交通疏导快速有效，现场7万余名观众仅半个多小时就疏散完毕。

及时采取应变措施，防止过激行为发生。针对大运会中不确定因素多，突发变化多，赛事变动频繁的情况，市局及时调整工作部署和措施，灵活稳妥地进行现场处置。8月21日至8月22日，先农坛体育场、首都体院篮球馆、北航排球馆先后因赛事变化取消比赛和临时改变场馆，引起群众聚集滞留，有些群众情绪激动。现场民警耐心解释疏导，并协调场馆和有关部门采取退票和安排加赛等方式，及时妥善地解决了观众聚集滞留问题，防止了事态扩大。8月27日，在清华大学体育馆进行的日本与希腊的篮球比赛，市局及时获取了一些观众对日本代表团发泄不满情绪，欲在现场喊口号、打横幅的信息后，加大了安检工作力度和执勤警力，当晚安检共暂扣各种饮料2000余瓶，打火机375个，水果刀73把。并与清华大学协调组织一支200人的“啦啦队”进行正面引导，避免了过激行为的发生。按照大运会新闻宣传部制定的“为境外记者提供周到的、便捷的服务和宽松的采访环境”的原则，一线值勤民警对境外记者既管理又服务，提供宽松的采访环境，避免因处置不当引发热点问题，受到境内外记者好评。

大运会期间，与会人员除正常比赛外，每日外出旅游、娱乐、购物人数在1800人以上，活动范围广、时间长、内容丰富。为此，市公安局印发了“关于进一步加强大运会人员涉足场所安全防范的通知”，对加强与会人员涉足场所安全防范工作提出了具体要求。各分县局在保卫形式上坚持“内紧外松”，对运动员可能涉足的繁华街区、购物场所、旅游景点、文化娱乐场所和治安复杂地区部署便衣力量警戒，并严密防控措施，加强现场巡视观察和宣传提醒，防止了运动员人身和财产侵害问题的发生。全局巡察系统每天同一时间保持巡逻警力达到1000多人，车辆260余部。市局和各分县局还部署了机动力量，24小时备勤，随时处置突发事件。

大运会期间，市局共投入警力17618名，其中民警10268名，武警3850名，公安大学、警察学院支援警力3500名。组织治安联防队员、社区保安、治保积极分子等各种群防群治力量35万余人，圆满完成了大运会安全保卫任务。

大 事 记

2001年北京市公安局大事记

1月

5—6日 市局召开党委扩大会议，贯彻全国政法工作会议、公安厅局长会议和市政法工作会议精神，部署2001年工作。市局党委书记、局长强卫作了题为“面向新世纪，迎接新挑战，努力开创首都公安工作的崭新局面”的主报告。党委副书记、副局长吕实珉、刘德、张家旺及党委委员，局属各单位领导参加了会议。

10—19日 为配合北京市“实施（娱乐场所管理条例）办法”、“洗浴和美容美发经营场所管理若干规定”的贯彻落实，市局组织了为期10天的清理整治娱乐场所严厉打击卖淫嫖娼、赌博等社会丑恶现象专项行动。期间，共组织警力12260人次，检查各类场所17443家，打掉违法犯罪窝点20个，查处存在违法经营问题场所164家，查处违法犯罪人员3591人。

12日 市局党委书记、局长强卫出席市局英模和优秀科技人员迎新春团拜会，慰问为首都公安事业做出贡献的英模和先进工作者。并分别慰问了公安局老领导和崔大庆、袁时光烈士的家属及远郊区县基层派出所民警。

13日 市局第三批赴东帝汶执行联合国维和任务的民警（市公安交通管理局李春满）起程。市局局长强卫、副局长刘德、马振川等前往送行。

△ 市保安服务总公司在公安部礼堂召开2000年度总结表彰大会，授予外事等6家分公司“先进单位”荣誉称号，授予马京敏等8名同志“首都优秀保安员”荣誉称号，对西城等7家分公司通报表扬，对27个集体和47名个人记功奖励，并表彰了“红旗团委”、“优秀团干部”等。公安部三局副局长杨奇、市局副局长吕实珉等领导到会讲话，并向受表彰的先进单位、集体和个人颁发奖牌、奖状、奖章和证书。

15日 市局召开全市内保系统保卫人员表彰大会，亮马河大厦保卫部等59个单位及人民银行保卫处李建芳等563名同志受到表彰。

16日 市局工会召开基层工会负责人会议，部署春节期间开展文体活动及向特困民警职工送温暖工作。会后，向31个基层工会组织下拨36万元文体活动经费；下拨7.5万元组织慰问了115名特困民警职工。

18日 市局召开处置“法轮功”问题电视电话会议。市局副局长吕实珉主持会议，市局局长强卫传达了中央和市委、公安部有关处置“法轮功”问题的精神，市局副局长张家旺作了处置“法轮功”问题的工作部署，副局长刘德、李全福、杨文忠及局属各单位的领导参加了会议。

19日 中共中央政治局常委、国务院总理朱镕基，中共中央政治局常委、国务院副总理李岚清，中央政治局委员、国务院副总理温家宝，中央政治局委员、国务委员罗干，国务委员兼国务院秘书长王忠禹，在中央政治局委员、市委书记贾庆林和市长刘淇，公安部副部长田期玉，市委常委、政法委书记、市局局长强卫等领导的陪同下到市公安交通管理局指挥调度中心考察，听取了市局副局长马振川关于交通科学管理工作的汇报，并通过指挥台慰问一线交通民警。领导们还接见了市公安交通管理局英模代表。

20日 市局举办第六届科技沙龙活动。市局副局长刘德代表市局党委和强卫局长向全局科技战线上的广大民警拜年。公安部部长助理朱恩涛代表公安部党委和贾春旺部长参加了此次活动。

△ 市局“110”信箱和网站“110”信箱开通。

21日 罗干同志代表党中央、国务院和中央政法委在市委常委、政法委书记、市局局长强卫，副局长吕实珉、刘德、张家旺、阮增义等领导的分别陪同下，先后到刑事侦查总队特警队、国内安全保卫总队和武警北京总队六支队考察工作，慰问公安民警和武警官兵。

23日 中央政治局常委、国务院副总理李岚清在市委常委、政法委书记、市局局长强卫，副局长吕实珉、李全福等的陪同下，到天安门分局考察，并看望、慰问坚守岗位的公安民警。

23日下午 7名“法轮功”人员在天安门广场自焚。1人死亡，3人烧伤，3人未遂。市局局长强卫、副局长吕实珉、李全福亲临指挥，共部署警力2990人。市局出入境管理处对非法进行采访的美国有线电视台新闻国际公司记者范文俊、魏立诗和4名在现场拍照的外国游客进行了处置，扣留了录有自焚过程的录像带、胶卷和一次性相机，避免了境外媒体的肆意宣传。烧伤人员被送往积水潭医院抢救治疗。

24—30日 春节期间，全市共举办庙会、文艺演出、展览展销、彩票发售等各类大型活动157处，接待群众387.1万余人；北海、天坛等10大公园共接待游园群众101.6万余人（外宾1.6万人）。市局共部署保卫力量3.42万人维护秩序，确保了各项活动的安全。

2月

1日 市局党委决定：任命张淑英为出入境管理处党委书记、处长，免去其出入境管理处政委职务；免去俞国海出入境管理处党委书记、处长职务，调北京出入境边防检查总站工作。

2日 市人大、市政协在北京会议中心组织人大代表询问和政协委员咨询活动。市局局长强卫，副局长吕实珉、刘德、张家旺、李全福、阮增义、马振川和纪委书记张久臣及局属部分单位的领导参加了接待工作。共接待人大代表40人次，政协委员40人次，解答代表、委员提出的各类问题88件。

△ 市局“三项教育”办公室向市人大代表、政协委员发放征求意见测评表1400份，收到反馈意见50条，建议222件。

4日 2名歹徒持刀、枪闯入朝阳区新雅购物中心财会室，抢走保险柜内现金及当日营业款，共计人民币103946.22元。案发后，刑事侦查总队大案支队会同朝阳分局开展工作，于3月15日将犯罪嫌疑人曲栓柱（男，20岁，曾用名曲宏彬、曲金发、周博宁、哈斯巴根，内蒙古科尔沁右翼前旗归流河嘎查人）抓获。经审查，曲交待了伙同马本忠（男，22岁，河北省承德市大营子乡人）抢劫新雅购物中心巨款的犯罪事实。

5日 市委常委、政法委书记、市局局长强卫与30余位来自高校的市人大代表在国际会议中心共商加强首都高校治安工作。市委常委、市教委主任徐锡安，市委政法委副书记、市综治办主任吴玉华，市局副局长刘德、张家旺及海淀区委、区政府、市局文保处、海淀分局领导参加了会议。

7日 市局局长强卫签署命令，给勇斗持枪歹徒的延庆县公安局千家店派出所副所长王有良同志记个人二等功，颁发奖章、证书及奖金。

8日 市局召开电视电话会议。市局副局长吕实珉对春节期间安全保卫工作进行总结，并部署了中央工作会议、“申奥”评估、全国“两会”的安全保卫工作。市局局长强卫作了重要讲话。副局长张家旺、李全福、阮增义、杨文忠、马振川及局属各单位的领导参加了会议。

9日 北京人民警察学院与北京市第二人民警察学校召开合并大会。市局党委副书记、副局长刘德出席并讲话。合并后李长修任警院党委书记，滕健任党委副书记、院长兼党校常务副校长，李汝川任党委副书记、副院长兼党校副校长，邵新莲、陈葆琛、孙福盛、崔尚兴、张盛国任副院长。合并后的北京人民警察学院本部将暂时迁至原第二人民警察学校的校址办公。

12—13日 市局局长强卫到朝阳、丰台分局调研，就进一步深化打防控工作机制听取汇报，并到朝阳分局建外、东风责任区刑警队、巡察队及日坛派出所检查指导工作。市局副局长阮增义、杨文忠和有关总队、业务处及分局领导陪同调研。

13—19日 市局“三项教育”办公室对第一批开展“三项教育”的26个单位以抽查的方式进行了检查验收。民警闭卷考试结果显示，所有参考民警考试成绩全部合格，平均分数为98.9分，其中满分率为69.8%。窗口单位的冷、硬、横、推问题得到有效解决，民警违法违纪和“110”举报投诉比教育前有了较大幅度的减少。

15日 市局召开编辑出版2001《北京公安年鉴》聘请编辑和特约编辑工作会议（这是市局首次组织编辑出版）。副局长杨文忠到会并讲话。局属各单位的主管领导和特约编辑120余人参加了会议。

19日 全国政协港澳台侨委员会和外事委员会的政协委员一行22人，在市政协副主席朱育诚等陪同下，先后到市局交通指挥中心和警务指挥中心视察。全国政协常委、港澳台侨委员会主任朱训代表全体政协委员，对首都公安机关在维护政治稳定、社会安定工作中做出的努力表示感谢。市局局长强卫、副局长马振川等向委员们汇报了工作，并对委员们提出的问题作了解答。

19—25日 国际奥委会评估团一行17人对北京申办2008年奥运会工作进行考察。评估团先后7批62人次，考察正式项目29个，各种外出活动15批82人次，全局共部署勤务121次，投入警力8360人次，圆满完成了安全保卫任务。

21日 市局召开纪检监察工作会议，传达中纪委五次、市纪委七次全会精神和贾庆林同志在全市党风廉政建设工作会议上的讲话。市局纪委书记张久臣作了题为“认清形势，明确任务，狠抓落实，争取党风廉政建设和反腐败工作取得新成效”的工作报告。会议由市局副局长张家旺主持，市委常委、政法委书记、市局局长强卫出席并讲话，市委政法委常务副书记慕平，市局副局长吕实珉、刘德、李全福、阮增义、马振川和局属各单位主要领导及市局特邀警风监督员参加了会议。

△ 本市城八区金融单位运钞车无线报警网系统建成并通过检测和验收。该系统由中国人民银行北京市分行、中国工商银行北京市分行、中国银行北京市分行三个网络系统的网管中心、监控中心、运钞车前端设备组成运钞车紧急报警联网系统。共建成3个网管中心，22个监控中心，有745辆运钞车入网。

△ 根据国家有关部门的工作部署，市

公安、教育、劳动、工商等职能部门依法对全市出入境中介机构进行了集中清理整顿。经检查发现全市存在突出问题的有65家，并要求限期整改。

22日　市局召开全局政治工作会议。市局党委副书记、副局长刘德代表市局党委作了“开拓创新，规范管理，全面加强首都公安队伍的正规化建设”的工作报告，市委常委、政法委书记、市局党委书记、局长强卫讲话，强调2001年的政治工作要突出“强化管理，重心下移，服务中心”的工作方针。东城分局等8个单位在会上作了经验交流发言。市委政法委副书记段桂青、市局副局长张家旺、李全福、马振川、纪委书记张久臣及局属各单位主要领导参加了会议。

△　市局制定“计算机应用技能和网络知识应用培训考试实施计划”，规定到2002年底，全局民警掌握计算机操作技能和公安网络使用技能的要达到70%以上。

23日　国际奥委会评估团主席海因·维尔布鲁根一行6人到公安交通管理局指挥中心考察。市局副局长马振川参加了接待。

25日　南非籍人尼尔·斯蒂芬（男，25岁）在天安门广场点燃中国国旗，打出“反对北京申办2008年奥运会，拯救法轮功”的条幅，被当场查获。这是首例外籍人在中国公众场所烧毁中国国旗案。根据《中华人民共和国国旗法》、《中华人民共和国治安管理处罚条例》、《中华人民共和国外国人入境出境管理法》的有关规定，尼尔·斯蒂芬被缩短在华停留期限、遣送出境并被列入不准入境人员名单。

26日　东城区和平里民旺南胡同发生一起特大持枪抢劫案，2名蒙面男子持枪将雅宝路倒汇人员冯瑞刚（男，41岁，住东城区本司胡同）打死，抢走一黑色皮包，并在4月1日结伙打伤办案民警。市局刑事侦查总队大案支队会同市局行动技术处、东城分局刑侦支队组成专案组经工作，将犯罪嫌疑人胡大秋（男，36岁，住丰台区岳各庄，都市汽车服务部经理）、丛日光（男，38岁，无业，住东城区青龙胡同）等12人抓获。经审理丛日光交待，其友曹昭纯（男，绰号柱子，37岁，无业，住西城区三里河，涉案在逃犯）曾于2月27日将1000美金、2个装有2支小口径枪、10余发子弹、1把蒙古刀、2顶针织帽子的黑色尼龙包交其保管。经对起获枪支进行技术比对，确定曹为“2·26”持枪抢劫杀人案犯罪嫌疑人。4月19日，专案组在京石高速公路涿州站将曹昭纯抓获，曹对伙同朱力凯（男，38岁，无业，住海淀区双榆树，刑满释放人员）持枪杀人抢劫的犯罪事实供认不讳。

28日　市局局长强卫主持召开会议，听取全国“两会”安全保卫工作汇报。市局副局长吕实珉、张家旺、李全福、阮增义、马振川及局属有关单位的领导参加了汇报会。

3月

1日　公安部召开表彰大会。市公安局西城、东城分局、平谷县局荣膺全国优秀公安局称号；东城分局交道口派出所等11个单位被授予“人民满意公安基层单位”荣誉称号；西城分局月坛派出所所长王华强等30名同志荣获“全国优秀人民警察”称号。

△　市局召开表彰大会，对2000年度做出突出贡献的47个集体、107名个人进行表彰，市局党委副书记、副局长吕实珉代表市局党委讲话。市委常委、政法委书记、局长强卫，市委政法委副书记段桂青，市局党委副书记、副局长刘德、张家旺。副局长李全福、阮增义、马振川，纪委书记张久臣及局属各单位的领导参加了会议。

△　市禁毒委员会召开全市禁毒工作会议。市委常委、市委政法委书记、市禁毒委

主任、市局局长强卫讲话，市禁毒委副主任兼办公室主任、市局副局长阮增义对2000年全市禁毒工作进行总结，并通报了工作情况。局属有关单位的领导参加了会议。

8日 14时许，北京石油大学2000级女学生孙静在校内宿舍被杀。刑事侦查总队与昌平分局根据现场勘查，于当晚23时许，将因孙提出断绝恋爱关系并当众对其羞辱，遂起意杀害孙的犯罪嫌疑人刘洪伟（男，21岁，被害人同校学生）抓获，刘对犯罪事实供认不讳。

△ 市委政法委任命席思友为大兴县公安局政委，保留副局级。

9日 市局发出“关于领导干部任前公示制的意见（试行）”的通知。

12日 市局召开会议，贯彻落实公安部电视电话会议精神，部署在全局开展“制止刑讯逼供、滥用警械具、滥用强制措施专项教育”工作。副局长张家旺代表市局党委要求各单位从3月12日至4月上旬，分三个阶段，集中开展专项教育。

△ 全国“两会”期间，共召开全体会议12次，主席团会议3次，代表、委员外出活动80余次。市局共投入警力20.58万人次，落实各项警卫工作方案，圆满完成了“两会”安全保卫工作。

15日 副市长汪光焘到市公安交通管理局调研停车管理问题，并听取了市局副局长、交管局局长马振川关于交通管理三年科技规划等工作汇报。

△ 市局召开处置“法轮功”工作会议。副局长刘德主持会议，局长强卫讲话，副局长张家旺进行了工作部署，副局长李全福、杨文忠、马振川，纪委书记张久臣及局属各单位的领导参加了会议。

△ 治安管理总队在大兴县亦庄公开销毁2000年以来收缴的20万张淫秽光盘。

16日 焦若愚等40余名原北京市副市级以上老领导到市局考察“科技强警”工作，先后参观了市局决策指挥、刑事侦查、巡察防暴、安全检查等系统，听取了有关工作汇报。市局局长强卫，副局长吕实珉、刘德、杨文忠陪同参观。

△ 当代书画艺术家宋步云先生子女将宋先生的作品“哑巴河救险”，著名曲作家雷蕾女士将她的作品“少年壮志不言愁”手稿赠予北京警察博物馆。市局副局长刘德、杨文忠出席捐赠仪式。

△ 在北京市未成年人保护工作会议上，市局被授予2001年“北京市未成年人保护工作先进集体”荣誉称号。市未委会委员、市局副局长张家旺出席了会议。

19日 治安管理总队会同朝阳分局出动警力60人，对涉嫌聚众赌博的朝阳区亚洲美丽假日花园25号别墅突击检查，当场抓获违法犯罪嫌疑人86名，收缴赌资折合人民币100余万元，打掉一个带有黑社会性质的犯罪团伙。

20日 以内政部部长毛因乌丁为团长的巴基斯坦代表团一行7人到市局参观访问，市局局长强卫、副局长杨文忠会见了代表团。

△ 市局刑事侦查总队将涉嫌盗用日本三菱商事株式会社职员神田雅和信用卡，冒支15万元人民币的犯罪嫌疑人李丽（女，45岁，广西桂林市人，暂住本市西城区）、史学琴（女，54岁，长城书画社南群房服务部外宾服务大堂经理）等7人抓获。经查证，李丽等对伙同他人于2000年4月至9月，先后40余次盗用外宾信用卡，共冒支人民币160余万元的犯罪事实供认不讳。

24日 市局刑事侦查总队根据线索，打掉一河南来京人员组成的，进行抢劫、绑架、盗窃、贩卖假币、淫秽光盘等犯罪活动的流氓恶势力犯罪团伙。破获持刀、枪入室抢劫5起，绑架2起，盗窃1起，贩卖假人民币2起。抓获团伙成员冯士语（男，27

岁)、童志超(男,25岁)、胡继才(男,31岁,均为河南潢川县农民)等34人,起获假人民币37万元,砍刀8把,双筒猎枪1支(子弹5发),自制击发六四式子弹手枪1支。经审查,犯罪嫌疑人对结伙绑架、抢劫、盗窃等作案10余起的犯罪事实供认不讳。

26日 市局举行第二批公开选拔领导干部(竞争职位30个,报名484人,参考348人,113人进入面试,33人走上领导岗位)任命仪式暨任职培训开班典礼。33名民警经公开选拔担任了处级领导干部职务。典礼由市局党委副书记、副局长吕实珉主持,市局党委副书记、副局长刘德宣读了任职决定,市局党委书记、局长强卫代表市局党委讲话,市局党委副书记、副局长张家旺及局属有关单位的领导参加了会议。

△ 市局召开第二批“三项教育”工作会议。局长强卫、副局长刘德到会讲话。局属有关单位领导参加了会议。

30日 市局召开11个分局党组改建党委、32个局属单位党委换届选举部署会。

4月

1日 美国一架军用侦察机撞毁中国飞机,引起全国人民愤怒。根据中央、公安部指示精神,6日,市局副局长李全福主持召开局属有关单位会议,部署了妥善处置群众抗议游行示威的有关工作。市局出入境管理处拟定了关于群众到美国驻华使馆示威游行的工作预案,并会同朝阳分局加强了对使馆区的安全保卫工作。

5日 市局党委决定:任命林兆波为市局法制办公室主任,免去其海淀分局副分局长职务。

8日 市局刑事侦查总队根据线索,将涉嫌贩卖毒品的李新忠(男,33岁,住海淀区西三环路)等5名犯罪嫌疑人抓获,收缴毒品“摇头丸”1500余粒(700余克),氯胺酮700克,冰毒20克,毒资93000元人民币及用于贩毒的汽车2辆、手机6部。在公安部禁毒局的协调和广东省、深圳市公安局的配合下,又于10日、11日在深圳先后将与此案有关的香港黑社会(新义安帮)成员彭伟生(绰号“阿生”,男,41岁,香港人,住香港龙沽滩村)、何涛(绰号“四眼仔”,男,26岁,住广东韶关市武江区工业西路沙湖路)、罗永楷(绰号“红猫”,男,23岁,香港人,住香港大浦明雅苑明新阁)、王宇(绰号“肥仔或肥佬”,男,24岁,住深圳市罗湖区宝安南路)、蓝华德(男,39岁,香港人,住香港湘水区占董村)抓获,收缴毒品“摇头丸”2000余粒、氯胺酮2000余克、大麻烟40余支及毒资10万余元、贩毒用手机等物品。经审查,彭伟生等人对贩卖毒品的犯罪事实供认不讳。

9日 市局召开全局领导干部电视电话会议,决定从现在起至2002年12月,在全市范围内开展为期两年的“严打”整治斗争,全面加强首都社会治安工作。市局党委书记、局长强卫主持会议,并传达了江泽民、朱镕基、罗干同志在全国社会治安工作会议上的讲话精神,以及贾春旺同志在全国公安厅局长会议、贾庆林同志在北京市社会治安工作会议上的讲话精神。市局党委副书记、副局长吕实珉代表市局党委部署了市局关于严厉打击刑事犯罪活动、全面加强首都社会治安工作的总体方案。市局党委副书记、副局长刘德、张家旺,副局长李全福、阮增义、杨文忠、马振川,局纪委书记张久臣出席。局属各单位的双正职领导参加了会议。

10日 公安部召开“打黑除恶”暨“严打”整治斗争电视电话会议,市局设立了分会场。市委副书记、政法委书记、市局局长强卫作了重要讲话。市委、市政府等部门领导,市局副局长阮增义出席。局属各单位领导参加了会议。

11日 本市21个公安分、县局与区、县人民法院联合召开公开逮捕、宣判大会，公开逮捕了一批犯罪嫌疑人，公开宣判了一批罪犯。社会各界的数万名群众参加了公判大会。

12日 市局召开一季度33个派出所挂牌考核工作会议，通报了市局第一季度刑事案件情况分析和全市33个高发案地区派出所的挂牌考核情况。会议由市局副局长杨文忠主持，局长强卫作了重要讲话，副局长吕实珉、刘德、李全福、阮增义出席。局属有关单位的领导参加了会议。

△ 市局刑事侦查总队经缜密侦查，破获一起涉黑有组织贩毒案，收缴毒品海洛因1.5公斤，“摇头丸”4700粒及冰毒片剂、氯胺酮、大麻烟等大量毒品，收缴毒资16万余元，抓获毒品犯罪嫌疑人18名，其中香港黑社会“新义安帮”成员1名。

13日 市委同意，杨晓毅任中共北京市公安局委员会委员、政治部主任，免去其房山分局分局长职务。

18日 市局召开治爆缉枪专项行动动员部署会，副局长阮增义主持，副局长李全福进行了动员部署。市法院、市检察院等部门领导应邀出席，局属各单位领导参加了会议。

20日 公安部副部长白景富等到市局听取“严打”整治斗争准备及前期工作情况汇报。局长强卫、副局长吕实珉、刘德、张家旺、阮增义参加了汇报。

△ 市局召开“严打”整治斗争动员部署大会。市局党委书记、局长强卫与市局8个职能部门和25个分、县局局长签订了“严厉打击刑事犯罪全面加强首都社会治安工作责任书”，并作了重要讲话。会议由党委副书记、副局长吕实珉主持，市委、市政府有关部门领导，市局党委副书记、副局长刘德、张家旺，副局长李全福、阮增义、杨文忠、马振川，纪委书记张久臣出席。局属各单位科、队、所长以上领导干部参加了会议。

21日 市公、检、法系统在王府井路口举行“严打”宣传日活动，局长强卫参加并向群众发放宣传材料。

23—24日 市局举办纪念建党80周年知识竞赛。局属27个单位参加了竞赛。巡察执法总队获一等奖；防爆安全检查处获二等奖；市局装备财务处等4个单位获三等奖。

25日 市局与中国人寿保险公司北京分公司在钓鱼台国宾馆举行民警“团体人身保险”投保合同签字仪式。市局副局长刘德、中国人寿保险公司北京分公司总经理黄俊光等出席了签字仪式。从2001年5月1日合同生效之日起，凡北京市公安局及其所属单位65周岁以下的正式民警、职工均为保险对象。

26日 市局刑事侦查总队经过缜密侦查，在海淀区航天桥304医院门口，将市局挂牌督捕的贪污货款8万元人民币的在逃犯李天悦（男，17岁，住海淀区香山普安店）抓获。

29日 经市委同意，市委政法委任命：张卫华任市局办公室主任，免去其石景山分局政委职务；毕庶琪任东城分局政委，免去其市局办公室主任职务；郑燕生任崇文分局政委；张京任石景山分局政委；孙钫任房山分局分局长；周福海任门头沟分局分局长，免去门头沟分局政委职务；鹿进宝任门头沟分局政委；免去席善宝门头沟分局分局长职务。

△ 市委同意，刘绍武、张越任中共北京市公安局委员会委员，免去刘绍武市局助理巡视员职务。

“5.1”前夕 市局刑事侦查总队高级工程师冯才刚获全国“五一劳动奖章”、北京市“首都劳动奖章”荣誉称号；丰台分局梁爱华等6名民警获得北京市“首都劳动奖章”荣誉称号；市局监所管理处收容教育一所获得北京市“首都劳动奖状”荣誉称号。

5月

8—11日　市局在香山疗养院召开《北京志·政法卷·公安志》评审工作会议。市地方志编纂委员会办公室主任徐俊德，市局副局长、《公安志》编委会副主任、编委会办公室主任杨文忠到会并讲话。《公安志》顺利通过局内外专家的评审，进入二审修改阶段。

10日　市局召开“严打”整治毒品违法犯罪活动专项统一行动动员部署工作会议。副局长阮增义通报了今年全局打击毒品犯罪工作情况，并提出了具体要求。局长强卫作了讲话。局属有关单位的领导参加了会议。

△　市局刑事侦查总队根据线索，将近期在京大肆倒卖虚开增值税发票的犯罪嫌疑人陈宝业（男，40岁，浙江省瑞安人，暂住海淀区太月园小区）抓获，当场收缴伪造公章39枚，增值税发票5本，空白及增值税发票存根90余册，涉案金额近2亿元。

△　市局治安管理总队在首钢总公司对1996年以来收缴的16832支非法枪支进行了集中销毁。北京有线电视台、北京日报、北京晚报等20余家新闻单位对销毁过程进行了报道。

11日　市局召开“严打”整治工作指挥调度会议。会议通报了四月份“严打”整治考核情况，市局局长强卫讲话。市局领导及局属有关单位的领导参加了会议。

△　市局党委决定：免去刘绍武、毕庶琪、张越市局局长助理职务。

13日　凌晨2时，犯罪嫌疑人郑有军（男，42岁，河南省许昌县人）在北京西站持刀将一女售货员劫持，扬言要炸西站并要求见中央首长、召开记者招待会。市局刑事侦查总队特警支队会同西站分局迅速控制现场，公安部部长贾春旺，副部长白景富，市局局长强卫，副局长吕实珉、阮增义、马振川等领导先后赶赴现场，部署处置方案。上午9时45分将犯罪嫌疑人制服并安全解救人质，当场收缴匕首1把、装有黑火药的易拉罐自制爆炸装置1个。

22日　北京市人民政府第35次常务会议决定：刘绍武、张越任北京市公安局副局长。

23日　市委教工委、首都综治办和市公安局联合召开北京高校治安工作座谈会。市委副书记、政法委书记、市局局长强卫，市委常委、教工委书记徐锡安出席并讲话，市综治办主任吴玉华、市局副局长张家旺、张越出席。北京大学、清华大学等全国12所高校领导及局属有关单位的领导参加了座谈。

24日　以香港警务处处长曾荫培为团长的代表团一行，到市局参观访问，局长强卫、副局长杨文忠会见了代表团。

30日　市局举办北京市“严打”整治斗争成果汇报展。贾庆林、刘淇等领导参观了展览。

6月

1日　市局刑事侦查总队经缜密侦查，将冒充警察，涉嫌杀人、抢劫、盗窃团伙主犯吴宁（男，27岁，无业，户口所在地东城区东直门内大街，暂住通州区华兴园小区）、李伟（男，33岁，无业，住西城区北下关卫生部小区）、樊重庆（男，31岁，无业，住海淀区稻香园）、宋金龙（男，24岁，无业，内蒙古雅克什市图里河镇人，暂住海淀区板井）等5人抓获，起获被盗机动车车牌照7副、毒品、注射器及部分赃物。经审查，该团伙供认自2000年12月以来，在北京市持枪杀人、抢劫、盗窃作案20余起（已核实12起，其中杀人3起、抢劫7

起、盗窃2起）。

5日 市局召开“严打”整治工作第二次指挥调度会。会议通报了五月份“严打”整治工作考核情况，市局局长强卫讲话，副局长吕实珉、刘德、张家旺、阮增义、杨文忠、张越，纪委书记张久臣，政治部主任杨晓毅出席。局属有关单位的领导参加了会议。

8日 市局与广渠门中学举行“接收首都公安烈士子女就学协议”签字仪式。市局副局长刘德出席仪式，政治部主任杨晓毅与广渠门中学校长李金海分别在协议书上签字。

14日 市局召开集中打击卖淫嫖娼组织者及窝点专项行动工作会议，市局副局长李全福提出了具体工作要求。局属有关单位的主管领导参加了会议。

18日 由公安部政治部主办的“纪念建党80周年京、津、皖、川、渝警察书画摄影展”在中国历史博物馆开幕。市局有50余幅书画、摄影作品参展。

21日 市局局长强卫签署命令，给在抓捕歹徒战斗中，奋不顾身，英勇负伤的海淀分局刑侦支队民警周方远记个人二等功，颁发奖章、证书，并奖励人民币1000元。

23日 11时许，江泽民总书记在市委书记贾庆林，市委副书记、政法委书记、市局局长强卫的陪同下，亲临世界三大男高音紫禁城广场音乐会现场视察。20时至22时30分，“三高”音乐会如期举行。中央政治局常委、国务院副总理李岚清等领导出席。市局共部署警力4542人，圆满完成音乐会安全保卫任务。

24日 朝阳区华威北里30号居民楼发生一起杀人案，暂住此处的梁爱娟（女，32岁，内蒙古包头市人）被杀害。市局刑事侦查总队会同朝阳分局展开调查。工作中，了解到死者生前向朋友提起近期多次受到一白色水泥搅拌车司机的纠缠，根据这一线索，专案组于7月10日将犯罪嫌疑人、定福庄搅拌站司机华瑞苗（男，28岁，原籍黑龙江省双城市，中建一局五公司工人）抓获。经审查，华瑞苗对杀害梁爱娟的犯罪事实供认不讳，并交待自1999年以来以类似手段先后杀害14名卖淫女青年（已核实12起）。

25日 朝阳区发生一起特大抢劫案，朝阳腾龙吉祥粮油批发市场个体商户刘某被抢走现金人民币50万元。市局刑事侦查总队会同朝阳分局迅速开展侦破工作，抓获犯罪嫌疑人姜继海（男，24岁，内蒙古人）等3人，起获作案用夏利轿车1辆。

△ 市局党委决定：张策兼任北京警察博物馆馆长；免去赵克伦政治部宣传处政委职务，另行安排。

27—30日 市局举办2001北京科技创安新产品新技术推广展示会。副局长刘德主持开幕式，市委副书记、政法委书记、市局局长强卫，市委政法委副书记、首都综治办主任吴玉华等领导出席了开幕式。

27日 市局召开在押人员坦白检举政策兑现大会。副局长刘绍武讲话，市高法、市检察院等单位领导出席。局属有关单位的领导参加了会议。

△ 市局刑事侦查总队缉毒支队根据线索，在西藏大厦抓获准备进行毒品交易的韩国籍人金京柱（男，68岁，住韩国庆尚北道安东市平和洞1060番）、姜秉裕（男，52岁，住韩国汉城卢元区中计洞503番），当场收缴毒品冰毒6公斤。

29—30日 北京人民警察学院举办了迄今为止规模最大的5个衔级的警衔晋升考试，参考人数达2605人，及格率为98%。

7月

1日 市局召开庆祝中国共产党成立80周年大会。市局党委副书记、副局长刘德代表市局党委宣读了表彰优秀基层党组织、优秀党支部书记、优秀共产党员和优秀党务工作者的决定。市委副书记、政法委书记、市局党委书记、局长强卫讲话。市委政法委副书记段桂青，市局党委副书记、副局长吕实珉、张家旺，副局长阮增义、杨文忠、马振川、刘绍武、张越，纪委书记张久臣，政治部主任杨晓毅及局属各单位领导参加了会议。

△ 北京警察博物馆举行开馆仪式。中共中央政治局委员、国务委员、中央政法委书记罗干，中共中央政治局委员、市委书记贾庆林为博物馆揭幕。公安部、中央政法委、市委、市政府、市人大、市政协的领导，市局领导和民警代表、公安英烈家属代表近300人参加了开馆仪式。

10日 经市委同意，市委政法委任命马武英为大兴分局分局长；席思友为大兴分局政委。

12日 以奥地利内政部部长恩斯特·施特拉瑟为团长的代表团一行到市局参观访问，公安部部长贾春旺，市委副书记、政法委书记、市局局长强卫，副局长杨文忠会见了代表团。

13日 北京获得2008年第二十九届奥运会主办权。为庆贺北京申奥成功，中华世纪坛、天安门广场举行了庆祝活动，党和国家领导人江泽民、李鹏、朱镕基、李瑞环、胡锦涛、尉健行等先后到世纪坛、天安门与民同庆。为确保安全，由市局局长强卫总负责，副局长刘德协助，分别在世纪坛、天安门广场、中南海、高校区、使馆区设置指挥部，共部署警力19900余人，圆满完成了庆祝北京申奥成功群众活动安全保卫任务。

24日 市局召开第21届世界大学生运动会安全保卫誓师大会。市委副书记、政法委书记、市局局长强卫和公安部治安局局长武冬立出席会议并讲话，市委政法委副书记吴玉华，市局副局长吕实珉、刘德、张家旺、李全福、阮增义、杨文忠、马振川、张越，纪委书记张久臣，政治部主任杨晓毅及局属各单位领导、民警代表参加了会议。

26日 北京市公安局大兴分局成立。市局局长强卫、副局长吕实珉出席揭牌仪式并讲话。

31日 公安部召开全国公安机关深入开展治爆缉枪专项行动电视电话会议，市局设立了分会场。会后，副局长阮增义对全局工作进行了部署，副局长刘绍武出席。局属有关单位的领导参加了会议。

8月

1日 市局督察处及局属各督察队的督察车上粘贴的“北京市公安局督察”和“首都公安督察”字样全部统一改为“公安督察”字样。

2日 公安部在京召开京津冀大运会安全保卫治安联席会。会议由公安部治安局局长武冬立主持，市局副局长刘绍武介绍了第21届世界大学生运动会基本情况及北京当前治安形势，市委副书记、政法委书记、市局局长强卫出席并讲话。

4日 朝阳分局看守所管教民警王秀云（女，45岁，群众）指使在押人员卢凤梅等人将在606号监室内哭闹的犯罪嫌疑人张某某（女，33岁，河南省怀阳县农民，8月2日因涉嫌贩卖假币被刑事拘留）抬到一无人监室内，采用虐待方式致张昏迷，经送医院后抢救无效死亡。8月20日，王秀云因涉嫌虐待被监管人罪被朝阳区人民检察院逮捕。

8日 北京市刑事科学技术研究所与浙江师范大学计海新技术有限公司共同研制开发的“CAFIS—JH指纹采集仪”通过公安部鉴定。

△ 在北京顺义高尔夫球场机动车道东侧草丛中发现两个较新“皇冠牌”密码旅行箱，内装一具被肢解的女尸。市局刑事侦查总队会同顺义、朝阳分局经细致排查和技术

鉴别，查明被害人为朝阳区新源里大都会陪侍小姐李瑞臻（女，27岁，山东省荷泽市东明县人，暂住朝阳区新源里小区）。经缜密侦查，于11月8日将勒索并杀害李瑞臻的穆海华（女，25岁，吉林省珲春市人，暂住朝阳区望京新城）、穆伯春（男，27岁，穆海华之兄）2名犯罪嫌疑人抓获。二人对犯罪事实供认不讳。

10日 市委政法委组织召开全市政法系统网站司法警务公开工作检查评比会。市局公安电子政务社会服务系统荣获一等奖。

16日 市局承办的国家重点科技项目“社区安全防范综合报警服务系统研究与示范工程”通过公安部结题验收。市委副书记、政法委书记、市局局长强卫，公安部科技局局长司同军，市委政法委副书记、首都综治办主任吴玉华，市局副局长刘德出席验收大会。

△ 市局党委决定：于兵任公共信息网络安全监察处处长，免去其石景山分局副分局长职务；胡跃庭任经济犯罪侦查处党委书记、处长，免去其经济犯罪侦查处党委副书记、政委职务；王金海任经济犯罪侦查处党委副书记、政委，免去其刑事侦查总队缉毒支队政委职务；免去张玉明经济犯罪侦查处党委书记、处长职务。

△ 市局召开“严打”整治工作第四次指挥调度会，通报7月份“严打”整治工作考核情况。局长强卫讲话，副局长吕实琨、刘德、张家旺、杨文忠、马振川、刘绍武，政治部主任杨晓毅出席。局属有关单位的领导参加了会议。

△ 举行大运会开幕式彩排，市委书记贾庆林，教育部部长陈至立，市长刘淇，国家体育总局局长袁伟民等领导到场观看。彩排历时3个半小时，1.8万名演员参加演出，观众3.5万人。市局开通了彩排安保指挥部，局长强卫、副局长李全福亲临现场指挥。18日、20日晚，又分别举行大运会开幕式预演，市局周密部署，圆满完成开幕式彩排安全保卫任务。

17日 市第一中级人民法院对“1·23”天安门“法轮功”自焚案开庭宣判。市局成立现场指挥部，副局长张越现场指挥，共部署警力300余人，圆满完成安全保卫任务。

22日 公安部部长贾春旺在市委副书记、政法委书记、市局局长强卫的陪同下到东城分局巡警支队视察工作。

22日 晚20时，第21届世界大学生运动会开幕式在工人体育场举行。党和国家领导人江泽民、李鹏、朱镕基、李瑞环等出席。国际大体联、国际奥委会、一些国际单项体育组织官员应邀出席。市局成立了现场安全保卫工作指挥部，局长强卫任总指挥，全局共部署警力9978人，圆满完成开幕式安全保卫任务。

30日 市局特邀警风监督员余声等在市局纪委书记张久臣陪同下到密云县公安局河南寨派出所进行调研，并与县局治安、交巡、户籍、刑侦等警种的民警进行了座谈。

9月

1日 市局在国际互联网“首都之窗”北京市公安局网站开通“人大代表政协委员直通车”。

△ 晚20时，第21届世界大学生运动会闭幕式在工人体育场举行，共有158个国家和地区的2700余名官员、运动员、教练员参加。市局成立了现场安全保卫指挥部，共部署警力10000余人，圆满完成了闭幕式安全保卫任务。

△ 公安部部长贾春旺签发嘉奖令，对北京市公安局圆满完成第21届世界大学生运动会安全保卫任务的有功单位和个人予以通令嘉奖。

2日 市局与清华同方股份有限公司举行“金盾工程”网络建设合作意向书及一期

工程商务合同签字仪式。市委副书记、政法委书记、市局局长强卫，市人大常委会副主任、清华大学校长王大中，市局副局长刘德等领导出席签字仪式。

△ 市局刑事侦查总队打掉一个恶势力犯罪团伙，将自1997年以来在丰台玉泉营水果批发市场等地敲诈勒索、并以暴力手段伤害多人的犯罪团伙成员熊希党（男，40岁，个体商户）、李金庭（男，38岁，无业）等6人抓获。

3日 市局举行刑事警察执法证件颁发仪式。市委副书记、政法委书记、市局局长强卫，公安部五局副局长何挺，市局副局长刘德、阮增义、马振川，纪委书记张久臣，政治部主任杨晓毅出席。局属有关单位的领导和刑警代表参加了颁发仪式。自10月1日起，首都刑警执法使用刑事执法证件。

△ 市局召开党委会议，市委常委、市委组织部长李炳华宣读8月18日市委决定：强卫不再担任北京市公安局党委书记、局长职务，刘德任北京市公安局党委书记，马振川任副书记，并提议马振川同志为北京市公安局局长（9月14日，北京市第十一届人大常委会第29次会议通过）。市局党委全体成员出席。

8日 市委政法委组织市公、检、法、司在全市18个区县举办“深入开展严打整治斗争，全力维护首都社会稳定”宣传咨询活动。市局党委书记刘德参加了在东城区王府井南口主会场的咨询活动。

10日 市局召开双正职领导干部大会。副局长张家旺主持会议，市局党委书记刘德为10—20日市局举办两期局属各单位双正职领导干部学习江泽民总书记《“七一”讲话》培训班作了开班动员讲话，副书记马振川部署了全局下半年工作。副局长李全福、杨文忠、刘绍武、张越，纪委书记张久臣，政治部主任杨晓毅出席。局属各单位的双正职领导参加了会议。

12日 “9·11”美国世贸大厦等目标受到恐怖分子袭击后，市局根据出入境管理处提出的加强重点国家驻华使馆安全保卫工作的意见进行了工作部署，并就安全问题与6个国家进行了7次交涉。为解决因该事件造成的外国人在京滞留问题，市局出入境管理处研究制定了“关于在美国发生恐怖袭击事件期间签证工作措施”。

17日 市局召开领导干部大会。市委常委、组织部长李炳华宣布了市委和市十一届人大常委会第29次会议的决定：任命刘德同志为市公安局党委书记，马振川同志为党委副书记、局长。市委副书记、市人大主任于均波，市委副书记、政法委书记强卫出席并作重要讲话。刘德、马振川分别讲话、市委组织部、政法委的有关领导出席会议，市局党委成员、局属各单位的双正职领导参加了会议。

△ 市局在北京警察博物馆举行永久纪念箱置放仪式。市委副书记、政法委书记强卫将永久纪念箱金钥匙交给市局党委书记刘德、局长马振川。副局长张家旺、李全福、阮增义、杨文忠、、刘绍武、张越，纪委书记张久臣，政治部主任杨晓毅及局属有关单位的领导参加了仪式。

△ 市局党委作出“中共北京市公安局党委关于加强局领导班子建设的决定”。

△ 市局接浦东发展银行报案称，北京首钢股份公司在该行翠微支行的7000万元存款被他人划转。接报后，内保局立即成立专案组开展工作。经查，该笔存款是以委托贷款方式转到北京德阳房地产公司账户（账户内已无余款），德阳公司与首钢并无资金业务往来。通过对德阳房地产公司的调查，发现该公司法人孙连生（男，57岁，石景山区人）及无业人员藏镭（男，31岁，海淀区人）、祖锋（男，36岁，石景山区人）有重大嫌疑，孙、祖二人系网上通缉的逃犯。其资金流向涉及北京、上海、天津、广

东、河北等5个省市30余家公司。经连续蹲守10余日，分别于10月31日、11月24日将三人抓获。同时，追缴了部分赃款赃物，折合人民币450余万元。经讯问，孙、藏、祖三人对伪造印章进行诈骗的犯罪事实供认不讳，并交待以相同手段诈骗北京商业银行北太平庄支行400万元、光大银行天宁寺支行425万元的犯罪事实。

19日 市局局长马振川、副局长杨文忠会见了以意大利内政部部长克劳迪奥·斯卡约拉为团长的代表团一行10人。

△ 市局召开会议，党委书记刘德主持，局长马振川通报“9·11”事件后敌社情动态，并部署市局近期维护稳定确保安全工作。副局长张家旺、杨文忠、刘绍武，纪委书记张久臣，政治部主任杨晓毅出席。局属各单位的领导参加了会议。

20日 公安部召开全国“追逃”专项行动部署电视电话会议，市局设立分会场。会后，副局长张家旺对全局“追逃”专项行动工作进行了部署。局属有关单位的领导参加了会议。

20—10月24日 举行全局民警择项警体达标测试检查工作。在编男民警56周岁以下（1000米跑）、女民警51岁以下（800米跑）均参加测试。

26日、28日 市委副书记、政法委书记强卫，市委副秘书长韩秀峰，政法委副书记慕平等领导在市局党委书记刘德，局长马振川，副局长张家旺、李全福等陪同下，分别到天安门分局、国贸中心检查国庆期间安全保卫工作，听取有关工作汇报并讲话。局属有关单位的领导参加了汇报会。

27日 公安部与有关部门联合召开打击“法轮功”邪教组织违法犯罪活动专项斗争第二次电视电话会议，市局设立了分会场。会后，副局长张越对全局打击“法轮功”邪教组织违法犯罪活动专项斗争工作进行了部署。市委有关领导、市局局长马振川出席。局属有关单位的领导参加了会议。

29日 公安部部长贾春旺，副部长白景富、杨焕宁到市局听取国庆安全保卫工作汇报。市委副书记、政法委书记强卫出席。市局党委书记刘德、局长马振川就“9·11”事件以来维护首都稳定及国庆安保工作作了汇报。副局长吕实珉、张家旺、李全福、阮增义、杨文忠、刘绍武、张越，纪委书记张久臣，政治部主任杨晓毅出席。

△ 市局党委书记刘德，局长马振川，政治部主任杨晓毅接见市局第三批执行联合国维和任务的东城分局李军、西城分局龙竞、保安管理处巩玉刚三位同志。

△ 市局召开局务会。党委书记刘德主持，局长马振川就当前国庆保卫和今后工作作了讲话，副局长吕实珉传达了中共中央办公厅、国务院办公厅关于加强国庆保卫工作的通知，副局长张越就当前“法轮功”专项斗争作了部署。副局长张家旺、李全福、阮增义、杨文忠、刘绍武，纪委书记张久臣，政治部主任杨晓毅出席。局属各单位的一把手参加了会议。

30日 市局刑事侦查总队查获一个贩卖、私藏枪支的犯罪团伙，在总政保卫部配合下将王宏（男，39岁，住通州区华龙小区）等2名犯罪嫌疑人抓获，收缴各类枪支6支、子弹210发。

30日 完成招收2001年应届高校毕业生工作。全年共招收应届高校毕业生812人。

30—10月7日 国庆节期间，市局成立现场指挥部，调整警力部署，共组织警力4万余人、各种保卫力量4.5万余人，检查重点地区、繁华场所1119处次，对115家重点单位、4551家旅店、招待所，以及全市重点集贸市场、娱乐场所、“五小”门店、出租房屋、工地工棚进行了安全防范大检查，保障了社会面治安秩序的稳定，圆满完成国庆节期间安全保卫任务。

10月

1日 北京市公安局正式启用"北京市公安局警察证"，全市4万多名人民警察统一更换使用新式警察证件。北京市公安局职工证和出入证也同时启用。

△ 市局刑事侦查总队打掉一个盗窃机动车犯罪团伙，将犯罪嫌疑人张友利（男，38岁，住西城区百万庄）、孙炳晨（22岁，住朝阳区十八里店乡）、曹保国（男，39岁，住西城区西四）3人抓获，追缴本田、切诺基等轿车6辆，收缴枪支2支、子弹7发。

6日 公安部召开全国公安机关"追逃"专项行动电话会议，市局设立了分会场。会后，副局长阮增义对全局"追逃"专项行动工作进行了部署，局长马振川讲话。局属各单位的领导参加了会议。

6—11日 以俄罗斯莫斯科市内务总局副局长波波夫少将为团长的一行14人来京访问。访问期间，市局党委书记刘德，局长马振川，副局长吕实珉、李全福、杨文忠分别会见了代表团一行。

7日 市局成立了天安门广场安全保卫工作指挥部，局长马振川总负责，副局长李全福现场指挥，共部署警力8865人，圆满完成了中国足球队出线后的安全保卫任务。

10—11日 市局召开信息通信系统运行管理质量年工作会议。公安部信通局局长赵大斌、市局党委书记刘德分别讲话。局属各单位的领导参加了会议。

17日 第七届多国城市交通展览会隆重开幕。全国人大、公安部、全国科协和市局局长马振川等领导出席。开幕式后，各级领导参观了市局交通展台。

△ 市政协主席陈广文等40余名常委到市局听取"严打"整治工作情况汇报，并参观了北京警察博物馆和警用装备。市局党委书记刘德，局长马振川，副局长吕实珉、阮增义、杨文忠、刘绍武及局属有关单位的领导参加了接待。

18日 市局召开"严打"整治斗争第一阶段工作总结大会，党委书记刘德主持并讲话，局长马振川对第一阶段工作进行总结并部署第二阶段工作，副局长吕实珉传达了中共中央办公厅、国务院办公厅关于美国对阿富汗进行军事打击的情况通报，副局长阮增义传达了李岚清副总理关于发现处置炭疽热病菌的指示。副局长李全福、杨文忠，纪委书记张久臣出席。局属各单位的领导参加了会议。

21日 全局23个单位的563名经侦民警参加了公安部统一组织的全国经侦民警任职资格考试。有559人取得了任职资格，合格率为99.29%。

22—25日 以"加强全面建设，发挥警种优势，服务严打整治斗争"为主题的北京、天津、上海、重庆、沈阳、哈尔滨、武汉、长沙、广州、深圳、珠海11城市巡警防暴警协作交流活动签约仪式暨2001年年会在市局巡察执法总队直属防暴支队举行。公安部副部长罗锋、公安部三局局长武冬立、市局局长马振川、副局长李全福等领导出席并讲话。公安部、市局有关单位的领导和民警代表100余人参加了签约仪式。

24日 市局召开会议，组织研究多警种联合行动，部署"严打"站街卖淫及幕后黑恶势力战役。副局长李全福出席并讲话。局属有关单位的领导参加了会议。

△ 市局党委书记刘德、局长马振川听取了朝阳、海淀、丰台分局当前治安形势、打防控"三警"合成作战等工作汇报，并提出了具体要求。朝阳、海淀、丰台分局的领导参加了汇报会。

25日 零时，为期一周的全市"追逃"专项行动正式开始。至凌晨3时，全局共出动警力1万余人，抓获网上在逃犯17人。

△ 市委同意，李建华任中共北京市公安局公安交通管理局委员会书记，免去马振川的中共北京市公安局公安交通管理局委员会书记职务。

25—11月30日 市局在全市范围内开展了打击偷盗自行车专项行动。共查处案件645起，打掉团伙28个，刑事拘留69人，劳动教养48人，行政拘留505人（部分案件正在进一步审理中）。查获赃车3057辆，收缴和清理无主自行车34865辆，已发还13833辆。

26日 市局在国家奥林匹克体育中心举行了第十二届警体运动会。

27—30日 亚洲专业保安协会第八次年会在北京召开。来自泰国、新加坡、韩国、菲律宾、马来西亚、印度、美国、英国、澳大利亚、南非和中国香港等11个国家和地区的保安界人士，以及国内各省市负责保安工作的领导共230余人参加了大会。北京市保安总公司总经理宋建国就“首都保安工作的地位和作用”作了大会演讲。

29日 市政府纠风办组织的行风评议组对市公安局行风建设进行了5个多月的明察暗访后，召开行风面对面评议会，公布评议结果：总体良好，问题不少，急需改进。副局长张家旺作了题为“标本兼治，着力治本，全面推进首都公安机关的行风建设”的报告，局长马振川讲话，副局长李全福、纪委书记张久臣、政治部主任杨晓毅出席。局属有关单位的领导参加了会议。

30—11月1日 京津沪渝4个直辖市第五次刑侦协作会议在京召开。市局副局长阮增义代表市局党委致欢迎词，公安部五局局长张新枫等领导出席。市局有关单位的领导参加了会议。会议期间，局长马振川会见了与会代表。

31日 全国人大外事委员会主任曾建辉、副主任李淑铮到市局出入境管理处视察。公安部出入境管理局副局长韩玉生，市局副局长张家旺等领导陪同。局属有关单位的领导参加了接待。

11月

1日 全国人大内务司法委员会主任委员侯宗宾和副主任委员陶驷驹、万绍芬、柬怀德等11位委员听取了市公安局开展“严打”整治斗争工作情况的汇报。市局局长马振川向委员们汇报了市局开展“严打”整治斗争的工作情况。市人大副主任段柄仁、秘书长刘正民一同听取了汇报。

3—5日 由中国人民公安大学主办，北京市公安局协办的首届中国警察科技学术研讨会在京召开。市局党委书记刘德出席开幕式，副局长刘绍武代表市局党委在开幕式上讲话。从本届研讨会开始，中国警察科技学术研讨会将每两年举办一次。

8日 市局召开电视电话会议，局长马振川主持，政治部主任杨晓毅通报全局领导班子和领导干部综合考核情况，党委书记刘德部署学习、贯彻十五届六中全会精神及开展“立党为公、执政为民”活动安排。副局长吕实珉、张家旺、阮增义、刘绍武、张越、纪委书记张久臣出席。局属各单位的领导参加了会议。

△ 市政府第120次市长办公会议决定：李建华任北京市公安局公安交通管理局局长；免去马振川的北京市公安局公安交通管理局局长职务。

15日 市委副书记、政法委书记强卫，市委副秘书长韩秀峰，市综治办副主任牛青山到市局人口管理处调研，听取有关工作汇报，强卫作重要讲话。市局副局长李全福陪同。

15—19日 以莫斯科市内务总局局长普罗宁为团长的代表团一行11人来京访问。期间，局长马振川，副局长吕实珉、李全福、杨文忠分别会见了代表团一行。

16日 市局局长马振川签署命令，给市局刑事侦查总队等19个集体和韩燕鹰、张立军等同志荣记二等功。

△　市局召开信访工作会议。副局长杨文忠传达了国家信访局领导工作报告，局长马振川讲话。局属各单位的领导参加了会议。

△　市委副书记、政法委书记强卫，市委副秘书长韩秀峰，市委政法委常务副书记慕平到市局检查工作，听取市局科技发展"十五"计划执行情况的汇报。市局党委书记刘德、局长马振川、副局长吕实琨及局属有关单位的领导参加了汇报。

20日　北京市召开电视电话会议，部署全市冬季消防工作。市政府副秘书长任殿华、市局副局长张家旺出席并讲话。局属有关单位的领导参加了会议。

△　14时15分，35名外籍"法轮功"人员聚集在天安门广场打出用中英文写的"真、善、忍"横幅进行滋事。在公安部副部长刘京、市局副局长张越的指挥下，市局出入境管理处的民警经审查，查明他们分别来自美国、德国、芬兰、瑞典等10个国家，是经过互联网相约到天安门"宏法"的。在市局巡察执法总队、北京边防检查总站、海关、民航等部门的配合下，35人全部被遣送出境，并列入不准入境人员名单。

21日　外文出版社向市局无偿捐赠《警察英语》1万册。市局局长马振川、副局长杨文忠出席捐赠仪式。

22日　市局召开局务会议，分析当前"严打"整治斗争形势，部署下一步工作。副局长吕实琨主持，局长马振川讲话。副局长阮增义、杨文忠、刘绍武、张越，纪委书记张久臣出席。局属各单位的领导参加了会议。

27日　市委副书记、政法委书记强卫率领市地下空间安全专项治理整顿领导小组成员到西城区检查地下空间安全专项治理整顿工作并讲话。副局长李全福参加检查。

27—29日　2001年中日消防教育训练北京研讨会举行。副市长林文漪、公安部消防局副局长郑玉海、市局副局长张家旺、市科委副主任朱炎等领导出席并讲话。

28日　市局再次召开部署"法轮功"问题专项工作会议。会议由副局长张越主持，局长马振川讲话。局属有关单位的领导参加了会议。

29日　市信息安全工作组第二次会议在市局召开。市委常委、秘书长杜德印，副市长林文漪出席会议并讲话。市局党委书记刘德作了工作汇报并陪同市领导参观了市局公共信息网络安全监控中心。

12月

1日　北京人民警察学院、市局警官培训中心在昌平新址举行奠基仪式。仪式由副局长吕实琨主持，市委副书记、政法委书记强卫和市局党委书记刘德分别讲话。市局局长马振川，副局长张家旺、李全福、阮增义和市委办公厅、市政府办公厅、公安部政治部的领导及市有关委办局的领导出席奠基仪式。

4日　全国人大常委会副委员长何鲁丽率34名全国人大北京代表到北京消防教育训练中心视察，听取了市局消防工作汇报，并参观了训练中心的训练、消防设施。市局局长马振川、副局长张家旺等领导陪同。

6日　市政府召开北京市国家机关网站政务公开评议点评总结大会，市局公安电子政务社会服务网站被评为优秀网站。副局长杨文忠及局属有关单位的领导出席了会议。

7日　市局保安管理处研制开发的2000式北京保安服装、标志，经国家专利局非实质性审查批准，取得11项专利，正式获得专利证书。

10日　17时许，本市东城区雍和宫大街发生一起抢劫案，犯罪嫌疑人持钝器将正在行走的事主头部击伤后，抢走其随身携带的财物。11日傍晚，在朝阳区潘家园和南磨房地区连续发生两起同类案件，作案手段相同。为此，市局刑事侦查总队、东城、朝阳分局刑侦支队组成专案组开展工作。经缜密侦查，14日晚，在当地警方的配合下，首先将犯罪嫌疑人万彭彭在湖北宜城市抓获；17日，将犯罪嫌疑人李吉文在黑龙江鸡西市抓获；18日，在湖北襄樊将犯罪嫌疑人张余抓获，同时起获大量赃、证物。根据这一犯罪团伙成员的供述，已查实破获此类抢劫案8起。

11—13日 市局交管局与天津、上海、重庆、河北、黑龙江、内蒙古、山西、福建、深圳、沈阳、成都等省市交管部门领导研讨道路交通事故处理工作。国务院法制办政法司副司长丁锋、公安部交管局副局长陈洁、市局局长马振川、副局长张家旺出席并讲话。市高级法院、中央党校、公安大学等单位领导和专家参加了研讨会。

12日 以澳门特区政府身份证明局局长黎英杰和治安警察局代局长李小平为团长的代表团一行7人到市局出入境管理处参观访问，副局长张家旺会见了代表团一行。

13日 市局召开2001《北京公安年鉴》总结表彰大会。会上表彰了2001《北京公安年鉴》工作先进集体、先进个人。副局长杨文忠出席并讲话。局属各单位办公室领导及编辑、特约编辑参加了会议。

17日 市局召开通报近期全国及全市重大案件情况电视电话会议。会议由党委书记刘德主持，局长马振川讲话，副局长杨文忠通报了近期全国及全市重大案件情况。副局长吕实珉、张家旺、李全福、阮增义、张越，纪委书记张久臣，政治部主任杨晓毅出席。局属各单位的领导参加了会议。

19日 西城区政协委员、北京市工商联执委、北京市政府特约行风评议员、北京段氏经贸公司五福茶艺馆董事长段云松先生携夫人谭波女士及家属，将保存完好的10余件文物无偿捐赠给北京警察博物馆。市局政治部副主任、北京警察博物馆馆长张策接收了文物并为段云松先生颁发了荣誉证书。

26日 公安部与有关部门联合召开部署今冬明春打击“法轮功”违法犯罪活动，防范控制“法轮功”顽固分子进京闹事工作电视电话会议。会后，副局长张越对全局工作进行了部署。市委领导、市局局长马振川、副局长李全福出席。局属有关单位的领导参加了会议。

28日 市局举行颁发教官证书仪式，86名一线业务骨干获市局教官任职资格证书。市局党委书记、市局教官资格评审委员会主任委员刘德，市局政治部主任、市局教官资格评审委员会副主任委员杨晓毅等出席颁发证书仪式。

31日 刘淇、强卫、孟学农分别到市局国内安全保卫总队、公安交通管理局和天安门分局等单位调研、慰问。市局党委书记刘德、局长马振川，副局长张家旺、李全福、张越参加了接待。

△ 市局党委书记刘德、局长马振川在政治部主任杨晓毅、办公室主任张卫华等陪同下，分别前往东城分局朝阳门派出所和公安交通管理局帅府园中队、宣武分局牛街派出所和大兴分局榆垡检查站慰问元旦坚守在工作岗位上的民警。

法 规 选 编

北京市通信管理局 北京市公安局关于查处扰乱电信市场管理秩序违法犯罪案件的通知

京信管发［2001］38号

各有关电信公司、市公安局各办案单位：

为认真贯彻执行国家信息产业部、公安部联合印发的《关于查处、打击非法经营国际电信业务违法犯罪活动的通知》（信部联电［2000］740号文件）和最高人民法院《关于审理扰乱电信市场管理秩序案件具体应用法律问题的解释》（法释［2000］12号），维护本市电信市场的正常秩序，依法查处和打击非法经营国际电信业务的违法犯罪活动，现通知如下：

一、各电信公司和公安机关要充分认识非法经营国际电信业务等扰乱电信市场管理秩序违法犯罪活动给国家经济利益、通信秩序和信息安全管理造成的严重危害。为切实加强对查处这类违法犯罪案件的组织领导，决定成立查处扰乱电信市场管理秩序案件协调小组。协调小组由市通信管理局和市公安局指派专人参加，由市公安局刑事侦查总队牵头。主要任务是负责全市查处扰乱电信市场管理秩序案件的协调、组织和配合事宜。

二、各电信公司要积极配合公安机关和通信行业管理部门查处扰乱电信市场管理秩序案件的工作。在今年4月30日以前，必须对租用专线（特别是国际专线）的用户及其租用情况进行一次全面的清理检查。发现属于非法经营国际电信业务等扰乱电信市场秩序的行为，应当及时向通信行业管理部门报告。根据最高人民法院司法解释的规定，通信行业管理部门发现违法犯罪案件线索，应当及时将有关证据材料移送公安机关立案侦查，并予以积极配合。

三、各电信公司要制定严格完善的租用专线（特别是国际专线）的管理办法，明确责任，采取有效手段加强对通信线路设施的监督管理。在签定租用电信线路协议时，应当对用户的使用权限做出明确约定。在电信线路运营中，要定期对租用专线的用户进行检查，发现违法经营国际电信业务等扰乱电信市场管理秩序案件线索的，各公司保卫部门应及时向通信行业管理部门反映，或者直接向公安机关报案。

四、公安机关要高度重视对扰乱电信市场管理秩序刑事案件的受理工作。鉴于扰乱电信市场管理秩序案件具有技术性强的特点，调查取证和定性处理工作比较复杂，各办案单位受理通信行业管理部门移交的案件线索和电信企业及其他单位或个人举报的案件线索，一律转递市公安局刑事侦查总队负责审核。经初查后，已构成犯罪的应当迅速立案侦查；不构成犯罪的移交通信行业管理部门处理。

五、北京地区对非法经营电信业务等扰乱电信市场秩序违法犯罪行为的举报电话为：64043181，66038819。

附件：如文

二○○一年二月二十一日

附件一：

信息产业部　公安部关于查处、打击非法经营国际电信业务违法犯罪活动的通知

信部联电［2000］740号

各省、自治区、直辖市邮电（电信）管理局、公安厅（局）：

近几年来，随着我国电信业的迅速发展，社会上一些不法单位和个人采用私设电信转接平台等手段非法经营国际电信业务，牟取暴利，严重扰乱了我国电信业务市场的正常秩序，给国家和电信企业造成巨大经济损失。为了遏止非法经营国际电信业务行为的蔓延，维护国家正常通信秩序，保护国家利益和信息安全，现就做好查处、打击非法经营国际电信业务工作的有关问题通知如下：

一、通信行业管理部门和公安机关要充分认识非法经营国际电信业务给我国正常通信秩序、国家经济利益及信息安全管理等带来的严重危害，切实加强查处、打击此类违法犯罪活动工作的组织领导和协调。东南沿海地区是非法经营国际电信业务违法犯罪活动比较猖獗的地区，有关省、自治区、直辖市的通信行业管理部门和公安机关要尽快做出部署，在近期集中一段时间，联手开展专项治理行动。

二、各地通信行业管理部门对已有线索的非法经营国际电信业务活动，要组织人员依法进行查处。对其中非法经营行为属“情节严重”和“情节特别严重”，已触犯刑律的，要及时将案件线索和已有的证据、材料等移交当地公安机关进行立案侦查，通信行业管理部门要予以积极配合。

三、已经国家批准的国际电信业务合法经营者，要组织人员在已提供业务的范围内对国际专线用户、边境电路等开展一次全面的清理检查。对发现的问题要及时进行研究；属于非法经营国际电信业务的，要向省级通信行业管理部门反映或直接向公安机关报案。国际电信业务经营者要制定严格完善的国际专线管理办法，明确责任，采取有效手段加强对国际专线等通信线路设施的监管。

四、各级公安机关要重视对非法经营国际电信业务案件的立案查处工作。对通信行业管理部门移交的案件和电信企业及其他单位、个人举报的案件要尽快组织调查，涉嫌犯罪的要及时立案侦查，组织侦破，严厉打击非法经营国际电信业务的犯罪行为。

五、通信行业管理部门、电信企业与公安机关要互相支持，加强协作配合。要建立经常的联系制度和规范的工作程序，并确定具体的联络人员，及时交流有关非法经营国际电信业务违法犯罪活动的情报，分析研究其规律特点，制定相应的防范和打击对策。

六、加大宣传力度。要充分利用各种新

闻媒体，加强规范经营国际电信业务的宣传，普及有关法律知识。对非法经营国际电信业务的典型案件要进行曝光，通过典型案件教育群众。通信行业管理部门、电信企业和公安机关要向社会公布举报电话和举报信箱（或 E—mail），受理各方面的举报和投诉。

请各地将贯彻落实工作的进展情况和工作中发现的问题，及时报信息产业部和公安部。

二〇〇〇年八月三日

附件二：

最高人民法院关于审理扰乱电信市场管理秩序案件具体应用法律若干问题的解释

（2000 年 4 月 28 日最高人民法院审判委员会第 1113 次会议通过）

法释（2000）12 号

为依法惩处扰乱电信市场管理秩序的犯罪活动，根据刑法的有关规定，现就审理这类案件具体应用法律的若干问题解释如下：

第一条 违反国家规定，采取租用国际专线、私设转接设备或者其他方法，擅自经营国际电信业务或者涉港澳台电信业务进行营利活动，扰乱电信市场管理秩序，情节严重的，依照刑法第二百二十五条第（四）项的规定，以非法经营罪定罪处罚。

第二条 实施本解释第一条规定的行为，具有下列情形之一的，属于非法经营行为“情节严重”：

（一）经营去话业务数额在一百万元以上的；

（二）经营来话业务造成电信资费损失数额在一百万元以上的。

具有下列情形之一的，属于非法经营行为“情节特别严重”：

（一）经营去话业务数额在五百万元以上的；

（二）经营来话业务造成电信资费损失数额在五百万元以上的。

第三条 实施本解释第一条规定的行为，经营数额或者造成电信资费损失数额接近非法经营行为“情节严重”、“情节特别严重”的数额起点标准，并具有下列情形之一的，可以分别认定为非法经营行为“情节严重”、“情节特别严重”：

（一）两年内因非法经营国际电信业务或者涉港澳台电信业务行为受过行政处罚两次以上的；

（二）因非法经营国际电信业务或者涉港澳台电信业务行为造成其他严重后果的。

第四条 单位实施本解释第一条规定的行为构成犯罪的，对单位判处罚金，并对其直接负责的主管人员和其他直接责任人员，依照本解释第二条、第三条的规定处罚。

第五条 违反国家规定，擅自设置、使用无线电台（站），或者擅自占用频率，非法经营国际电信业务或者涉港澳台电信业务进行营利活动，同时构成非法经营罪和刑法第二百八十八条规定的扰乱无线电通讯管理秩序罪的，依照处罚较重的规定定罪处罚。

第六条 国有电信企业的工作人员，由于严重不负责任或者滥用职权，造成国有电信企业破产或者严重损失，致使国家利益遭受重大损失的，依照刑法第一百六十八条的规定定罪处罚。

第七条 将电信卡非法充值后使用，造成电信资费损失数额较大的，依照刑法第二百六十四条的规定，以盗窃罪定罪处罚。

第八条 盗用他人公共信息网络上网账号、密码上网，造成他人电信资费损失数额较大的，依照刑法第二百六十四条的规定，以盗窃罪定罪处罚。

第九条 以虚假、冒用的身份证件办理入网手续并使用移动电话，造成电信资费损失数额较大的，依照刑法第二百六十六条的规定，以诈骗罪定罪处罚。

第十条 本解释所称"经营去话业务数额"，是指以行为人非法经营国际电信业务或者涉港澳台电信业务的总时长（分钟数）乘以行为人每分钟收取的用户使用费所得的数额。

本解释所称"电信资费损失数额"，是指以行为人非法经营国际电信业务或者涉港澳台电信业务的总时长（分钟数）乘以在合法电信业务中我国应当得到的每分钟国际结算价格所得的数额。

北京市公安局关于印发《北京市安全技术防范工程监督管理办法》的通知

京公技防字［2001］187号

局属有关单位：

经市局批准，现将《北京市安全技术防范工程监督管理办法》印发给你们，请在工作中认真贯彻执行。

二〇〇一年三月十三日

北京市安公局安全技术防范工程监督管理办法

第一章 总 则

第一条 为加强本市安全技术防范工程管理，依据《北京市安全技术防范管理规定》和其他有关规定，制定本办法。

第二条 本办法所称安全技术防范工程（以下简称技防工程），是指用于预防、制止违法犯罪或者重大治安事件的报警、电视监控、出入口控制等工程。

第三条 本办法适用于在本市行政区域内从事技防工程设计、施工、建设和使用的单位。

第二章 管理职责

第四条 北京市安全技术防范管理办公室（以下简称市技防办）是全市安全技术防

范工程的主管部门，负责本市技防工程的监督管理，履行下列职责：

（一）对从事技防工程设计、施工企业的资质实行审批制度；

（二）对部分技防工程的开工和投入使用实行审批验收制度；

（三）对外地企业在京从事技防工程设计、施工资质实行备案登记制度；

（四）指导市局所属各单位技防管理部门的技防工程管理工作；

（五）依据《北京市安全技术防范管理规定》查处违法行为。

第五条 市局所属单位技防管理部门负责本辖区内技防工程的监督管理，履行下列职责：

（一）对部分技防工程实行审批验收制度；

（二）对经市技防办审批的技防工程实行登记备查制度并参与工程验收；

（三）对本辖区内技防工程的施工及运行情况进行监督管理；

（四）依据《北京市安全技术防范管理规定》查处违法行为；

（五）在市局指导下开展技防工程监督管理工作。

第三章 资质审批

第六条 技防工程设计、施工实行资质等级资格制度。凡在本市承接技防工程设计、施工的企业，应取得市技防办核发的安全技术防范工程资质等级证书，方可承接技防工程。

第七条 资质等级分为暂三级、三级、二级、一级。

第八条 按照下列要求申办资质等级证书：

（一）申办企业向市技防办递交申请报告；

（二）企业技术（管理）人员参加市技防办组织的技防工程资质培训班；

（三）申办企业至少有3人经培训、考试合格后，企业填写《北京市安全防范工程设计、施工资格证申请表》，并附如下材料：

1. 本市企业法人营业执照；

2. 在京办公地点的房产证明或租赁合同复印件；

3. 企业人员登记表；

4. 企业管理人员（法人、正副总经理、部门经理、财会、文秘）、技术人员的身份证、学历证和职称证复印件；

5. 企业管理人员、技术人员《未受刑事制裁证明书》；

6. 企业组织机构、人员分工及岗位责任制文件；

7. 工程设计、施工、维修手册及质量保障体系文件；

8. 企业简介材料。

第九条 核发工程资质等级证书。

市技防办在受理申报材料后，25个工作日内对企业进行审查并做出答复。审查合格，由市技防办出具暂三级资质等级证书，企业进入暂三级，有效期为一年。

有效期满20日内，可以申报三级资质等级资格，逾期10天不办理者，视为自动放弃申请。

第十条 市技防办对三级以上资质等级资格实行年审制度。证书有效期四年，每年年审一次，年审材料申报期为当年12月1日至12月20日，逾期10天未申报年审材料的，取消其年审资格。

第十一条 参加年审的企业向市技防办报送如下材料：

（一）工程资质等级证书原件；

（二）企业营业执照复印件；

（三）技防工程统计表和相应的安装状况统计表（经检验、验收工程的材料有效）；

（四）本市工程附《北京市安全防范工程报审表》，外地工程附检验、验收报告原件和复印件（复印件存档）；

（五）人员变动情况登记表。

第十二条 各级资质企业的年工程定额标准：

1. 一级资质企业当年应完成工程定额300万元；

2. 二级资质企业当年应完成工程定额200万元；

3. 三级资质企业当年应完成工程定额100万元；

4. 暂三级资质企业当年应完成工程定额60万元。

市技防办根据企业完成工程总额数量及工程质量，进行年审，对合格企业核发下年度资质等级证书。

第十三条 具有资质等级证书的企业，在年审时可根据升级条件和自身业绩提出申报上一级资质；申请升级需提交书面申请和申办材料。

第十四条 晋升资质等级条件（见附件）。

第十五条 下列情况予以降级处理：

（一）未达到本级年度工程定额的；

（二）偷工减料及工程投入使用后不能及时维修的；

（三）单项工程系统检测、验收两次以上不合格的。

第十六条 资质等级证书是技防工程设计、施工企业的资质证明，遇有下列情况视为无效：

（一）企业停产、转产、解散；

（二）在15日内，未到市技防办办理企业办公地址、电话、邮编或联系人变更手续；

（三）在15日内，未到市技防办办理企业名称变更、改组或法人变更换证手续；

第十七条 遇有下列情况取消其年审资格：

（一）未办理工程审批手续施工的；

（二）企业在年审材料中，弄虚作假、虚报业绩。

第十八条 转让、借用、伪造、变造工程资质证书的企业，取消其年审资格，三年内不得申办资质证书。

第四章 工程审批

第十九条 技防工程应由技防管理部门审核同意后交付施工，竣工后经验收合格方可投入使用。

第二十条 工程审批权限如下：

（一）市技防办负责审批下列工程：

1. 投资额为三十万元（含）以上的工程；

2. 风险等级为一级或二级单位的工程。

（二）其他技防工程分别由工程所在地的区（县）技防办或保卫关系隶属的局（处）技防管理部门负责审批。

第二十一条 工程建设单位（或委托设计、施工企业）按照工程审批权限，向相关技防管理部门提出开工申请，填写《北京市安全防范工程报审表》，并提供如下材料：

（一）工程项目合同文本；

（二）全套正式施工蓝图；

（三）报审材料依据GA/T75—94《安全防范工程程序与要求》中6.2至6.3的内容申报，包括下列内容：

1. 技术设计，包括：设计任务书、现场勘察记录、设计方案、系统工作原理、设备器材清单、中心控制设备和各种探测器、监控器材及其他前端装置的产品型号、制造厂家、产品主要功能。

2. 施工图设计，施工图包括：探测器布防平面图、中心设备布置图、系统及分系统连线图、管线要求及管线敷设图、设备器材安装要求及安装图纸。

3. 工程费用预算，包括：器材设备预算、设计、施工费用预算、系统维护、修理费用预算。

4. 指定中介机构对工程方案的评估意见。

以上材料须装订成册，装订规格为20厘米×30厘米。

第二十二条 技防管理部门受理材料后，在5个工作日内完成对工程方案的审核，通报审核结果。

经市技防办审批的工程，开工前由工程施工企业持开工通知单到工程所在地或保卫关系隶属的技防管理部门登记备查。

第二十三条 工程竣工初验后，建设单位向原审批部门提出验收申请，持审批部门出具的检验委托书，备齐下列材料，到指定的检验机构办理系统检验：

（一）技防工程甲乙方合同副本以及补充文件复印件1份；

（二）技防工程设计施工方案（包括：系统组成概况、防范或监控区域；探测器或摄像机的安装位置、系统原理图或方框图）1份；

（三）技防工程系统操作说明书1份；

（四）技防工程审批材料（表）4份；

（五）技防工程所使用的主要仪器、设备和器材清单（包括产品名称、规格型号、制造厂名称、数量、产品单价）1份；

（六）技防工程所使用的主要仪器、设备和器材的出厂合格证、产品检测合格报告、商检合格证书及安全认证证书的影印件各1份。

第二十四条 下列工程需要系统检验：

（一）单位风险等级为一级或二级；

（二）投资额在30万元（含）以上；

（三）投资额在30万元以下20万元以上的综合系统工程；

（四）投资额在15万元（含）以上的报警工程。

第二十五条 申请验收企业向原审批部门送交如下材料：

（一）指定检验机构的检验合格报告；

（二）试运行报告；

（三）初验报告；

（四）竣工报告；

（五）竣工资料和图纸；

（六）审批部门填发的工程审查文件、备忘录及落实情况。

第二十六条 技防管理部门接到验收申请和有关材料后10个工作日内，依据国家标准、地方标准及行业标准组织验收，对不合格企业，提出整改意见，限期改正。验收合格后5个工作日内，签署工程验收意见，批准工程使用。

第二十七条 外省市企业承接本市技防工程设计、施工项目的，须持下列材料到市技防办进行资质备案并按本办法要求办理工程的审批手续：

（一）企业所在地省、自治区、直辖市公安厅（局）级技防管理部门核发的工程资质证书和证明公函；

（二）与在京具有相应工程资质单位签署的工程维修维护委托协议。

第五章 企业责任

第二十八条 建设单位和承建企业对工程项目和图纸资料均应妥善保管，将参与工程设计、施工和维修的人员记录在工程档案中。

第二十九条 承接技防工程的企业在该工程投入使用后负有维护责任，在接到维修报告时应按时限或合同要求组织维修。

第三十条 承接技防工程的企业，应当严格执行国家标准和公共安全行业标准，采用符合国家相关标准的合格产品，使用的进口器材应有国家认可的检验机构出具的检验报告。

第三十一条 使用技防工程的单位，要接受技防管理部门的监督检查，发现问题及时整改。

第六章 附 则

第三十二条 本办法由北京市安全技术防范管理办公室负责解释。

第三十三条 本办法自颁布之日起施行，原《北京市安全技术防范工程管理暂行办法》（京公技防字［1999］108号）同时废止。

附件

资质等级升级条件表

资质级别	注册资金万元	工程数量要求	技术人员要求	工程质量管理
一级	200	200万元以上工程竣工4个；50万元以上工程竣工6个	从事防盗报警网络、电视监控、出入口控制、计算机应用、管线设计、安装调试、工程维修、工程概预算或相关专业工作的技术人员不少于15人，其中高工3人，工程师6人，初级职称技术人员6人	有专职质量监督部门、完整的工程质量管理手册和工程维修手册以及相应的施工设备、调试维修设备和上岗培训手册
二级	100	100万元以上工程竣工2个；50万元以上工程竣工5个	从事防盗报警、电视监控、出入口控制、计算机应用、管线设计、安装调试、工程维修、工程概预算或相关专业工作的技术人员不少于10人，其中高工2人，工程师5人，初级职称技术人员3人	
三级	50	暂三级一年内完成30万元以上工程1个并工程额度超过60万元	从事防盗报警、电视监控、计算机应用、管线设计、安装调试、工程维修、工程概预算或相关专业工作的技术人员不少于5人，其中高工1人，工程师2人，初级职称技术人员2人	

北京市机动车道路停车秩序管理办法

北京市人民政府令

第 74 号

现发布《北京市机动车道路停车秩序管理办法》，自 2001 年 7 月 1 日起施行。

市长 刘 淇

二〇〇一年五月十二日

第一条 为维护道路交通秩序，规范机动车道路停车管理，充分发挥城市道路的交通功能，保障交通安全畅通，制定本办法。

第二条 本办法适用于本市道路范围内的机动车停车管理。

第三条 本办法由市公安局交通管理部门负责实施。

第四条 对缺少机动车停车场所的地区，在不影响道路交通的情况下，按照国家和本市有关规定可以在道路范围内确定道路停车位，并设置交通标志、标线。

在前款规定的情况发生变化时，原批准机关可以撤销已经确定的道路停车位。

原批准机关撤销道路停车位的，应当提前 15 日通知道路停车位的经营单位。

第五条 遇紧急情况或者在举办大型活动期间，公安交通管理部门可以采取在道路范围内确定临时停车区，或者暂停使用道路停车位的道路交通管制措施，并负责维护停车秩序。

在紧急情况处理完毕或者大型活动结束后，公安交通管理部门应当及时取消道路交通管制措施。

第六条 任何单位或者个人不得擅自设置、撤销道路停车位，或者设置障碍影响机动车在道路停车位内停车。

第七条 道路停车位按照公安交通管理部门设置的交通标志、标线所示时间、编号，用于公用停车或者专用停车。

道路停车位用于专用停车时，只准许已领有专用停车证的机动车限时、对号入位停车，禁止其他机动车停车。

第八条 机动车在道路上停放时，只准许在交通标志、标线规定的道路停车位内停放，在道路停车位以外的其他道路范围禁止机动车停放。

第九条 在道路停车位内停车时，驾驶员应当按顺行方向停车，车身不得超出停车位，影响其他车辆或者行人通行。

机动车借道进出道路停车位，不得妨碍其他车辆或者行人通行。

第十条 机动车在实行计时收费器收费的道路停车位内停车时，驾驶员须遵守下列规定：

（一）按市物价部门规定的标准交纳停车位使用费；

（二）使用交费凭据的，将交费凭据按规定放置在车辆前挡风玻璃内明显位置，以备查验；

（三）在交费凭据上注明的或者收费器上显示的有效时间内停车。

第十一条 机动车道路停车人的合法权

益受法律保护，任何单位或者个人不得违反规定收取停车费。

第十二条　经批准从事道路停车位经营的单位及其从业人员，负责维护道路停车位区域内的停车秩序，接受公安交通管理部门的监督管理。

第十三条　公安交通管理部门应当加强对道路停车行为的管理，采取拖曳机动车、锁定机动车车轮、粘贴违法停车处理通知单等措施，及时纠正、查处违法停车行为。

第十四条　公安交通管理部门可以聘用专门人员，在交通民警组织下，劝阻、纠正违法停车行为。

第十五条　违反本办法第六条规定的，由公安交通管理部门责令限期改正，并处以警告或者500元以上5000元以下的罚款。

第十六条　违反本办法第七条第二款、第八条规定的，由公安交通管理部门处以警告或者200元以上500元以下的罚款。

第十七条　违反本办法第九条、第十条规定的，由公安交通管理部门处以警告或者50元以上200元以下的罚款。

第十八条　违反本办法第十二条规定，影响道路交通安全畅通的，由公安交通管理部门责令改正，并视情节轻重，处以警告或者1万元以上3万元以下的罚款；对拒不改正的，公安交通管理部门可以撤销道路停车位。

第十九条　本办法自2001年7月1日起施行。

北京市机动车公共停车场管理办法

北京市人民政府令

第75号

《北京市机动车公共停车场管理办法》已经2001年3月28日市人民政府第33次常务会议通过，现予发布，自2001年7月1日起施行。

市长　刘　淇

二〇〇一年五月十二日

第一条　为促进本市机动车公共停车场的建设和发展，加强机动车公共停车场的管理，规范机动车公共停车场的服务活动，制定本办法。

第二条　本市行政区域内机动车公共停车场（包括机动车公共停车库、机动车公共停车楼等停车设施，以下简称公共停车场）的规划、建设和管理，适用本办法。

大中型公共建筑停车场的规划和建设，依照本市有关规定执行。

第三条　市市政管理委员会主管本市公共停车场的管理工作，负责组织拟订有关停车设施建设和经营管理的政策，审查停车场经营者的资质，制定停车场行业管理规范，并会同规划行政主管部门监督公共停车场专业规划的实施。

区、县人民政府确定的行政主管部门在市市政管理委员会的指导下，按照规定的职责负责本辖区内的公共停车场管理工作。

规划、发展计划、建设、价格、公安交通管理等部门按照各自的职责，依法对公共停车场的建设和服务活动实施监督管理。

第四条 本市根据城市总体规划和城市建设发展的需要编制公共停车场专业规划，逐步缓解停车设施供需矛盾。公共停车场专业规划由市规划行政主管部门会同市政管理，公安交通管理等部门组织编制，经市人民政府批准后实施。

第五条 公共停车场的建设应当与新区开发、旧城及商业街区改造、道路建设等相结合。市市政管理委员会会同规划、发展计划、公安交通管理等部门根据公共停车场专业规划制定停车场年度建设计划，并组织实施。

第六条 本市鼓励企业事业单位和个人以多种形式投资建设公共停车场。投资建设公共停车场可以享受的优惠政策，由市人民政府另行规定。

第七条 本市采取招标投标方式选择公共停车场的投资建设者。招标投标的组织工作，由市市政管理委员会或者区、县有关行政主管部门负责。

第八条 公共停车场建设工程的设计应当符合国家和本市规定的设计标准和规范。

公共停车场建设工程的竣工验收应当有公共停车场主管部门和公安交通管理部门参加。经验收合格的，方可投入使用。政府投资建设的公共停车场由市市政管理委员会或者区、县人民政府有关行政主管部门组织竣工验收。

第九条 新建、改建居住区应当按照规定同步配套建设公共停车场。现有居住区未建公共停车场或者停车位不足的，应当按照规划建设程序规划改造建设公共停车场。

居民委员会有权对居住区公共停车场的配套建设和管理情况进行监督。

第十条 公共停车场可以由投资建设者经营管理，也可以委托专业停车管理企业经营管理。居住区公共停车的管理由该居住区物业管理部门或者其委托的专业停车管理企业负责。

临时占道停车位、立交桥下停车场由市市政管理委员会和区、县有关行政主管部门按照职责权限采用招标投标方式委托专业停车管理企业进行经营管理。

第十一条 任何单位和个人不得将已建成的公共停车场挪作他用或者擅自停止使用。

公共停车场建成投入使用后，在其周围一定范围内，不得新设置临时占道停车位；原有的临时占道停车位应当及时撤销。

第十二条 公共停车场应当具备下列条件：

（一）完备的消防设施；

（二）完善的安全监控设施；

（三）符合规定的安全警示标志、停车标志、标线和停车设施。

第十三条 公共停车场经营者应当遵守下列规定：

（一）遵守国家和本市有关法律、法规和规章；

（二）建立健全经营管理制度和服务规范，按照规定向公共停车场主管部门备案，并接受其指导、监督和检查；

（三）工作人员和收费人员应当佩戴明显标志；

（四）按照市价格主管部门批准的收费范围和标准收费，明码标价，使用税务部门监制的统一票据；

（五）保持公共停车场内良好的停车秩序，确保停车设施的正常运行；

（六）保障停车安全，杜绝事故隐患，防止车辆丢失、损坏。

第十四条 机动车驾驶员在公共停车场内停放机动车的，应当遵守下列规定：

（一）自觉遵守公共停车场管理制度，

爱护停车设备设施；

（二）遵守停车标志、标线；

（三）按照规定交纳停车费；

（四）接受公共停车场工作人员的指挥调度，车辆有序停放。

第十五条 本市鼓励企业事业单位的内部停车场对外开放。对外开放的内部停车场的管理，适用本办法的有关规定。

第十六条 违反本办法第十一条规定，将已建成的公共停车场挪作他用或者擅自停止使用的，责令限期改正，并处1万元以上3万元以下罚款。

第十七条 违反本办法第十三条第（二）项、第（三）项、第（五）项规定的，责令限期改正，并处2000元以上1万元以下罚款。

第十八条 违反本办法，属于违反规划、建设、价格、市政管理、公安交通管理等法律、法规和规章的规定的，由规划、建设、价格、市政管理、公安交通管理等部门依法处理。

第十九条 对临时占道停车位的经营管理，依照本办法有关规定执行。临时占道停车位的经营管理者，应当按照规定缴纳占道费。

第二十条 本办法自2001年7月1日起施行。1993年11月18日市人民政府第19号令发布、1997年12月31日市人民政府第12号令修改的《北京市临时占用道路管理办法》第十一条第一款第三项同时废止。

北京市人民政府关于修改《北京市利用文物保护单位拍摄电影、电视管理暂行办法》等十一项规章的决定（节选）

（2001年8月27日北京市人民政府第82号令发布）

北京市人民政府令

第82号

《北京市人民政府关于修改〈北京市利用文物保护单位拍摄电影、电视管理暂行办法〉等十一项规章的决定》已经2001年8月14日市人民政府第37次常务会议通过，现予公布，自公布之日起施行。

市长 刘淇

二〇〇一年八月二十七日

市人民政府决定对《北京市利用文物保护单位拍摄电影、电视管理暂行办法》等十一项规章作如下修改：

一、《北京市利用文物保护单位拍摄电影、电视管理暂行办法》（1986年2月14日北京市人民政府京政发［1986］22号文件发布，根据1997年12月31日北京市人民政府第12号令修订）

第四条修改为："在本办法第三条规定范围以外拍摄电影、电视的，须由拍摄单位按以下程序申报批准：

"（一）征得文物使用单位同意。

"（二）提出拍摄计划（包括分镜头剧本、拍摄项目、拍摄时间、布景、用电方案和安全防护措施），按照国家有关规定报文物管理部门审批。

"（三）在拍摄中更改拍摄计划的，须经原批准的文物管理部门批准。

"获准拍摄电影、电视的单位，须提出防火安全计划，落实防火安全措施，确保文物保护单位的安全。"

二、《北京市人民政府关于加强人行过街桥、人行地下过街通道管理的规定》（1988年10月13日北京市人民政府京政发［1988］92号文件发布）

1. 第三条修改为："在过街桥、道及其附近进行施工（包括维修作业），影响过街桥、道安全或正常通行的，施工单位须在施工前征得市或者区、县市政管理部门同意。"

2. 第四条、第五条和第六条第三项、第四项中的"市政工程管理处"改为"市或者区、县市政管理部门"。

3. 第六条第二项修改为："未经批准在过街桥、道及其附近进行施工，有碍过街桥、道的安全或正常通行的，由市或者区、县市政管理部门责令停工。"

4. 第七条第一款修改为："市市政管理委员会是本市过街道、桥管理的主管机关，负责本规定的组织实施。"

六、《北京市计算机信息系统病毒预防和控制管理办法》（1994年12月5日北京市人民政府批准，1997年12月28日北京市公安局发布，根据1997年12月31日北京市人民政府第12号令修订）

1. 删去第六条第二项和第七条第一款中的"经公安机关认定合格的"。

2. 删去第十条。

3. 第十一条改为第十条，修改为："生产、销售、出租、维修计算机的单位违反本办法，未按规定进行病毒检测的，由公安机关予以警告、责令限期改正，并处200元以上1000元以下罚款。"

"故意制造、传播、复制计算机病毒等破坏性程序，影响计算机系统正常运行，后果严重的，依法追究刑事责任。"

七、《北京市机动车和机动车驾驶员管理办法》（1997年2月9日北京市人民政府第9号令发布）

1. 第九条修改为："汽车达到报废标准的，必须按照国家有关规定报废，不准上道路行驶。"

2. 删去第十一条。

3. 第三十条改为第二十九条，修改为："违反本办法第八条规定的，责令限期改正，处200元以上1000元以下罚款。"

此外，根据本决定对《北京市利用文物保护单位拍摄电影、电视管理暂行办法》等十一项规章部分条文的文字和条、款、项顺序作相应的修改和调整。

本决定自公布之日起施行。

《北京市利用文物保护单位拍摄电影、电视管理暂行办法》等十一项规章根据本决定作相应修改，重新公布。

北京市建设工程施工现场消防安全管理规定

北京市人民政府令

第84号

《北京市建设工程施工现场消防安全管理规定》已经2001年8月14日市人民政府第37次常务会议通过，现予公布，自2001年12月1日起施行。

市长　刘淇

二〇〇一年八月二十九日

第一条　为加强建设工程施工现场消防管理，保障施工现场的消防安全，根据有关法律、法规，结合本市实际情况，制定本规定。

第二条　本规定适用于本市行政区域内新建、改建、扩建以及装饰、装修和房屋修缮等建设工程施工现场（以下简称施工现场）的消防安全管理。

第三条　本市各级公安消防机构负责施工现场消防安全监督管理工作。

城市规划、建设、市政管理等部门应当按照各自的职责权限，对施工现场进行监督管理。

第四条　施工现场的消防安全由施工单位负责。

建设工程施工实行总承包和分包的，由总承包单位对施工现场的消防安全实行统一管理，分包单位负责分包范围内施工现场的消防安全，并接受总承包单位的监督管理。

第五条　施工单位应当落实防火安全责任制，确定一名施工现场负责人，具体负责施工现场的防火工作，配备或者指定防火工作人员，负责日常防火安全管理工作。

第六条　除铁路铺轨、桥涵施工、输电线路架设、地下管线铺设、较小规模的房屋修缮工程和乡村建设工程外，施工单位应当在建设工程开工前将施工组织设计、施工现场消防安全措施和保卫方案（以下简称施工组织设计和方案）报送公安消防机构。

第七条　下列建设工程的施工组织设计和方案，由施工单位报送市级公安消防机构：

（一）国家重点工程；

（二）建筑面积在2万平方米以上的公共建筑工程；

（三）建筑总面积10万平方米以上的居民住宅工程；

（四）基建投资1亿元人民币以上的工业建设项目。

上述范围以外和市级公安消防机构指定监督管理的建设工程的施工组织设计和方案，由施工单位报送建设工程所在地的区、县级公安消防机构。

第八条　公安消防机构应当及时对施工单位报送的施工组织设计和方案进行审查，并在收到施工组织设计和方案之日起7个工作日内作出答复；发现存在问题的，应当明确告知，并提出整改要求。

第九条　施工暂设和施工现场使用的安全网、围网和保温材料应当符合消防安全规范，不得使用易燃或者可燃材料。

第十条 施工单位应当按照仓库防火安全管理规则存放、保管施工材料。

第十一条 建设工程内不准存放易燃易爆化学危险物品和易燃可燃材料。对易燃易爆化学危险物品和压缩可燃气体容器等，应当按其性质设置专用库房分类存放。

施工中使用易燃易爆化学危险物品时，应当制订防火安全措施；不得在作业场所分装、调料；不得在建设工程内使用液化石油气；使用后的废弃易燃易爆化学危险物料应当及时清除。

第十二条 施工单位应当建立健全用火管理制度。施工作业用火时，应当经施工现场防火负责人审查批准，领取用火证后，方可在指定的地点、时间内作业。施工现场内禁止吸烟。

第十三条 施工单位应当建立健全用电管理制度，并采取防火措施。安装电气设备和进行电焊、气焊作业等，必须由经培训合格的专业技术人员操作。

第十四条 施工单位不得在建设工程内设置宿舍。

在建设工程外设置宿舍的，禁止使用可燃材料做分隔和使用电热器具。设置的应急照明和疏散指示标专应当符合有关消防安全的要求。

第十五条 施工单位应当在施工现场设置临时消防车道，并保证临时消防车道的畅通。禁止在临时消防车道上堆物、堆料或者挤占临时消防车道。

第十六条 施工单位应当在施工现场配置消防器材，设置临时消防给水系统。对建筑高度超过24米的建设工程，应当安装临时消防竖管，在正式消防给水系统投入使用前，不得拆除或者停用临时消防竖管。

第十七条 公安消防机构应当加强对施工现场消防安全工作的日常监督检查，发现问题及时督促有关单位改正。

第十八条 施工单位违反本规定，有下列情形之一的，由公安消防机构对施工单位处警告或者2000元以上2万元以下罚款；可对单位直接负责的主管人员和其他直接责任人员并处200元以上2000元以下罚款：

（一）未按规定期限向公安消防机构报送施工组织设计和方案的；

（二）施工暂设和施工现场使用的安全网、围网和保温材料不符合消防安全规范，或者使用易燃、可燃材料的；

（三）违反本规定存放、保管施工材料的；

（四）设置宿舍不符合本规定要求的；

（五）未设置临时消防车道，或者影响临时消防车道畅通的；

（六）未按本规定配置消防器材或者设置、使用临时消防给水系统的。

第十九条 施工单位违反本规定，属违反国家和本市有关施工现场管理的其他法律、法规和规章的，由有关部门依法处理。

第二十条 公安消防机构工作人员有下列行为之一的，由所在单位或者其上级机关给予行政处分；构成犯罪的，依法追究刑事责任：

（一）对施工单位报送的施工组织设计和方案不予答复或者故意拖延的；

（二）对检查中发现的问题不及时指出并督促有关单位改正的；

（三）其他滥用职权、玩忽职守、徇私舞弊的行为。

第二十一条 本规定自2001年12月1日起施行。

1989年7月18日市人民政府第20号令发布的《北京市建设工程施工现场消防安全管理办法》同时废止。

北京市司法局　北京市公安局关于转发《司法部、公安部关于在刑事诉讼活动中开展法律援助工作的联合通知》的通知

京司发〔2001〕202号

北京市法律援助中心，各区县司法局，市公安局有关总队、局、处，各分、县局：

现将《司法部、公安部关于在刑事诉讼活动中开展法律援助工作的联合通知》转发给你们，并对执行该通知的有关问题通知如下，请一并执行。

一、请即组织律师和刑事办案民警认真学习《司法部、公安部关于在刑事诉讼活动中开展法律援助工作的联合通知》（以下简称《通知》）精神，并在工作中严格遵照执行。

公安机关各级办案部门要按照《通知》要求依法支持律师开展法律援助工作，为律师履行法律援助职责提供便利条件。律师在办理法律援助事项中应当严格遵守《通知》规定和有关法律、法规、规章、制度。

二、市公安局各总队、局、处和公交、地铁分局转交的法律援助申请，由北京市法律援助中心受理；各区县公安（分）局转交的法律援助申请，由所在区县法律援助中心受理。

燕山公安分局转交的法律援助申请，由房山区法律援助中心受理；西站公安分局转交的法律援助申请，由宣武区法律援助中心受理；经济开发区公安分局转交的法律援助申请，由大兴区法律援助中心受理。

三、公安机关收到在押犯罪嫌疑人提交的法律援助申请书，向所在地的法律援助机构转交该申请书时，附送由市公安机关统一印制的告知函件，并载明申请法律援助犯罪嫌疑人的自然情况和亲属情况、所涉嫌的罪名和承办机关的名称、联系人及联系方式等内容。

四、法律援助机构接到在押犯罪嫌疑人的法律援助申请，根据法律援助的有关规定进行审查，对符合法律援助条件的，作出同意法律援助的决定，并指派律师提供法律援助。对不符合法律援助条件的，作出不予援助的书面决定，并在决定之日起24小时内通过传真等书面形式通知公安机关。

五、犯罪嫌疑人为盲、聋、哑人，不通晓汉语的少数民族或外国人、无国籍人及国籍不明人员，会见时需要聘请翻译的，承办法律援助案件的律师应当向公安机关提供聘请翻译人员的委托手续、翻译人员的职业证明和基本情况；公安机关应当在48小时内作出是否允许翻译人员参加会见的决定，并通知承办法律援助的律师。

六、公安机关对律师提供法律援助的刑事案件侦查终结后，应当在五日内将案件办理结果函告指派律师的法律援助机构，由法律援助机构告知律师。

附：（一）转交法律援助申请的函式样
（二）侦查终结通知书式样
（三）会见犯罪嫌疑人函式样
（四）不予法律援助函式样

二〇〇一年九月十二日

法律援助格式文书　存根

不予法律援助函（表八）

编号:（　　）京援刑函字第（　）号

经手人:　　　　　　　　　　　　发往单位:

事　由:

批准人:　　　　　　　　　　　　时间:

不予法律援助函（表八）

编号:（　　）京援刑函字第（　）号

________公安局:

本中心于____年____月____日收到________公安（分）局转交法律援助申请函（______字〔______〕号）和申请人________提交的《法律援助申请》。经审查，本中心认为申请人__________有关__________________不符合北京市法律援助案件受理的有关规定，故决定不予援助。特此函告。

＊＊＊法律援助中心（章）

主任:

年　月　日

法律援助格式文书　存根

会见犯罪嫌疑人函（表九）

编号:（　　）京援刑函字第（　）号

经手人:　　　　　　　　　　　　律师事务所名称:

事　由:

批准人:　　　　　　　　　　　　时间:

会见犯罪嫌疑人函（表九）

编号:（　　）京援刑函字第（　）号

________公安局:

本中心____年____月____日收到________公安局（　字〔　〕号）转来申请人________提交的__________一案的法律援助申请，经审查，本中心认为申请人的申请事项符合北京市法律援助案件受理的有关规定，决定受理申请人的请求事项，并指派__________律师事务所__________律师（执业证号码:____________________）和__________律师（执业证号码:________________）前往你单位会见犯罪嫌疑人________，请予以配合。

＊＊＊法律援助中心（章）

主任:

年　月　日

＊ ＊ ＊ 公安局

转交法律援助申请的函

（存根）

字（ ）号

犯罪嫌疑人 男 女 岁

住址

单位及职业

送往单位

批准人

办案人

填发时间

填发人

字 第 号

＊ ＊ ＊ 公安局

转交法律援助申请的函

字（ ）号

法律援助中心：

现将犯罪嫌疑人 提交的《法律援助申请》转交你中心，请查收。

附：情况说明

犯罪嫌疑人姓名： 年龄 性别：

国籍： 民族：

住址：

户籍地：

涉嫌罪名：

法定代理人或近亲属姓名：

地址：

办案人： 联系电话：

年 月 日

（公安机关印）

＊ ＊ ＊ 公安局

侦查终结通知书

（存根）

字（ ）号

犯罪嫌疑人 男 女 岁

住址

单位及职业

送往单位

批准人

办案人

填发时间

填发人

字 第 号

＊ ＊ ＊ 公安局

侦查终结通知书

字（ ）号

法律援助中心：

你中心 律师承办的 涉嫌 一案，已经侦查终结，现做 处理。特此通知。

年 月 日

（公安机关印）

司法部　公安部关于在刑事诉讼活动中开展法律援助工作的联合通知

司发通［2001］052号

各省、自治区、直辖市司法厅（局）、公安厅（局），新疆生产建设兵团司法局、公安局：

为保护犯罪嫌疑人的诉讼权利，规范在刑事诉讼侦查阶段开展的法律援助工作，根据《中华人民共和国刑事诉讼法》及其他有关法律规定，现就有关问题通知如下：

一、公安机关立案侦查的刑事案件，在对犯罪嫌疑人第一次讯问后或者采取强制措施之日起，在告知犯罪嫌疑人有权聘请律师为其提供法律咨询、代理申诉、控告时，对因经济困难无力聘请律师的，可以告知其向当地的法律援助机构申请法律援助；犯罪嫌疑人在押的，可以通过公安机关向该公安机关所在地的法律援助机构申请法律援助。对于涉及国家秘密的案件，应当告知犯罪嫌疑人申请法律援助须经公安机关批准。

二、公安机关收到在押犯罪嫌疑人提交的法律援助书面申请后，应当及时向所在地的法律援助机构转交该申请，同时通知其法定代理人或近亲属向该法律援助机构提交身份和户籍证明、经济和居住状况证明等相关材料。犯罪嫌疑人的法定代理人或近亲属地址不详无法通知的，公安机关应当在转交申请时一并告知法律援助机构。

三、法律援助机构接到在押犯罪嫌疑人的法律援助申请及所需材料后三日内，根据法律援助的有关规定进行审查，对符合法律援助条件的，作出同意提供法律援助的决定，并指派律师提供法律援助；对不符合法律援助条件的，作出不予援助的书面决定，并应当在决定之日起24小时内书面通知公安机关。公安机关应当在接到通知后24小时内，向在押犯罪嫌疑人转告法律援助机构不予援助的决定。

四、接受法律援助机构指派的律师向在押犯罪嫌疑人提供法律援助时，应当向公安机关提交由法律援助机构统一印制的公函、文书，出示律师执业证件。

公安机关凭法律援助机构出具的公函和公文，按照有关法律、法规和规定安排律师的法律援助活动。

五、公安机关要依法支持律师开展法律援助工作，应当告知律师在押犯罪嫌疑人涉嫌的罪名，依法安排律师会见犯罪嫌疑人和刑事被告人；为律师履行向犯罪嫌疑人提供法律咨询、代理申诉、控告、为已逮捕的犯罪嫌疑人申请取保候审以及为刑事被告人履行刑事辩护援助职能提供便利条件。

六、公安机关对律师提供法律援助的刑事案件侦查终结后，应当在五日内将案件办理结果告知法律援助承办律师。

七、律师在办理法律援助事项中应当严格遵守法律、法规和有关规章、制度，尽职尽责；各级法律援助机构应当依法对律师的法律援助活动进行监督、指导，以保证法律援助律师恪守执业道德和执业纪律。

二〇〇一年四月二十五日

北京市司法局　北京市公安局　北京市残疾人联合会关于印发《北京市残疾人事业法制建设工作“十五”实施方案》的通知

京残发〔2001〕186号

各区县司法局、公安分局、残联：

为做好“十五”期间残疾人事业法制建设工作，根据《北京市“十五”时期残疾人事业发展规划》和全国人大内务司法委员会、司法部、公安部、中国残联《关于印发〈残疾人事业法制建设工作“十五”实施方案〉的通知》，制定了《北京市残疾人事业法制建设工作“十五”实施方案》，现印发给你们，请认真贯彻执行。

二〇〇一年十一月二十日

北京市残疾人事业法制建设工作“十五”实施方案

为做好“十五”期间残疾人事业法制建设工作，进一步依法推进残疾人工作，依法维护残疾人合法权益，依据《中华人民共和国残疾人保障法》和《北京市实施〈中华人民共和国残疾人保障法〉办法》及《北京市“十五”时期残疾人事业发展规划》，制定本方案。

一、任务目标

——进一步完善残疾人事业法规、规章，加强重要业务领域的法规建设；

——深入宣传普及《中华人民共和国残疾人保障法》和《北京市实施〈中华人民共和国残疾人保障法〉办法》，加大执法力度，依法发展残疾人事业；

——广泛开展残疾人法律服务和法律援助，切实维护残疾人合法权益。

二、主要措施

1. 进一步完善法规、规章

——修订《北京市实施〈中华人民共和国残疾人保障法〉办法》；

——制定和完善有关残疾人就业、教育、康复、扶贫的配套政策；

——进一步推动无障碍建设管理条例的制定；制定保障盲人出行安全的法规、规章；

——推动制定残疾人社会保障、养老保险、医疗保险等有关法规、规章；

——继续稳定对贫困残疾人的照顾政策，推动在农村税费改革中减免贫困残疾人农业税政策的落实；

——在制定、修订相关法规、规章时将维护残疾人合法权益的内容纳入其中。

2. 加大执法力度

——各级政府和有关部门加大残疾人保障法和相关法规的执行力度，积极配合人大和政协进行执法检查和视察，逐步形成制度；

——各级政府残疾人工作协调委员会组织有关部门进行专项检查，政府有关职能部门根据各自职能进行自查；

——各级残疾人联合会做好执法检查、视察、专项检查的协调、配合工作，及时向相关部门提出执法检查的意见和建议。

3. 积极开展对残疾人的法律服务和法律援助，切实维护残疾人合法权益

——各级政府法律援助机构制定法律援助政策，采取有效措施，确保经济困难的残疾人得到切实有效的法律援助；

——市、区县残联残疾人法律服务机构，要帮助残疾人维权，为残疾人提供法律咨询、转介服务和盲文、手语辅助服务，协助司法行政部门和政府法律援助机构开展残疾人法律援助和法律服务工作；

——推动法援系统为残疾人提供法律服务和司法救助服务，减免贫困残疾人诉讼费和其它费用；有条件的区县可成立残疾人合议庭、巡回法庭等；

——市法院、司法行政部门、公安、残联等部门在基层法院、基层法律服务机构和基层法律援助机构、企事业单位、社区居委会设立维护残疾人合法权益的示范岗；

——各级政府安排适当资金用于法律援助，鼓励社会各界自愿捐赠资金用于法律援助；

——法律援助机构、律师、公证机构为残疾人提供优先、优惠、优质服务；鼓励民间法律援助组织、法律援助专业网站和志愿者为残疾人提供法律帮助和服务；

——加强残疾人法律援助工作者队伍建设和制度建设，适时表彰为残疾人提供法律服务和法律援助的先进单位和个人。

4. 深入宣传残疾人保障法和相关法规

——残疾人保障法和相关维护残疾人合法权益的法规列入“四五”法制宣传教育规划，加大宣传力度；

——编印下发相关宣传资料、宣传画，电台、电视台、报刊、网站等媒体宣传残疾人保障法和相关法规，对维护残疾人合法权益情况进行舆论监督；

——在残疾人及其亲属中开展法制教育，引导他们增强遵纪守法意识和依法维权意识，运用法律维护自身权益，各级政府、残联信访部门及时处理残疾人信访、上访，定期分析情况，提出报告和建议；

——各级残联依托业务工作，结合“全国助残日”、重要残疾人节日和重大活动，针对不同对象，重点宣传残疾人保障法和相关法规，增强全社会保护残疾人合法权益的法律意识，依法推进残疾人工作。

三、经费

市、区县政府每年安排一定的宣传、协调、学习、检查和法律援助、服务经费，保障残疾人保障法和相关法规的宣传、贯彻和落实。

北京市公安局 北京市旅游局关于印发在北京口岸办理团体旅游签证的管理办法的通知

京公境管字〔2001〕1007号

北京地区各国际旅行社：

根据中华人民共和国公安部和中华人民共和国国家旅游局2001年10月24日联合下发的《关于授予口岸签证机关团体旅游签证权的通知》(公境〔2001〕1584号)精神，北京市公安局和北京市旅游局联合制定了《关于在北京口岸办理团体旅游签证的管理办法》，现印发给你们，请认真贯彻执行。

二〇〇一年十二月二十五日

关于在北京口岸办理团体旅游签证的管理办法

根据中华人民共和国公安部和中华人民共和国国家旅游局2001年10月24日联合下发的《关于授予口岸签证机关团体旅游签证权的通知》（公境［2001］1584号）精神，自2002年1月1日起北京口岸签证机关可以受理外国旅行团团体旅游签证的申请。具体实施办法如下：

一、受理范围

北京口岸签证机关只受理经国家旅游局批准并在工商行政管理部门注册的国际旅行社（以下简称“旅行社”）组织并接待的外国旅行团。旅行社不得以任何方式将组织、接待权转让。

旅行团组团人数不受限制。旅行社组团时必须先核实团队人员的身份和护照。对于需要经有关部门批准的团队，获得批准后方可组团。

下列人员不准申请办理口岸团体旅游签证：

（一）《中华人民共和国外国人入境出境管理法实施细则》第七条中规定的不准入境人员；

（二）持外交、公务、官员（特别）护照等非因私普通护照人员；

（三）来华目的与旅行者身份不符的人员；

（四）提供虚假证明材料的人员；

（五）外国记者。

二、申请程序和审批时限

（一）旅行社在团队抵达口岸72小时前将团队成员名单及相关内容信息通过国际互联网传送至市旅游局，市旅游局须在24小时内将核准后的信息传至口岸签证机关，口岸签证机关须在24小时内将审核后的信息反馈给市旅游局和旅行社，届时旅行社对名单内容信息不得再作更改。

（二）市旅游局按照口岸签证机关核准后反馈的旅行团信息打印“团体旅游签证表”一式两份，“团体旅游签证表”一页打不下时，可按顺序在第二页打印，列表空白处以从左上角至右下角划一斜线的方式注销。旅行社办证人员持《旅行社办理旅游团入境签证申请表》到市旅游局领取“签证通知函电”和“团体旅游签证表”。

（三）旅行社办证人员可在旅行团成员抵达口岸后或抵达口岸前24小时内持“签证通知函电”和“团体旅游签证表”到口岸签证机关申请口岸团体旅游签证。口岸签证机关只有权签发一次或两次入境有效的团体旅游签证，有效期为30天。

（四）口岸团体旅游签证实行贴纸签证，做在“团体旅游签证表”的第一页，在其它加页上加盖“中华人民共和国公安部出入境管理局”编号国徽章。市旅游局、旅行社也需分别在首页、加页上盖章。

（五）旅行团凭市旅游局核发的“团体旅游签证表”登机，入境时旅游团向边防检查站提交全团成员的护照、“团体旅游签证表”一式两份，免填“入出境登记卡”。边防检查站检查无误后，在两份“团体旅游签证表”加盖入境验讫章，其中一份留存，另一份发还旅游团供出境时使用。

三、口岸团体签证的管理

（一）持团体签证入境的人员，应按旅行社的接待计划和日程安排整团活动，对擅自离团，逾期停留或从事与旅游目的不符活动的，组团旅行社应及时向市公安局出入境管理处报告，并协助公安机关做好管理工作和对违法人员的查处、遣送工作。凡本人无力承担遣送费用的，遣送费用由旅行社负担。

（二）遇有下列情况之一，由组团旅行社出函向市公安局出入境管理处申请办理团体签证分离手续：

(1) 因交通工具、气候条件不能及时出境的；

(2) 因突发性伤、疾病并持有区县级以上医院证明，需提前或推迟出境的；

(3) 有其它特殊原因，需要提前或推迟出境并能提供相关证明的。

（三）市公安局出入境管理处在办理分团手续时，将被分离人员姓名和团体旅游签证注销，同时在该“团体旅游签证表”的背面签发“L”零次团体签证，签证有效期不变，人数按实有人数签发。在被分离成员的护照上签发“L”零次签证，有效期不超过三十天。

（四）因本人护照遗失，已领取新护照的，可不办理分离手续，凭公安局出入境管理部门开具的《护照报失证明》和新护照随团出境。因不可抗拒原因，需分批从同一口岸不同时间出境的，前一批出境人员出境时，口岸边防检查站收缴团体签证，后一批出境人员凭旅行社说明情况的公函和原团体签证复印件出境（公境检［2000］655号文件）。

（五）团体签证丢失申请补发时，需持原团体签证复印件，重新打印的“团体旅游签证表”和旅行社开具的公函，到市公安局出入境管理处申请补发。补发签证时，可按实有人数在“团体旅游签证表”的第一页上签发“L”零次团体签证，并在其他加页的“签证机关专用栏”内加盖“中华人民共和国公安部出入境管理局”编号国徽章，团体签证的有效期不超过三十天。

（六）旅行团成员因病或意外情况死亡的，旅行社应出具公函，凭医院的“死亡证明”或公安机关的“法医鉴定书”和团体签证原件到市公安局出入境管理处办理死者签证的注销手续。市公安局出入境管理处将死者姓名和团体签证注销后，在“团体旅游签证表”背面签发“L”零次团体签证，按实际人数填写，有效期不变。

（七）旅行团入境后应在签证的有效期内离境。如因特殊原因不能按期离境的，应在签证到期前，由旅行社出具公函和团体签证原件向市公安局出入境管理处申请办理签证延期。办理团体签证延期时，需将原团体签证注销，在团体旅游签证表的背面签发“L”零次团体签证，期限不超过三十天。

（八）旅行社申请办理团体旅游签证、团体旅游签证的延期、变更、加签，须按国家有关规定缴纳签证费。

四、附则

团体旅游签证的签发，延期、变更均采用现行的贴纸签证。贴纸签证的使用、填写、打印要求，按公安部《关于启用贴纸签证的通知》（公境外［2000］232号）附件一的有关规定办理。

旅行社应派专人办理口岸团体旅游签证，以便加强业务培训，遵循国家的法律和各项规章制度办事。

旅游行政管理部门要加强对旅行社的监督指导，工作中发现旅行社违规操作，签证机关有权拒发签证并及时通报旅游行政管理部门。旅游行政管理部门视情节轻重，依照规定进行处理，情节严重的可取消接待资格直至吊销旅行社经营许可证。

外省、市、自治区的旅行社在北京口岸签证机关申请口岸团体旅游签证，按本办法执行。

我国政府与外国政府有团体旅游签证互免协定的，按协定执行。

本规定自2002年1月1日起执行。

北京市公安局　北京市工商行政管理局关于印发实施因私出入境中介活动管理办法若干规定（试行）的通知

京公境管字〔2001〕999号

各公安分县局，各区县工商分局、市工商局各业务处、各直属机构：

为了规范北京市因私出入境中介活动，根据公安部、国家工商行政管理总局《因私出入境中介活动管理办法》（以下简称《办法》），结合本市的具体情况，市公安局会同市工商行政管理局制定了《关于实施因私出入境中介活动管理办法若干规定（试行）》，现印发给你们，请认真贯彻执行。

二〇〇一年十一月十九日

关于实施因私出入境中介活动管理办法若干规定（试行）

第一章　总则

第一条　为加强因私出入境中介活动的管理，保护公民的合法权益，根据公安部、国家工商行政管理总局《因私出入境中介活动管理办法》，制定本规定。

第二条　本规定适用于在北京市行政区域内从事因私出入境中介服务的机构（以下简称中介机构）及其相关的中介服务活动。

第三条　本规定所称因私出入境中介活动(以下简称中介活动)是指为中国公民出国定居、探亲、访友、继承财产和其他非公务活动，提供信息介绍、法律咨询、沟通联系、境外安排、签证申办及相关服务的活动。

第四条　北京市公安局负责对北京市因私出入境中介机构的资格认定和中介活动的业务管理、监督、检查。北京市公安局出入境管理处具体组织实施。

北京市工商行政管理局负责对中介机构的登记注册，区县工商分局负责监督管理。

第五条　中介机构的中介活动应当遵循公开、公正、诚实信用和公平竞争、规范服务、自愿有偿的原则。

第二章　中介机构的设立

第六条　设立中介机构应当具备以下条件：

（一）符合企业法人设立的条件；

（二）法定代表人应当是具有境内常住户口、具有完全民事行为能力的中国公民、符合企业法定代表人登记管理的有关规定；

（三）有熟悉我国和相关国家出入境法律、法规和政策的工作人员，主要工作人员应当具有大学专科以上学历。其中应当有具备专业资格的外语、法律、财会人员；中介机构的工作人员不得少于5名；

（四）法定代表人和主要工作人员均未因犯妨害国（边）境管理秩序罪受过刑事处罚；

（五）已建立保证中介活动正常运行的

规章制度，落实管理、责任人员；

（六）与外国相关出入境服务机构已建立合作与交流关系，直接签署有效的合作意向书或者合作协议。

第七条　申请人申请设立中介机构，应当先到工商行政管理机关办理名称预先核准登记，持名称预先核准通知书向北京市公安局提出申请。申请增加从事因私出入境中介服务项目的，持《营业执照》向北京市公安局提出申请。

申请时应当提交以下材料（一式两份）：

（一）填写完整的《因私出入境中介机构资格申请表》；

（二）中介机构法定代表人、主要负责人、主要工作人员的简历、身份证明及相关的专业资格证明（查验原件留复印件）；

（三）与外国出入境服务机构（必须具有3年以上的经营资历的）直接签署的有效的合作意向书或者协议（中、外文本），以及经我国驻外使、领馆认证的外国签约方的合法资格证明；

（四）具有法定资格的验资机构出具的验资证明；

（五）中介机构的企业章程；

（六）保证中介活动正常运行的规章制度，包括：中介机构的机构设置、运行模式、保障机制等内容；

（七）拟开展中介活动的可行性报告；

（八）住所和经营场所使用证明（场地租赁合同或房地产证）。

第八条　北京市公安局在受理申请后的60个工作日内完成资格认定工作。符合资格认定条件的，将申请材料（副本）连同资格认定报告一并报公安部备案。不符合资格认定条件的，及时通知申请人，并说明不认定的理由，将申请材料退回。

第九条　申请人获得资格认定的，由北京市公安局颁发有效期为5年的《因私出入境中介机构经营许可证》（以下简称《经营许可证》）。申请人凭《经营许可证》依法向北京市工商行政管理局申请办理登记注册，并在登记注册领取营业执照之日起30日内向北京市公安局备案。

申请人属于增加因私入境中介服务项目的，持《营业执照》到工商行政管理机关申请办理变更登记手续。

第十条　境外(地区)机构和个人以及外国驻华机构申请《经营许可证》的,不予受理。

第三章　中介机构的经营

第十一条　中介机构可以为出国定居、探亲、访友、继承财产和从事其他非公务活动的人员提供以下服务：

（一）国内外出入境信息介绍；

（二）我国出入境管理法律、法规以及前往国家的有关法律、法规咨询；

（三）与相关国家出入境服务机构沟通联系或合作，为服务对象合法入境前往国提供相应证明材料；

（四）指导、协助服务对象合法申办前往国签证；

（五）相关材料的中外文字翻译；

（六）对服务对象进行有关国家语言、生活常识、技能培训；

（七）服务对象的境外安排和接待；

（八）主管机关许可的其他相关业务。

凡申请从事因私出入境中介活动的,其经营项目统一核定为“因私出入境中介服务、代理服务”,中介机构可以从事其他合法的经营业务。但从事上述活动以外经营项目的，应经北京市工商行政管理局核准登记。

第十二条　中介机构应当在北京市行政区域内开展中介活动。

中介机构设立分支机构从事中介活动的，应当按照本规定第二章的规定办理资格认定手续，并交存备用金。

第十三条　中介机构不得以承包、转包或租赁等形式开展中介活动。不得委托未经批准的机构或者个人代理中介活动业务。

第十四条 中介机构应当根据《中华人民共和国合同法》的规定与其服务对象签订出入境中介服务协议书，明确双方的权利、义务。

出入境中介服务协议书式样由北京市公安局会同北京市工商行政管理局制定发布。

第十五条 中介机构从事中介活动收取款项，应当向服务对象开具国家制定的统一发票，禁止使用其他票据。

第十六条 中介机构变更名称、住所、法定代表人的，应当按照本规定第二章的有关规定，换领《经营许可证》。其中涉及名称变更的，应当提交北京市工商行政管理局同意变更名称的证明文件。

中介机构变更登记事项，应当向北京市工商行政管理局申请变更登记，其中，经北京市公安局重新核发《经营许可证》的，应当向北京市工商行政管理局提交新的《经营许可证》。

中介机构主要工作人员变更的，应当向北京市公安局备案。

第十七条 中介机构发布有关出入境中介活动广告,必须经工商行政管理机关批准。

第十八条 中介机构与外国出入境服务机构签署的新的合作意向书或者协议，应当报请北京市公安局确认，确认做为中介机构申请发布出入境中介服务广告的必要证明。

外国出入境服务机构发生变化或者与中介机构签署的合作意向书或者协议的内容变更时，中介机构应随时向北京市公安局通报情况，在年度经营情况报告中作出详细说明，并附相关材料。

第十九条 中介机构《经营许可证》和《营业执照》正本应当悬挂在经营场所的显著位置。

第二十条 《经营许可证》实行年度审核制度。中介机构应当按照年度审核要求，于每年度一月向北京市公安局提交《因私出入境中介机构年度审核表》、上一年度经营情况报告以及其他相关材料，并由北京市公安局审核。

北京市公安局应当在每年的二月底以前完成中介机构《经营许可证》年度审核并将结果报告公安部，同时将年度审核不予通过并取消《经营许可证》的中介机构名单通报工商行政管理机关。

第二十一条 中介机构有下列情形之一的，年度审核不予通过：

（一）编造情况，提供假证明，骗取出入境证件，受到刑事或者行政处罚的；

（二）机构情况发生重大变化，已不具备本办法第六条规定的条件的。

第二十二条 中介机构应当在《经营许可证》有效期满前 90 日内，重新申请资格认定。申请程序按照本规定第二章的有关规定办理。

第二十三条 中介机构破产、解散或者终止中介活动的，应当以书面形式向北京市公安局提出终止中介活动申请（包括处理善后事宜的措施、期限和留守人员名单），缴还《经营许可证》；并按照规定向工商行政管理机关办理注销登记。

第二十四条 中介机构有以下情形之一的，由北京市公安局依法注销其《经营许可证》，并报公安部备案：

（一）中介机构年度审核不通过或者不按照规定参加年度审核；

（二）中介机构超过 60 日未按照规定补足备用金的；

（三）依法被取消中介活动经营资格的。

第二十五条 北京市公安局注销中介机构《经营许可证》，应在 5 个工作日内通报北京市工商行政管理局。被注销《经营许可证》的中介机构应当向北京市公安局缴销《经营许可证》。

中介机构应当在注销《经营许可证》的 30 日内，向北京市工商行政管理局申请注销或者变更登记。拒不办理的，由工商行政管理机关依法查处。

第二十六条 中介机构因违反本规定被注销《经营许可证》、吊销营业执照的，其法定代表人和主要责任人3年内不得从事因私出入境中介活动。

第四章 备用金的管理与使用

第二十七条 中介机构应当具备200万人民币的备用金，用于其服务对象合法权益受到损害时的赔偿及支付罚款、罚金。

第二十八条 中介机构应当与北京市公安局签订《委托监管备用金协议》，并按照协议规定将备用金存入北京市公安局指定银行中该中介机构的委托帐户。备用金及其利息由北京市公安局按照《委托监管备用金协议》实行监管。

第二十九条 备用金及其利息归中介公司所有，不得用于本规定第二十七条规定以外的用途。中介机构解散、破产、合并或者分立，其备用金及其利息作为中介机构资产的一部分，按照有关法律规定处理。

第三十条 中介机构无力按照仲裁机构的裁决或者人民法院的判决进行赔偿，或者无力支付罚款、罚金和对服务对象的赔偿时，可以书面形式向委托监管的北京市公安局提出动用备用金及其利息的申请（并附仲裁机构、行政机关、人民法院的裁决书、处罚文书、判决书、与服务对象签订的出入境中介服务协议书），但所申请金额不得超过备用金总额的50%，并应当在60日内补足备用金。

中介机构拒不支付罚款、罚金，拒不执行仲裁机构或者人民法院的裁决或者判决的，执行机关可以依法采取强制执行措施。

第三十一条 中介机构被注销《经营许可证》或者终止中介活动业务后，应当在市级报刊登报声明，如90日内未发生针对该机构的投诉或者诉讼，可凭委托监管的北京市公安局开具的证明，到银行领取其备用金及利息。

第五章 罚 则

第三十二条 单位和个人未经资格认定、登记注册擅自开展中介活动的，由区、县级以下公安机关和工商行政管理机关按照职责分工，依法查处。构成犯罪的，依法追究刑事责任。

第三十三条 中介机构有违反本规定第十二条、第十三条规定行为之一的，由北京市公安局根据《因私出入境中介活动管理办法》第三十二条的规定责令其限期整改，对没有违法所得的，处以10000元以下罚款；对有违法所得的，处以违法所得3倍以下不超过30000元的罚款。

第三十四条 中介机构在中介活动中为他人编造情况、提供假证明，骗取出入境证件，没有违法所得的，由北京市公安局根据《因私出入境中介活动管理办法》第三十三条的规定对中介机构处以5000元以上10000元以下的罚款；有违法所得的，处以违法所得3倍以下不超过30000元的罚款。构成犯罪的，依法追究刑事责任。

第三十五条 对未经批准发布中介活动广告的，由工商行政管理机关根据《因私出入境中介活动管理办法》第三十四条的规定责令停止发布，有违法所得的，处以违法所得3倍以下不超过30000元的罚款；没有违法所得的，处以10000元以下罚款。

第六章 附 则

第三十六条 本规定不适用于中国公民因私事前往香港、澳门特别行政区和台湾地区。不适用于中国公民出国留学、境外就业的中介活动，以及组织中国公民自费出国旅游、劳务活动。

第三十七条 本规定由北京市公安局和北京市工商行政管理局负责解释。

第三十八条 本规定自2002年1月1日起施行。

指挥决策系统

办　公　室

【概　况】　2001年是市局机构改革后办公室按照新机制、职能运行的第一年。办公室进一步落实、规范、深化、发展市局党委提出的“十五字”工作方针，为开拓办公室工作新局面，推动首都公安工作的顺利进行发挥了积极作用。积极做好“110”接处警工作，共接报警求助电话195万余个，发出处警通知37.6万余次。围绕全局“助申奥”、“保大运”、“严打”整治、打击“法轮功”邪教组织等中心任务，做好动态信息反映工作，共向有关领导机关提供信息数据4715件次，被采用近900条。做好情况综合工作，完成了市局各类文件起草任务，制定全局性安保工作方案、预案21个。圆满完成了《申奥报告》、《奥运会安全保卫工作支撑报告》和《陈述报告》安全部分的撰写和修改工作，为北京“申奥”成功做出了贡献。协调组织有关单位完成了建立朝、海、丰社会治安打防控长效机制、公安队伍规范化建设、从优待警、公安后勤服务社会化和公安电子政务社会服务系统建设5个重点课题的调研、转化，并起草了《北京奥运行动规划·安全保卫专项规划》，为领导科学决策、指导工作发挥了重要作用。认真做好机要文秘、会务等协调服务性工作，专送急件3374件，组建重大事件文件专卷17卷1522件，组织市局重大会议、活动86次，提高了工作质量。开始承担市局计算机网络信息管理工作，完成了计算机公安专网市局主页改版、办公室主页建成及改版和政府公共网“首都之窗·北京市公安局主页”改版，筹建了全国首家“网站‘110’信箱”，加大对信访件立案建帐督办数量，共受理转办违法犯罪线索4052条，上级交办和局、处确立的1342件重点信访件按期办结1338件，有效地提高了全局重点信访件的按时办结率。加大了局属单位档案目标管理工作的指导力度，全年有7个单位晋升为北京市一级先进单位，35个派出所晋升为市局一级先进单位。开展了全局保密、密码工作大检查，受到公安部检查组好评。做好人大代表建议、政协委员提案办理和专项查办工作，共办理全国、市“两会”人大代表建议、政协委员提案281件，完成领导专项查办32件，市委政法委批（督）办案件12起。做好因公出国手续办理和内外宾接待工作，共为261批团组1044人次办理了因公出国手续，接待内外宾代表团组157批1744人。深入开展了“三项教育”、干部竞争上岗、岗位培训等政治思想工作，不断提高全体民警的思想觉悟和工作水平。全年，共有2个单位荣立集体二等功，2个单位荣立集体三等功，57名个人立功受奖，48名同志被评为优秀公务员。

（张亚臣　李　华）

【完成全年重大调研课题任务】　年内,办公室研究室协调组织有关单位完成了市局党委确定的《关于建立朝海丰社会治安打防控长效机制的调研》、《关于公安电子政务社会服务系统建设的调研》、《关于公安队伍规范化建设的调研》、《关于从优待警问题的调研》、《关于公安后勤服务社会化问题的调研》5个重点调研课题的调研任务,并转化为成果。

（宋维秀）

【“110”报警服务台工作】　年内，办公室指挥中心“110”报警服务台共接电话195万余个，发出处警通知37.6万余件，服务救助群众3.5万余人次，提供咨询服务84万余次；现场抓获各类犯罪嫌疑人4929人；回访群众5663名，满意率达96%；接到群众表扬电话58个、表扬信19封、送来鲜花表示感谢2次，通过新闻媒体表扬5次，“110”报警服务台保持了“全国青年文明号先进集体”的称号。

（朱　雷）

【继续做好处置“法轮功”情况信息工作】　年内，办公室指挥中心核对、录入、上报查获“法轮功”人员情况并向各有关单位提供数据4715件次，重点加强了对每周查获“法轮功”人员情况的分析和处置大规模闹事活动的情况汇总工作，上报情况信息工作受到中央及市委有关部门称赞，指挥中心被评为北京市与“法轮功”邪教斗争先进集体，2名同志被评为先进个人。

（朱　雷）

【围绕工作重点做好情况综合工作】　年内，办公室综合处共起草各类领导讲话、汇报提纲80余件,文件、报告337件,各类简报349篇。编报2001年市政府折子实事完成情况表、市政府60件实事完成情况表等40余份。编辑报送《北京公安统计主要数据要报》12期,2000年全年的刑事案件情况分析报告获得全市优秀统计分析报告评选市级二等奖。

（刘　浩）

【开展公安电子政务调研和建设工作】　年内，根据市政府《关于加快政务信息化建设的意见》，市局党委把公安电子政务社会服务系统建设列为2001年全局重点调研课题，由办公室牵头，会同政治部、装备财务处、科技处和信息通信处组成课题组开展调研。形成了《关于公安电子政务社会服务系统建设问题的调研报告》和《公安电子政务社会服务系统建设规划》。本着“边调研，边建设”的原则，开展了公安电子政务社会服务系统的建设工作，于5月1日正式在对外网站上推出了网上公示、网上咨询和网上办公三大类14个栏目，取得了良好的社会效果。8月，公安电子政务社会服务网站在全市政法系统网站司法警务公开检查评比中，荣获一等奖；12月，在北京市国家机关政务公开检查评议中被评为优秀网站。

（吕树桐）

【牵头完成申奥报告（安全部分）和情况综合工作】　年内，办公室综合处牵头组织市局申奥情况综合组完成《申办报告》主题12（安全部分）、《奥运会安全保卫工作支撑报告》（安全部分）和《陈述报告》（安全部分）的撰写、修改工作及迎接国际奥委会评估团考察奥运安全保卫工作问答提纲。与有关单位共同研究制定了《申奥期间加强社会面控制总体方案》、《国际奥委会投票期间加强重点地区控制方案》等多项安保方案。起草了《申奥工程进展情况报告》、《申奥工作完成情况报告》等材料。编发《申奥安保工作专刊》20期,《迎评安保工作信息》9期。申奥情况综合组荣立集体二等功。

（刘　浩）

【做好“严打”整治总结综合工作】　年内，市局以综合处为基础成立了“严打”整治情况综合办公室，协助市局领导协调组织市局“严打”整治工作。多次起草局领导讲话，

9月17日，市局在北京警察博物馆举行永久纪念箱置放仪式。市委副书记、政法委书记强卫（于1999年3月—2001年8月兼任北京市公安局党委书记、1999年3月—2001年9月兼任北京市公安局局长）将永久纪念箱金钥匙交给市局党委书记刘德（右）、局长马振川（左）

摄影：史良、刘育斌

北京市公安局

副　局　长　（1995 年 5 月 —2001 年 8 月）

党委副书记　（1998 年 5 月 —2001 年 8 月）

党 委 书 记　（2001 年 8 月 —　　　　　　）

刘　德

摄影：王国庆　马学武

北京市公安局

党委委员　（1998年5月—2001年8月）

副局长　（1998年6月—2001年9月）

党委副书记　（2001年8月—　　　　）

局长　（2001年9月—　　　　）

马振川

摄影：王国庆　马学武

北京市公安局
党委副书记（1996年3月——　　）
副　局　长（1992年1月——　　）
吕实珉

北京市公安局
党委副书记（1999年6月——　　）
副　局　长（1997年3月——　　）
张家旺

北京市公安局
党委委员（1996年6月——　　）
副局长（1994年5月——　　）
李全福

北京市公安局
党委委员（1996年6月——　　）
副局长（1995年5月——　　）
阮增义

摄影：王国庆　刘永生　马学武

北京市公安局

党委委员（1996年12月——　　）

副 局 长（1997年 3 月——　　）

杨 文 忠

北京市公安局

党委委员（2001年4月——　　）

副 局 长（2001年5月——　　）

刘 绍 武

北京市公安局

党委委员（2001年4月——　　）

副 局 长（2001年5月——　　）

张 越

北京市公安局

党委委员（1996年6月——　　）

纪委书记（1996年6月——　　）

督 察 长（2000年7月——　　）

张 久 臣

摄影：王国庆 马学武 王建军

7月1日市局筹备的北京警察博物馆建成。中共中央政治局委员、中央政法委书记罗干（左二）、中共中央政治局委员、北京市委书记贾庆林（左三），公安部部长贾春旺（左一）为博物馆揭幕。图为市局局长强卫（左四）、副局长刘德（左五）陪同领导参观博物馆

摄影：杨雅佳

5月30日，市局在市委第一会议室举办“严打”整治斗争成果汇报展览。市委书记贾庆林（左二）、市长刘淇（左三）等领导在局长强卫陪同下参观展览

摄影：吴振英

市局召开党委扩大会议部署全年工作

摄影：张立新

市局与清华同方股份有限公司举行“金盾工程”网络建设签字仪式

信通处供稿

市局召开贯彻党的十五届六中全会精神电视电话会议。市局新任党委书记刘德（左四），党委副书记、局长马振川（左五），党委副书记、副局长吕实珉（左三）、张家旺（左六），党委委员、副局长阮增义（左二），党委委员、纪委书记张久臣（左七），党委委员、政治部主任杨晓毅（左一）出席会议

政治部供稿

市局召开申奥活动安全保卫工作动员部署大会

摄影：张立新

市局办公室档案处、人口管理处在北京会议中心召开派出所目标管理达标升级现场会，推动派出所规范化管理工作

人口管理处供稿

年初，市局召开全市高发案地区33个派出所挂牌考核工作会议，部署压案、破案工作

摄影：张立新

市局在国家奥林匹克体育中心体育场举行第十二届警体运动会

摄影：刘永生

市局换发新的民警工作证件

摄影：吴振英

市局为全局刑警配发刑事警察执法证件

摄影：吴振英

首都“110”报警台台标

市局副局长杨文忠(左二)为“110”报警台台标正式投入使用揭牌

办公室主任张卫华(右一)在2001《北京公安年鉴》总结表彰会上，宣读先进单位、先进个人名单

按照市局统一部署，办公室组织科职领导干部公开选拔竞争上岗考试

办公室秘书处网站荣立集体三等功

办公室信访处组织召开全局信访工作会议，部署全年信访工作

办公室外事办热情接待外国同行友好访问。图为：外办主任高红军接受俄罗斯莫斯科市内务总局局长普罗宁少将授予的“俄中两国警方友谊与合作特殊贡献”勋章

办公室档案处被评为“北京市档案系统先进集体”

摄影：马学武、裴振林等

法制办公室 FA ZHII BAN GONG SHI

市局副局长刘绍武（前排右四）与《首都公安法制》杂志编委会成员、编辑研究办刊工作。法制办主任林兆波(右三)、副主任戴谊(右一)、副主任李渊林(右二)参加

法制办召开《首都公安法制》杂志创刊五周年暨优秀法制调研报告表彰会

10月，组织召开执法监督工作经验交流研讨会

6月，法制办组织全局第一期法制干部培训班

摄影：冯小彤、佘京华、程海涛

市局政治部选举产生新一届党委。党委书记杨晓毅(左五)，副书记宋永智(左四)，委员徐利京(左六)、董小兵(左三)、刘少波(左七)、张策(左二)、刘茂廷(左一)

召开全局 2001 年政治工作会议

市局第二批公开选拔处级领导干部任命仪式

政治部主任杨晓毅代表市局与广渠门中学签定“接收首都公安烈士子女就学协议”

年内，政治部代表市局与中国人寿保险北京分公司达成为全局民警投保共识，并举行签字仪式

政治部组织举办市局第十二届体育运动会

为推动全局民警的现代化意识，政治部适时组织举行全局民警计算机应用技能大赛活动

11月13日至15日，全国四个直辖市公安纪检监察督察工作研讨会在京举行。公安部党委委员、纪委书记、督察长祝春林(前排左四)会见会议代表并合影留念

10月，市纠风办在市局召开行风评议面对面座谈会

12月，市局警务督察处在大兴西红门巡总培训基地举办市局督察领导干部培训班

8月，纪委组织召开加强队伍党风廉政建设电视电话会

副督察长刘正学深入现场指导工作

组织举办全局审计干部继续教育培训班

召开警民关系座谈会，认真听取社会各界对公安工作的看法和意见

市局警务督察处民警在勤务现场执行督察任务

警院昌平新址奠基仪式举行。市局主要领导和院领导参加奠基仪式

市局处职领导干部《领导科学》培训班开班，市局党委书记刘德（右三）出席开班典礼

警院与二警校举行合并大会

举办教官培训班

北京人民警察学院 BEI JING REN MIN JING CHA XUE YUAN

召开第一届全院科技工作大会

为教学一线配发汽车和笔记本电脑

隆重举行参加第21届世界大学生运动会安全保卫誓师大会

在校学生参加第21届世界大学生运动会安全保卫工作

法学教授与学生利用课间探讨学习问题

摄影：张清、邵燕宁

装备财务处 ZUANG BEI CAI WU CHU

11月19日，市委副书记强卫（左二）在市局党委书记刘德（左三）、装财处处长张兵（左一）陪同下，检查公安科技“十五”计划项目落实情况

6月1日，市局局长强卫(中)、市计委委员白云生(左三)、市财政局副局长王晓明(左五)、市局副局长刘德(左二)、吕实珉(左六)、政治部主任杨晓毅(左一)等领导来到市局幼儿园与老师和小朋友联欢

5月17日，装财处举行支援一线“严打”配发新车仪式

大运会期间，服务中心为一线执勤民警送去可口的饭菜

5月9日，组织全处警力会同治安总队销毁收缴的非法枪械

院领导班子。(从左至右)副院长宋建民、政治处主任常增奇、党委书记、政委任映雪、副院长郭岩

5月8日，院团委召开了“‘严打’整治奋勇争先”为主题的竞赛活动

公安医院在淋巴管疾病治疗方面取得成效，受到患者赞扬

天津市公安医院来院参观交流

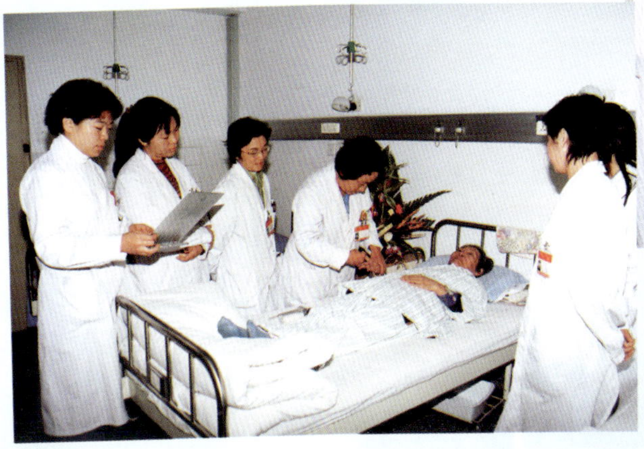

查房

科技处 KE JI CHU

市局党委书记刘德(右二)向交通科学研究所教授级高级工程师王耘非颁发市局科技成就奖评审委员会委员聘书

3月2日，在香山召开北京市公安局2001年科技系统工作会议

处长贾胜文在北京市公安局2001年科技系统工作会议上做演示汇报

举办第六届科技沙龙活动

信息通信处 XIN XI TONG XIN CHU

市委副书记、政法委书记强卫(左二),市局党委书记刘德(左一)副局长吕实珉(右二)听取信通处处长刘营(右一)介绍市局信息中心建设情况的汇报

举行金盾工程项目建设责任书签字大会

处领导夜间深入光缆施工现场研究解决问题

全处举行青年突击队授旗仪式暨誓师会

调试安装大运村内监控设备

处长于兵(左一)向市局局长马振川(左二)汇报全市电脑网络监察工作情况

副处长张越今（左一）向参加全国科技系统工作会议的科技工作者介绍市局电脑网络监控中心和首都网监工作的情况

民警在“清理整顿互联网上网服务营业场所专项治理”工作中，认真履行检查职责

新建成并投入使用的公共信息网络安全监控中心演示厅

安全技术防范管理办公室

AN QUAN JI SHU FANG FAN GUAN LI BAN GONG SHI

技防办主任杨英（右二）陪同公安部科技局局长司同军（右一）参观2001北京科技创安新技术推广展示会

组织对全市金融单位专用紧急报警联网系统进行年度检测

在技防办的努力下，城八区的银行等金融单位运钞车均安装了防抢劫紧急报警装置，防范系数大大提高

绿色承诺在行动，全处民警参加植树造林活动

1月，中共中央政治局委员、国务委员、中央政法委书记罗干(左六)视察总队

总队召开全体党员大会，庆祝建党80周年

总队举办分县局国保支、大队正职领导培训班。前排：总队长张越(左六)、政委王亮(左八)、副总队长张宪林(左四)、焦汉文（左十)、李书业(左二)、唐志刚(左三)、李晓鹏(左一)

总队捣毁一“法轮功”窝点，收缴了自行熔断巨型条幅、VCD光盘等邪教宣传品

表彰奖励先进集体和个人

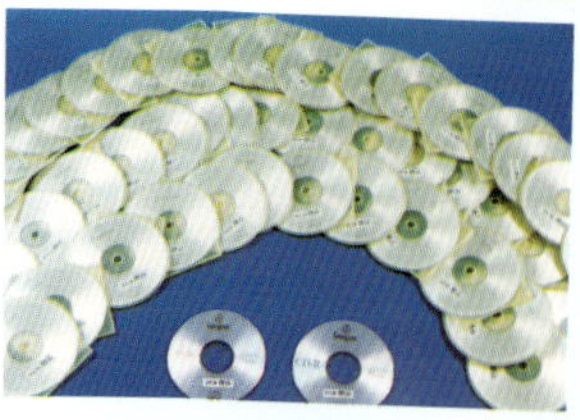

文化保卫处 WEN HUA BAO WEI CHU

召开高校治安工作座谈会，征求各高校对公安保卫工作意见，市局局长强卫(正排左三)出席座谈会

市局副局长张越(前左三)在处长汤国威(前左二)等领导陪同下参加情报信息专项工作会议

举办大运会安保工作培训班

处女篮代表队荣获市局运动会丙组篮球比赛冠军

举办第一期分、县局文保民警培训班

行动技术处 XING DONG JI SHU CHU

11月9日，中国人民解放军北京军区召开“10·8”案庆功会，北京军区政治部副主任张鼎文（左一）向帮助破案的市局行动技术处处长潘井泉赠匾

10月25日，政委王伟（左三）在全处选拔干部竞争上岗笔试考场检查考试情况

5月25日，澳大利亚联邦警察行动技术局代理局长马克沃尔特（左四）率团来访交流

10月，举办全处领导干部培训班，对竞聘上岗领导干部进行上岗培训

出入境管理处 CHU RU JING GUAN LI CHU

市局副局长张家旺(右二)、处长张淑英(右一)接待瑞士移民局代表团

在首都机场口岸为出入境外国人办理签证

接待外国人报案

在大运会场馆为外国运动员解答疑难问题

检查临时来京外籍人员住宿登记情况

1月21日，中共中央政治局委员、国务委员、中央政法委书记罗干到刑侦总队特警支队慰问战斗在全市刑侦战线的功模代表和民警

市委副书记强卫(前左二)到总队调研，总队长王军(前左一)等陪同

9月12日，市局党委书记刘德(左四)、局长马振川（左五)、副局长阮增义（左三)、政治部主任杨晓毅（左六)、办公室主任张卫华（左二）到总队调研

总队召开第一次党代表大会。出席大会的领导有：市局主管刑侦工作的副局长阮增义(左五)，总队党委书记、总队长王军（左六)，总队党委副书记、政委张新威（左四）等领导

刑事侦查总队 XINGG SHI ZHEN CHA ZONG DEI

警犬队在上海APEC会议期间，奉命赴上海参加安全保卫工作，执行现场搜爆、防暴安检任务

9月3日，市局隆重举行刑事警察执法证件的颁发起用仪式

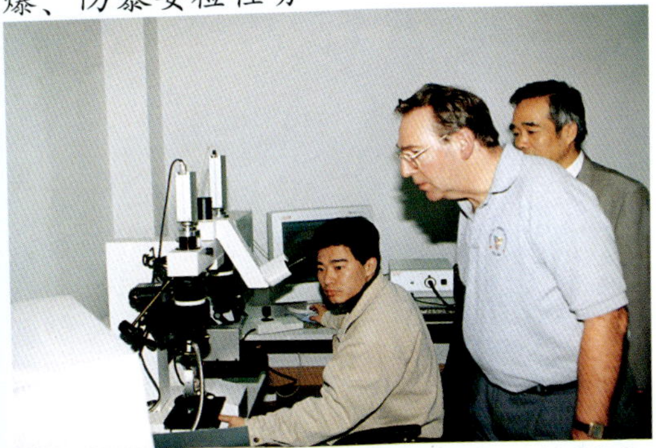

外国同行在总队刑技处参观枪弹痕迹检验室

总队刑技人员利用高科技设备，对犯罪嫌疑人的指纹进行比对

5月24日，总队召开"严打"斗争动员部署大会，总队党委全体成员、所属科队以上现职领导干部参加了大会

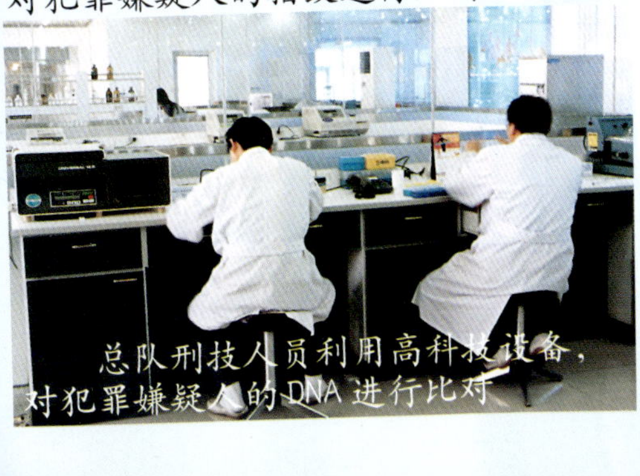

总队刑技人员利用高科技设备，对犯罪嫌疑人的DNA进行比对

摄影：封琪、王为桥、陆一飞、傅祖兴

11月2日，全处召开“严打”整治法制工作会议

12月28日—30日，处长胡跃庭参加国际刑警组织在沙特阿拉伯首都利亚得召开的反洗钱研讨会

政委王金海在竞聘选拔探长动员会上做动员讲话

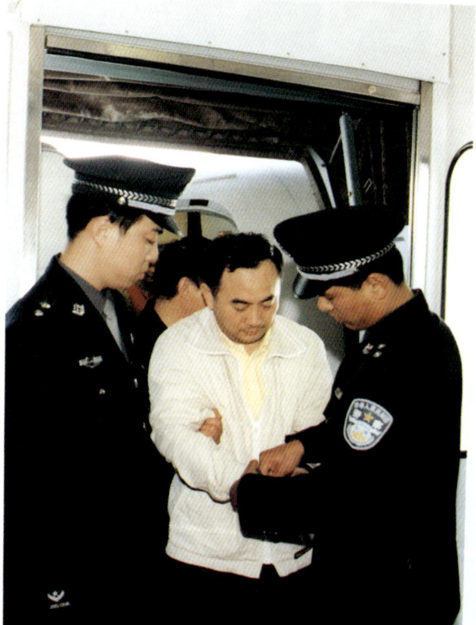

4月13日侦查员从珠海市将潜逃两年公安部督办的在逃犯罪嫌疑人梁毅抓获归案

百年老楼加固、维修后，经侦民警的办公条件得到改善

摄影：赵梅荣

监所管理处 JIAN SUO GUAN LI CHU

领导班子。(从左至右)政治处主任裴林章，副处长刘连明、马恒、梁泽溥，处长毕晶，政委王健，副处长崔琳、宿景阳，纪委书记付俊岭

在全局监所范围内统一组织，开展以打击牢头狱霸为切入点，重点解决监所突出问题的专项整治斗争

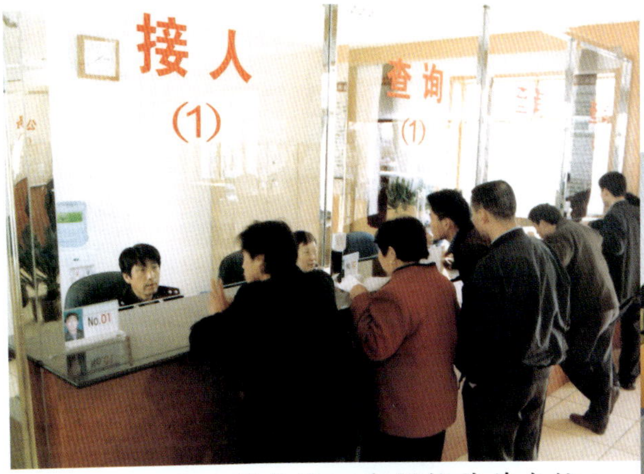

收遣站成立接待室，专门接待前来接人、查询的群众

收教所在昌平区劳动局协助下，开办收教人员计算机培训班

收遣站团总支组织青年民警利用休息日，开展献爱心活动，扶助市福利院孤残儿童游览动物园

摄影：赵剑、魏同晶

全局治安管理业务规范化会议召开，市局局长强卫（中）、副局长李全福（左三）出席会议，并做重要讲话

公安部副部长罗锋(前)到治安管理总队视察，总队长张伟刚(左二)、政委赵怀达(右二)陪同

总队第一次党代表大会召开

治安管理总队组织所属各单位，进行一年两次民警会操表演

中销毁非法枪械

处大屯村卖淫一条街

运会上

对在大运会开闭幕式上使用的礼花燃放设备，进行细致安检

大运会开、闭幕式主会场水下安检

摄影：李连杰

巡察执法总队承办十一城市巡警防暴警协作交流活动。公安部副部长罗锋(正排右三)、市局局长马振川(正排左三)、公安部三局局长武冬立(正排左二)、市局副局长李全福(正排右二)、总队长肖勇(正排右一)、政委王春和(正排左一)出席会议

开展《公安机关人民警察内务条令》和"110"报警服务工作为主要内容的宣传咨询活动

召开全局巡察系统法纪教育动员大会

总队推出15项勤务制度，并派出督察人员认真检查执行情况

首都巡警内务条令知识竞赛在西红门训练基地举行

举办巡警系统计算机技能比武大赛，推动信息技术的应用

总队防暴支队民警在工人体育场大运会场执勤

市政法系统先进代表参观总队直属防暴支队

摄影：赵敏

2月，人口管理处召开第一次党委扩大会。处领导班子成员与内设机构领导会后合影留念。前排左起：副处长张健、刘玉成、魏光、郑广德，政委王红，处长马碧原，副处长张玉顺、史崇欣、凌宏。

召开全局派出所达标工作动员大会

引进并利用"无底卡"电子影像先进设备制作居民身份证

开通全市人口信息查询服务系统

治安管理防范控制系统

ZHI AN GUAN LI FANG FAN KONG ZHI XI TONG

防爆安全检查处 FAN BAO AN QUAN JIAN CHA CHU

市委书记贾庆林（左一）在市局副局长李全福（中）陪同下来到大运会赛场视察，并听取防爆安全检查处处长李润华（右一）的工作汇报

政委舒健(右二)检验业务培训效果

年内全处共完成防爆安检任务千余次。图为民警在“三高”音乐会现场执行安检任务

对大运会场馆进行全面细致的防爆安全检查

组织民警进行涉爆现场处置演练，提高民警现场处置能力

治安管理防范控制系统

ZHI AN GUAN LI FANG FAN KONG ZHI XI TONG

北京市安康医院 BEI JING SHI AN KANG YI YUAN

戒毒中心被评为一级强制戒毒所，院长吕秋霖（右三）陪同公安部监管局三处处长杨汝胜（左三）带领的等级评定检查组对戒毒所检查

为庆祝建党80周年，全院举行歌咏比赛活动

院党委、纪委换届选举，全院民警职工投下庄严一票

组织计算机培训，提高民警工作技能

中秋佳节工作人员与住院患者联欢

摄影：范宝印、任立军、张辉

内部单位保卫局 NEI BU DAN WEI BAO WEI JU

局长刘松（左二）在大运会场馆—奥体中心体育场指挥部署警力

政委王树彬（右一）在大运村检查安保工作

内部单位保卫局体育代表队在市局第十二届警体运动会竞赛项目比赛中，荣获乙组团体第二名

首钢矿务保卫处成立

摄影：李锐华

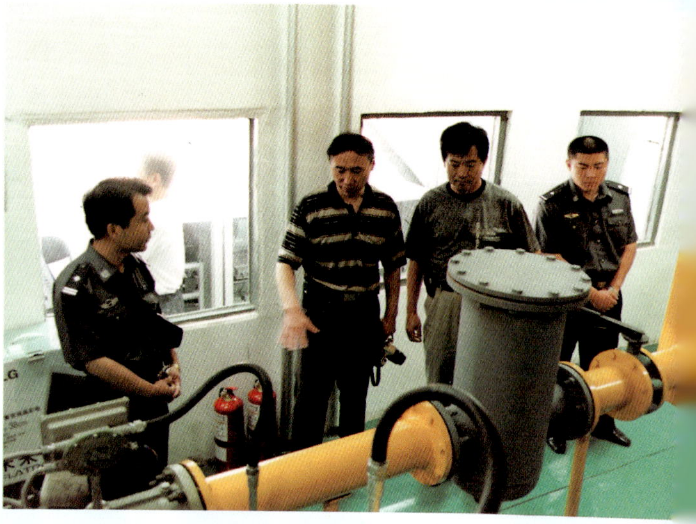

大运会召开期间，民警对工人体育场火炬天然气供气设施进行检查

大运会火炬点火仪式前民警在检查备用供电车和电力抢险车

举办内保民警培训班

转制民警岗位培训班开学

基层派出所“严打”整治斗争内保工作经验交流现场会

保安管理处处长宋建国在亚洲专业保安协会第八次年会上演讲

12月，处档案目标管理工作晋升市一级先进单位

北京保安系统在河北宽城满族自治县捐资兴建的北京保安希望小学落成

保安管理处办公楼、科技楼及民警备勤楼建成

全市保安系统换着2000式保安服

1月19日，朱镕基总理亲切接见和慰问首都交通民警

8月14日，市委书记贾庆林（前排左二）检阅大运会警车带路队

公安部部长贾春旺（左二）在大运会期间慰问首都交警

12月31日，市长刘淇到交管局调研

第七届多国城市交通展览会在京举办

警在大运会上执勤

世界大学生体育运动联合会主席基里安慰问在大运会上执勤的民警

王府井地区停车诱导系统电子显示屏

2月23日，国际奥委会评估团到交管局考察

警务技能训练

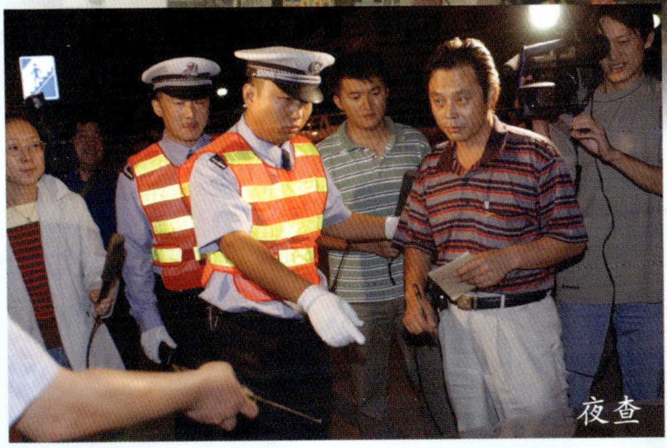
夜查

1月21日，公安部副部长田期玉（前右一）慰问警卫局全体干部，在参观警卫局陈列室后，对北京警卫工作给予高度赞扬

6月23日，江泽民总书记来到故宫午门视察“三高”音乐会现场，听取包括警卫工作在内的各项工作落实情况汇报

九届全国人大会议、九届全国政协四次会议安全警卫工作部署会召开，市局主管警卫工作副局长吕实珉（中）出席并听取汇报

俄罗斯莫斯科市内务总局代表团访问警卫局

局长丁世伟（右一），检查大运会开幕式主席台贵宾区各岗位工作落实情况

5月23日警卫局召开全体党员大会选举新一届党委

做好国际大体联主席基里安在京期间随身警卫工作

4月，组织全体干部到革命圣地西柏坡接受革命传统教育

路线武装护卫新装备投入使用

圆满完成
第21届世界大学生运动会
安全保卫工作任务

全年共出“严打”专刊187期。截至“严打”整治斗争第一阶段结束，共汇总部颁报表84表次的13.1万笔数据，审核局颁报表168表次60.5万笔数据。

（刘 浩）

【优秀调研成果在市政法委获奖】 3月起，市局局长强卫、副局长刘德、吕实珉分别率领课题组深入朝阳、海淀、丰台分局调研指导，以三个分局挂牌督战的33个高发案地区派出所实行“三警”合成作战警务模式为切入点，结合全市开展的“严打”整治斗争，探索充分发挥派出所民警、刑警、巡警整体作战优势的最佳途径。经过深入调研论证，主持起草的《关于建立“朝海丰”社会治安“打防控”长效机制的调研报告》获市委政法委2000年度优秀调研成果评比一等奖。市局副局长刘德、杨文忠主持起草的《关于进一步深化派出所改革加强派出所规范化建设的调研报告》和市局副局长刘德、阮增义、杨文忠主持起草的《关于以巡警为龙头严密社会面巡逻控制问题的调研报告》分别获得二等奖。

（马 波）

【接收全局重要核心档案资料进馆】 年内，办公室档案处开展了第二阶段中第二年的接收工作。至年底，共接收局属8个单位75781卷（册）公安业务档案移交进馆，为将公安档案馆建成全面打击处理犯罪档案信息资源中心奠定了基础。

（管 理）

【首次进行科职领导公开选拔竞争上岗】 4月，办公室认真贯彻落实市局党委关于在领导干部中开展公开选拔竞争上岗的工作意见，进一步深化干部人事制度改革，开展了科职领导竞争上岗工作。通过公开报名、资格审查、笔试、张榜公布、群众推荐、综合考察、党委研究、任前公示等程序，66名同志走上科职领导岗位。

（刘兰柱）

【组织民警参加警体运动会】 年内，办公室政治处组织民警参加了市局工会及体协举办的第十二届警体运动会并取得团体操、乒乓球女子团体第一名、男子篮球第四名、集体跳绳第六名和乙组团体总分第六名的好成绩。

（王学旗）

【受理群众来信来访工作】 年内，全局共受理群众来信来访31781件次，比上年减少26313件，下降45.3%。其中，初次信访25641件，比上年减少17565件，下降40.7%。重复信访6140件，比上年减少8703件，下降58.6%。上级机关交办和市局立案的重要信访1342件，结办1338件，结办率达到99.7%，在北京市信访排查调查处理工作目标管理考核中取得优秀成绩。市局信访处连续5年被市委市政府评为“首都精神文明单位标兵”。

（康建平 苏 薇）

【信息工作获得上级肯定和表彰】 年内，办公室指挥中心围绕工作重点，加大社情信息报送力度，先后上报了社会各界对建党八十周年、“申奥”成功、中国加入WTO、美国“9·11”事件、APEC会议召开、“法轮功”人员杀害亲属等社情反映200余期，上报信息采用量居全国公安系统第一名，办公室指挥中心荣获市委、市政府、市委政法委信息系统优秀信息单位。

（胡雅娟 傅占军）

【组织市局重大会议和活动】 年内，办公室秘书处组织市局重大会议、活动86件（次）。其中，完成市局部署“严打”整治斗争会议、局务会议，公安部“追逃”、“打黑除恶”、“治爆缉枪”等电视电话会议会务工作65件（次）；完成接待副市级以上老领导和原两届市顾委委员、市局离退休老领导、市级单位领导到市局考察“科技强警”，市领导、公安部领导、局领导到基层单位检查慰问等活动服务工作21件。

（贾 娜）

【加强全局二级、三级指挥系统建设】 年内，办公室指挥中心下发了《二级指挥机构建设技术规范和要求（试行）的通知》，并多次派人进行指导和培训，规范二级指挥系统建设。完成与局属46个单位的指挥系统计算机联网，并与除石景山以外的7个城区分局和公共交通分局共113个派出所、巡察支队实现了三级联网，使各指挥部门之间情况信息的管理和传递实现网络化。

（谷 钰）

【信访加快信息化建设】 年内，为推广使用公安部信访办开发的信访管理软件，局属32个单位为信访部门装备了计算机，办公室信访处组织两批40人参加了公安部软件应用培训班。为实现公安信访系统的网络化管理打下了基础。

（康建平 苏 薇）

【建立“110”信箱】 1月20日，市局开通“110信箱（含网站）”，群众可以通过免资投信和发送电子邮件向公安机关举报违法犯罪线索和反映社会治安问题。截止年底，共收到举报信2365件，其中电子邮件1704件。为鼓励广大市民积极向公安机关举报违法犯罪线索，对查证属实，对维护社会治安和社会安定有较大贡献的，按规定对举报者予以奖励。年内有两名举报人受到奖励。

（康建平 苏 薇）

【深入开展市局网站工作】 1月23日，完成公安网市局主页改版，全年发布信息783条；5月1日，完成“首都之窗北京市公安局网页”改版，全年发布信息314条，处理电子邮件1176件。市局公安电子政务社会服务系统在“全市政法系统网站司法警务公开工作检查评比”中荣获一等奖。

（贯 娜）

【开展派出所档案目标管理达标升级工作】 3月至12月，根据市局党委在全局派出所开展档案目标管理达标升级工作的指示精神，市局办公室档案处、人口管理处、国内安全保卫总队、内部单位保卫局、治安管理总队组成联合考评组，对完成达标升级的派出所进行了考评。通过考评，全局34个派出所档案目标管理晋升市局一级、1个派出所晋升市局二级，为三年内完成全局派出所档案目标管理达标升级目标奠定了基础。

（指 导）

【办理人大代表建议政协委员提案和专项查办】 3月1日至5月30日，市局办理市“两会”、全国“两会”人大代表建议、政协委员提案共281件，比上年的279件多2件。全年，办理市委、市政府、公安部领导专项查办事项32件，市委政法委批（督）办案件12件。市局办公室被市委办公厅评为2000年北京市党委督查工作先进单位。

（贯 娜）

【召开全局档案工作会议】 3月21日，市局召开全局公安档案工作会议暨“九五”总结表彰大会。公安部办公厅副主任黄占美、市档案局副局长姜之茂、市局副局长杨文忠、公安部档案局副局长毕宏吏等领导出席会议并讲话。会上对“九五”期间全局档案工作20个先进集体、57名先进工作者进行了表彰。局属各单位主管档案工作的领导、办公室主任和档案干部150余人参加了会议。

（指 导）

【进一步推广“110”计算机联网系统建设】 6月份，市局“110”与城区分局科、队、所计算机联网系统正式投入使用。基层民警能够通过计算机网络远程访问“110”数据库，及时了解情况，完成快速接处警及反馈、统计和分析工作。

（胡雅娟）

【开展保密密码工作大检查】 自7月开始，在局属各单位自查的基础上，市局重点抽查了39个单位的保密、密码工作，并制发了《关于保密工作自查情况的报告》。公安部保密密码检查组对市局保密密码工作给予了肯定。

（贾 娜）

【制定《办公室系统目标管理考评方案》】 自7月起，市局制定的《办公室系统目标管理考评方案》开始试行，办公室各部门对局属各单位的办公室工作每月考评一次，并将考评结果在网上公布。

（贾 娜）

【俄警方支持北京申奥】 7月13日，决定北京申奥是否成功的IOC全会在莫斯科召开。为宣传北京申奥和求得俄警方的支持，6月28日至7月8日，北京市公安局副局长李全福率团赴俄罗斯莫斯科考察，并向莫斯科市内务总局代局长波波夫递交了市公安局局长强卫关于请俄警方支持中国申奥和协助做好相关工作的亲笔信。俄警方对此十分重视，密切配合市公安局安全保卫组抓获“藏独”分子8名、“法轮功”分子40余名，粉碎了俄“跨国激进党”勾结“藏独”、“法轮功”、“民运”分子借机进行的各种捣乱破坏活动，确保了申奥代表团、工作团的安全和申奥活动的顺利进行。

（高红军 李方白）

【制定《北京奥运行动规划·安全保卫专项规划》】 8月，市委政法委决定由市局负责牵头组织《奥运安全保卫专项规划》制定工作后，市局抽调人员组成规划编制组，进行规划的起草工作，并根据市长刘淇及市委副书记、政法委书记强卫等领导提出的修改意见多次进行修改。11月8日，经市委政法委批准，市局向市政府、北京奥运会组委会报送了《北京奥运行动规划·安全保卫专项规划》初稿。

（杨明辉）

【开通“代表委员直通车”栏目】 9月1日，市局在国际互联网“首都之窗”北京市公安局网站开通“代表委员直通车”栏目，通过互联网共办理人大代表、政协委员建议和意见19件。

（贾 娜）

【首都“110”面向社会征集台标】 为使“110”更加贴近社会、贴近百姓，9月10日，办公室指挥中心在各大新闻媒体上刊登了征集首都“110”台标的启示。这是公安机关首次面向社会征集“110”报警服务台台标，台标用于首都“110”报警服务台所有的对外宣传。期间，共收到来自本市以及全国各地的应征稿件400余份。经过初步筛选、民警投票评选、特邀专家和领导评审，北京龙泉文化责任有限公司倪初万先生设计的作品被确定为“110”台标。

（徐晓睿）

【开展全局档案执法检查】 9月18日至27日，根据市档案局的统一部署及市局2001年“档案工作计划要点”安排，办公室档案处组成四个档案工作执法检查小组对局属各总队（局）、处和各分县局共36个单位的档案工作进行了执法检查，通过检查，了解和掌握了“九五”期间及当前局属各单位公安档案工作开展的状况。

（指 导）

【编辑出版首部《北京公安年鉴》】 11月，办公室档案处组织编辑的市局首部《北京公安年鉴》正式出版发行。全书56万余字并配有316幅反映民警精神风貌的彩色照片，全面准确地记述了市局2000年各项工作的基本情况，是一部逐年出版的综合性资料工具书。2001《北京公安年鉴》出版发行后受到市局领导的肯定和局属各单位的欢迎。

（编 研）

【举办全局调研、公文写作培训班】 11月5日至16日，办公室政治处和巡察执法总队教育训练处在巡察执法总队培训基地举办“全局调研公文写作培训班”，43个单位的54名同志参加了学习。学习班聘请了公安大学教授及局内有实践经验的同志就警学论文、奥运安保、快速反应等专题进行授课。

（常际红）

【开展奥运安保主题口号征集活动】 11月28日至12月31日，市局在全体民警职工中开展了奥运安保主题口号征集活动，共征集到安保主题口号360条。

（杨明辉）

【进行城区银行运钞车反劫持实战演练】 12月19日、20日，为切实做好金融安全防范工作，办公室指挥中心分别在城八区进行了银行运钞车反劫持实战演练。

（杨 健）

2001年全局档案目标管理达标升级情况

达标升市一级单位

序 号	单 位 名 称	升 级 时 间
1	宣武分局	4月29日
2	市局出入境管理处	11月 2日
3	公共交通分局	12月 6日
4	平谷县公安局	12月 7日
5	崇文分局	12月19日
6	怀柔县公安局	12月26日
7	市局保安管理处	12月28日

派出所达标升市局一级单位

1	顺义分局胜利派出所	3月27日
2	海淀分局东升派出所	5月16日
3	西城分局阜外大街派出所	7月12日
4	通州分局漷县派出所	9月16日
5	崇文分局东花市派出所	10月23日
6-7	昌平分局马池口、北七家派出所	10月31日
8	大兴分局红星派出所	11月 8日
9-10	丰台分局樊家村、西罗园派出所	11月15日
11	延庆县公安局康庄派出所	11月27日
12	平谷县公安局峪口派出所	11月30日
13	丰台分局方庄派出所	12月 5日

14	西城分局二龙路派出所	12月6日
15	宣武分局天桥派出所	12月11日
16	怀柔县公安局杨宋派出所	12月11日
17	燕山分局东风街派出所	12月14日
18	房山分局琉璃河派出所	12月14日
19	石景山分局八角派出所	12月17日
20	朝阳分局朝外大街派出所	12月19日
21－26	昌平分局沙河、史各庄、霍营、南口、回龙观、阳坊派出所	12月21日
27	海淀分局花园路派出所	12月24日
28	平谷县公安局城关派出所	12月25日
29	东城分局交道口派出所	12月27日
30－32	西城分局厂桥、丰盛、西长安街派出所	12月27日
33－34	丰台分局张郭庄、卢沟桥派出所	12月29日

派出所达标升市局二级单位

35	开发区分局天华路派出所	12月11日

办公室2001年领导名录

职务	姓名	任职时间
主任	毕庶琪	2000年9月—2001年4月（调东城分局任职）
主任	张卫华	2001年4月—
副主任	王守江	2000年10月—
副主任	及开选	2000年10月—
副主任	张亚臣	2000年10月—
副主任	王益春	2000年10月—

职　务	姓　名	任职时间
秘书处处长	张亚臣（兼）	2000年11月—
秘书处副处长	张家祥	2000年11月—
秘书处副处长	于得弟	2000年11月—
秘书处副处长	李广岐	2000年11月—
秘书处副处长	陈　伟	2000年11月—
政治处主任	宋　捷（女）	2000年10月—
政治处副主任	李振清	2000年11月—
指挥中心主任	及开选（兼）	2000年11月—
指挥中心政委	徐　松（女）	2000年11月—
指挥中心副主任	许　巍	2000年11月—
指挥中心副主任	卞杰成	2000年11月—
研究室主任	王益春（兼）	2000年10月—
研究室副主任	马国云	2000年11月—
研究室副主任	宋维秀（女）	2000年11月—
研究室副主任	马　波（女）	2000年11月—
研究室副主任	吕树桐	2000年11月—
综合处处长	王守江（兼）	2000年10月—
综合处副处长	邓铜铜（女）	2000年11月—
综合处副处长	郭　证	2000年11月—
综合处副处长	罗丽敏（女）	2000年11月—
综合处副处长	张延太	2000年11月—
信访处处长	李立国	2000年11月—
信访处副处长	郭玉平（女）	2000年11月—
信访处副处长	李世民	2000年11月—
信访处副处长	康建平	2000年11月—
信访处副处长	蒋晓刚	2000年11月—
信访处副处长	周志刚	2000年11月—

职务	姓名	任职时间
档案处处长	李龙泉	2000年11月—
档案处政委	朱景奇	2000年11月—
档案处副处长	张兵	2000年11月—
档案处副处长	王巍（女）	2000年11月—
档案处副处长	王国庆（女）	2000年11月—
外事办公室主任	高红军	2000年11月—

法制办公室

【概况】 2001年，法制办公室充分运用法律武器，全力维护首都政治稳定和社会安定，编制了《关于对法轮功人员违法犯罪活动追刑、劳教标准的意见》、《处置法轮功案件法律法规政策汇编》，确保依法严厉打击“法轮功”邪教组织及骨干的违法犯罪活动。对“1·23”天安门广场自焚案等大要案提前介入，确保案件质量，对全市乃至全国有重大影响的敏感案件，认真研究提出处理意见，严格审核把关，确保了非法盗印和发售《远华案黑幕》案、“一通功”非法组织案及全国第一起重大操纵证券交易价格犯罪案件得到及时依法处理。加强对处置突发性群体事件的指导，妥善处置了昌平区东小口镇太平村村民集体上访、大兴区庞各庄镇薛营村村民阻拦正常施工等群体性突发事件，为申奥及大学生运动会创造良好的社会环境。配合“严打”整治斗争，法制办公室代局起草并与市有关部门联合发布了关于在社会面和监所在押人员中，开展检举揭发、坦白犯罪线索的联合通告和宣传提纲，组织协调有关部门召开市、区（县）级的公捕、公判大会，对471名犯罪嫌疑人公捕公判，震慑了犯罪。研究制定了“严打”整治斗争消化处理工作考核目标，以考评促严打。及时制定下发《关于“严打”整治斗争中对违法犯罪线索转递、查证、统计工作的通知》，建立顺畅的线索转递、查证渠道，对符合兑现政策的1090名在押犯罪嫌疑人兑现了政策。严格案件审核把关，加大对多发案件的处理力度，批准劳动教养的案件比上年上升31.36%；办理行政复议案件16件，代表市劳动教养委员会应诉31件，指导有关单位办理国家赔偿案件22件，受理网上复议申请5件。督办了72件在全市影响重大、危害后果严重的案件。承办上级交办涉嫌合同诈骗案、金融诈骗案等83件重大、疑难、复杂案件的复查和研究工作。制定下发了《刑事案件管辖权限规定》、《刑事案件管辖分工规定》和《行政执法管辖权限规定》及相关配套文件，使全局形成精简、统一的执法工作体制和顺畅、高效的办案机制。制定

《执法质量考核评议实施办法》、《法制工作质量考核评议标准》和《执法监督工作考评暂行规定》等文件，加大执法监督的深度和力度。开通法制办公室网站和网上行政复议；组织举办全局法制系统岗位培训班及法制系统学习考察团；认真组织开展法制调研工作，组织法制系统年度调研考评工作，召开了《首都公安法制》创刊五周年暨全局法制调研报告表彰会。加强公安立法和执法工作基础建设，完成《北京市机动车道路停车秩序管理办法》等6件政府规章的起草、修改、制定工作。会同有关部门制定规范性文件13件，审议规范性文件124件，进一步健全了全局的执法规范体系。全面清理行政审批事项和相关法规、规章和规范性文件，完成对涉及公安工作的15件地方性法规、57件地方政府规章和局内763件规范性文件的清理工作，受到市政府的好评。年内，完成了党委的改选工作。以"三讲"回头看为核心，以"三项教育"为动力，大力加强队伍建设，严格规范内务管理，健全规章制度，认真做好档案清理工作，按时上交业务档案664册，并积极改进工作，增配计算机9台及摄像机等一批办公设备，提高了工作效率。

（刘显花）

【全局"双清"工作第二阶段任务顺利完成】 2月至8月中旬，法制办公室开展了以清理执法规范性文件和执法行为为主要内容的"双清"第二阶段工作。通过对各职能部门清理出来的市局规范性文件和执法行为进行审核，共清理出各类执法规范性文件751件，其中需要修改的15件，需要废止的354件；清理各类执法行为292项，其中刑事执法行为61项均属于规范不完备，行政执法行为规范不完备的26项，无规范的7项。

（刘显花）

【召开实施刑事、行政执法"三个规定"准备工作会议】 4月19日至20日，法制办公室召开了有关总队（局）处主管领导、法制处（科）长会议，全面检查贯彻市局5月1日即将执行的《北京市公安局刑事案件管辖权限规定（试行）》、《北京市公安局刑事案件管辖分工规定（试行）》和《北京市公安局行政执法管辖权限规定（试行）》的准备工作情况，并要求各单位加强与检察院、法院的协调，加强对法律法规的学习培训，尽快制定市局、分县局两级办案管辖权限、办案规范和检查考核制度。

（刘显花）

【开通行政复议网站】 5月1日，法制办公室开通了北京市公安局行政复议网站。设有"提起行政复议申请"、"行政复议申请受理情况公告"、"行政复议有关法律法规查询"等栏目。网上行政复议是行政管理相对人对市局所属单位或民警作出的行政行为不服，通过市局公安电子政务社会服务系统的行政复议网站提出行政复议申请，经法制办主管部门审查后，依法对提出的复议申请作出处理，并以网上公告的方式，将处理结果告知行政复议申请人。截止年底，受理网上行政复议5件。

（刘显花）

【举办法制干部培训班】 6月4日至7月13日，法制办公室举办3期法制干部培训班，对来自全局30个单位的203名法制干部进行了培训。课程设置紧密结合执法实际工作，开设了公安法制专业课13门、公共课4门及实弹射击，并进行考试考核。

（刘显花）

【召开全局法制部门"严打"整治工作会议】 6月7日，法制办公室召开全局法制系统"严打"整治工作会议，各分县局、总队（局）、处主管领导和法制处（科）长60余人参加。会议对前段"严打"整治工作进行了总结，并对存在的问题提出了改进意见。会后下发了《关于贯彻全局法制工作会议精神进一步做好各项法制工作的通知》。

（刘显花）

【开展对维护环卫职工合法权益工作检查】 6月27日至28日，市局会同市总工会和市政管理委员会组成维护环卫职工合法权益工作情况联合检查小组，对全局执行全国总工会、建设部、公安部《关于严肃处理侮辱殴打环卫职工事件保障环卫职工权益的通知》的情况进行了检查。西城、海淀、宣武、崇文、朝阳分局就处理侮辱殴打环卫职工案件，公安交通管理局就环卫职工在作业中发生交通事故的情况进行了汇报。

（刘显花）

【设立《执法问答》栏目】 7月30日，法制办公室在法制办网站主页法制问答频道下设立了《执法问答》栏目。栏目以“任何执法问题都可以在此提出，任何提出的问题都将得到答复”为宗旨。截止到年底，收到基层民警提出的各类问题370件，法制办公室及有关单位全部予以解答。

（刘显花）

【召开全局法制工作会议】 8月10日，法制办公室召开43个单位主管法制工作的领导及法制处（科）长共90余人参加的全局法制工作会议。会议充分肯定了各单位法制部门在前一阶段“严打”政治攻势中取得的成绩，对下半年的重点工作和思路提出了部署要求。副局长刘绍武强调法制部门要始终立足服务基层、健全重大案件督办机制、加强刑事案件办案质量的考评、全面加强执法监督措施；要树立责任意识；要加强法制队伍建设。

（刘显花）

【召开劳动教养工作会议】 8月29日，法制办公室召开各分县局、总队（局）、处法制处（科）长及主管劳动教养审批的负责人参加的劳动教养工作会议，就劳动教养决定书和劳动教养通知书告知、送达、宣布等一系列程序问题的内部规定进行了部署。

（刘显花）

【用粉笔沫冒充炭疽病菌的王某、腾某某受到处罚】 10月16日，北京工业大学学生王某、腾某某，看到《北京青年报》刊登韩国人利用邮寄白色粉沫开玩笑的新闻，便购买信封并装上白色粉笔粉沫冒充碳疽病菌邮寄到学校，造成恐慌，扰乱了学校、公安机关、卫生防疫部门的正常教学和工作秩序。案件发生后，法制办公室积极介入，严格依法审核把关，使该案得到及时处理，两名违法人员被治安拘留。

（刘显花）

【清理地方法规规章】 自10月19日起，法制办公室依据市委、市政府办公厅《关于适应我国加入世界贸易组织进程清理本市地方法规、规章和其他政策措施的意见》，组织局属有关单位全面清理涉及公安工作的地方法规、规章及其它政策措施。共清理出涉及公安工作的地方法规15件，其中修改1件；政府规章58件，其中修改7件。

（刘显花）

【召开执法监督工作交流研讨会】 10月29日，法制办公室召开执法监督工作交流研讨会，各分县局、总队(局)、处法制处(科)长及市局纪委、办公室、警察学院等单位的领导50余人参加了会议。东城、海淀、顺义分局、治安管理总队、公安交通管理局介绍了执法检查人制度、完善执法办案工作规范等经验。与会人员对市局《执法质量考核评议实施办法》、《法制工作考核评议标准》和《执法监督工作考评暂行规定》征求意见稿进行了讨论，提出修改意见及工作建议近百条。

（刘显花）

【召开《首都公安法制》创刊五周年纪念暨全局优秀法制调研报告表彰会】 10月31日，法制办公室召开《首都公安法制》创刊五周年纪念暨全局优秀法制调研报告表彰会。会上表彰了2000年度优秀通讯员5名，优秀法制调研报告作者11名，获奖单位的代表作了典型发言。

（刘显花）

【开展行政案卷检查】 11月初，法制办公室从全局25个执法办案单位已审结的治安处罚、行政处罚案件中随机抽取75件进行检查，重点检查治安处罚、行政处罚的审批权限、法律文书、扣押、收缴、没收财物的法律文书、处理结果、执行等情况。从检查结果看，基本合格的64件，占调取案卷总数的85.3%，存在各种问题的11件，占调取总数的14.7%。

（刘显花）

【加强取保候审案件执法检查】 11月19日前，法制办公室从全局21个办案单位已审结的取保候审案件中随机抽取62件，逐案检查办理取保候审强制措施的工作情况，发现存在各类问题23件，占抽取案件总数的37%。存在问题突出的是取保侯审保证金的管理，据此法制办下发《关于对取保候审保证金管理工作进行专项检查的通知》，要求各单位对2000年以来办理的以交纳保证金形式取保候审的案件认真进行清理检查并制定整改措施。截止12月24日，全局28个单位完成了专项检查。

（刘显花）

案 例 举 要

【破获系列盗割电缆线案】 1月4日，市局刑事侦查总队在顺义、丰台、朝阳分局及安徽界守、河南郸城等地公安机关的配合下联合行动，打掉了以王辉、张国亮、刘秋岭、刘功、张涛、李小学为首的河南、安徽在京30余人结成的犯罪团伙，从中破获破坏电力设备、盗窃案数十起，收缴专用液压加力钳1把、钢锯3把等作案工具及运输赃物的汽车1辆。经市局刑事侦查总队和顺义分局进一步查证查明：1999年1月以来，王辉等6人纠集河南、安徽来京人员30余人租用卡车，携带钢锯、加力钳、绳子、扳手等作案工具，先后在顺义、朝阳、丰台、通州、海淀、大兴、昌平及河北省等地盗割10千伏、35千伏、110千伏、220千伏高压输电线路28处，作案32起。盗割电线计56000余米，价值人民币68万余元，致使4座110千伏高压输电线路铁塔折断倒塌，直接经济损失220余万元。2001年11月，经法院审判，该团伙中6人被判死刑、8人被判无期徒刑，其余被判有期徒刑3年至13年。

（郝志刚）

法制办公室2001年领导名录

职 务	姓 名	任职时间
主 任	刘绍武	1995年4月—2001年5月（免，任市局副局长）
主 任	林兆波	2001年5月—
副主任	郭铁军	1992年6月—
副主任	李渊林	1995年3月—
副主任	戴 谊	1995年3月—
副主任	刘占川	1997年10月—
副主任	陈国庆	2001年3月—

队伍管理系统

政治部

【概　况】 2001年，政治部在各项工作中坚持落实、规范、深化和发展市局党委“十五字”工作方针，突出“管理年”特点，以规范化建设为主线，以贯彻《内务条令》为龙头，强化管理，服务中心，重心下移，积极探索建立队伍管理长效机制。年内，在“严打”整治斗争、“大运会”安全保卫等中心工作中，坚持思想政治工作与业务工作同部署、同要求、同落实，把思想政治工作渗透到业务工作和基层实战中，提供了强有力的思想和组织保证。以贯彻《公安机关人民警察内务条令》为龙头，狠抓队伍规范化建设，使全局基层单位的办公、生活环境、办公秩序等日常管理逐步规范化。深化干部人事制度改革，加强领导班子和领导干部队伍建设。严格按照换届选举的程序和规定，顺利完成了全局党组改建党委和党委换届选举工作；继续推进领导干部公开选拔竞争上岗工作，激活领导干部队伍；实行综合考核制度，加大对领导班子和领导干部的考核力度，根据考核情况，组织了20名领导干部进行《领导科学纲要》的集中培训。围绕影响队伍建设的关键问题、基础问题、热点、难点问题专题开展了队伍管理体系、从优待警、大学生从警状况等调查研究工作，并将调研成果转化为领导决策和改革举措。认真贯彻教育训练规划，开展了以提高领导干部管理水平和一线民警技战术能力为主的各项教育训练工作。圆满完成全体民警“三年轮训一遍”的任务，严密组织警衔逐级晋升考试工作，组织计算机和英语培训，建立兼职教官队伍，先后制定下发了民警在职培训考核管理规定和警衔逐级晋升考试工作方案等制度。开展了第二批“三项教育”活动和“两减一树”（减少违法乱纪、减少群众投诉、树立良好形象）活动。认真组织学习江总书记“三个代表”重要思想、“七一”重要讲话及党的十五届六中全会精神，开展了“立党为公、执政为民”教育活动。推进行政审批制度改革，进一步深化了警务公开。市局和局属各单位建立了工会组织，并依据《工会法》，认真开展工会的组织、思想和文化建设。北京警察博物馆建成并正式开馆。年内，全局共表彰先进集体479个，先进个人11237人。

（刘海峰）

【开辟培养高层次人才新途径】 年内，全局共组织262人参加国内外高层次人才培训。6人取得国家留学基金资助留学资格；210人参加法律硕士、公共管理硕士等专业学科的考试；20人参加高级技术培训和攻读博士学位研究生。

（刘海峰）

【圆满完成全局民警培训任务】 年内，市局组织各类培训班373期，培训民警14781人，三年累计培训民警39511人、43127人次，圆满完成了中央政法委部署的“三年轮训一遍”的任务。

（刘海峰）

【开展“两减一树”活动】 年内，市局开展了“减少违法乱纪，减少群众投诉，树立良好形象”活动。2001年全局共发生民警违法违纪案件117起178人，比2000年分别下降28.7%和14.8%；110投诉台受理群众投诉9970起，比2000年下降58%；群众来信来访1600件，比2000年下降12.6%。

（刘海峰）

【领导干部公开选拔竞争上岗】 年内，政治部组织了第二次领导干部公开选拔、竞争上岗。通过公开选拔，全局有66名同志走上处级领导干部岗位，685人走上科级领导干部岗位，189人当上了警长、探长。

（刘海峰）

【建立人员管理和机构管理应用信息系统】 年内，政治部开展了人员管理和机构管理应用信息系统的开发建设工作。通过技术改造、重新开发，将目前单机运行的公安队伍管理信息系统、民警培训综合信息系统、机构管理综合信息系统进行改造和扩展，打破部门界限，建设以人为基础，以数据为核心的数据库，实现数据信息的集中录入，成为能够联网查询的系统，实现网上授权查询和综合利用。截止到年底，人员数据的采集录入工作基本结束。该系统的信息数据库同市局信息中心、指挥中心和全局各单位政治处实行联网，为队伍建设提供服务。

（刘海峰）

【开展第二批“三项教育”活动】 年内，政治部在26个职能部门、7227名民警中部署开展了第二批“三项教育”活动。各单位按照市局统一部署，深入开展了活动。经过广泛征求意见和民主测评，218名民警于7月16日至8月10日参加了由市局统一组织的素质教育培训。

（刘海峰）

【罗干慰问市局民警】 1月21日，中共中央政治局委员、中央政法委书记罗干在中央政法委秘书长王胜俊，国务院副秘书长崔占福，公安部副部长田期玉，北京市委常委、政法委书记、市公安局党委书记、局长强卫的陪同下，慰问了市局刑事侦查总队和国内安全保卫总队的功臣模范和民警代表。

（刘海峰）

【向市人大代表、政协委员征求意见】 2月2日至3月底，市局“三项教育”办公室向市人大代表、政协委员征求意见，发放了征求意见测评表1400份，收到反馈意见389件，其中意见和建议272件（意见50条，建议222件）。“三项教育”办公室将反馈情况上报局党委，并责成有关单位依法解决，人大代表、政协委员对问题的解决结果非常满意。

（刘海峰）

【召开政治工作会议】 2月22日，政治部组织召开2001年政治工作会议。市委常委、政法委书记、市局党委书记、局长强卫，市委政法委副书记段桂青，市局党委副书记、副局长刘德、张家旺，市局党委委员、副局长李全福、马振川，市局党委委员、纪委书记张久臣出席了会议。参加会议的还有局属各单位双正职、政治处主任。张家旺主持会议，刘德作了题为《开拓创新，规范管理，全面加强首都公安队伍的正规化建设》的工作报告，强卫就队伍建设作了重要讲话。会上还进行了“北京市公安局队伍管理信息系统”现场演示。

（刘海峰）

【开展党组改建党委和党委换届选举工作】 3月至年底，全局各单位按照换届选举的程序和规定，完成了党组改建党委和党委换届选举工作。有11个分局的党组改建为党委，36个党委完成了换届工作。

（刘海峰）

【召开2000年度表彰大会】 3月1日，公安部召开2000年度全国公安系统优秀单位、优秀人民警察电视电话表彰大会。市局在警务中心第一会议室设分会场。表彰会授予市公安局东城、西城分局、平谷县公安局全国优秀公安局称号；东城分局交道口派出所等11个单位被授予人民满意公安基层单位称号；西城分局月坛派出所王华强等30名同志荣获全国优秀人民警察称号。公安部政治部人事训练局副局长张美荣代表公安部宣读了给北京市公安局国内安全保卫总队两个集体记一等功的命令。在市局分会场，副局长张家旺宣读了市局关于给47个集体和107名个人记功奖励的命令。市委常委、政法委书记、局长强卫，市政法委副书记段桂青，副局长吕实珉、李全福、阮增义、马振川，纪委书记张久臣等领导为受奖集体和个人代表颁奖。局属各单位主要领导参加了会议。

（刘海峰）

【召开系统目标管理工作会议】 3月16日，政治部召开系统目标管理工作会议，交流了试行系统目标管理各单位的工作情况，讨论了贯彻落实市局政治工作会议精神，建立和完善全局数字化目标管理考核机制，增强系统目标管理规范性和科学性问题。市局副局长刘德听取汇报并讲话。全局具有系统目标管理职能单位的主管领导参加了会议。

（刘海峰）

【建立兼职教官队伍】 4月5日至12月28日，政治部经过资格审查、教育理论、教育方法培训、试讲评审等程序，从各警种和49个一线实战单位的315名专家、骨干中聘任86名同志为兼职教官。86人中，研究生5人，本科生56人，本科生以下25人。其中，具有国民教育序列学历的57人，占66%。12月28日下午，市局举行教官证书颁发仪式，为86名兼职教官颁发了市局教官任职资格证书。

（刘海峰）

【召开加强“严打”整治斗争思想政治工作电视电话会】 4月16日，政治部召开加强“严打”整治斗争思想政治工作电视电话会。会议由政治部副主任董小兵主持，副主任宋永智、张策分别传达了市局党委关于加强“严打”整治斗争期间思想政治工作的意见和市局关于“严打”整治斗争期间公安宣传工作方案。市局副局长刘德代表市局党委讲话。局属各单位政委、政治处主任及有关人员参加了会议。

（刘海峰）

【宣传“严打”整治斗争和“大运会”安保工作】 4月16日至9月4日，政治部通过各种媒体共刊发反映“严打”的稿件45000余篇（条），反映大运会安保工作的稿件300余篇（条），并在公安网上开办来自“严打”一线和“大运会”安保工作一线信息栏目，编辑信息60余期。

（刘海峰）

【举办纪念建党80周年知识竞赛活动】 4月23日至24日，政治部举办了纪念建党80周年知识竞赛，局属27个单位的代表参加了竞赛。经过激烈的角逐，决出集体一、二等奖各1个，三等奖4个，个人优秀奖3名。市委政法委副书记段桂青、市局副局长刘德等领导到场观看并为获奖单位和个人颁奖。

（刘海峰）

【民警“团体人身保险”投保合同签字】 4月25日上午，市局与中国人寿保险公司北京分公司在钓鱼台国宾馆举行民警“团体人身保险”投保合同签字仪式。根据合同规定，从2001年5月1日起，凡北京市公安局及其所属单位所有65周岁以下的正式民警、职工均为保险对象，其中，被保险人因病死亡的，每人保险金额4万元；被保险人被批准为革命烈士的，每人保险金额50万元。市局副局长刘德、政治部副主任董小兵，中国人寿保险公司北京分公司总经理黄俊光等出席了签字仪式。

(刘海峰)

【命名青年文明号】 5月18日，团中央、公安部授予市局指挥中心“110”报警服务台等7个单位2000年度全国公安系统“青年文明号”称号。团市委授予市局刑事侦查总队冯才刚等8人第十五届北京市“五四奖章”；市局刑事侦查总队王海权等4人被命名为北京市优秀共青团员；市局指挥中心团支部等3个团支部获北京市“五四红旗”团支部称号；警察学院团委、大兴分局团委获北京市“五四红旗”团委称号；消防局团委副书记王瑜获北京市“优秀团干部”称号。

(刘海峰)

【首都警官合唱团赴德演出】 5月19日至29日，应德国慕尼黑警察局的邀请，北京市公安局首都警官合唱团一行58人，赴德国柏林、法兰克福、慕尼黑等城市进行文化交流演出活动，并获得圆满成功。

(刘海峰)

【命名人民满意的公安单位（个人）】 5月20日，市局党委授予市局装备财务处被装科等90个单位为2000年度北京市公安局“人民满意的公安单位”先进集体荣誉称号；授予王兆光等300名同志为2000年度北京市公安局“人民满意的公安民警”先进个人称号。

(刘海峰)

【《北京公安队伍建设》创刊】 6月11日，政治部将《北京公安政工简报》、《北京公安政工信息》、《北京公安老干部工作信息》合并改版为《北京公安队伍建设》。改版后的《北京公安队伍建设》成为反映市局党委关于加强队伍建设整体思路，推出改革举措的重要载体和全面反映队伍建设面貌的重要渠道。《北京公安队伍建设》按内部文件规格管理，发放范围同原《北京公安政工简报》，重要信息增发至基层科、队、所。

(刘海峰)

【参加第二届世界警察五人制足球锦标赛】 6月11日至6月19日，市局室内足球队代表中国警察参加了在西班牙巴塞罗那举行的世界警察联合会“第二届世界警察五人制足球锦标赛”。在参赛的56支警察代表队中名列24名，获得了奖杯和证书。

(刘海峰)

【参加首届全国警察人民卫士武术搏击大赛】 6月15日至6月21日，市局武术搏击队参加了由中国前卫体协主办的首届全国警察人民卫士武术搏击大赛。本次大赛共有18个省市的109名运动员参加。在全部8个级别的比赛中，巡察执法总队民警贺巍获得女子60公斤级冠军，朝阳分局民警秦文志获得男子76公斤级冠军，巡察执法总队民警朱炳文获得男子86公斤级亚军，朝阳分局民警闫雷获得男子66公斤级第五名。

(刘海峰)

【举办首期离退休干部党支部书记培训班】 6月25日至27日，政治部举办了首期离退休干部党支部书记培训班，局属各单位的80名离退休干部党支部书记参加了培训学习。培训以辅导讲课、学习讨论为主并由政治部老干部处领导作了题为《突出特点、明确任务，进一步加强离退休干部党支部建设》的发言；治安管理总队等6个单位的离退休干部党支部书记代表作了经验介绍。

(刘海峰)

【组织警衔逐级晋升考试】 6月29日至30日，11月24日至25日，市局先后组织两次衔级晋升考试，7411名民警分别参加了5个衔级的考试，取得晋升资格7052人，合格率为95%。

(刘海峰)

【在全局巡察系统集中开展法纪教育】 7月，政治部、纪委和巡察执法总队组成联合调查组，对个别巡察民警与社会不法人员相勾结进行违法犯罪活动及队伍管理中存在的漏洞进行调查。10月17日至10月底，市局针对巡察民警发生的严重违法犯罪问题以及单位在管理教育中存在的问题和漏洞，在全局巡察系统中开展了法纪教育。通过教育，巡察队伍受到一次严肃的纪律教育，进一步规范了巡察业务工作。

（刘海峰）

【北京警察博物馆开馆】 7月1日，北京警察博物馆开馆。中共中央政治局委员、国务委员、中央政法委书记罗干，中共中央政治局委员、北京市委书记贾庆林为北京警察博物馆揭幕。公安部部长贾春旺、中央政法委秘书长王胜俊、市委副书记龙新民，市委副书记、政法委书记、市局党委书记、局长强卫，市委常委、市委秘书长杜德印，市委常委、宣传部长蒋效愚等有关领导，市局老领导及家属，天津、上海、河北、辽宁、江西、陕西等公安厅局领导，文物博物馆界的领导和专家，市局领导和各单位双正职领导及首都公安民警代表、公安英烈家属代表、治保积极分子代表和广渠门中学“宏志班”学生出席了开馆仪式。市局党委副书记、副局长刘德主持了开馆仪式。北京警察博物馆共征集自汉代至今的中外藏品7000余件，其中国家一级文物21件。自7月1日开馆至年底，共组织民警2万余人参观，接待国内外观众近8万人次。

（刘海峰）

【召开纪念建党80周年表彰大会】 7月1日，市局召开纪念中国共产党成立80周年表彰大会。会议由市局党委副书记、副局长吕实珉主持，市局党委副书记、副局长刘德宣读了市局表彰先进党支部、优秀党支部书记、优秀共产党员和优秀党务工作者的决定。市委副书记、政法委书记、市局党委书记、局长强卫到会并讲话。

（刘海峰）

【首次综合考核领导班子、领导干部】 7月5日至年底，政治部从各单位抽调119名干部，组成26个考核小组首次对全局53个单位的领导班子和496名领导班子成员进行了综合考核。根据考核情况，20名领导干部参加了政治部组织的学习《领导科学纲要》的集中培训。

（刘海峰）

【局领导慰问张红政】 7月12日，市委副书记、政法委书记、市局局长强卫，市局副局长刘德、市局政治部主任杨晓毅和崇文区的有关领导到博爱康复医院，亲切看望了在当日上班途中为保护群众，与犯罪分子英勇搏斗而身负重伤的崇文分局办公室民警张红政，并向他的爱人和父母表示了慰问。

（刘海峰）

【召开“大运会”安全保卫工作誓师大会】 7月24日，市局在公安部礼堂召开“第21届世界大学生运动会安全保卫工作动员誓师大会”，市委副书记、政法委书记、市局党委书记、局长强卫，“大运会”组委会秘书长孙康林，公安部治安局局长武冬立出席会议并讲话。市局领导出席了会议。

（刘海峰）

【举办青年突击队团队挑战赛】 7月31日，市局团委在北京生存岛新概念训练基地举办了以“迎奥运、保大运”为主题的“青年突击队团队挑战赛”，来自全局45个单位的135名青年突击队员参加了山地越野团队赛和拓展训练。

（刘海峰）

【市局新一届主要领导就职】 9月17日，市局召开全局领导干部大会，市委常委、组织部长李炳华代表市委、市政府和市人大宣布任命刘德为市公安局党委书记，马振川为党委副书记、局长。市委副书记、市人大常委会主任于均波，市委副书记、政法委书记强卫出席会议并讲话。市委组织部、市委政法委有关领导出席会议。市局党委成员和局属各单位主要领导参加了会议。

（刘海峰）

【举办永久纪念箱置放仪式】 9月17日上午，永久纪念箱置放仪式在北京警察博物馆举行。市委副书记、政法委书记强卫，市局党委书记刘德，党委副书记、局长马振川，党委副书记、副局长张家旺，副局长李全福、杨文忠、刘绍武、张越，纪委书记张久臣，市局政治部主任杨晓毅等出席了置放仪式。仪式由张家旺主持。强卫将永久纪念册、刘德将人民警察警徽、马振川将博物馆开馆纪念牌等物品依次置放进永久纪念箱；市局政治部副主任张策将纪念箱锁好并将永久纪念箱金钥匙呈交强卫同志；强卫同志将永久纪念箱金钥匙交给市局党委书记刘德和市局局长马振川同志。永久纪念箱的钥匙由现任局党委书记、局长保管，离任时，把纪念箱钥匙传交给下一任，代代相传。北京警察博物馆永久纪念箱为紫铜材料铸造，箱体饰有博物馆馆徽，箱长65CM，宽44.5CM，高28.5CM。永久纪念箱内置放有强卫同志亲笔书写的警察博物馆开馆纪念词和留言、局领导签字留言的永久纪念册、人民警察警徽和博物馆开馆纪念牌等物品。永久纪念箱置放在位于警察博物馆大厅中央的警魂柱内。其寓意在于公安事业、公安传统、公安精神的传递与交接。

（刘海峰）

【三位专家获2000年度政府特殊津贴】 9月20日，政治部主任杨晓毅代表市局党委向获得2000年度政府特殊津贴的公安交通管理局科研所教授级高级工程师王耘非、刑事侦查总队法医检验鉴定中心主任法医师刘雅诚、刑事科学技术研究所高级工程师冯才刚三位专家颁发荣誉证书，并各发奖金一万元。

（刘海峰）

【圆满完成高校毕业生招收工作】 9月底，市局招收2001年应届高校毕业生工作结束。共招收应届高校毕业生812人，其中招收公安部属院校毕业生211人，招收地方高校毕业生601人。其中：博士生2人，硕士生13人，双学士2人，本科生662人，大专生116人，中专生17人（医务专业）。

（刘海峰）

【启用新式“北京市公安局警察证”】 10月1日，市局正式启用“北京市公安局警察证”。该证为竖式正、副两证同时使用样式，每两年年审一次。正证包括民警着装免冠照片、姓名、性别、血型等不变内容；副证包括姓名、单位及部门、职务、警号、年审注册条码、签发日期、有效期限。随证制作了竖式牛皮皮夹，外镶不锈钢制警徽和“警察POLICE”字样。

（刘海峰）

【首支警务技战术专题培训团赴澳】 10月2日至22日，市局第一支警务技战术出国专题培训团赴澳大利亚进行了为期21天的培训。此前，市局于9月24日至30日对培训团进行了集训。

（刘海峰）

【市局在市文明行业服务达标考评中初评达标】 10月11日，市精神文明办公室、市纠正行业不正之风办公室联合在市局召开会议，部署“110”报警服务系统和户籍派出所系统参加市第五批创建文明行业规范化服务达标考评工作，市局党委书记刘德、局长马振川、政治部主任杨晓毅及市局有关单位的领导出席会议。会后，考评组对基层单位进行了明察暗访和达标情况考核。经考评，初评达标（综合得分85分以上）。其中户籍派出所系统综合得分为87.35，“110”报警服务系统综合得分为93.74。

（刘海峰）

【组织首次经侦民警任职资格考试】 10月21日，政治部组织全局23个单位的563名经侦民警，在警察学院参加了公安部统一组织的首次公安机关经侦民警任职资格考试。

经考试，559民警取得任职资格，合格率为99.29%。

（刘海峰）

【举办第十二届警体运动会】 10月26日，市局在国家奥林匹克体育中心举行第十二届警体运动会。市委副书记、政法委书记强卫，中国前卫体协主席蒋先进，市委政法委副书记段桂青，市局党委书记刘德，局长马振川，市局党委成员、市局部分老领导及昆山多威体育用品有限公司、北京市文体用品公司等单位领导出席了开幕式。2000余名运动员参加了24个体育项目的比赛。运动会首次将全员体能测试、全年各项体育比赛作为运动会的组成部分，体能测试的参测率以及各项比赛成绩记入运动会总分，使本次运动会直接参与人员达到36000人；竞技体育项目增添了警体三项（游泳、长跑、射击）等接近实战的集体项目，个人项目按年龄、性别分成不同组别，以公安部颁发的《公安民警体育锻炼标准》为主要测试内容。

（刘海峰）

【开展“立党为公，执政为民”教育】 11月6日至年底，为了深入贯彻党 的十五届六中全会精神，按照市委政法委的统一部署市局开展了“立党为公，执政为民”教育活动。局属各单位按照党委的工作意见，坚持把转变作风见诸于行动，共取消行政审批45项，进一步深化警务公开制度，改进、创新工作模式，简化程序，提高效率。

（刘海峰）

【召开贯彻十五届六中全会精神电视电话会】

11月8日，市局召开学习贯彻党的十五届六中全会精神电视电话会。市局党委书记刘德讲话，局长马振川主持了会议，政治部主任杨晓毅通报了领导班子、领导干部综合考核情况。市局副局长吕实珉、张家旺、阮增义、刘绍武、张越，纪委书记张久臣，局属各单位领导班子成员、办公室主任及负责组织、宣传、纪检工作的同志分别在市局主会场和各分会场参加了会议。

（刘海峰）

【外文出版社向市局捐赠《警察英语》】 11月21日，外文出版社向市局捐赠1万册《警察英语》。市局局长马振川、副局长杨文忠、外文出版社社长兼党委书记过桔新等参加了捐赠仪式。该书警用术语规范、准确，内容简明、实用，是美国等英语国家警务人员日常会话的一部分。

（刘海峰）

【举办民警交流双向选择见面会】 12月21日，政治部在警察学院马甸学区举行了“民警交流双向选择见面会”。局属18个分、县局的政治处领导和378名有交流意向的民警参加了见面会。340人在见面会上初步达成接收意向。

（刘海峰）

【荣获“中国杰出（优秀）青年卫士”称号】

12月27日，团中央等十一个部门发布《关于表彰第三届“中国杰出（优秀）青年卫士”的决定》，市局刑事侦查总队冯才刚荣获第三届“中国杰出青年卫士”称号，刑事侦查总队张继宏荣获第三届“中国优秀青年卫士”荣誉称号。

（刘海峰）

2000、2001 年度北京市政法系统“人民满意的政法干警（单位）”名录

“人民满意的政法单位”标兵

宣武分局牛街派出所
东城分局交道口派出所
西城分局月坛派出所
海淀分局羊坊店派出所
公安交通管理局车管所外事科

“人民满意的政法干警”标兵

通州分局刑侦支队副支队长	许春兰
东城分局东四派出所民警	龚海英
市局刑事侦查总队缉毒支队探长	郑　红
丰台分局西罗园派出所民警	杨秀奇
朝阳分局刑侦支队队长	杨　杰
公安交通管理局崇文支队前门队民警	任素永
西城分局厂桥派出所民警	王　川
石景山分局苹果园派出所民警	贾银虎
顺义分局治安管理处民警	鲁忠华
海淀分局中关村派出所民警	赵红政
崇文分局东花市派出所民警	杨宝辉

“人民满意的政法单位”先进集体

市局出入境管理处中国公民出入境管理处
东城分局和平里派出所
西城分局二龙路派出所
崇文分局龙潭派出所
朝阳分局朝外大街派出所
朝阳分局南磨坊派出所
海淀分局万寿路派出所
丰台分局方庄派出所
丰台分局西罗园派出所
石景山分局八角派出所
门头沟分局东辛房派出所
房山分局闫村派出所

通州分局郎府派出所
顺义分局胜利派出所
昌平分局松园派出所
大兴分局黄村派出所
怀柔县公安局桥梓派出所
密云县公安局城关派出所
平谷县公安局马坊派出所
延庆县公安局八达岭派出所

“人民满意的政法干警”先进个人

市局装备财务处	刘德春		
市局国内安全保卫总队	何　江		
市局治安管理总队	王红玉		
市局巡察执法总队	马洪杰		
市局内部单位保卫局	杜黎焰		
消防局	袁宝平		
市局文化保卫处	常文华		
市局行动技术处	佟　杰(女)		
市局出入境管理处	燎　原		
市局人口管理处	张郁棠(女)		
天安门地区分局	王保华		
北京西站分局	郭京文		
公共交通分局	薛孝云		
地下铁道分局	刘学发		
经济技术开发区分局	张　健		
燕山分局	梁　涛		
清河分局	官建强		
东城分局	刘　江	冯光尧	
西城分局	陈　军	李国喜	
崇文分局	侯　民	许　娜(女)	
宣武分局	刘吉铎	杨贵华	安全勇
朝阳分局	尹立新	杨卫东	乔书枝(女)
海淀分局	梁　兵	陈永利	孔咏梅(女)
丰台分局	孙国萍(女)	梁爱华(女)	王春发
石景山分局	孙录新		
门头沟分局	张志国	张庆江	
房山分局	安春明		
通州分局	汤克龙		
昌平分局	张秉军		

大兴分局	范慧媛(女)
怀柔县公安局	彭明田
密云县公安局	刘玉平
平谷县公安局	张长春
延庆县公安局	程玉春

北京市公安局2001年记功奖励情况

集体一等功

大兴县公安局交巡大队红星巡逻执法队
市局内部单位保卫局“2·16”专案组
市局“3·07”专案组
房山分局良乡责任区刑警队
市局刑事侦查总队法医处生物检验室
市局刑事侦查总队侦破“9·14”特大制造、运输、贩卖毒品摇头丸案专案组
市局刑事侦查总队“1·03”专案组
市局“11·20”专案组
公安交通管理局昌平支队高速路队

集体二等功

东城分局、市局刑事侦查总队侦破“2·26”特大抢劫杀人案专案组
东城分局查破特大盗枪案战斗组
市局“2·04”专案组
市局刑事侦查总队侦破“12·20”案专案组
市局刑事侦查总队、通州分局侦破“108”特大杀人案专案组
市局刑事侦查总队缉毒支队侦破“3·08”贩毒案专案组
市局刑事侦查总队缉毒支队侦破“4·13”运输贩卖毒品案专案组
西城分局“4·09”专案组
崇文分局、丰台分局、市局刑事侦查总队侦破“4·29”杀人碎尸案专案组
宣武分局侦破“4·17”抢劫盗窃杀人案专案组
宣武分局刑侦支队侦破“4·22”抓逃战斗组
朝阳分局侦破“4·12”系列杀人案专案组
海淀分局侦破“4·18”抢劫杀人纵火案专案组
丰台分局刑侦支队“4·15”抓逃战斗组
密云县公安局侦破“3·30”特大抢劫杀人案专案组
市局武术搏击队
大运会安保情况综合组（市局办公室综合处）
大运会安保部指挥中心、秘书处（市局办公室）

大运村保卫处（市局治安管理总队）
大运会开闭幕式主会场安保分指挥部（市局治安管理总队）
大运会大体联官员驻地警卫组（市局治安管理总队）
大运村内保分指挥部（市局内部单位保卫局）
大运会主新闻中心安保分指挥部（市局内部单位保卫局）
大运会交通警车带路队（公安交通管理局）
大运会海淀清河地区交通安全保卫组（公安交通管理局）
大运会清华大学安保组（市局文化保卫处）
大运会北京体育大学安保组（市局文化保卫处）
大运村安检组（市局防爆安全检查处）
大运会场馆安检组（市局防爆安全检查处）
大运会公安医院8·30抢救工作组
大运会安全保卫朝阳分局指挥部
大运会海淀分局安保指挥部办公室
大运会海淀体育中心安保组（海淀分局）
大运会海淀分局驻地场馆外围分指挥部
市局刑事侦查总队、丰台分局侦破“5·16”恶势力团伙案专案组
市局刑事侦查总队侦破“4·17”杀人抢劫盗窃团伙案专案组
市局刑事侦查总队、朝阳分局、市局行动技术处侦破“8·03”持枪入室抢劫案专案组
市局经济犯罪侦查处重特大案件专案组
西城分局重点地区整治工作组
宣武分局侦破“1·20”诈骗案专案组
朝阳分局、市局国内安全保卫总队、行动技术处侦破“6·01”案专案组
朝阳分局、市局国内安全保卫总队“6·07”抓捕工作组
朝阳分局、市局刑事侦查总队侦破“6·24”系列杀人案专案组
朝阳分局、市局刑事侦查总队侦破“6·21”抢劫杀人案专案组
海淀分局侦破系列撬锁芯入室盗窃案专案组
海淀分局侦破“12·29”特大制造、贩卖美沙酮毒品案专案组
丰台分局岳各庄派出所大井警区“严打”整治战斗组
西站分局查破“5·08”特大杀人案专案组
西站分局“便携式掌上查询终端”研制开发小组
市局国内安全保卫总队、海淀分局侦破“6·09”案专案组
石景山分局侦破“8·15”入室抢劫杀人案专案组
房山分局侦破“6·10”拦路轮奸抢劫系列案专案组
密云县公安局、市局刑事侦查总队侦破“8·17”绑架案专案组
北京警察博物馆筹备办公室
市局申奥办公室
市局政治部人事处工资福利组
市局法制办“双清”工作组

市局国内安全保卫总队侦破“8·10”案专案组
市局刑事侦查总队侦破“6·16”特大盗窃案专案组
市局参加上海 APEC 会议防爆安检组
市局刑事侦查总队侦破“3·20”盗窃外国人信用卡诈骗钱财犯罪团伙案专案组
市局刑事侦查总队特警支队“1120”工作组
市局刑事侦查总队刑事案件信息综合管理系统开发小组
市局“追逃”办公室
市局治安管理总队秩序处社会面治安秩序整治组
市局治安管理总队治爆缉枪指导工作组
公安交通管理局在职培训办公室
公安交通管理局交通事故处理工作改革小组
公安交通管理局丰台支队目标管理领导小组
市局信息通信处有线通信处网络建设项目组
市局网络安全监察处监控中心一期工程建设小组
市局技防办“社区安全防范综合报警服务体系研究与示范工程”课题组
市局文化保卫处情报信息组
市局行动技术处电信侦控大队二队
市局出入境管理处“11·20”事件处置组
市局经济犯罪侦查处、刑事侦查总队打击出口退税专项斗争专案组
市局监所管理处第一看守所女子管教班
市局人口管理处外来人口管理处
西站分局“追逃”战斗组
公共交通分局刑侦一大队侦查五队
东城分局侦破特大系列盗窃机动车案专案组
东城分局侦破“10·12”入室杀人案专案组
东城分局、市局刑事侦查总队、市局行动技术处、朝阳分局侦破“12·11”系列“打闷棍”案专案组
东城分局、市局刑事侦查总队破获“1·31”系列盗窃案专案组
西城分局“严打”整治办公室
西城分局厂桥派出所警卫组
西城分局“科技强警”科技项目组
西城分局后勤服务社会化改革工作组
崇文分局看守所
崇文分局危改拆迁安全保卫指挥部
宣武分局网络建设工程工作组
宣武分局刑侦支队技术队
朝阳分局治安处扫黄打非分队
朝阳分局刑侦支队重案二队
海淀分局花园路派出所

海淀分局、市局刑事侦查总队侦破“10·28”杀人案专案组
海淀分局侦破“10·20”系列抢劫案专案组
丰台分局国保支队侦破“5·12”案专案组
丰台分局国保支队侦破“12·31”案专案组
丰台分局刑侦支队重案队
石景山分局八宝山派出所监控警区
门头沟分局刑侦支队系列杀人案侦破组
房山分局治安处治爆缉枪工作组
通州分局“2·13”专案组
昌平分局侦破“10·06”系列抢劫强奸盗窃案专案组
平谷县公安局侦破“1021”案专案组
丰台分局岳各庄派出所
丰台分局洋桥派出所
海淀分局东升派出所
朝阳分局麦子店派出所

集体三等功：299个（略）

集体嘉奖：63个（略）

个人一等功

市局刑事侦查总队特警支队二队队长	张谢平
市局刑事侦查总队缉毒支队四队副队长	贾文锋
市局刑事侦查总队缉毒支队四队副队长	郭荫茂
市局刑事侦查总队321大队大队长	房亚林

个人二等功

延庆县公安局千家店派出所副所长	王有良
东城分局国保处民警	童章毅
市局出入境管理处长住人口管理处副处长	寇　波
东城分局刑侦支队侦查员	冯光尧
市局刑事侦查总队大案支队副支队长	刘鑫淼
市局刑事侦查总队321大队侦查员	李国庆
西城分局刑侦支队预审大队预审员	汪秀珍（女）
崇文分局刑侦支队龙潭责任区刑警队侦查员	常连永
石景山分局刑侦支队八角地区刑警队探长	高　华
密云县公安局刑侦大队321队探长	李明强
宣武分局巡察支队民警	刘　军
市局治安管理总队饭店旅游管理处民警	杨峻青

海淀分局刑侦支队侦查员	周方远
市局巡察执法总队民警	王　汉
市局巡察执法总队民警	贺　巍（女）
朝阳分局民警	秦文志
崇文分局办公室指挥中心民警	张红政
市局治安管理总队治安行动支队政委	王卫东
市局治安管理总队文化市场管理处副处长	李　烽
市局治安管理总队政治处副主任	曹东翔
市局治安管理总队大型活动管理处处长	马　东
市局治安管理总队大型活动管理处副科长	闫富强
市局内部单位保卫局国防建设保卫处副处长	王立辉
市局内部单位保卫局国防建设保卫处副科长	李京平
市局信息通信处图像处民警	王建军
市局信息通信处机动通信科民警	肖贵岗
市局文化保卫处大学二处处长	贾　鹏
市局文化保卫处大学一处副科长	邢劲松
市局防爆安全检查处指导处处长	王玉明
市局防爆安全检查处排爆大队二队副队长	赵宏伟
海淀分局治安处处长	殷志强
海淀分局内保处副处长	杨　军
海淀分局花园路派出所所长	龚嘉明
市局刑事侦查总队缉毒支队四队侦查员	韩燕鹰
市局刑事侦查总队缉毒支队四队侦查员	张立军
市局刑事侦查总队预审支队四队预审员	张德志
市局刑事侦查总队有组织犯罪侦查大队四队队长	苑国庆
市局刑事侦查总队刑技处民警	王一民
市局刑事侦查总队预审支队四队民警	刘彦君
公共交通分局预审大队副科长	石　磊
西城分局治安处副处长	贾京利
宣武分局刑侦支队广内责任区刑警队探长	隆　军
朝阳分局国保处民警	郭　强
朝阳分局豆各庄派出所民警	张玉欣（女）
丰台分局刑侦支队经侦队民警	陈　强
房山分局刑侦支队良乡责任区刑警队队长	张永强
石景山分局刑侦支队支队长	曲照伟
西站分局站内派出所所长	赵熙强
顺义分局刑侦支队特情队副队长	张振环
市局政治部宣传处民警	穆玉敏（女）
市局政治部宣传处民警	胡文强

市局政治部宣传处民警	周 强
市局政治部宣传处民警	范齐鸣
市局政治部宣传处民警	郭 平
市局国内安全保卫总队民族工作处副科长	马洪民
市局国内安全保卫总队现案处副处长	张晓东
市局国内安全保卫总队行动处副科长	韩留平（女）
市局国内安全保卫总队法制处副处长	边宝琪
市局国内安全保卫总队法制处民警	佟文华
市局国内安全保卫总队非法组织侦查处民警	马 凯
市局刑事侦查总队预审支队四队预审员	段 佟
市局刑事侦查总队缉毒支队三队队长	唐 力
市局刑事侦查总队 321 大队二队副队长	司国强
市局治安管理总队治安行动支队支队长	颜廷武
市局治安管理总队公共秩序管理处处长	王晓兵
公安交通管理局丰台支队支队长	王道华
公安交通管理局崇文支队前门队民警	严 飞
公安交通管理局东城支队东西队民警	王路清
市局监所管理处指导处民警	李志强
公共交通分局刑侦一大队五队探长	李建民
东城分局国保支队民警	桂奇志
东城分局国保支队民警	柳 剑
东城分局治安处民警	韩泗维
东城分局刑侦支队大案队副队长	白慧诚
东城分局刑侦支队北新桥刑警队副队长	聂胜利
东城分局东直门派出所民警	梁捷新
东城分局刑侦支队副支队长	马曦初
东城分局景山派出所民警	张 彭
西城分局二龙路派出所民警	李国喜
西城分局国保支队副科长	瞿 军
崇文分局看守所所长	张宏伟
宣武分局刑侦支队特情队队长	李明顺
宣武分局刑侦支队七队探长	曹保国
朝阳分局孙河派出所民警	魏腾江
朝阳分局呼家楼派出所民警	张若亭
朝阳分局刑侦支队重案二队队长	隗甫杰
朝阳分局刑侦支队重案一队探长	蔡 宇
海淀分局万寿路派出所民警	赵振刚
海淀分局青龙桥派出所民警	周云鹏
海淀分局预审大队二队队长	吕文华

丰台分局西罗园派出所民警	杨俊卿
丰台分局岳各庄派出所所长	王　瑞
丰台分局刑侦支队支队长	赵为民
石景山分局八角派出所所长	吴晓冰
石景山分局苹果园派出所民警	贾银虎
石景山分局刑侦支队预审大队民警	何　平
门头沟分局刑侦支队民警	李广新
房山分局刑侦支队支队长	张学红
通州分局刑侦支队副支队长	许春兰（女）
顺义分局交巡支队副支队长	李　军
怀柔县公安局怀柔镇派出所所长	高万秋
密云县公安局城关镇派出所民警	田建民
延庆县公安局刑侦大队大队长	封晓源

领导干部二等功

市局办公室综合处副处长	罗丽敏（女）
市局国内安全保卫总队副总队长	张宪林
市局安全技术防范管理办公室主任	杨　英（女）
东城分局副分局长	叶国清

个人三等功：1198 名（略）

个人嘉奖：9927 名（略）

政治部 2001 年领导名录

职　务	姓　名	任职时间
主　任	杨毅晓	2001 年 4 月—
副主任	宋永智	1998 年 1 月—
副主任	徐利京	1998 年 8 月—
副主任	董小兵（女）	2000 年 10 月—
副主任	刘少波	2000 年 10 月—
副主任	张　策	2000 年 10 月—
北京警察博物馆馆长	张　策	2001 年 6 月—

职务	姓名	任职时间
秘书处处长	衡晓帆	2000年11月—
秘书处副处长	田小立	1995年4月—
秘书处副处长	徐天宝	2000年11月—
秘书处副处长	杨超远	1999年1月—
秘书处副处长	王兆光	2001年3月—
组织处处长	宋永智（兼）	1996年11月—
组织处副处长	丁　涛	1996年11月—
组织处副处长	高栓有	2000年11月—
组织处副处长	李　庄	2000年11月—
组织处副处长	兰　宁	1998年1月—
组织处副处长	周宝坛	1998年10月—
组织处副处长	刘树岐	1998年10月—
人事处处长	董小兵（兼）	2000年11月—
人事处副处长	张　立	2000年11月—
人事处副处长	郑　毅	1996年11月—2001年12月（调海关总署工作）
人事处副处长	栗长武	1998年1月—
宣传处处长	张　策（兼）	2000年11月—
宣传处政委	赵克伦	2000年11月—2001年6月（免去职务，另行安排）
宣传处副处长	魏凤英（女）	1996年4月—
宣传处副处长	金玉发	1996年11月—
宣传处副处长	刘　蔚	2000年11月—
宣传处副处长	李振波	2000年11月—
新闻影视中心主任	李振波	2001年6月—
宣传处副处长	王建武	2000年11月—
教育训练处处长	王砚平	1999年1月—
教育训练处副处长	王来顺	1998年1月—

职务	姓名	任职时间
教育训练处副处长	赵 援（女）	1998年8月—
教育训练处副处长	王 洪	1999年1月—
老干部管理处处长	刘茂廷	2000年11月—
老干部管理处副处长	武国卫	1997年1月—
老干部管理处副处长	王文江	1997年10月—
市局工会主席	刘 德（兼）	2000年12月—
市局工会常务副主席	刘少波	2000年12月—
市局工会副主席	祁公望	2000年12月—
市局工会副主席	刘寿水	2000年12月—
市局团委书记	田运胜	2000年4月—
市局团委副书记	刘大伟	2000年4月—
市局团委副书记	孟晓宇（女）	2000年4月—

纪　委

【概　况】 2001年市局纪检监察、督察、审计工作认真贯彻中纪委五次、六次全会精神，落实党风廉政建设责任制，逐级狠抓责任细化、监督考核、责任追究等环节，初步形成了一级抓一级，层层抓落实的责任网络。年内，围绕中纪委五次全会关于领导干部廉洁自律六条新规定，对领导干部收受现金、有价证券情况和因私护照、港澳通行证和外国居留证；配偶、子女经商办企业及离职和退（离）休领导干部从业等情况进行了调查摸底工作，没有发现违反有关规定的问题。年内，共检查发现民警违纪、违法案件117起178人，比上年减少47起31人，分别下降了28.7%和14.8%。加强了案件审理工作，案件的审理率达到100%。其中，局纪委直接审理的案件35件，协审、备案审理72件。通过审理发现并及时纠正了一些案件中存在的证据不充分、定性不准确、量纪不恰当等问题。年内，全局纪检监察信访部门共受理来信来访3343件次，其中市局纪委受理1937件次，立信访案件526件。按照中央对北京市所有公路基本无“三乱”的检查验收要求，狠抓了监督检查和责任落实，顺利通过了检查验收，使北京市成为首批被命名所有公路基本无“三乱”省市。为巩固减轻企业负担和农民负担的成果，重点组织了对“收支两条线”管理规定执行情况的专项检查，对各单位银行账户进行了重新清理，对发现的问题，逐一进行了调查和纠正。严格执行了政府采购制度。年内，集中开展了以“制止刑讯逼供、滥用警械具、滥用强制措施”为主要内容的“三项治理”教育整顿活动。认真开展了党风廉政建设宣传教育月等活动。年内，全局督察系统共出动警力3.4万人次，检查民警26.8万人次，发现各类问题3929件，提合理化建议782个，排除各种隐患583件。审计工作坚持贯彻“依法审计、突出重点、围绕中心、服务大局、求真务实”的方针，年内共完成审计项目707项，加强了对公安业务经费、专项经费、预算外经费管理使用情况的审计监督和领导干部任期经济责任的审计，并对审计查出的违规违纪问题认真进行了纠正。年内，选举产生了局纪委新一届机关党委，成立了工会组织。

（赵国庆）

【制定若干纪律规定】 年内，市局纪委先后制定下发了《“严打”整治斗争期间的纪律规定》、《关于北京市公安局处级领导干部配偶子女个人经商办企业的具体规定（试行）》、《关于北京市公安局处以上领导干部离职和退（离）休后从业行为的暂行规定》、《关于重申在公务接待工作中厉行节约制止奢侈浪费行为的规定》、《重申严禁发放和使用代币券（卡）的通知》、《北京市公安局领导干部任期经济责任审计办法》等规定。这些规定的制定，使纪检、监察、督察、审计工作进一步制度化，在贯彻落实党风廉政建设中起到重要作用。

（刘　岩）

【领导干部责任追究情况】 年内，据市局纪委监察综合处统计，全局有50名科以上领导干部因失察、失管、失职和疏于教育管理被追究领导责任。

（刘　岩）

【民警违法违纪案件情况】 年内，全局民警违法违纪案件立案117起178人，结案113起170人，结案率分别为96.6%和95.5%。此外，采取“两规”（党员在规定时间、规定地点说清问题）措施2人，采取“两指”（一般行政人员在指定时间、指定地点说清问题）措施15人。

（刘　岩）

【纪检信访工作情况】 年内，市局纪委监察室共受理来信来访1937件次，其中来信1600件（初信706件、重信649件、多投信83件、纪外信162件）；来访和电话举报337人次（初访180人次、电话举报5人次、电话重访152人次）。初信初访891件次，比上年同期减少89件次，下降9.1%。其中立信访案件526件，占总数59%；已结办信访案件510件，结办率97%；其中属实1件，基本属实19件，部分属实74件（依法处理1人，党、政纪处理11人，辞退2人、批评教育81人），失实416件，属实率为18.4%。上级机关转要结果49件（市纪委6件、公安部17件、市委政法委19件、市政府纠风办5件、市委市政府信访办2件）。反映处、分县局长（局直管干部）问题23件，占总数2.6%；反映基层处、科、队、所长问题197件，占总数22.1%。

（刘　岩）

【“110”投诉台工作情况】 年内，市局“110”投诉台共接投诉电话25488件，其中当场答复群众咨询电话21306件，占总量的

83.6%。市局投诉台紧急出警处置和紧急布警处置601件，占总量的24%，其中属实和部分属实109件，占处置量的18%，不属实492件，占处置量的82%。移交纪检监察和公安交通管理局“122”投诉台3581件。

（李建梅）

【加强对“严打”整治斗争的现场督察】 年内，市局督察处根据公安部《关于紧紧围绕“严打”整治斗争切实加强现场督察工作的通知》和市局《关于严厉打击刑事犯罪活动全面加强首都社会治安工作的总体方案》及市局局长强卫在全局“严打”整治斗争动员部署大会上的讲话精神，深入“严打”斗争的执法现场，重点对刑讯逼供、超期羁押、滥用枪支警械、滥用强制措施、违反程序执法等问题进行现场督察。

（李建梅）

【2001年审计处实施审计项目情况】 年内，市局审计处完成各类审计项目63项，审计总金额7亿余元，审计查出违规违纪金额4033万元。其中：实施财政财务收支定期审计4项；处以上正职领导干部经济责任审计2项；经济责任后续审计1项；专项审计31项；市局警察博物馆及全局快速反应指挥系统经济合同审计23项；基建审计2项。查出账外固定资产1830.8万元，查出账外小金库5个，合计账外资金377万元，调整入库账外现金11万元，要求清退以公款购买的个人商业保险118.3万元；审计处直接审减节约资金282.06万元；通过审计挽回经济损失30万元；提出整改和完善内部管理意见、建议173条。

（杨朝俊）

【完成2000年度全局审计工作考核及优秀审计公文评选工作】 1月，市局审计处依据《内部审计工作考核办法》，完成了对全局45个经费单列单位2000年度审计工作的考核任务，评选出达标先进单位10个，达标单位31个，未达标单位4个，并评选出2000年度优秀审计公文7类7篇。

（杨朝俊）

【对监所安全管理开展现场督察】 1月17日至19日，市局督察处在监所管理处的配合下，对东城、西城、崇文、宣武、朝阳、海淀、丰台、石景山、昌平、怀柔10个分（县）局看守所的安全管理、防火措施等开展了现场督察，未发现重大问题，确保了春节期间监所内的安全。

（李建梅）

【召开行风评议整改反馈情况汇报会】 1月19日，市局召开行风评议整改反馈情况汇报会。纪委监察综合处根据评议组提出的意见，汇报了各项整改措施的落实情况。评议组听取汇报后认为，市局直属被评单位的整改工作体现了举一反三、边整边改的精神，取得了成绩。

（刘　岩）

【奥委会评估团在京期间的现场督察】 2月16日至21日，奥委会评估团在京考察期间，市局督察处出动暗访督察警力166余人次，对13个考察点、21条行车路线的周边治安秩序及18个重点派出所的警务部署落实、警力到岗到位等情况进行了现场督察。

（李建梅）

【召开2001年纪检监察工作会议】 2月21日，市局召开2001年纪检监察工作会议。市局纪委书记张久臣作了《认清形势，明确任务，狠抓落实，争取党风廉政建设和反腐败工作取得新成效》的工作报告。市委常委、政法委书记、局党委书记、局长强卫就进一步深化全局的党风廉政建设和反腐败工作作了重要讲话。市委政法委、市纪委有关领导，市局党委成员，市局警风监督员，局属各单位领导及纪委书记参加了大会。

（刘　岩）

【祝春林视察市局督察处】 2月27日，公安部党委委员、纪委书记、督察长祝春林、公安部督察局局长周山等领导，在市局督察长张久臣、副督察长刘正学的陪同下，视察了市局督察处，并询问了机构设置、工作方式和工作效率等情况。祝春林同志特别强调："110 投诉台这个窗口比公安机关其他窗口更重要，体现着公安系统向全国人民的承诺。要充分发挥处理群众投诉，有效保护公民合法权益和维护公安机关、公安民警依法履行职责的职能。"

（李建梅）

【开展党风廉政建设宣传教育月活动】 3月28日，按照市委"每年5月中旬至6月中旬为全市党风廉政建设宣传教育月"的决定，市局成立了局长强卫任组长、市局副局长刘德、张家旺任副组长的教育活动领导小组，下设办公室，纪委书记张久臣任主任。期间，57名局级领导干部参加了市纪委组织的局级领导干部党纪政纪条规的自测；3400名副处级以上领导干部参加了区、县组织的党纪政纪条规自测；27800余名基层领导干部和民警参加了局属单位组织的学习自测。纪委还将12个先进典型事迹材料和13个违纪违法案例汇编成册，下发至基层队所，并在《首都公安报》开辟《专题讨论征文专栏》，组织了题为"正确运用手中权力、遵纪守法、公正执法"的征文活动，共收到征文30余篇，从中选优陆续登载。

（刘　岩）

【完成处级领导干部配偶子女从业情况汇总】 4月28日，按照市委政法委的要求，纪委完成了全局处级领导干部配偶子女从业情况的汇总工作。全局应填报人数1531人，配偶、子女个人经商或在外资企业、中介机构从业涉及干部人数35人；配偶子女在党政机关工作446人，在国有企业工作763人，事业单位工作381人，个体经营3人，私营企业从业29人，外资企业从业28人，个人经办或与他人合办私营经济组织1人，个人受聘担任私营组织高级职务3人，在外资、中外合资企业担任高级职务5人，在中介机构任职（外资）1人。

（刘　岩）

【召开全局纪委书记会】 5月18日，纪委召开全局纪委书记会。市局监察室副主任董宪章通报了开展"严打"斗争以来局内发生的突出违法违纪案例；市局纪委副书记、监察室副主任高光凤对抓好"严打"期间的纪律作风教育，遏制民警违法违纪案件的发生提出了要求；市局党委副书记、副局长张家旺代表市局党委就充分发挥纪检监察机关的职能作用讲了话。

（刘　岩）

【举办全局审计干部岗位培训班】 6月4日至13日，市局审计处举办了2001年全局审计干部继续教育培训班，全局48个单位的76名审计干部参加了培训，参训率达100%。通过对电子工程概预算基础知识、计算机场地和设备安装、电视监控设备安装、技防设备安装、楼宇综合布线等专业课程的学习，填补了全局审计干部工程概预算知识方面的空白，受到审计干部的欢迎。

（杨朝俊）

【部署全局审计专项检查工作】 6月至10月，市局审计处部署全局开展行政事业性收费和罚没收入实行"收支两条线"情况、取保候审保证金管理情况、案件暂扣款物管理情况的专项大检查。在各单位自查的基础上，审计处对全局30个单位进行了重点抽查，对18个单位的行政事业性收费、罚没收入实行"收支两条线"管理情况和12个单位取保候审保证金及其案件暂扣款物管理情况进行了审计。此次检查，全局审计总金额达4.8亿元。通过审计，及时结缴资金837万元，规范案款管理176万元，对取保候审保证金帐户的计息问题提出了纠正意见。

（杨朝俊）

【组织收看严禁刑讯逼供专题教育片】 6月7日至8月15日，纪委在全局53个单位及机场分局、北京海关走私犯罪侦查分局播放公安部《教育整顿和执法大检查警示录——关于刑讯逼供的调查报告》专题教育片323场，观看民警达4万余人，使民警受到深刻教育。

(刘 岩)

【完成“7·13”申奥安保工作的现场督察】 7月12日至13日，市局督察处5名领导分工负责，组织93名督察民警参加了“7·13”申奥群众联欢现场督察工作。督察民警分别在世纪坛、天安门广场及周边地区、中南海周边和使馆区安全保卫工作开展现场督察，较好地完成了任务。

(李建梅)

【召开加强队伍党风廉政建设电视电话会议】 8月7日，纪委组织召开加强队伍党风廉政建设电视电话会议。市局党委全体成员及局属各单位领导班子成员和部分处科队所长以上领导干部千余人参加了会议。市局副局长张家旺主持会议，纪委书记张久臣作了队伍违法违纪情况通报，市委副书记、政法委书记、市局党委书记、局长强卫针对队伍中存在的违法违纪问题，要求以强化领导干部责任意识和责任追究为重点，进一步落实党风廉政建设责任制。从严治警，取信于民，抓好典型，用典型教育推动工作开展。

(刘 岩)

【督察人员抓获一名负案在逃犯】 8月10日15时许，市局督察处三分队队长王庆文和通州分局督察队副队长乔泽林等人下基层工作，行至京津公路北许场路口，遇一女子报警称：有一名山西籍在逃犯正躲藏在通州土桥砖瓦厂的单身宿舍内。接到报警，王庆文与乔泽林等督察队员立即直奔通州分局张家湾派出所，与该所研究抓捕计划。16时10分督察警与派出所民警将土桥砖瓦厂包围，将负案在逃的梁文平（男，32岁，山西人，因倒卖爆炸物品被当地公安机关通缉）抓获。梁犯由山西省洪洞县公安局押解回处理。

(李建梅)

【统一督察车标志】 8月11日，根据公安部“关于开展清理整顿警用车辆专项行动的通知”，市局督察处及局属各督察队统一将原有督察车上粘贴的“北京市公安局督察”和“首都公安督察”字样全部改为“公安督察”。

(李建梅)

【市局警风监督员到密云县局开展调研】 8月30日，市局特邀警风监督员到密云县公安局河南寨派出所进行调研。监督员们与来自县公安局治安、交通巡逻、户籍、刑事侦查等警种的民警进行了座谈。市局纪委书记张久臣陪同调研。

(刘 岩)

【联合检查留置室】 9月12日至17日，市局督察处与市局法制办公室联合对17个分（县）局的21个科、队、所留置室的设置和执行留置盘问情况及落实《内务条令》、窗口服务、“四难”（冷、硬、横、推）问题进行了检查。对发现的问题及时通报，堵塞了漏洞。

(李建梅)

【编辑出版纪检监察优秀论文集】 10月，纪委从全局各级纪检监察机关编写的调研论文中，评选出20篇优秀论文编辑成书并印发全局。

(刘 岩)

【市局召开行风评议见面会】 10月29日，市局召开行风评议见面会。市委政法委、局属业务局处领导50余人参加了会议。会议由北京市纠风办公室主任、市监察局副局长王仁根主持，局长马振川到会并讲话。市局副局长张家旺作了全局行风建设情况汇报。行风评议组组长包玉良等三位评议员发表了评议意见。市纪委副书记、市监察局长秦刚作了重要讲话。

(刘 岩)

【市局加入北京市内部审计协会】 11月1日，应北京市审计局的邀请，经市局领导批准，市局审计处为“筹备成立北京市内部审计协会发起人”之一。加入市内部审计协会后，审计处将有资格和条件获得最新的国际、国内的内部审计发展动态和信息，学习最新的国际和国内的内部审计专业知识，接受良好的专业教育，参与协会的有关组织工作等。

（杨朝俊）

【召开京津沪渝纪检监察督察研讨会】 11月13日至15日，纪委组织召开了京、津、沪、渝四个直辖市公安局纪检监察督察工作研讨会。会议围绕如何在新形势下开展纪检监察工作及下一步工作思路；如何抓好党风廉政建设责任制的贯彻落实；从调查违法违纪案件的谋略和技巧入手，如何加大查办案件的力度；如何进一步加强督察工作等议题，进行了交流和探讨，并达成共识。

（刘　岩）

【审计综合信息网站建成开通】 11月22日，审计处建成开通了北京市公安局审计处综合信息网站。网站的开通既实现了各类报表、数据统计在网上传输并自动生成，又可对全局各单位审计工作进行跟踪考核，同时具备了可供全局领导干部和审计专业干部查询和共享的审计规章制度及经济法规库、典型审计案例剖析、审计专业问题咨询、审计论文和审计调研报告、审计经验交流与推广等功能。为审计工作网络化打下了基础。

（杨朝俊）

【加强对“法轮功”斗争现场督察】 11月30日，针对境外网站发表大量文章恶意散布民警处置“法轮功”邪教组织活动的情况。为澄清事实，市局督察处组织人员深入到天安门分局、崇文看守所、昌平东小口派出所进行调查了解，用事实否定了境外网站的诬蔑。同时，下发通知要求各级督察队加强对处置“法轮功”人员工作的现场督察，将此项督察内容纳入日常的督察工作中。

（李建梅）

【检查党风廉政责任制情况】 12月3日至10日，市局贯彻落实党风廉政建设责任制领导小组办公室抽调20名同志，组成4个检查组，对局属52个单位贯彻落实党风廉政建设责任制情况进行了专项检查。通过集中听取各单位正职领导汇报、民主测评打分、查看资料等，评选出2001年度党风廉政建设达标先进单位18个，达标单位34个，并于12月底将检查反馈意见书面送达各单位党委。

（刘　岩）

【举办首期督察领导干部培训班】 12月3日至18日，在大兴西红门巡察执法总队训练基地举办了市局首期督察领导干部培训班。全局24个督察部门的36名同志参加了培训。期间，公安部纪委副书记、副督察长、督察局局长周山以“公安机关的内部监督体系及其警务督察机制”为题，为督察培训班授课。

（李建梅）

【评选市局廉政爱民先进集体和个人】 12月19日，纪委经过严格考核，评出2001年市局廉政爱民先进集体29个，先进个人19名，并予以表彰。

（刘　岩）

【调整治理公路“三乱”领导小组成员】 12月24日，局纪委印发《关于重新调整市局治理公路“三乱”领导小组成员的通知》（京公监字［2001］987号）。决定由市局党委副书记、副局长张家旺任市局治理公路“三乱”领导小组组长，市局纪委副书记刘正学、公安交通管理局局长李建华、交通管理局副局长张锁成、巡察执法总队副总队长张宪法任副组长。领导小组下设办公室，市局纪委监察综合处处长江献之任主任。

（刘　岩）

【2001年全局实施审计项目情况】 截至

2001年底，全局共实施审计项目707项，审计总金额64.2亿元，查出违规违纪金额4933.3万元，其中：查出账外资金1064.4万元，包括调整入库现金148.4万元，取消违规存折19个；查出账外资产6138.8万元并已调整入帐；规范、调整和纠正账项1604.6万元；责令责任人退还现金1.4万元；要求清退公款购买的个人储金性商业保险118.3万元；披露安全责任事故隐患1起；向被审计单位提出针对性的审计意见和建议1000余条，由审计直接审减节约资金988.7万元；协调有关部门挽回经济损失30万元；因违反财经纪律受到单位行政处分2人，移交司法机关处理2人。

（杨朝俊）

案例举要

【发生两起民警职务犯罪活动】 7月，市局刑事侦查总队相继破获了宣武、丰台分局巡察支队民警身着警服与社会不法人员相勾结，多次结伙进行抢劫的案件，涉案民警6人。经查，1997年10月5日15时许，宣武分局巡察支队四队民警柴国胜（男，35岁，群众，1999年6月调分局刑侦支队工作）、郝耀（男，26岁，团员）身着警服，伙同社会人员宿光慧（已逮捕）等人，以抓赌为名，对正在西城区“福尼特”邮市内玩牌的人员进行抢劫，抢得人民币4000余元、手机两部及邮票等物。1998年2月至3月，柴国胜为给宿光慧的朋友李长顺（在逃）“平事”，以抓人破案为名，着警服，开“110”警务车到宣武区莲花池东路“顺峰”酒店，将事主强行拉上车带走。后又与宿光慧等人对事主进行殴打威胁，并非法拘禁近三个小时。事后柴分得“感谢费”7000元。1998年8月，柴国胜与本队民警李志民（男，33岁，群众）身着警服，伙同宿光慧等人在朝阳区贵友商场附近，以抓“切汇”为名，强行将一名“切汇”人员带上汽车，抢劫该人手机一部、雷达表一块（价值6000余元）及戒指一枚。因涉嫌抢劫、非法拘禁及包庇罪，柴国胜、李志民、郝耀被依法逮捕。

丰台分局巡察支队六队民警刘玉强（男，30岁，群众）、林志胜（男，28岁，党员）、郭海山（男，24岁，团员）与社会人员赵幼华、杨旭海、于旭光（均在押）等人相勾结，组成犯罪团伙，先由赵幼华等人负责寻找赌场，确定目标后，刘玉强、林志胜、郭海山利用值勤、巡逻之机，着警服、开警车带领赵幼华等人进行抢劫。1999年7月至2000年7月，他们先后在朝阳、海淀、丰台、房山、昌平、大兴6个区作案9次，抢得五连发猎枪两支，子弹100余发及人民币数万元。刘玉强、林志胜、郭海山被依法逮捕。

（刘　岩）

【发生一起民警虐待被监管人致死案件】 8月4日6时许，朝阳分局看守所管教民警王秀云（女，45岁，群众）指使在押人员卢风梅等人，将在606号监室内哭闹的犯罪嫌疑人张某某（女，33岁，河南省农民，8月2日因涉嫌贩卖假币被刑事拘留）抬到一无人监室内，采用虐待方式，致张昏迷，经医院抢救无效死亡。8月20日，王秀云因涉嫌虐待被监管人罪逮捕。

（刘　岩）

纪委2001年领导名录

职务	姓名	任职时间
纪委书记	张久臣	1996年6月—
监察室主任		1997年10月—
督察长		2000年7月—
纪委副书记	刘正学	1996年6月—
监察室副主任		1997年10月—
副督察长		2000年7月—
纪委副书记	高光凤	2000年10月—
监察室副主任		1997年10月—
监察室副主任	董宪章	1997年10月—
办公室主任	程润锁	2000年11月—
办公室副主任	张平（女）	2000年11月—
办公室副主任	朱春起	2000年11月—
案件检查处处长	王向平	2000年11月—
案件检查处副处长	谭钟	1999年5月—
案件检查处副处长	郭振川	2001年3月—
审理控申处处长	侯长生	2000年11月—
审理控申处副处长	毛敬泽	2000年11月—
审理控申处副处长	魏秀珍（女）	2000年11月—
监察综合处处长	江献之	2000年11月—
监察综合处副处长	王振华	2000年11月—
监察综合处副处长	赵燕妮（女）	2000年11月—
监察综合处副处长	白治强	2001年3月—
警务督察处处长	齐石	2000年10月—
警务督察处政委	冯蓬	2000年10月—
警务督察处副处长	周天林	2000年10月—

职务	姓名	任职时间
警务督察处副处长	王英江	2001年3月—
警务督察处副处长	贾春明	2001年3月—
审计处处长	刘岚(女)	1998年10月—
审计处副处长	徐琪昌	1996年12月—

北京人民警察学院

【概　况】 2001年，北京人民警察学院以规范化建设为主线，以实施素质教育为中心，坚持面向基层，贴近实战，服务一线，为首都公安工作和队伍建设做出了贡献。加强教学规范化建设，重新制定了《教学质量评估方案》、《教师培养办法》等一系列教学管理制度。对教学评估内容做了较大调整，使教学规范及质量的要求更加具体。完成了部分课程题库建设任务，经过试行，期末考试时110门课程实现了教考分离，增强了教师的责任感和学生的学习动力，促进了教学质量的提高。为提高全局民警学历层次和业务素质，首次开办了高中起点的成人学历教育本科班，成人高考辅导入学率达到46%，创造了历年最好成绩。在职民警学历教育招生3000余人，毕业学员2000余人。为增强培训针对性，实现培训规范化，调研制定了《首都人民警察训练课程纲要》。开办各类民警和领导干部培训班47期，5683人参加培训。年内，开始实行北京市公安局教官聘任制，通过考核、培训，首次聘任了86名具有较高学识水平和实践经验的公安一线专家或业务骨干、办案能手为兼职教官。制定了《十五科技发展规划》、《科研项目管理规定》，对科研项目的立项、管理、验收、经费使用和奖励作出了详细的规定。建立了每年不低于20万元的科研基金。全年申请局级以上科研课题立项8个。一个部级课题获市局科技成就二等奖。全年出版教材和著作32部，发表论文53篇。继续实行严格的警务化管理，出台了《学生教育管理工作评估方案》，修订、完善了《学籍管理办法》。组织学生参加了重大活动安全保卫任务。学生会发挥自我管理、自我教育、自我服务的作用，自办了校园广播站、校园电视台及散打队、合唱团、英语和计算机等活动小组，学生综合素质得到提高。为适应迁址顺义后的办学需要，筹措资金，先后解决了顺义学区教室、住宿、交通、用水、用电等问题，进行了图书资料信息开发、资料信息管理的自动化建设及校园电话通讯、计算机网络系统、多媒体教学设施、广播系统和实验室的建设，保证了教学的顺利开展。结合《公安机关人民警察内务条令》的贯彻实施，出台了《行政工作考评办法》、《内务管理实施细则》、《全院工作流程》等规章制度和工作规范，促进了各项工作的有序开展。举行了北京人民警察学院第一次党员代表大会，选举产生了新一届党委，提出了学院建设和发展的目标和思路。召开了北京人民警察学院第一次工会代表大会，选举产生了北京人民警察学院第一届工会领导机构，为506名会员办理了会员证。

（魏雪英）

【完成局级科研项目4个】 年内，警察学院认真开展科研工作，努力为公安一线服务，完成了“常见金属毒物电感耦合等离子发射光谱测定方法研究”、“北京城区道路交通运输系统的可持续发展战略研究”、“首都公安民警身体素质达标标准与对策研究”和“安全防范工程验收标准及模式研究”4个局级科研项目。

（李 彤）

【编制民警训练课程纲要】 3月至10月，警察学院组织3个系和5个教研部共64名教师，先后深入全局42个业务单位开展调查研究，形成了《首都人民警察训练课程纲要》。纲要将民警系列划分为18个警种岗位，分政治理论、人文知识、法律法规、岗位业务、警务技能等专题。

（孙世彬）

【举办市局新任处职领导干部培训班】 3月至12月，根据市局《人民警察在职培训实施办法》规定，警察学院举办了5期处职领导培训班，对2001年全局通过公开选拔竞争上岗或新任命的处职领导进行了脱产培训。局属45个单位的310名新任正副处职领导干部参加了培训。

（孙世彬）

【对食堂进行社会化改革】 10月底，警察学院对食堂进行社会化改革。出台了《食堂经营管理暂行办法》，对食堂改革的基本原则、经营目标等重要事项做了明确规定。经向社会公开招聘、烹饪操作演示，9月1日，综合服务楼一、二、三层、东平房四个食堂正式开业。初步形成了食堂经营自负盈亏和优胜劣汰的竞争机制。

（王久利）

【完成市局2001年大学生、军转干部新警岗前培训】 年内，按照市局新警岗前培训要求，2001年大学生、军转干部新警岗前培训分别在怀柔国防教育培训中心和北京人民警察学院（顺义校区）举办，其中769名学员（含191名军转干部）在怀柔参加了综合岗位培训，181名大学生在北京人民警察学院进行了刑警专业培训。

（孙世彬）

【市局二警校并入北京人民警察学院】 年初,市局将北京市第二人民警察学校并入北京人民警察学院。合并后,警察学院内设办公室、政治处、教务处、培训部、党校工作部、中专部(对外挂北京市第二人民警察学校牌子)、学生工作处7个正处级机构和总务处、警务科学研究所、教育技术管理处、图书资料信息中心、侦查系、治安管理系、法律系、文化教研部、公安业务教研部、公安科技教研部、理论教研部、警体教研部12个副处级机构，同时警察学院增挂中共北京市公安局党校和北京市公安局警官培训中心牌子。

（迟 涛）

【修订教学质量评估方案及办法】 1月,警察学院全面修订、出台了教学质量评估方案及办法。方案以教学质量为中心,用分解评估的方法,以教学效果评价为主要内容,以学生评价为主要依据,对教师的教学质量进行公平、公正、公开的评价,鼓励教师开拓创新。全年,组织75个班次的学生对300多人次教师的教学工作进行了评估,反馈机读卡问卷23500张。在此基础上对116人、142人次进行教学质量评估,其中A等56人次,B等83人次,C等2人次,不及格教师1人。初步建立了科学的质量管理和质量评价体系。

（王 鑫）

【开展题库建设实现教考分离】 3月，为提高教学质量，警察学院实施题库建设、教考分离改革。对必修考查课和选修课的考试采取相对放开的方式，鼓励教师运用多种考核形式，加强能力考核；对部分题库聘请校外专家评估，促进题库整体水平的提高。在题库建设方面，缩小了题库考试的范围，放开了31门必修考查课和选修课的考试形式。对54门考试课程继续采取题库出题考试。

（王　鑫）

【学生在实践中受到锻炼】 4月至9月，按照市局部署，警察学院组织学生先后参加了“清华大学90周年校庆活动”、“五一”天安门地区旅游黄金周、“世界三大著名男高音音乐会”、“北京申奥成功庆典活动”、“大运会”及“国庆”期间天安门地区安保工作。共出动警力（师生）约4600人次。使学生在实践中受到锻炼。

（吴敏琦）

【开展维护自身心理健康活动】 4月9日至11日，警察学院在学生中开展了维护自身心理健康的活动。期间，共展出心理健康展板14块，发放心理健康宣传材料150套、1000余份、各种心理测试材料2000份，邀请北师大教授和参加过维和行动的民警为学生们作报告，组织学生观看了录像片，并进行了心理知识现场问答。

（朱秀兰）

【成立市公安局考试中心】 6月14日，警察学院成立市局考试中心，下设考务组和试题组。全年考试中心组织全局警衔晋升、经侦民警任职资格、全国计算机统考、领导干部公开选拔竞聘、市局首届青年民警计算机暨网络技能大赛等各级各类考试69次，参考民警18000余人次，编写衔级晋升考试复习及其他各种资料10套合计35万字。

（孙世彬）

【2001年毕业、招生情况】 7月，警察学院98级307名大专学生毕业，经国家公务员录用资格四项考试、体能测试、心理测试和身体检查，分配到局属28个单位工作。8月中旬，北京人民警察学院2个系3个专业面向社会招生，招收普通高中毕业生402名，其中男生341名，女生61名；文科生104名，理科生298名。33名学生达到本科第二批录取分数控制线以上。按计划圆满完成了招生任务。

（吴敏琦）

【市局党校举办《“七一”讲话》学习班】 9月10日至20日，市局党校在香山举办了两期、每期四天的学习江泽民总书记《“七一”讲话》培训班。局属各单位98名双正职领导参加了培训。主讲老师均是大学的教授、专家。通过学习，培训班学员进一步理解领会了“三个代表”重要思想的科学内涵。

（范广群）

【承办市局司政后纪民警岗位培训班】 9月14日至12月14日，根据市局《人民警察在职培训实施办法》规定，在西城分局司、政、后、纪民警试点班的基础上，警察学院分别在顺义学区、马甸学区开办了3期全局司、政、后、纪岗位民警培训班，来自市局机关及其他单位的200余名民警参加了培训，每期3周。

（孙世彬）

【市局党校举办《领导科学》培训班】 11月26日至12月28日，市局党校在香山疗养院举办了市局处职领导干部《领导科学》培训班，18名处职领导参加了培训。

（范广群）

【警察学院新址奠基】 12月1日，北京人民警察学院、北京市公安局警官培训中心奠基仪式在昌平区南口镇新址内举行。市委副书记、政法委书记强卫，公安部、市委、市政府有关部门领导，市局党委书记刘德、局长马振川，昌平区委书记白宗全、区长赵凤桐等领导，警察学院党委书记李长修、院长滕健及有关单位和局属各单位领导、学院200多名师生参加了奠基仪式。

（魏雪英）

北京人民警察学院2001年领导名录

职　务	姓　名	任职时间
党委书记	李长修	1996年4月—
院　长	滕　健	2000年4月—
副院长	李汝川	2001年2月—
副院长	邵新莲(女)	1996年10月—
副院长	陈葆琛	2000年4月—
副院长	孙福盛	1993年7月—
副院长	崔尚兴	2001年2月—
副院长	张盛国	1999年1月—
副院长	郑卫平	2001年3月—

装备财务管理系统

装　备　财　务　处

【概　况】　2001年装备财务处围绕公安科技发展“十五”计划和“严打”整治斗争等中心工作合理安排经费使用。用于公安科技发展“十五”计划的专项经费1.09亿元，“金盾工程”、公安警务快速反应指挥、侦察物证技术、全员素质教育培训、公安科技开发及科技设施、公安科技宏观管理6大体系共34个项目全面启动。投入3698万元用于直属单位的装备购置和警服制作；投入1200万元落实直属单位民警加班超时补贴经费；安排清理整顿经费2900万元；反恐怖专项经费2700万元。争取到位基建经费1.68亿元。在正常经费的安排使用上，保证了全局教育培训工作的顺利实施，把刑警补贴、民警人身意外伤害保险等从优待警项目落到实处。加强公安装备现代化建设，购置配发机动车682辆，

"CDPD"移动查询终端40台。完成了市局机关及10个直属单位的网络建设和机要文件计算机辅助管理系统建设。为有关单位配发了必要的设备和装备，配发枪支1600支、警械具21300件(套)，发放警服26万件(套)，各类服饰、警衔28万余副。全面启动警察学院、刑侦科技大楼、第二看守所、人防指挥所、第一看守所、特警队综合业务用房、伤残民警康复中心等七个重点建设工程，总建筑面积达29.3万平方米。完成人口管理处、经济犯罪侦查处、信息中心、网络安全监察处等单位维修改造扩建工程，竣工面积12790平方米。认真开展调研工作，参与《奥运行动规划安全保卫专项规划》、《从优待警》重点课题及《个人警用防护装备及非杀伤性警用武器使用》调研；牵头组织"朝海丰"打防控第二课题组的调研任务。先后制定了《装备专项》、《公安科技项目及技术装备建设》和《巡警车组装备》、《巡警车辆装备》、《计算机及外围设备装备》、《公务用枪使用与管理》、《政府采购管理办法》及涉及装备财务、房产物资、企业管理等方面的管理规定和标准。推进后勤服务社会化改革。机关班车实行社会化服务，局属宿舍院移交给地方管理。狠抓全局内部交通安全专项管理。年内发生甲方责任事故54起，比上年减少5起，下降了8%。

（董　毅　夏建华）

【大学生民警到基层锻炼】　2月19日，装备财务处第一批8名大学生分赴朝阳、海淀、东城、宣武分局的基层单位，进行为期一个月的锻炼。

（董　毅　夏建华）

【防暴枪应用培训】　3月2日，装备财务处为11个单位配发了97－1式18.4毫米防暴枪。并同时举办97－1式18.4毫米防暴枪应用培训班，有关人员为参训民警讲解了18.4毫米防暴枪的构造、原理、性能、所配弹种以及使用、保养、安全操作等知识。

（董　毅　夏建华）

【召开被装管理工作会议】　3月15日，装备财务处组织召开全局被装工作会议。会上下发了装备财务处根据新式警服的标准和要求研制开发的"公安被装管理信息系统"软件，并进行了操作培训。局属56个单位主管后勤工作的局（处）长、代供单位的领导及被装管理员140余人参加会议。

（董　毅　夏建华）

【举办财务会计报表软件培训班】　4月12日至13日，装备财务处在京渔宾馆培训基地举办了财务会计报表软件培训班，直属24个单位的60余名财会人员参加了培训。培训期间，专门成立了培训小组，采用投影、当场讲解等形式，对软件系统进行了辅导教学。自该月起，各单位会计月报表将统一采用计算机软盘报送方式。

（董　毅　夏建华）

【财政部领导到市局调研】　4月28日，财政部政法司司长冯秀华等在市财政局副局长王晓明等陪同下到市局调研。市局副局长吕实珉、装备财务处处长张兵、政委宁世启等有关部门领导参加了座谈。座谈会后，参观了市局通信指挥系统和指挥中心，并听取了市局2000年后勤工作及"金盾工程"和"十五计划"情况的汇报。

（董　毅　夏建华）

【集中销毁非法枪支】　5月10日，装备财务处同治安管理总队密切配合，将收缴的近两万支非法枪支进行了分拆毁形，检查清除残留弹药，并与首钢保卫处和武警总队联系落实具体事项，拟定了具体的工作方案。安全运抵首都钢铁公司，入炉销毁。

（董　毅　夏建华）

【为局属有关单位配发印刷一体机】　5月17日，装备财务处为市局国内安全保卫总队、刑事侦查总队等11个单位配发了先进的多功能数码印刷一体机，并邀请专业技术人员当场演示了一体机的使用功能和保养方法，辅导培训人员进行了实际操作。

（董　毅　夏建华）

【举办交通安全管理干部培训班】 5月23至25日，装备财务处举办了2001年全局内部交通安全管理干部培训班。通过培训使交通安全管理干部进一步认清当前市局交通安全状况，提高了对加强内部车辆管理、搞好驾驶员安全教育重要性的认识，局属54个单位的77名交通安全管理干部参加了培训。

（董　毅　夏建华）

【为基层民警安装空调】 6月28日，装备财务处为巡察执法总队、公共交通分局等15个基层单位安装了800余台空调，将市局党委对基层民警的关怀和慰问落到了实处。

（董　毅　夏建华）

【举办内部交通安全学习班】 8月2日，市局交通安全委员会在装备财务处基建房管处礼堂举办了公安民警交通安全学习班。局属11个单位的22名事故司机和主管领导参加了学习。学习班紧密结合局内交通安全工作实际，组织学习了交通法规、市局有关规定，并收看了交通事故及预防交通事故录像。学习班结束前进行了交通法规考试，及格率达到100%。

（董　毅　夏建华）

【为一线单位配发新警务用车】 9月26日，市局在大兴物资库举行新警务用车配发仪式。共配发新警务用车116辆，其中桑塔纳2000型轿车68辆，尼桑风神型轿车26辆，其他警务用车22辆，分别配发给国内安全保卫总队、治安管理总队、文化保卫处等局属22个单位。北京市财政局副局长王晓明、市局副局长吕实珉参加了仪式。

（董　毅　夏建华）

【市委领导检查公安科技发展十五计划执行情况】 11月16日，市委副书记、政法委书记强卫、市委副秘书长韩秀峰、市委政法委副书记慕平等领导在市局党委书记刘德、局长马振川、副局长吕实珉的陪同下，听取了装备财务处和科技处关于公安科技发展“十五”计划2001年的执行情况及2002年项目建设计划工作汇报。

（董　毅　夏建华）

【15名同志竞聘上岗】 12月18日，装备财务处举行公开选拔领导干部任命仪式。全处有45名同志参加了应聘，通过资格审查、笔试、面试、民主测评、考核小组征求意见及任命公示等程序，15名同志走上了领导岗位。市局政治部、处领导、参聘人员及民警代表200余人参加了仪式。

（董　毅　夏建华）

装备财务处2001年领导名录

职　务	姓　名	任　职　时　间
处　长	张　兵	2000年11月—
政　委	宁世启	2000年11月—
副处长	张　钢	2000年11月—
副处长	李增喜	2000年11月—
副处长	庐　永	2000年11月—
副处长	王俊庄	2000年11月—
副处长	刘　超	2000年11月—

北京市公安医院

【概　况】 2001年，北京市公安医院以“为民警服务、为公安业务服务、为公安基层服务”和为社会医疗服务为主要任务，以重要警务活动现场医疗保障和公费医疗管理工作为重点，全面开展了医疗、护理、市局在押人员医疗服务、健康宣传、公费医疗管理等各项工作。年内，为方便民警就医，开通了医疗抢救绿色通道，做到24小时随时出诊。加强医护人员队伍建设，不断提高业务水平，公开招聘副院长1人，晋升高级职称8人，中级职称16人，引进高级职称人才1人；完成了党委、纪委、团委改选，成立了工会委员会。在七里渠成立了综合门诊部，解决了民警和被收容人员的就医问题。成立介入治疗中心并取得了较好的医疗效果。医院被确定为首批医疗保险定点医院。医院工作人员587人，年门诊量84474人次，急诊5141人次，病床使用率48.76%。

（白秀桂）

【公费医疗管理】 年内，市局直属机关享受公费医疗的民警、职工共13580人。全年支出医疗费2865.4万元。在职人员年人均支出1044元，比上年下降346元；退休人员年人均支出4925元，比上年下降1342元；离休人员年人均支出12098元，比上年上升2495元。全年总支出上升4.8%。

（绳慧敏　白秀桂）

【开展健康宣传工作】 年内，公安医院大力加强健康宣传工作，成立了以副院长、医务科长为领导的健康促进委员会和科普工作领导小组，确定了各级宣传员。通过设立电子触摸屏介绍医保信息、更换宣传板进行科普宣传、设立宣传日进行现场咨询等方法，广泛开展健康宣传教育活动。全年共发放宣传品30余种15000件，发表科普文章25篇，与北京电视台合作录制宣传教育片2部，自制宣传品16种。被东城区卫生局健康教育所评为“2001年度健康教育先进单位”。

（冯小文　白秀桂）

【病犯病区工作】 年内，公安医院与监所管理处建立的病犯病区（十病区）由开诊的28张病床增加到52张病床，共收治各类病犯296人。

（高新萍　白秀桂）

【为一线民警办实事】 年内，公安医院坚持为一线服务，为基层民警服务，为公安业务服务的工作方针，组织医护人员随车赴外地遣送上访人员，保证了遣送工作的顺利进行；在同“法轮功”邪教组织斗争中，派出大夫70人次、车辆18台次为天安门地区值勤民警诊治1296人次；先后派出大夫46人次到香山、密云、平谷等地为老干部检查治疗1363人次。“大运会”期间派出大夫306人次、车辆51台次，治疗护理民警1590人次。派出大夫36人次为军转干部、大学生新警岗前培训服务。日常派大夫出诊135人次，治疗病人1091人次。

（马秀坤　白秀桂）

【体检工作】 年内，公安医院配合市局招收民警工作，为3764人做身体检查。为全局31个单位10610名民警进行身体健康检查，并对民警体检结果按照“首都公安民警生命健康状况监测档案”实行了计算机管理，随时跟踪、准确了解每一位民警的身体健康状况。对检查中发现的异常情况，及时通知各单位。

（刘秀玉 白秀桂）

【医疗小分队工作】 年内，公安医院组成医疗小分队，先后到市局里仁街、红庙、高原街、角门宿舍区及警察学院、市局办公室档案处进行医疗诊治服务。全年共派出84车次，医治病人1710人次。

（朱建民 白秀桂）

【引进先进设备】 年内，公安医院先后引进了美国GF公司生产的核磁共振、除颤仪、颅骨钻、万倍显微仪系统、美国鹰牌呼吸机、多导睡眠监测系统、鼻内窥镜基本套、X光机、高频乳腺X光机、全自动尿沉渣分析仪、眼科A/B、电化学发光免疫分析仪、连续心排量监护仪等先进的治疗、检查设备，为医院现代化服务提供了条件。

（冯锡红 白秀桂）

【开通急诊抢救“绿色通道”】 年内，公安医院开通了急诊抢救“绿色通道”，及时抢救在“严打”斗争中受伤的民警。为了保证“绿色通道”的畅通，医院成立了抢救领导小组，对全院各科室人员、设备实行统筹调配，保障院内外紧急救治环节配套，并组建了两个小分队，配备两辆专用救护车，做到24小时待命，有力地配合了全局的“严打”整治斗争。

（吉 利 白秀桂）

【加强继续教育、培训工作】 年内，公安医院做好继续教育工作，对全院人员进行了计算机、医疗保险政策、传染病防治法岗前及灾难性损伤的现场急救、炭疽病的防治等培训。医护人员的继续教育达到了卫生局规定的课时。

（冯小文 白秀桂）

【预防保健工作】 年内，公安医院以宣传防病知识、处理传染病疫情为主开展了预防保健工作。11月，根据市局要求，派医护人员为防爆安检处民警开办了炭疽病知识讲座，使一线民警了解炭疽病，掌握了预防知识。

（许慧来 白秀桂）

【“爱民月”活动】 1月，公安医院认真开展“爱民月”活动，分四个小组分别到市局大院、国内安全保卫总队、治安管理总队及民革中央等医疗合同单位进行走访。同时，在医院各医疗科室发放《病人问卷调查表》190份，在各病区召开公休座谈会，在门诊大厅及住院大厅设置意见箱，广泛征求病人对医疗、医技、护理和窗口科室在服务态度、医疗技术、检查质量、廉洁行医、环境卫生等方面的意见。对群众和病人提出的意见和建议，医院进行汇总后及时反馈给有关科室，促进了医务工作的开展。

（丁湘苓 白秀桂）

【成立介入治疗中心】 3月，公安医院成立介入治疗中心。开展了冠状动脉造影术、经皮球囊冠状动脉成形术以及冠状动脉内支架置入术，心脏起搏器置入术，导管射频消融术，全脑血管造影术，外周血管造影术，恶性肿瘤介入化疗技术。以全方位、多层次的医学诊疗技术为患者服务，尤其对发病率极高的心血管疾病患者拓宽了检查、治疗手段。截至年底共完成冠状动脉造影术172例，并对其中42例冠状动脉病变严重者（冠状动脉狭窄大于70%）行冠状动脉球囊扩张术，成功置入支架，取得了疗效。

（王日胜 白秀桂）

【成立七里渠综合门诊部】 4月19日，公安医院在监所管理处七里渠收容教育所成立了综合门诊部。监所管理处处长毕晶、公安医院政委任映雪为门诊部开诊剪彩。门诊部的成立，方便了民警就医，为收容人员提供了医疗保障。门诊部设内科、外科、妇产科、B超室、心电图室、检验科、病理科、中西药房。采用先进的检查仪器，配备了具有丰富临床经验的医生和护理人员，实行24小时接诊。

（吉　利　白秀桂）

【被定为医疗保险定点医院】 6月1日，市劳动和社会保障局审定471家医院为北京市首批基本医疗保险定点医院，公安医院位列其中。

（吉　利　白秀桂）

【淋巴管疾病研究课题通过检查和验收】 10月29日，北京市卫生局科技处组织有关专家到公安医院检查“首都医学发展科研基金重点学科项目——淋巴管疾病的治疗与研究”实施情况。该课题发表论文6篇，参加国内学术会议1次，参加第18届意大利国际淋巴学会大会并宣读论文2篇，共收治病人61例，影像学检查96例，手术93人次。经检查有关专家认为医院开展的淋巴管疾病治疗涉及病种范围比较广，在乳糜返流疾病的诊断手段及治疗方法上有开拓性进展，并对医院的淋巴水肿治疗与研究进展情况给予肯定，通过了市卫生局的检查和验收。

（耿万德　白秀桂）

北京市公安医院2001年领导名录

职　务	姓　名	任　职　时　间
政　委	任映雪	1992年4月—
副院长	宋建民	1998年10月—
副院长	郭　岩	2001年3月—

公安科技系统

科　技　处

【概　况】 2001年是市局科技发展“十五”计划实施的第一年，科技处充分发挥规划、指导、协调、监督和服务的职能，本着“建设是手段，使用是目的，管理是保障”的原则，扎实工作，有效地推动了全局科技工作的开展。高度重视规划在科技建设中的作用，从制定年度规划入手，抓好“十五”计划的落实。全局年投入资金总量超过3个亿，为“十五”规划的实施奠定了基础。加大了科技建设项目的科学化管理力度，配合市局装备财务处制定出台了《北京市公安局科技工程项目和技术装备建设管理办法》，从项目立项到技术和实施方案的论证、实施进度和质量的监督等均进行了有效的管理，促进工程建设有序开展，有效地避免了科技建设中重复、分散的问题，实现了科技资源的优化配置，促进了全局规划科技建设的顺利完成。制定出台了《北京市公安局科技管理工作办法》、《北京市公安局科技成就奖励办法》等规章制度，系统地规范了科技管理工作。以科技系统任务书的形式，使科技工作达到量化。改革了科研项目立项审批的程序和过程，保证了科研项目在研究完成后尽快转化为战斗力，满足一线的实际需求。协助局领导组织科技系统例会，发挥宏观协调职能。协助局领导组织领导小组会议，管理、协调全局信息化建设。为加强决策科学化，科技处组织成立了市政府专家顾问团社会公共安全顾问组，开展了“社会治安评价体系的研究”等课题，直接为全局的业务工作提供有效的理论支持。加强对社会公共安全产品质量的抽查力度，强化了警用产品质量的管理，初步建立起规范化、标准化管理体系。年内，科技处被北京市科学技术委员会评为全国科技资源清查工作先进集体。

（孙晶东）

【召开市政府专家顾问团第一次会议】 1月12日，科技处协助市局党委主持召开市政府专家顾问团社会公共安全顾问组第一次会议。市局局长强卫，副局长吕实珉、刘德、张家旺、杨文忠到会。社会公共安全顾问组成员李强、杨雅彬、王煜、王智民、高光斗、沈志工出席了会议。强卫向6位顾问颁发了北京市人民政府聘书，对北京市人民政府第八届专家顾问团社会公共安全顾问组成立表示祝贺，并介绍了市局近年来在加强调查研究提高决策水平工作中所取得的成效。杨文忠就市局当前开展的调研课题做了介绍。顾问们就相关问题进行了讨论。

（南京平）

【随局领导开展科技下基层活动】 1月15日至2月15日，科技处随市局局长强卫、副局长吕实珉、刘德、阮增义、杨文忠、马振川等分别到门头沟、房山、延庆、平谷、密云、清河等远郊分（县）局进行春节慰问，并购置了一些科普光盘，开展了科技下基层活动。

（姜秀立 孙晶东）

【召开公共安全产品行业管理工作座谈会】 1月16日，科技处组织召开“北京市公安局社会公共安全产品行业管理工作座谈会”。会上就交通安全摩托车乘员头盔产品质量等问题进行了广泛的座谈。参加座谈会的有：国家质量技术监督局、北京市质量技术监督局、公安部科技局质量处、市局科技处、安全技术防范管理办公室等单位负责人。

（杨家森 张锐秋）

【市局举办第六届科技沙龙】 1月21日，市局第六届科技沙龙在国谊宾馆举行。市局副局长刘德及公安部、局属17个单位的有关领导、专业技术骨干、博士代表、科技管理人员等60余人参加了活动。此次沙龙由科技处主持，消防局科研所承办，为全局科技发展创造了一次很好的交流机会。

（姜秀立）

【召开局属科技系统工作经验交流座谈会】 2月5日至7日，科技处分六批主持召开了局属科技系统工作经验交流座谈会，局属34个科技信通处（科）的正副职领导参加了会议。会上局属各单位对2000年科技工作进行了总结，提出了2001年科技工作思路，并就工作中需要各单位科技信通部门配合和协作的问题进行了广泛的交流。

（孙晶东）

【召开全局科技系统工作会议】 3月2日，市局在香山疗养院召开北京市公安局2001年科技系统工作会议。市局副局长刘德到会并讲话。市局科技处、信息通信处、公共信息网络安全监察处、安全技术防范管理办公室的领导，局属各单位主管科技信通的领导及有关单位领导参加了会议。会上，市局科技处、信息通信处、公共信息网络安全监察处、安全技术防范管理办公室分别就自身的职能进行了总结回顾，并对2001年的科技工作做了具体的部署，下发了一系列有关科技管理、信息通信、网络监察、技防等各项工作规定。

（姜秀立　孙晶东）

【科技处网站发布“十五”科技发展计划】 3月27日，科技处组织收集、编制了北京市公安局科技发展“十五”计划合订本，收录了北京市公安局科技发展“十五”计划和“金盾工程”总体规划及局属各单位的科技发展计划在科技处网站上发布。

（孙晶东）

【公安部、国家计委领导到市局参观】 4月7日，公安部科委副主任陈正凌及国家计委办公厅领导20余人，在市局科技处处长贾胜文陪同下参观了市局刑事侦查总队警犬训练基地，了解警犬在国内外同行中的使用、警犬科目训练及实战中的情况。

（南京平）

【召开“金盾工程”领导小组办公室会议】 6月至10月，市局党委书记刘德主持召开了4次“金盾工程”领导小组办公室会议。科技处、信息通信处、公共信息网络安全监察处、安全技术防范管理办公室的领导和相关技术人员以及办公室、装备财务处负责信息化的有关领导参加了会议。会议对局属单位申报2001年信息化建设项目进行了立项研究；对“北京市公安局网络监控中心一期工程实施方案”、“北京市公安局综合业务宽带数字网络建设情况”、“北京市公安局科技工程保密规定及保密协议书”、“北京市公安局信息中心机房容灾容光容错中心建设工程”等情况进行了研究，并进行了认真讨论。对全局2002年“金盾工程”拟建设的项目进行了立项研究。

（孙晶东）

【北京电视台与市局联合召开科技强警座谈会】 6月4日，北京电视台国际部世纪之约栏目主持人曾涛、责任编辑孙悦到市局影视中心同有关单位领导座谈宣传科技强警。

（南京平）

【召开技术成果鉴定会】 6月23日，科技处召开《常见六种抗凝血杀鼠剂中毒快速分析研究》技术成果鉴定会。参加鉴定会的委员有：封世珍、谭家谥、刘久华、丁国兴、宋鸣、王俊伟、廖林川。该成果通过了公安部部级鉴定。

（南京平）

【科技强警宣传片在北京电视台播出】 北京市公安局与北京电视台国际部联合录制的科技强警宣传片《高科技打造金色盾牌》、《揭开高科技探案神秘面纱》分别于6月27日和8月15日以访谈形式播出。参加宣传片访谈的有：市局公安交通管理局副局长于春全、信息通信处处长刘营、公共信息网络安全监察处副处长王世铎、刑事侦查总队刑事科学技术研究所所长朱翔、教授级高级工程师陈建华、副所长盛晶、法医检验鉴定中心主任任嘉诚、巡察执法总队防暴支队副支队长姜振明。

（南京平）

【主持召开“移动查询终端现场会”】 7月23日，科技处召开“移动查询终端现场会”。市局副局长刘德到会并讲话。局属各单位主管科技工作的领导参加了会议。市局信息通信处、西站分局分别就“CDPD”、“警务助理”在大会上做了技术表演。市局装备财务处处长张兵做了列装计划报告。

（南京平）

【召开天安门分局工程技术方案论证会】 7月26日，科技处在天安门分局召开“天安门分局指挥中心改造工程技术方案论证会”，与会专家10人对4家投标公司（太极、星桥、博康、紫光）技术方案进行了论证和评标。市局装备财务处、天安门分局的有关领导和相关技术人员参加了会议。

（孙晶东）

【主持召开技术成果鉴定会】 8月8日，科技处在昆仑饭店主持召开了由市局刑事科学技术研究所和浙江师范大学计海公司合作研制的“CAFIS－JH指纹采集仪”技术成果鉴定会。会上该成果通过了部级鉴定。公安部、市局刑事侦查总队领导及“CAFIS”指纹自动识别用户应邀参加了会议。

（南京平）

【下发目标管理考核办法】 9月17日，科技处对全局下发了《北京市公安局科技处系统目标管理考核办法（试行）》。

（南京平）

【召开合作开发验收会】 9月30日，科技处在市局治安管理总队召开治安管理总队与北京航空航天大学合作开发的《治安业务信息管理系统》验收会。

（南京平）

【组织承办市局首届青年民警网页设计比赛】

10月11日至10月31日，由市局团委组织、科技处承办的北京市公安局首届青年民警网页设计比赛在北京人民警察学院举行，比赛分构思报告设计笔试、上机制作、作品评析报告会三轮进行，局属42个单位的121名选手参加了比赛，比赛结束后评出一等奖3名、二等奖5名、三等奖7名。

（李惠鑫　韩　东）

2001年向北京市科委、公安部推荐申报科技进步奖情况

项　目	内　容	完成单位
公安部科学技术一等奖，并被公安部推荐为国家科技进步二等奖	北京公安计算机网络信息系统	市局信息通信处
北京市科技进步二等奖，并被北京市推荐为国家科技进步二等奖	北京市交通管理综合信息系统	公安交通管理局科技信息通信处
北京市科技进步二等奖	北京城市道路交通指挥控制系统	公安交通管理局交通科研所
北京市科技进步二等奖	交叉路口改善研究与示范工程	公安交通管理局交通科研所
北京市科技进步二等奖	DNA检验技术在法医学中的应用研究	市局刑事侦查总队法医检验鉴定处
北京市科技进步三等奖	北京公交优先研究与示范	公安交通管理局交通科研所
北京市科技进步三等奖	新型高效灭火剂及相关产品	消防局消防科研所
公安部科学技术三等奖	北京市交通巡逻车辆卫星定位系统（GPS）的研究与应用	公安交通管理局交通科研所

（静　丽）

2001年北京市公安局科技成就奖评审结果

序号	成果名称	主要完成单位	获奖等级
1	现场自动测绘系统	市局刑事侦查总队刑科所	一等奖
2	闯红灯监测系统	公安交通管理局交通科研所	一等奖
3	北京市城区道路网与交叉口及其基本控制理论研究	北京人民警察学院	二等奖
4	警卫业务信息管理系统	警卫局	三等奖

（静　丽）

科技处2001年领导名录

职　务	姓　名	任　职　时　间
处　长	贾胜文	2000年2月——
副处长	杨明辉	2000年2月——2001年3月（调市局刑事侦查总队工作）

信　息　通　信　处

【概　况】 2001年是“金盾工程”建设的开局之年。信息通信处以“建设、应用、管理、培训、保障，立足当前信通建设，着眼未来基层实战，为实现首都公安信通事业跨越式发展争取良好开局”为工作思路；以公安二、三级网络光纤宽带化为重点，加快“金盾工程”建设步伐；以全国公安信息通信运行管理质量年活动为载体，提高和规范首都公安信息应用水平和运行管理机制；以提高专业技术素质和一线民警操作使用能力为目的，积极开展各种形式的专业技术和全员培训，各项工作取得明显成绩。先后完成了综合业务宽带数字网的“三网融合”试点工程、信息中心容灾容错一期工程、信息网络安全一期工程、无线移动数据终端研制和推广使用等16项“金盾工程”建设；在工程项目管理上，实行了项目负责人管理机制，逐步实现规范化。公安信息二、三级网建设在覆盖面、带宽、信道质量等方面取得了较大的进步，为“严打”整治斗争、维护首都政治稳定提供了保障服务。确保了市局各项重大勤务及日常业务工作的信息通信高效畅通。全年执行各项公安通信保障勤务300余次，上勤警力1200余人次，全局民警上网查询86.5939万人次，确保了各项重大活动和处置突发事件勤务的信息通信保障工作。在“严打”整治、“打黑除恶”、“追逃”、“治爆缉枪”、“整顿经济秩序”等专项斗争中，一线民警上网查询2.2443万人次。通过网上信息破获案件178起，打掉犯罪团伙19个，抓获各类犯罪嫌疑人737名。圆满完成了江泽民总书记等中央领导植树节活动、世界三大男高音紫禁城演唱会、庆申奥成功和第21届世界大学生运动会等重大活动安全保卫信息通信保障任务，受到公安部和北京市委、市政府的表彰，并获得2001年度全国公安二级网络建设先进单位。年内，选举产生了新一届党委，成立了工会组织，完成了公开竞聘、招收大学生等项工作。

（吉小勇）

【信息通信系统目标管理考评】 年内，信息通信处下发了《信息通信系统2001年目标管理考核办法》和《2001年信息通信系统目标管理考核评比方案》，对局属36个科技信息通信处（科）全年信通工作进行了目标管理考核。公安交通管理局、宣武、大兴分局科技信息通信处分别被评为各组第一名。

（董长厚）

【完成“大运会”安保通信保障】 年内，为确保第21届世界大学生运动会期间通信设施安全畅通。信息通信处对工体图像监控设备进行了改造，重新铺设光缆达八千米，将电视监控系统前端的23个黑白摄像头更换为彩色监控摄像头，并在工体三个安保指挥部安装了监控终端设备；在“大运村”安装了68个图像监控摄像头及周边红外报警系统。各安保指挥部的图像监控系统和计算机信息系统都与市局及局属各单位联网；开通了公安专电和市电。信息通信处先后抽调警力800余人次进行通信设施建设和勤务保障工作，完成安全保卫任务。

（黄国华）

【信息安全系统建设】 年内，信息通信处与上海金威数码公司签订合同，合作开发网络信息系统安全项目。相继完成了市局直属单位病毒防、控、查、杀软件的安装配置，完成了网站防篡改系统、主机防护系统的安装实施，入侵监测系统的安装，对新旧两个服务器群进行监视探测。安装了千兆防火墙，为全局建立统一防病毒体系打下了基础。

（刘 滨）

【完成800兆集群通信系统扩容工程】 年内，信息通信处将京广基站原15信道扩容为20信道。使800兆集群系统得到扩容，并进行了800兆系统直放站建设工程。直放站的建设有效地解决了800兆集群网部分盲区的通信问题，消除了原来存在的通信死角。

（周 晖 张 宇）

【完成350兆集群通信系统扩容工程】 年内，信息通信处在丰台区增建了350兆8信道集群基站，对市局指挥中心、宣武、石景山、丰台、西站分局等单位的近千部350兆电台重新改频。进行了集群系统电话控制板的调试和线排的安装以及光端机和modem的安装调试，实现了远程数据管理和有/无线的互相转接。丰台基站的建成，缓解了电视塔350兆两个基站用户量过大的压力。

（许 路 陈 权）

【“110”巡逻车定位系统不断完善】 年内，信息通信处在西城区新建了一个两信道基站，使“110”巡逻车卫星定位系统（GPS）移动终端系统扩容。新基站保持了老系统的轮询周期短、定位精度高及原基站系统的各项功能，并使各监控终端能正常显示来自三个信道的车辆状况信息及来自运钞车的金融报警信息。新系统在东城、崇文、宣武、朝阳、海淀分局共安装调试GPS移动台101部。系统扩容后，解决了业务单位对GPS系统在容量上的需求，保障了市局“110”报警系统的快速反应能力。

（马　跃　张　鑫）

【完成无线移动数据查询系统建设】　年内，信息通信处建成无线移动数据查询系统。该系统由无线网络系统、服务网络系统、系统及数据服务系统、用户服务系统、软件开发及应用、安全系统、中心维护和管理系统等组成，可对常住人口、暂住人口、重点人口、驾驶员、机动车、丢失人员、被盗车辆、在逃人员、“法轮功”信息方面数据进行查询。7月该系统试运行，至12月底已查询138873次，有力地促进了“严打”和“抓逃”行动的开展。

（房　丰）

【旅店业流动人口信息管理系统】　年内，信息通信处建成本市旅店业流动人口信息管理系统。该系统替代了原有的三套旅店住宿人员信息管理系统，将各旅店采集到的流动人口信息传输到市局信息中心，在安全措施下汇总、处理后，在公安网上实现信息共享。

（苗红斌）

【工人体育场图像监控系统改造工程】　年内，信息通信处对工人体育场地区重点区域监控系统进行了改造。布放各种线缆约2万米，安装摄像机23部，开通了工体文苑、主席台等3个现场指挥部，并改造了监控机房。为工人体育场地区重点区域的全方位监控提供了可靠、清晰、稳定的图像信号。

（张　健）

【进行各种业务技术培训】　年内，信息通信处利用公安电视电话会议等各种方式组织局属各科技信通单位举办了“110”接警系统和程控交换机的专业技术培训班、GPS终端新软件操作使用培训班、“防雷知识讲座”、350兆无线通信技术、计算机安全技术等各种培训班。

（董长厚　李云起）

【完成市局综合业务宽带数字网建设】　年初，信息通信处经调研分析，制定出适合市局综合业务宽带数字网建设即语音、数据、图像融于IP的“三网融合”的需求大纲。经过专家评审、重新规划和划分全局的IP地址、制定割接方案、实地考察和调研试点单位及4个核心汇接节点机房环境并进行了实验，于12月底完成了市局综合业务宽带数字网一期工程建设，促进了“金盾工程”的开展。

（张维东）

【信息中心容灾容错一期工程建设】　年内，信息通信处完成了信息中心容灾容错一期工程。新建成的信息中心的主体布局为开放式办公环境，采用上走线的布线方式，彻底改变了信息中心机房在布线与布局中的不合理状况。机房与办公区按照不同的安全级别，设置不同权限的门禁系统，并安装有监控镜头。为提高系统的容错能力，市局购置了HP N4000、L3000分别用作数据库服务器、web服务器，采用了先进的san存储局域网结构，购置HP VA7100磁盘阵列用于海量数据的存储，并配有带库用于备份。12月底系统集成工作完成并通过了验收，提高了信息中心服务的可靠性与容错能力。

（王开宇）

【完成电视电话会议系统二期扩容】　4月，信息通信处完成了电视电话会议系统二期扩容工程，使全局电视电话会议系统用户由原来的36个增至40个，扩大了电视电话会议系统的覆盖范围。

（张　健　刘　凌）

【公开选拔处、科室领导干部】　5月，信息通信处进行了公开选拔二级处、科室领导干部竞争上岗工作。其中，首次面向全局公开选拔计算机室主任、副主任。经过公开选拔，有22人走上了二级处、科的领导岗位。

（席燕玲　李学军）

【为清河分局及时恢复通信】 6月15日，清河分局遭到强雷袭击，通信设备全部中断。信息通信处与装备财务处协商，紧急调拨西客站分局剩余的电话交换机并派出人员抢修，使清河分局当天深夜恢复通信。

（赵 刚）

【完成“三高”音乐会现场通信保障】 6月23日是国际奥林匹克日，世界三大男高音在紫禁城午门广场举行演唱会。为保障此次演唱会保卫工作的通信畅通。信息通信处对通信保障工作做出了具体的部署，组织施工完成了8路图像监控，圆满地完成了演唱会安全保卫的通信保障工作。

（黄国华 李 爽）

【完成“7·13”安保信通保障】 7月13日，北京申办2008年奥运会成功，党和国家领导人及首都各界群众50万人分别在中华世纪坛、天安门广场举行庆祝活动。为保障庆祝活动安全保卫工作通信正常，信息通信处按照通信勤务保障方案，采取一系列措施，确保了各种设备正常运转、畅通。

（黄国华）

【公安二级信息主干网络建设取得新进展】 8月2日，市政府常务副市长孟学农、副市长林文漪主持召开专门会议，原则同意市信息办制订的《电子政务专网建设实施方案》。按照《电子政务专网建设实施方案》市公安局在2001年底前完成了城近郊9个区政府和15个试点单位的光缆敷设、接入任务，并负责日常维护工作。

（蒋立民）

【成功处置大规模计算机网络病毒侵袭】 受全球计算机病毒“红色代码”、“尼姆达”等影响，全国公安信息网连续三次遭到建网以来最大规模的计算机网络病毒的侵袭。根据公安部关于加强防范“红色代码”病毒的紧急通告，8月9日信息通信处召开了全局科技信通系统关于加强防范“红色代码”病毒会议，部署了清消病毒的工作，明确了各部门的职责，下发了解决病毒问题“补丁”程序光盘，控制住了全局病毒的蔓延，公安网恢复正常通信。9月上旬，“尼姆达”病毒再次侵袭公安网。信息通信处及时部署安装杀毒软件，并给予及时监控，很快控制了病毒的流行，并有效地消除了病毒的影响，确保了“追逃”专项斗争的开展。

（董红路）

【开展信息通信运行管理质量年活动】 9月10日、11日信息通信处在香山召开了全局信息通信系统运行管理质量年工作会议，贯彻公安部《全国公安机关信息通信运行管理质量年活动工作方案》。公安部信息通信局局长赵大斌、市局党委书记刘德出席会议并讲话。会后下发了《全国公安信息通信网运行管理岗位责任制度》、《全国公安信息通信运行管理质量年考核评比指标体系》（讨论稿），颁布了《北京市公安局有线通信管理规定》、《北京市公安局无线通信管理规定》、《北京市公安局图像信息系统管理规定》、《北京市公安局网络信息系统运行管理规定》、《北京市公安局信息通信装备器材管理规定》。通过开展“质量年”活动，落实了“一日工作制”、“首问责任制”和“网上公示制”等工作制度，促进信息通信系统在公安应用上发挥更大的作用。

（董长厚）

【北京市公安局网络安全项目建设】 9月12日，信息通信处与航天信息股份有限公司签订技术、商务合同，完成了市局中心机房和三个汇接局千兆防火墙、千兆入侵检测和审计系统、NW2000安全网管系统及5台服务器设备的安装、调试工作。经过试运行，网络安全系统趋于稳定。

（郝美玉）

【图像监控系统扩容工程】 9月27日至12月3日，信息通信处实施图像监控系统改造扩容工程。将原有图像监控系统128路输入和64路输出系统扩充到256路输入和128路输出,更新、调整和新增线缆上千条,并对原设备进行重新规划调整,适时编排了监控程序。

（张　健）

【朱恩涛考察公安信息化建设工作】 10月至11月，公安部部长助理朱恩涛、信息通信局局长赵大斌先后到市局公安交通管理局、刑事侦查总队、信息通信处、出入境管理处、人口管理处、朝阳分局朝外派出所等单位视察和调研公安信息化建设情况，并对公安信息化工作取得的成绩给予了肯定，对2002年信通工作重点做了指示。

（董长厚）

【强卫检查指导信息化建设】 11月19日，市委副书记、政法委书记强卫等领导在市局党委书记刘德、市局党委副书记、副局长吕实琛陪同下，到信息通信处检查工作。强卫等参观了信息中心机房，观看了容灾容错、关联查询应用、信息安全、综合业务宽带数字网络、无线移动查询等五个项目的演示，对信息化建设给予了充分的肯定，并指出要将这些科技成果在全局范围内推广，以基层实战应用促进公安信息化建设。

（董长厚）

【召开全局“金盾工程”网络建设经验交流现场会】 11月27日，信息通信处在大兴召开“金盾工程”网络建设经验交流现场会。市局有关领导、局属各单位主管信通工作的领导106人参加了会议。西城、宣武、朝阳、昌平、大兴、密云等分（县）局的代表在会上介绍了“金盾工程”网络建设的经验。

（董长厚）

【参加全国公安信息通信二、三级网络建设检查评比】 12月，公安部组织开展全国公安信息通信二、三级网络建设检查评比活动。市局信息通信处获得2001年度全国公安二级网络建设先进单位，宣武、大兴分局分别获得公安部2001年度全国公安三级网络建设先进单位。

（董长厚）

【信息网络设备搬迁】 12月8日，信息通信处的工程技术人员将网络设备的两台7507路由器从信息中心机房搬迁到信息通信处有线通信处机房。搬迁过程中，铺设同轴电缆192根，跳线384根；熔接光缆16芯；做数字头384个；并设计安装了机柜电源。确保了网络畅通。

（赵　刚）

信息通信处2001年领导名录

职　务	姓　名	任　职　时　间
处　长	刘　营	2000年10月—
政　委	耿　飞	2000年10月—
副处长	陈相高	2000年10月—
副处长	侯震宇	2001年 3月—
副处长	徐　真	2001年 3月—

公共信息网络安全监察处

【概　况】 2001年，公共信息网络安全监察处以人民满意为网络安全监察工作的出发点和落脚点，很好地履行了职能，完成了各项工作任务。随着监控中心一期工程的顺利竣工，监控力度得到不断加强。全年共采编各类内幕性、预警性、情报性信息3000余条，为领导决策、打击犯罪提供了准确、及时的信息。发挥网络技术优势，进行了大量的技术取证和鉴定工作，受到了上级有关部门的表扬和兄弟省、市公安机关的赞扬，树立了首都网警的良好形象。“大运会”期间，积极参与安全保卫工作，及时、果断地处理了“大运村”内的一台上网机器存在有害信息事件，圆满地完成了任务。全年，参与破获中央交办的大要案10余起；协助重庆市公安局破获一起涉案金额达4000万元的重大案件；协助甘肃省公安厅破获一起涉案金额1000万元的重大案件；联合广东省公安厅和市局经济犯罪侦查处破获了神龙数码公司和轻松商务公司的网上诈骗案。开展了互联网上网服务营业场所的清理整顿专项工作，会同市通信管理局、文化局、工商局进行了102次联合执法活动，有效地净化了北京地区互联网上网服务市场。坚持政治建警、依法治警、以德治警的方针，努力抓好队伍建设，发扬开拓进取的精神，保障了各项工作任务的完成。选拔任命了3名科职领导干部，接收4名大学毕业生，有效地发挥了中坚力量的作用。先后被北京市授予“同‘法轮功’邪教组织斗争先进集体”，被公安部评为“全国网络安全情报信息报送一等奖”。

（于　兵）

【监控工作连续两年取得全国第一】 年内，公共信息网络安全监察处共编发《信息参考》263期（2950条）、《专报》93期、《综合情况分析》14期，其中被公安部采用信息310条，连续两年在公安部的信息采用评比中获得全国第一，2001年被评为“网络安全情报信息报送一等奖”。在监控工作中，及时获取了“法轮功”邪教组织活动的可疑线索，并及时发现了部分“法轮功”分子企图带凶器到天安门广场制造事端等预警性信息。运用技术手段查出相关的“法轮功”人员，为全国范围内打击“法轮功”邪教组织斗争和破获北京市的“法轮功”组织，抓获其骨干分子，做出了贡献。

（张越今　李燕军）

【净化网络空间，维护社会稳定】 年内，公共信息网络安全监察处在北京地区互联网上删除有害信息，在检查主页中，关闭、清理了有问题的免费主页100余个，处理有关网站3家，有关人员4名，净化了网络空间。

（王世铎　朱华池）

【对互联网上网服务营业场所进行清理整顿】 年内，公共信息网络安全监察处会同市通信管理局、文化局、工商局在全市范围内开展了对互联网上网营业服务场所的清理整顿专项工作，对“黑网吧”、未成年人上网、浏览传播非法信息等严重情况进行了严格执法检查。全年共出动警力2100人次，进行了102次联合执法活动，检查清理互联网上网营业性服务场所610家。其中，取缔非法场所150家，责令停业整顿92家，警告20

家，罚款73.4万元，登记保存计算机900余台。有效地净化了北京地区互联网上网服务市场。

（于 兵 王世铎）

【利用网络定位，抓获负案在逃嫌疑人】 2月，公共信息网络安全监察处利用网络定位技术，协助重庆市公安局将涉案金额达4000万元的负案在逃人员陈某（公安部通缉对象）抓获。

（刘景合 李 智）

【破获一“法轮功”地下网络组织】 3月，公共信息网络安全监察处派人参加了由公安部督办、国内安全保卫总队主办的“12·31”专案的审查工作。经工作，查明了王某、孟某为首的“法轮功”境内组织骨干与境外组织头目叶浩勾结组建“法轮功”“大纪元”网站北京编辑部的犯罪事实。该案涉案人员多、与境外联系时间长、影响力大，并且是全国采用PGP加密技术传递“法轮功”信息的第一批骨干分子。经对涉案人员逐一进行检查，获得了重要线索和证据，对案件的审查起到了重要作用。

（张越今 朱华池）

【监控中心投入使用】 8月，北京市公共信息网络安全监控中心正式投入使用。该“中心”由监控机房、中心机房、指挥决策中心三部分组成，工程建设经费800万元。中心机房由7台服务器组成。监控机房有监控终端设备24台，等离子显示器2台，用于随时监视互联网上的即时动态。指挥决策中心由4台等离子显示器、自动卷轴式投影、不锈钢自动控制门、音响系统组成。公共信息网络安全监控中心完成了“互联网敏感信息监控子系统、互联网信息扫描子系统、综合简报生成与报送子系统、主页监控子系统”四个应用系统建设，通过高技术手段对北京地区互联网络实施有效管理。

（王世铎 李 智）

案 例 举 要

【抓获网上犯罪嫌疑人】 7月，根据公安部要求，公共信息网络安全监察处对一起在境外网站上刊登反动文章的案件进行调查。仅用三天时间就将涉嫌在境外反动网站“毛泽东论坛”上发表反动文章的犯罪嫌疑人苏某某查获，该犯罪嫌疑人对在反动网站上发表文章的情况供认不讳。

（王世铎 朱华池）

【破获“8·15”专案】 8月中旬，市局发现部分国内“法轮功”分子在境外“法轮功”分子的指挥下企图串联偷逃国外。公安部领导对此高度重视，成立了专案组，公共信息网络安全监察处通过对“法轮功”顽固分子采用的PGP加密邮件传输方式、ZIPBOX“法轮功”专用加密软件进行深入细致的研究，获取了重要线索，将犯罪嫌疑人李某某、赵某某抓获。

（于 兵 张越今）

【侦破利用互联网实施犯罪团伙案】 11月22日至29日，公共信息网络安全监察处协助宣武分局将利用互联网进行犯罪的嫌疑人高某某、孙某某、丁某某抓获。经审讯，三人又交待出8起利用互联网进行抢劫、盗窃、伤害致死案件，并对犯罪事实供认不讳。

（于 兵 张越今）

公共信息网络安全监察处2001年领导名录

职　务	姓　名	任　职　时　间
处　长	于　兵	2001年8月—
副处长	王世铎	2000年10月—
副处长	张越今	2000年10月—

安全技术防范管理办公室

【概　况】　2001年，安全技术防范管理办公室以创新和发展的工作思路，充分发挥技防工作在社会治安防范中的积极作用，以实施《首都科技创安五年规划》为主导，制定出首都技防工作五年发展目标，建立起科学量化的技防目标管理考核体系，经年终考评，全局技防达标先进单位16个，达标8个，基本达标1个，不达标1个。认真贯彻《北京市安全技术防范管理规定》，强化全市重点单位、要害部位技防设施建设和达标活动，组织完成《规定》所涉及的17个有关技术标准的起草工作。截止年底，全市6149个重点单位、要害部位中科技创安普及率已达到92.5%。因地制宜开展建设社区科技创安示范性和标志性工程，带动全市社区安全创建工作，在全市3407个小区中，技防达标小区已达到996个，同比增加19.2%。承担的国家重点科技项目《社区安全防范综合报警服务体系研究与示范工程》，通过公安部组织的专家验收。全市已构成由八大报警网络组成的机动车反劫防盗体系。积极推广机动车有效防范措施，年内采取入网及安装新型防盗报警产品的机动车近万辆。初步建立起全局技防统计信息体系，摸清了全市技防在重点要害部位、居民区及机动车等方面的应用状况。针对远郊区县摩托车被盗和繁华地区科技创安开展专题调研，提出具体解决措施在全市推广。建立起规范化的技防培训机制，全局技防主管领导和专职技防干部培训率达到76%。制定《北京市安全防范工程监督管理办法》，增强技防行业管理力度，全年审核技防产品生产及销售资质单位336家，完成2001年度技防工程资质年审450家。安全技术防范研究发展中心正式挂牌成立，对安全防范技术的理论研究及专项应用进行防范效能评估。成功举办“2001北京市科技创安新产品新技术推广展示会”，多渠道开辟科技创安宣传阵地，引导安全服务社会化、商品化的安全防范新观念。在“三项教育”活动中突出宗旨教育，强化服务意识，树立起以窗口单位行业管理科为标杆的执政为民新形象，继续保持全年企业与群众零投诉的记录。年内，安全技术防范管理办公室被市政法委授予“首都社会治安综合治理先进单位”光荣称号。《社区安全防范综合报警服务体系研究与示范工程》课题组荣立集体二等功，课题组成员1人荣立二等功。

（时筱贤）

【获首都社会治安综合治理先进集体】 年内，安全技术防范管理办公室被首都社会治安综合治理委员会、市人事局评为1997至2000年首都社会治安综合治理先进集体。作为首都社会治安综合治理典型事迹报告团成员，安全技术防范管理办公室研究发展中心主任纪元在全市十余个区县巡回演讲。

（时筱贤）

【发挥技防职能作用】 年内，安全技术防范管理办公室组织技术力量，对“世纪国宝——中华文明展览”艺术馆中的安防系统设计方案进行技术审核和组织检查，并参与建党80周年党史纪念展等多项大型展览期间的安全保卫工作，共投入警力467人次。

（时筱贤　张　健）

【以培训带动技防队伍建设】 年内，安全技术防范管理办公室以培训带动技防队伍建设，为局内53名技防主要领导和技防专职管理干部开办了两期技防培训班。培训班采取全封闭式管理教学，重点学习技防专业知识、计算机、通讯及管理知识。

（时筱贤）

【制定机动车辆有关国家技术标准】 年内，安全技术防范管理办公室完成了由国家（TC100）标准委员会秘书处下达的《车辆防盗报警器材安装规范》和《车辆反劫防盗联网报警系统中单体设备与通信终端设备之间的接口》国家标准的制定任务。

（时筱贤）

【机动车安全防范与保险业结合】 年内，安全技术防范管理办公室在开展机动车反劫防盗专项工作中，积极研究引入保险机制的新举措，起草完成《适用于车辆安全防范设备（系统）的保险业标准》，并与市保监会积极探讨技防行业和保险业政策协调，研究制定机动车盗抢险差别费率，以促进保险业与机动车防盗器材生产业更好的结合，为使用合格防盗器材的机动车用户提供更优惠的保险服务。

（时筱贤　李　辉）

【制作《科技创安》宣传光盘】 年内，安全技术防范管理办公室与首都综合治理办公室联合摄制编辑了录像宣传片《科技创安》，并制作成3000张光盘下发全市各基层单位。该片通过典型事例强调重点要害部位防范工作的重要性，宣传机动车反劫防盗的各种防范技术措施，介绍社区科技创安的典型经验，扩大了科技创安的社会影响力。

（时筱贤　应　燕）

【加强全市金融报警网的监督管理】 年内，安全技术防范管理办公室依据《北京市金融单位专用紧急报警联网系统检测大纲》组织对全市3356个金融网点进行年度检测，按照3%的比例共抽检113个金融网点用户，并检测了相应接警中心和运营检测中心。督促指导延庆县公安局完成了金融网的技术改造，更换了全部报警和接警系统。全市金融网运行良好稳定。

（时筱贤　王汉清）

【全市社区科技创安取得成效】 年内，安全技术防范管理办公室制定《居民住宅小区科技创安达标标准》并以此为考核依据，在社区封闭式管理基础上推行社区技防系统建设，逐步扩大社区科技创安覆盖面。在全市3407个小区中，技防达标小区已有996个，同比增加19.2%。

（时筱贤）

【提高重点单位、要害部位的技防普及率】 年内，安全技术防范管理办公室在摸清全市重点单位、要害部位底数及防范状况的基础上，重点开展了以考核达标促进技防普及、提高防范效能的工作。全市6149个重点单位、要害部位中，规范建档率达到71.5%，技防设施普及率达到92.5%，其中文物、博物馆系统、机场车站、金融单位技防设施普及率已达到100%。

（时筱贤 刘永泉）

【建成八大机动车反劫防盗报警网络】 年内，安全技术防范管理办公室又批准建成四家机动车报警网络，全市已构成由八大报警网络组成的机动车反劫、防盗体系。加入机动车报警网用户已近4000户，涉及机动车近万辆。

（时筱贤）

【加强技术防范行业管理工作】 年内，安全技术防范管理办公室依法加强行业管理工作。对全市技防产品生产和销售市场进行全面清理整顿，对全市已投入运行的技防工程从审批手续、工程质量和防范效果等环节进行检查，规范了技防行业秩序。全年审核“技防”产品生产及销售资质单位336家，完成技防工程资质年审450家，全市1033个技防工程通过竣工验收。

（时筱贤 张 健）

【开办安全防范工程培训班】 年内，安全技术防范管理办公室举办两期“2001年安防工程资质培训班”，100多家申请资质企业近500人参加培训。对从业企业举办5期技防知识强化班，共500余人参加，并首次采用了向受训人员颁发培训资格证书的管理方法。

（时筱贤 张 健）

【加强对技防从业人员的管理】 年内，安全技术防范管理办公室首次对企业管理人员和技术人员采用出具《未受刑事制裁证明书》管理手段；将有犯罪记录的人员清除出技防行业，有效保障了技防从业人员的素质。

（时筱贤 张 健）

【市金融单位运钞车（GPS）无线报警联网系统正式开通】 1月9日，市局召开了市金融单位运钞车（GPS）无线报警联网系统开通会，该系统正式投入使用。安全技术防范管理办公室承担了“北京市金融单位运钞车（GPS）无线报警联网系统”建设期间的技术组织协调工作。会议期间还进行了运钞车防抢劫实战模拟演习。

（时筱贤 应 燕）

【发布《北京市安全技术防范工程监督管理办法》】 3月13日，以《北京市安全技术防范管理规定》为依据，安全技术防范管理办公室印发了《北京市安全技术防范工程监督管理办法》，作为北京市实行技防工程资质行政审批的依据，改变了北京市技防行业管理无正式规范性文件的现状。

（时筱贤）

【成立安全技术防范研究发展中心】 5月，安全技术防范管理办公室下设事业单位安全技术防范研究发展中心正式挂牌成立。该中心主要开展安全防范技术研究，促进科研成果转化，承担公安专项工作建设，办理安防工程防范效能评估，进行技防新产品有效性试验等。

（时筱贤）

【向全市推广摩托车防盗新经验】 6月14日，安全技术防范管理办公室在怀柔县组织召开“摩托车防盗与保险机制结合”经验交流现场会，推广怀柔县公安局在解决摩托车被盗问题所取得的新经验、新做法。怀柔县公安局通过推广高安全性摩托车防盗锁具3000余把，在社区车辆停放地和街面公共停放地安装防盗专用地桩，县保险公司对安装专用防盗锁具车辆进行投保支持等措施，摩托车丢失案件比上年下降22.5%。市委政法委副书记、首都综合治理办公室主任吴玉华和市局副局长刘德出席会议并讲话，郊区11个公安分（县）局主管技防工作的领导参加了现场会。

（时筱贤 阚德军）

【成功举办“2001北京科技创安新产品新技术推广展示会”】 6月27日至30日，安全技术防范管理办公室在中国建筑文化中心举办了"2001北京科技创安新产品新技术推广展示会"。中央国家机关工委副书记周敬东，国务院机关事务管理局副局长唐树杰，市委副书记、政法委书记、市局局长强卫、副局长刘德等有关单位领导出席开幕式。展示会分为展板区、实物区及商业区，展示国内外安全技术防范新技术和产品，参展企业达到150余家，设展位200余个，共接待参观群众3.5余人。

（时筱贤）

【《社区安全技术防范实用指南》上网运行】 6月30日，安全技术防范管理办公室安全技术研究发展中心设计制作的《社区安全技术防范实用指南》正式在网上发布运行。该实用指南采用应用广泛的网络作为传输媒体，将各类示范、试验工程的实践经验进行总结提炼，以百姓通俗易懂的形式表现出来。共设置"安防知识"、"防范支招"、"实用产品"、"典型引路"、"政策法规"、"发展动态"、"百姓留言"七个栏目。

（时筱贤 景 静）

【印发《2001——2005年首都科技创安规划》】 8月1日，首都社会治安综合治理委员会办公室与市安全技术防范管理办公室联合签发《2001——2005年首都科技创安规划》，下发至首都综合治理委员会各成员单位、各区县综治办、技防办，以规范、指导和推动全市科技创安工作开展。

（时筱贤）

【国家重点科技项目通过验收】 8月16日，由安全技术防范管理办公室总承担的国家重点科技项目《社区安全防范综合报警服务体系研究与示范工程》通过公安部组织的专家评审验收。该课题于1998年在国家计委立项，共包括12个子课题。总课题组组长、市局安全技术防范管理办公室主任杨英向与会专家和领导作了工作报告。市委副书记、政法委书记、市局局长强卫，公安部科技局局长司同军，首都综合治理办公室主任吴玉华，市局副局长刘德等出席验收会并讲话。

（时筱贤）

【2001年安防工程资质年审工作圆满结束】 12月底，安全技术防范管理办公室依据《北京市安全技术防范工程监督管理办法》，开展2001年全市安防工程单位资质年审工作。获得2002年度《北京市安全技术防范工程设计、施工准许证》的单位共399家。其中取得一级资质单位54家，二级资质单位46家，三级资质单位145家，暂三级单位153家。取证单位2001年度共完成安防工程1300个，工程总额度近6.5亿元；正在施工工程300项，工程总额近3.5亿元。

（时筱贤 张 健）

安全技术防范管理办公室2001年领导名录

职　务	姓　名	任职时间
主　任	杨　英（女）	1998年8月—
副主任	韩锦坤	1997年4月—
总工程师	徐晓波	1998年8月—

国家安全保卫系统

国内安全保卫总队

【概　况】 年内，国内安全保卫总队从国保工作的实际出发，进一步推进了队伍和业务的规范化建设，圆满完成了“两会”、“申奥”、“大运会”、“APEC会议”、“春节”、“五一”、“国庆节”等重大安全保卫任务。粉碎了“法轮功”邪教组织及境内外敌对势力和敌对分子的颠覆、渗透和破坏活动，有力地维护了首都社会政治稳定。继续深化同“法轮功”邪教组织的斗争，深入开展了深挖“法轮功”地下组织、查处打击“法轮功”宣传煽动活动、网上追逃涉案“法轮功”骨干等专项斗争，通过教育转化和审查深挖等多种有效手段，及时破获了一批公安部和市局挂账的专案，建立和完善了同“法轮功”邪教组织的斗争机制，实现了市委提出的天安门广场“法轮功”分子闹事“零指标”要求，推动全局同“法轮功”邪教组织的斗争不断向主动和纵深方向发展。全年共查获、分流和处理“法轮功”分子数千名，抓获公安部追逃的涉案法轮功骨干数十人，收缴“法轮功”宣传品数百万份、作案机器设备百余台（套）。积极开展同境内外敌对组织的斗争，及时发现和掌握了境内外敌对组织、敌对分子勾结串联、内外呼应从事非法活动，插手和利用社会矛盾及热点问题进行煽动、破坏活动，粉碎了境内外敌对势力企图在“两会”、“508专项工作”、“六四”、“申奥”、“大运会”、“APEC会议”、“联合国人权高级专员访华”期间制造各种闹事破坏活动的图谋。及时发现、掌握和上报各类不安定因素信息，积极配合各级党委和政府部门妥善处置民族宗教问题及突发性群体事件。美国“9·11”事件后，国内安全保卫总队认真制定反恐怖工作方案，成立领导组织机构，强化了各项“反恐”防暴工作，确保首都不“打响”、“炸响”。通过强化情报信息工作，及时向公安部和市局上报了大量优质的情报信息，为同“法轮功”邪教组织、境内外敌对势力、敌对分子及各种渗透破坏势力的斗争赢得了主动权。通过强化基层基础工作，核查、掌握和更新了多项重要的基础工作数据，为规范和促进全局派出所国保基础工作创造了条件。按照市局的部署，进一步完善了内部机构设置，9月份将原设职能处调整为16个。建立和完善了工作机制。年内，选举产生了新一届党委、纪委；召开了工会成立大会。

（张　科　张宝霞）

【加强教育培训工作】 年内，国内安全保卫总队共开设各类培训班16期，培训人员456人，提高了队伍的素质，对工作提供了有力保障。

（李　军）

【严厉打击邪教组织“门徒会”】 年内，国内安全保卫总队在工作中发现邪教组织“门徒会”在本市恢复活动，其骨干分子打着基督教旗号，散布推翻政府等反动言论，建立活动点，发展成员，诱骗、毒害当地群众。经调查取证，国内安全保卫总队采取有效措施，依法取缔了该组织建立的4个教会及下属20个教会点。抓获骨干成员7名，教育参与活动的信徒百余人，有效遏制了该组织的发展势头。

（吴　飞）

【领导干部竞聘上岗】 年内，按照市局机构改革的总体部署，国内安全保卫总队加大干部制度改革力度，落实了领导干部公平竞聘制度，通过公平竞争10名同志走上了二级处副处长以上的领导岗位。

（李　军）

【确保“人权与警察问题研讨会”安全】 7月5日至6日，外交部与联合国人权署在京举办了“人权与警察问题研讨会”，为防止“法轮功”人员和境内敌对势力的干扰破坏，保证会议顺利进行，国内安全保卫总队制定周密的工作方案、部署警力，同有关部门密切配合，确保了会议安全。

（李　霞）

【获女子4×100米第一名】 9月，在市局第十二届警体运动会上，国内安全保卫总队潘艳、覃金燕、杨健、杨波4名同志组队参加了女子4×100接力赛，荣获女子乙组第一名。

（李　军）

【刘德、马振川到国内安全保卫总队调研】 9月11日，市局党委书记刘德、局长马振川到国内安全保卫总队调研，对国保工作的发展方向做了重要指示。随同调研的有市局副局长张越、政治部主任杨晓毅、办公室主任张卫华等领导。

（张宝霞）

【加强分、县局业务干部培训】 12月13日至14日，国内安全保卫总队举办了首届国保支（大）队双正职领导培训班。进一步明确了分、县局业务部门的工作职责、任务，各单位之间交流了工作经验，规划了今后工作，使大家提高了对新时期国内安全保卫工作的认识和理解。

（田晓建）

【强卫到国内安全保卫总队视察慰问】 12月31日，市委副书记、政法委书记强卫率市委副秘书长吴雨初、市委政法委副书记慕平等领导在市局党委书记刘德、副局长张越的陪同下，到国保总队视察慰问。

（张宝霞）

案例举要

【查破“1·23”天安门广场自焚案】 1月23日14时40分许，7名河南开封“法轮功”人员（2男5女）分别在天安门广场国旗杆东南侧、纪念碑北侧、西北侧、东北侧自焚。天安门地区分局执勤民警及时进行扑救，2人自焚未遂，1人当场死亡，其余4人员被严重烧伤送往积水潭医院救治。国内安全保卫总队根据市局指示迅速接办此案，经侦察审讯查明：自焚事件系刘云芳（男，56岁，高中文化，河南省无业人员）、薛红军（男，48岁，初中文化，河南省开封市龙亭区人民医院医生）、刘秀芹（女，34岁，中技文化，首都钢铁厂中板厂工人）、刘葆荣（女，54岁，中专文化，河南省开封市色织厂退休工人）等人预谋，并蒙骗“法轮功”邪教组织成员郝惠君、刘春玲、陈果、刘思影等人，携带汽油、打火机、刀片等物，在天安门广场集体自焚，致刘春玲死亡，郝惠君、陈果、刘思影等被烧伤，刘云芳、刘葆荣自焚未遂。抓获涉案人员10人，捣毁涉案窝点5个，并配合新闻媒体进行了揭批“法轮功”报道。8月17日，北京市第一中级人民法院以故意杀人罪判处刘云芳无期徒刑，剥夺政治权利终身；判处薛红军有期徒刑 10 年，剥夺政治权利 2 年；判处刘秀芹有期徒刑 7 年，剥夺政治权利 1 年；判处刘葆荣免予刑事处罚，予以训诫。

（张亚新　王　凯）

【侦破“法轮功练习者”恐吓信案】 2 月 2 日，怀柔县政府收到署名“法轮功练习者”的恐吓信。信中扬言：“要拿学生的人头祭奠‘1·23’自焚者”。接案后国内安全保卫总队成立专案组，于 2 月 21 日将作案人彭某抓获并刑事拘留。

（李晓东）

【侦破天安门广场“法轮功”“百米横幅”案】 12 月 31 日，数十名外地“法轮功”地下团伙骨干勾结本市“法轮功”人员在天安门广场西北侧草坪旁拉起长达百米印有“法轮功”邪教内容的横幅，被值勤民警及时制止，当场抓获“法轮功”闹事分子 30 余名。闹事分子被分流到丰台分局进一步审查，经国内安全保卫总队和丰台分局工作，查明：邵强（男，26 岁，山东省青岛市人）伙同修海峰（男，29 岁，山东省聊城市人）等人在山东省青岛市制作巨型横幅的犯罪事实。专案组二下山东，捣毁了一个“法轮功”窝点，收缴了制作横幅的工具和大量的邪教宣传品，修海峰等 5 名犯罪嫌疑人被抓获归案，28 名主要犯罪嫌疑人被逮捕。

（王　凯　李志友）

国内安全保卫总队 2001 年领导名录

职　务	姓　名	任职时间
总队长	张　越（兼）	2000 年 9 月—
政　委	王　亮	2000 年 9 月—
副总队长	张宪林	2000 年 10 月—
副总队长	焦汉文	2000 年 10 月—
副总队长	李书业	2000 年 10 月—
副总队长	唐志刚	2000 年 10 月—
副总队长	李晓鹏	2001 年 12 月—

文化保卫处

【概　况】 2001 年，文化保卫处以维护首都文化系统的政治稳定为主要任务，以情报信息的搜集掌握为工作重点，转变传统工作模式，强化侦察控制工作，通过依法监督指导，做好维护文化系统的稳定工作。情报信息工作取得突破性进展。全年共上报信息

1500余条，专报418件，被市局采用298件，比上年提高195%。其中优秀信息20件，列全局第一位。开展高校校园网络管理工作，严密监控有害信息，先后上报网络信息500余件，被上级部门采用50件。及时删除有害信息800余条，并通过对有害信息开展追踪调查，破案3起。抓住重点问题开展专题调研。年内完成“关于高校互联网调查报告”、“关于北京未成年人犯罪情况调查报告”、“关于北京中学生帮会性质组织调查报告”、“高校公安体制改革调查报告”及“关于改革和加强高校安全保卫工作的意见”等一批调研专题，为各级领导决策提供了参考依据。深入开展打击“法轮功”邪教组织活动。全年共破获散发“法轮功”煽动性宣传品案件12起。秘密力量建设有新发展，通过秘密力量及时侦破两起中央领导关注的特大案件，抓获犯罪嫌疑人14名，收缴非法出版物8000余册。协助有关高校、文化、卫生、科研单位妥善处置各类群体性事件37起。年内，在全国“两会”、清华大学90周年校庆、申奥评估考察和表决、“大运会”、中国足球队世界杯出线等全局性重大安全保卫工作中，共投入警力7000余人次。在文保系统举办的各种大型活动保卫工作中，共投入警力3058人次，圆满完成了重大安全保卫任务。在“严打”整治斗争中，进一步加强了文化系统特别是高校的治安防范工作，集中整治了学校校园及周边地区治安秩序。坚持政治建警、质量建警、依法治警和科技强警方针，以作风建设带动队伍规范化建设，增强了队伍的战斗力。年内，选举产生了新一届党委，成立了工会组织。

(宋爱林　王彤丹)

【完成国保技术装备和队伍建设情况调研报告】 年内，文化保卫处根据公安部《关于对国内安全保卫部门技术装备和队伍建设开展调研的通知》精神，组织专门力量对下属国保处1990年以来的队伍建设、技术装备情况做了专题调研。调研报告分析了队伍建设和技术装备方面存在的问题，并提出了工作建议。

(宋爱林　王彤丹)

【打击文保系统“法轮功”活动】 年内，文化保卫处破获文保系统内散发“法轮功”煽动性宣传品案件12起，先后查获公安部或市局督办的“法轮功”骨干分子十几名，打掉“法轮功”窝点2个，抓获作案嫌疑人24人，收缴非法宣传品3268份，照片424张，光盘、软盘340张，信件55封，条幅121条。有效遏制了文保系统“法轮功”案件的发生。

(宋爱林　王彤丹)

【召开文化系统知名人士座谈会】 1月16日，文化保卫处召开“爱民月”座谈会，邀请了刘长瑜、金铁林、王铁成、葛存壮、濮存昕等25位文化系统知名人士，以“加强沟通、增进理解”为主题进行座谈。增进了对公安工作的理解与支持。

(宋爱林　王彤丹)

【完成“1·23”“法轮功”自焚人员救治现场保卫工作】 “1·23”“法轮功”人员自焚事件发生后，为确保救治现场绝对安全，文化保卫处按市局部署要求，共部署警力3000余人次，对积水潭医院烧伤病区实行封闭式管理，全天候监控，及时掌握、上报医治现场的各类信息，并进行综合分析，提出工作对策，同时通过医护人员做好教育转化工作。10月27日，根据中央要求，将自焚人员安全移交河南省，圆满完成救治现场安全保卫任务。

(宋爱林　王彤丹)

【集中整治学校校园及周边地区治安秩序】 4月，文化保卫处配合治安管理总队并会同有关分（县）局、公安交通管理局等单位，对本市学校校园及周边地区治安秩序进行了为期一个月的专项集中整治。清理校内外来人口16130人，取缔校园周边的录像放映厅75处、电子游戏厅43处、无照经营网吧30处，查禁涉嫌卖淫嫖娼、有偿陪侍色情服务场所3处；收缴盗版书刊1200余册、盗版光盘25万余张、假学历、假证件320余张；检查重点部位3590处，发放安全隐患通知书169份，当场解决整改隐患155处；规范校门前停车和停车秩序190余处；在校园内主干道上增建减速带、设置隔离墩136个，增设标牌114块；破获刑事案件156起，处理治安案件250起，查获各类违法犯罪嫌疑人员437人。经过集中整顿，校园及周边地区治安秩序明显好转。

（宋爱林　王彤丹）

【举办分（县）局文保民警培训班】 4月16日至4月27日，文化保卫处举办了第一期分（县）局文保民警培训班。培训班紧密结合当前文保工作出现的新问题、新特点，开设了《当前宗教领域出现的新问题及对策》、《重大群体性事件的处置》、《秘密力量建设》、《单位内部安全防范》等课程，通过学习，各分（县）局文保民警增长了知识，开阔了眼界，促进了工作的开展。

（宋爱林　王彤丹）

【做好清华大学90周年校庆安全保卫工作】 4月27日至29日，清华大学举行建校90周年庆典活动。江泽民、朱镕基、胡锦涛、李岚清等党和国家领导人、中央各有关部门和北京市的领导、10余个国家和地区及国内71所著名高校校长、300余名国内外知名企业家、2万余名清华海内外校友及45000余名清华师生参加了校庆活动。主要活动日期间，参加校庆活动的人数达到15万余人。校庆活动规格高、人数多、范围广、时间长、影响大，为确保活动安全，文化保卫处按照市局总体保卫方案要求，提前介入，周密部署，强化领导，克服困难，共出动警力1200余人次，保安员1900余人次，动员师生治保积极分子10000余人次，确保了校庆活动安全顺利进行。

（宋爱林　王彤丹）

【女篮荣获市局运动会丙组冠军】 5月21日，文化保卫处女子篮球队在市局第十二届运动会篮球比赛中获得女子丙组冠军。

（宋爱林　王彤丹）

【召开部分高校治安工作座谈会】 5月23日，市委教育工作委员会、首都综合治理办公室、市公安局在文化保卫处召开了北京部分高校治安工作座谈会。市委副书记、政法委书记强卫，市委常委、教育工作委员会书记徐锡安出席会议并讲话。首都综合治理办公室、市教育工作委员会等领导及市局副局长张家旺参加了座谈会。会上分析了高校治安形势，提出加强高校治安防范工作，落实"打防结合、预防为主"的工作要求和加快初步建立维护高校校园及周边地区治安秩序的长效工作机制的工作目标。

（宋爱林　王彤丹）

【召开高校技防工作会议】 6月21日至22日，文化保卫处召开了高等院校安全技术防范工作会议。56所高校保卫部门负责技防工作的领导及市委教育工作委员会保卫保密处、市局安全技术防范办公室、法制办公室等有关单位应邀参加了会议。会议总结了高校近年来安全技术防范工作取得的成绩，分析了高校治安面临的严峻形势，提出了加强高校技防工作的任务和计划。

（宋爱林　王彤丹）

【完成"7·13"申奥投票日安全保卫工作】 7月13日，国际奥委会在俄罗斯莫斯科市投票确定2008年奥运会举办城市。文化保卫处按照市局要求，结合高校实际，组成专门力量制定了工作方案，现场投入警力100余名，并抽调50名民警组成机动分队全天候备勤待命。确保了投票日高校的绝对安全。

（宋爱林　王彤丹）

【完成"10·7"安全保卫工作】 10月7日，

为确保中国足球队在世界杯预选赛出线后庆祝活动的安全，文化保卫处成立了“10·7”安全保卫工作领导小组，全面负责文保系统安全保卫工作的组织、指挥、协调；深入北大、清华、人大等25所重点高校掌握情况，顺利完成了“10·7”安全保卫工作。

(宋爱林 王彤丹)

案例举要

【抓获“法轮功”在逃人员】 为严厉打击“法轮功”顽固分子破坏活动，文化保卫处成立专案组，对市局挂帐的“法轮功”骨干刘某（男，28岁，中国协和医科大学助理研究员）实施抓捕。抓捕过程中，专案组发现刘的妻子张某某（“法轮功”人员）经常出入通州区华兴小区8号楼。经进一步侦查了解，证实8号楼1单元201室为刘租住的临时住所，并发现其还与林某某（男，36岁，中国协和医科大学实习研究员）等其他“法轮功”人员有联系。9月7日23时50分，经市局领导批准，专案组将“法轮功”在逃人员刘某、林某某抓获，同时查获用于制作“法轮功”反动宣传品的各种设备，端掉了一个“法轮功”窝点。

(宋爱林 王彤丹)

【侦破非法翻印《远华案黑幕》图书案】 10月21日，文化保卫处经侦查发现不法书商在京秘密兜售非法翻印的《远华案黑幕》图书。2001年7月初《远华案黑幕》一书在香港出版，是西方敌对势力与厦门远华走私案犯罪分子赖昌星等共同炮制的一本颠倒黑白、恶毒攻击党和国家领导人的反动书籍，属政治性非法出版物。中央明令封堵该书入境及在境内翻印、复制、销售。为侦破此案，市局成立了以局长马振川为组长、副局长张越为副组长，由文化保卫处和行动技术处组成的专案组。11月1日，专案组将在京参与秘密组织策划、复制翻印、批发销售《远华案黑幕》一书的9名犯罪嫌疑人全部抓获，并及时通报案件线索，协助外地公安机关抓获犯罪嫌疑人4名，收缴非法书籍8000余册。

(宋爱林 王彤丹)

文化保卫处2001年领导名录

职务	姓名	任职时间
处长	汤国威	2000年10月—
政委	姚习章	1997年8月—
副处长	李志勇	1991年12月—
副处长	李铁林	1995年4月—
副处长	张林	1995年4月—
副处长	李谦（女）	1996年1月—

行动技术处

【概　况】 2001年行动技术处认真贯彻第六次全国公安技侦工作会议精神，进一步落实、规范、深化、发展市局“十五字”方针，本着务实、求新、高效的原则，不断探索改革办案机制，加强办案基础管理，充分发挥技术优势，以侦察办案为重心，完成了“两会”、“大运会”、“申奥”、“足球队出线”、“十五届六中全会”等重大安全保卫工作。深化与“法轮功”邪教组织的斗争，获取了大量深层次、内幕性、高价值的情报信息，给予“法轮功”邪教组织沉重打击；严密控制非法组织活动，多次粉碎境内外敌对势力有组织、有预谋闹事活动；积极参与侦办了一大批上级领导关注的对社会有影响的重特大刑事、经济案件。“9·11”事件后，加大打击暴力恐怖工作力度，先后对10余名新疆民族分裂分子和境外恐怖分子进行工作，为维护首都的政治稳定和社会安定发挥了重要的作用。全年共接办各类案件800多起，比上年上升23%，抓获犯罪嫌疑人300余名。综合整理各类情报信息300余件，被公安部转发近40件。年内，结合技侦大楼建设，全面加强基础业务建设和手段建设，研制改造了一批办案急需的装备。加强队伍建设，积极推进干部人事制度改革，对空缺的科级领导职位公开选拔，严格考核，竞争上岗，选举产生了机构改革后第一届党委、纪委和团委，建立了工会组织。认真开展“三项教育”，积极组织民警参加各种警体比赛和文化娱乐活动。全处民警精神面貌、工作效率、内务环境有了明显改观。结合工作特点，强化保密管理，建章立制，实行三级责任制，层层签定保密责任书。狠抓教育培训，完成了剩余三分之一民警岗位培训和60余名新警的岗前教育。年内，50余名民警入住备勤楼，综合业务楼峻工投入使用。

（朱宜安）

【深挖线索打击“法轮功”】 年内，行动技术处多次召开打击“法轮功”邪教组织工作会议，围绕掌握动态性信息、深挖内幕两条主线，综合分析、研究各类信息，提炼有价值线索，不断调整工作方向，延伸侦察触角，全年共侦控“法轮功”对象数百名，获取有价值情报信息12000余条。配合有关单位完成公安部交办的“8·15”专案，抓获重要犯罪嫌疑人；适时打掉6个“法轮功”团伙，打掉多个“法轮功”窝点，起获“法轮功”定时播放器5个，塑封“法轮功”图片1000余张，光盘5000余张，横幅上百条，大量印刷设备及“法轮功”宣传品。

（朱宜安）

【破获一批大要案】 年内，行动技术处侦办中央、公安部及市局挂牌督办案件90余起。其中4月5日配合北京军区查获“远华案”重要涉案人员张某某；4月11日将特大操纵证券交易价格案主要案犯丁某某抓获；4月24日打掉了群众反映强烈的以丁某某、张某某为首的聚众斗殴、暴力抢劫、采用残忍手段致人重伤、死亡的有组织犯罪团伙；5月5日远赴黑龙江大庆将组织容留妇女卖淫的于某某抓获；6月13日将非法销售33800册《大学英语》教材的孟某某抓捕归案；10月29日，仅用4个小时将以向政府捐款为名进行诈骗的犯罪嫌疑人邹某某抓获；11月30日，经工作掌握崇某某等人与内部人员勾结，制作、贩卖假护照、假签证、组织偷渡的犯罪事实，成功抓获了该团伙4名主要犯罪嫌疑人；另外，经工作查获在大康鞋城聚众械斗犯罪嫌疑人马某。

（朱宜安）

【狠抓业务培训】 年内，行动技术处以强化民警业务技能、提高科队干部的领导水平和管理能力为重点，深入开展二级培训。共举办各类培训班7期，培训民警170多人，一线民警的业务素质和实战能力普遍得到提高。

（朱宜安）

【警体比赛获好成绩】 年内，行动技术处组队参加了市局各项警体比赛。分别获乙组足球第3名，篮球小组第2名，警体3项第6名，拔河第7名，广播操第3名，跳绳第5名，最终以217分的总成绩，取得了乙组团体第5名，首次进入团体前8名，展现了新时期技侦民警的形象。

（朱宜安）

【深入开展党建工作】 年内，行动技术处党委下发《党支部工作程序》、《党费收缴办法》，举办了"党费收缴工作培训班"和"党支部书记培训班"，进一步加强党员队伍和支部组织建设，提高了支部战斗力。在建党80周年之际，组织全处党员参加"全国党的知识竞赛"获先进集体奖；参加市局"党史、党建知识竞赛"获集体第3名，1名同志获市委政法委、市局优秀选手奖；组织55名党员代表赴河北平山参观革命旧址西柏坡，重温入党誓词；全年有23名党员被授予处级"优秀共产党员"称号；1名党支部书记被授予局级"优秀党支部书记"称号；1名同志被市委政法委授予"优秀共产党员"称号。

（佟　杰　朱宜安）

【深入一线接办案】 年内，行动技术处转变工作作风，打破传统办案模式，由处领导带领办公室人员组成4个小分队，深入到全局13个总队、业务处和分（县）局，主动接办案件。"严打"期间现场接办案件70余起，配合破案30余起，抓获犯罪嫌疑人40余名，破案率为49%。

（冯京卫）

【加强办案基础管理】 年内，行动技术处加强办案基础工作，重新制作办案审批表，规范完善了法律手续，并召开全局业务单位办公室主任会议，严格新表的使用和审批。制定了《接办案工作程序》，建立了《批督办案件单》、《各种案件情况统计表》，从办案单位实际出发制定了《办案流程》、《工作纪律》、《值班工作细则》等规章制度，逐步形成符合技侦工作规律的办案基础管理模式。

（刘　辉）

【抓规范化建设】 年内，行动技术处以岗位责任制为核心，全面开展定岗、定责、定编工作。修改完善了《行动技术处规章制度汇编》、《行动技术处2001年目标管理工作方案》，对每个岗位、每项工作环节和操作程序都制定了明确的标准，实行量化计分，规范日常工作。

（朱宜安）

【增强国际间交流】 4月24日，澳大利亚联邦警察技术培训组组长乔夫·因可潘一行3人到行动技术处参观访问；5月25日澳大利亚联邦警察行动技术局代理局长马克·沃尔特一行3人在公安部十二局的陪同下到行动技术处二、三大队参观并就进一步加强两国行动技术工作进行了座谈。

（朱宜安）

【举办首届"勇敢者杯"登山活动】 11月16日，行动技术处在蟒山国家森林公园举办首届"勇敢者杯"登山活动，全处120余名民警组成21个代表队参赛。第二大队代表队获第一名，获得"勇敢者杯"。

（樊京才）

案例举要

【抓获虚开增值税发票破坏国家金税工程嫌疑人】 2000年6月，重庆重大服装有限公司法人代表许某某及副总经理刘某伪造电脑版增值税发票的防伪密码，虚开增值税发票6300余万元，破坏国家金税工程网络，给国家造成700余万元的经济损失。2001年1月12日，行动技术处根据重庆市公安机关的通报，经工作，在海淀小西天发现了许的藏匿地，并将其抓获，起获电脑版增值税发票用纸及其他作案工具。

（朱宜安）

行动技术处2001年领导名录

职务	姓名	任职时间
处长	潘井泉	1998年2月—
政委	王伟	1998年10月—
副处长	柏林	1998年8月—
副处长	刘广志	1992年2月—
副处长	姚晓光	1998年8月—
副处长	管苏平	1999年5月—
副处长	张军	1999年5月—
副处长	赵革	2000年10月—

出入境管理处

【概　况】 2001年，出入境管理处加强了对在京境外人员的管理，严厉打击境外“法轮功”邪教组织入境滋事等非法活动和境外人员的违法犯罪活动，确保了首都的政治稳定。会同有关单位圆满完成了“申奥”、“大运会”期间涉外安全保卫工作和“9·11”恐怖袭击事件后对有关国家驻华使馆的安全保卫任务。继续推进公安出入境工作改革，促进业务管理的全面深化。以创建“文明窗口”单位为目标，全面加强了队伍的规范化建设。

年内，先后将违反国家有关法律的194人遣送出境。加大对非法入境、非法居留、非法谋职外国人的打击力度，不断清理整治社会环境，全年共查处“三非”案件2317起，比上年上升了14.2％。加强对在京临时入境人员的管理，全年共办理住宿登记225.5万人次，布控3824人次，查获“不准入境”人员4名，有效地配合了各项重大安全保卫工作。会同有关单位对全市3069家涉外宾馆、饭店、公寓和散居社会的41246名境外人员进行调查摸底。全面清理整治出入境管理秩序，对全市非法中介活动、中介机构进行了清理整顿，充分发挥出入境管理的职能作用。“9·11”事件后对部分国家驻华使馆有针对性地制定并落实安全保卫工作方案，对外国记者和有关国家人员实施了有效管理。改革与完善出入境环境，积极参与市政府实施的“一站式”办公；筹备开放首都机场口岸落地签证；进一步简化手续，为境外高科技人才、外国投资者和境外人员来京提供入境、出境、居留等方面的便利条件。全年共受理各类外国人签证申请112250件，比上年上升10.7%。全年共办理外商企业登记备案625家，比上年下降18.5%，外企代表机构登记备案812家，比上年上升2.7%。进一步简化中国公民出境手续，放宽赴港澳地区的限制，简化了出境申请材料，公民因私出境继续呈现增长趋势。全年共受理公民因私出国（境）215926件，比上年上升10.3%，其中公民出国旅游人数比上年同期上升了35.2%。制发各类证件的整体速度、质量和防伪技术水平得到提高。计算机系统实现对“中国公民出入境管理系统”和“外国人签证、证件管理系统”的双机实时复制和智能灾难恢复系统，全面保证了出入境窗口的接待需求。完成了“金盾工程”计算机“涉外信息综合管理系统”项目的升级改造，率先在全国出入境管理系统实现了全部业务信息的关联查询。加强基层基础建设，继续落实公安部制定的出入境管理基层基础工作规范，建立与分（县）局和派出所齐抓共管的模式，推广部分小区建立“外管站”的做法。深入涉外院校进行法制宣传教育，提高留学生管理工作的法制化水平。完成《取消涉外定点住宿限制后我市境外人员管理工作面临的形势及对策》等重点课题的调研，对国际环境中涉外人口的管理问题提出了基本思路和建议，为领导决策提供了依据。

全面提高队伍的综合素质，全处民警95%以上达到大专学历，10个语种的翻译人员达100余名。61%的民警通过了国家计算机等级考试。加强“文明窗口”建设，先后被市政法委、市精神文明建设委员会授予“基层先进党组织”和“首都精神文明建设标兵单位”。

（杜美英）

【外籍人员在京定居情况】 年内，出入境管理处共批准外籍人员来华定居6人，永久居留3人。其中，为杨振宁夫妇办理了5年有效居留证件，在外籍华人科学家中产生了积极的影响。

（刘　静）

【规范处置记者非法采访程序】 年内，为适应形势的需要，规范全局民警对外国记者非法采访现场的处置程序，出入境管理处根据有关规定，制定出《处置外国记者非法采访现场工作流程》，经市局法制办公室审核批准，在全局处置涉外记者工作中贯彻实施。

（寇　波）

【对外籍专家留学生进行法制宣传】 年内，出入境管理处在全市涉外院校开展法律法规宣讲活动179场，近百个国家、6757人次的专家和留学生听课。通过宣讲，提高了外籍专家、留学生遵守中国法律法规的自觉性，增强了他们运用法律进行自我保护的意识。

（王佰禹）

【圆满完成赴东帝汶维和任务】 年内，出入境管理处赴东帝汶执行维和任务的寇波、游向东、张振岭同志在圆满完成任务后回国，王然同志因工作需要延长了工作期限。寇波在执行维和任务中因工作出色，先后被任命为穆巴拉克警察局分局局长和利奎萨中心分局局长，并多次受到嘉奖。强卫局长签署命令，为寇波同志记个人二等功并颁发了奖章和《荣誉证书》，游向东、张振岭、王然三人记个人三等功。

（全常诗）

【港澳新闻机构在京设立记者站】 年内，经国务院港澳办公室与中华全国新闻记者协会和出入境管理处共同协商，出台了《香港、澳门新闻机构在内地设立常驻记者站及派遣常驻记者须知》，自2002年1月1日起，港澳新闻机构在京设立记者站。

（寇 波）

【建成涉外信息综合管理系统总体框架】 年内，出入境管理处建成了涉外综合信息管理系统总体框架。涉外信息综合管理系统包括“中国公民出入境管理系统”、“外国人签证、证件管理系统”、“三资企业、商社及其人员管理系统”、“在京长住人员管理系统”、“涉外违法案事件管理系统”、“境外人员临时住宿信息管理系统”、“机场口岸签证管理系统”和“综合信息查询系统”。此框架的建成使首都公安出入境管理的各项工作全部实现了计算机管理，为出入境管理整体工作上新台阶奠定了坚实基础。

（孟 杰）

【完成重点课题的调研工作】 年内，出入境管理处结合当前首都出入境管理的形势，先后完成了《试论新形势下如何充分发挥公安出入境管理的职能作用》、《取消涉外定点住宿限制后我市境外人员管理面临的形势及对策》和《对在京境外人员住宿情况的调研报告》等重点调研课题。

（王元君）

【公民违反出入境法规案件呈上升趋势】 年内，出入境管理处共查处公民违反各类出入境法规案件896起，比上年上升14.1%。其中，公民违反出入境管理法规案件647起，公民违反往来港、澳、台地区管理法规案件249起，根据有关法规对违法行为人员分别给予了警告、罚款和行政拘留的处罚。

（苏道新）

【严把外国人签证审批关查处违法案件】 年内，出入境管理处严把签证审批关，同时加大对违法外国人的处罚力度，全年共处理非法停留、非法居留等各类违反出入境管理法规案件1817起，比上年上升2.13%。查处被公安部列入不准入境人员2人、持伪造护照入境2人和持伪造邀请函电案件1起，维护了首都出入境管理的正常秩序。

（申春澈）

【治理外国留学生无照驾驶摩托车问题】 年内，出入境管理处对在京外国留学生无照驾驶摩托车现象突出的情况进行专题调研。并与有关单位协调，制定出整治工作方案，将留学生摩托车的管理列为工作重点。

（马学军）

【处置“法轮功”自焚现场非法采访的境外记者】 1月23日，在天安门广场“法轮功”人员自焚事件发生时，美国有线电视台新闻国际公司记者范文俊、魏立诗和4名外国游客在现场进行了拍照。出入境管理处民警到达现场立即对非法采访的记者和游客进行了处置，依法扣留了录有整个自焚过程的录像带、照片胶卷和一次性相机。由于现场处置措施妥当，避免了境外媒体的炒作宣传。

（刘晓华）

【启用智能排队叫号管理系统】 3月1日，出入境管理处正式启用“智能排队叫号管理系统”。该系统只需申请人在等候区设置的座椅上观看电子大屏幕上的序号，等候叫号，按号码显示到指定的柜台办理证件即可，实现了接待员与申请人办理证件一对一的服务，改变了原来办理不同种类证件的申请人在接待台前排队、拥挤等混乱情况，既减轻了接待人员的压力，又为申请人提供了优良的等候环境，受到社会各界的好评。

（朱智勇）

【赴港澳考察工作】 4月，出入境管理处组织市局和19个分（县）局出入境管理部门的主管领导和民警51人分4批前往香港、澳门，对打击非法偷渡、口岸入出境检查、拘留所管理、公安业务档案缩微技术管理模式等业务工作进行考察。

（杜美英）

【召开全市外国留学生管理工作会议】 4月11日至13日，出入境管理处召开“北京市留学生管理工作会议”。处长张淑英做了题为《开拓进取,积极探索,努力开创留学生管理工作新局面》的主题报告,参加会议的人员对目前留学生管理工作中的问题进行了讨论,并研究制定了工作对策。全市80余所院校、130名留学生管理干部参加了会议。

（李盛伍　周玉兰）

【在口岸受理外国团体旅游签证】 5月，出入境管理处先后到上海、深圳等地考察口岸签证工作，并根据公安部的有关规定，在广泛征求国际旅行社意见的基础上，与市旅游局共同研究制定了《关于北京口岸团体旅游签证的管理办法》，规定口岸团体旅游签证实行网上申请，口岸签证机关的审批时限为24小时，在时限内将审批结果通过信息网反馈给市旅游局和旅行社。为尽快落实口岸团体旅游签证工作，出入境管理处及时调整人员，购置设备，商请首都机场管理部门解决了场地问题，确保从2002年1月1日起如期在口岸受理外国团体旅游签证工作。

（申春澈）

【办理涉外刑事案件作重大调整】 5月1日，市局将1987年以来由出入境管理处负责审核的涉外刑事案件，移交刑事侦查总队审核。办案单位要在24小时内将案情和对外答复口径通报出入境管理处，由出入境管理处对外国人进行国籍认定、对外交涉、提供语言翻译，以便及时通报外国驻华使馆并对外交涉。

（陈跃涛）

【贾春旺听取出入境工作情况汇报】 6月4日，公安部部长贾春旺、副部长罗锋、白景富等领导在公安部听取了北京市公安局关于境外人员在京临时住宿管理工作情况的汇报。汇报中，公安部领导与市局有关人员就境外人员临时来京的住宿现状、管理方法、存在的突出问题及处理违法案件中法律依据的运用等问题进行了综合分析、研究并提出了相关的工作思路与对策。市局局长强卫、副局长张家旺、出入境管理处处长张淑英等参加了汇报会。

（杜美英）

【整理编制互免签证、签证费一览表】 7月，出入境管理处对公安部下发的中国与有关国家签定的互免签证协议进行了全面清理，将历年来中国与58个国家签订的互免签证、签证费协议文件经与外交部、公安部核实后汇编成《中国与各国互免签证、签证费一览表》，为规范外国人签证业务，提高工作效率提供了详实、准确的依据。

（申春澈）

【举办涉外业务知识培训班】 7月，为做好“大运会”期间的涉外安全保卫工作，出入境管理处举办了“大运会”涉外业务培训班。对怎样做好对境外记者的管理、涉外案（事）件的处理、涉外情报信息的收集方法及办案中法律程序的运用等内容进行培训。全局500余名外事民警参加了培训。

（杜美英）

【简化公民出境申请手续】 出入境管理处进一步简化公民出境手续。一是从8月1日起简化了内地居民赴港澳地区探亲的申请手续，65周岁以上人员再次申请赴港澳地区探亲的，可以免填单位或派出所的意见；二是从11月1日起，实施公安部关于放宽赴港澳地区定居的有关规定，取消在京无依靠儿童申请赴港澳地区定居的年龄限制；三是从12月1日起，简化和放宽了内地居民赴港澳地区从事商务活动的受理条件和审批标准，根据不同情况可分别签发15日一次、3个月、1年和3年多次有效的签注。

（苏道新）

【完成公安部数据库技术培训任务】 9月3日至28日，出入境管理处受公安部的委托，负责组织举办了有北京、天津、河北、山西和内蒙古五省市参加的ORACLE数据库技术培训班，两批共58名专业技术人员参加。

（宋　斌）

【制定敏感期使馆安全保卫工作方案】 美国“9·11”恐怖袭击事件后，根据市局总体部署，出入境管理处及时提出加强重点国家使馆安全保卫工作的意见。先后与美国、英国等国家进行了多次交涉与会谈。9月12日，为解决因该事件造成的外国人在京滞留问题，制定了《关于在美国发生恐怖袭击事件期间签证工作措施》和《关于为阿富汗等国家人员办理签证、证件延期的规定》，确定了对敏感国家和重点地区签证延期与控制入境的批准原则。

（杜美英）

【编辑出版《北京公安出入境》画册】 11月，出入境管理处编辑的《北京公安出入境》画册印制完成。画册分为精装和简装两种版本。精装本内容主要包括北京公安出入境管理介绍、主要任务、队伍建设和公安出入境管理法规四个部分。简装本内容概括介绍了公安出入境管理的业务。画册用于北京公安出入境管理部门与国内外同行之间的业务交流。

（杜美英）

【查处35名外籍“法轮功”人员】 11月20日14时15分，35名外籍“法轮功”人员在天安门广场打出“真、善、忍”横幅进行滋事。接报后，出入境管理处民警迅速赶赴现场，经过18个小时工作，查明了35名外籍“法轮功”人员的身份、国籍、入境时间、入境口岸、住宿地址和从事“法轮功”活动的违法事实。35人均为纯外国血统的“法轮功”人员，这是首次纯外国血统的“法轮功”人员来华聚众滋事。民警根据有关法规为他们办理了缩短在华停留期限并不准延期手续，于次日将上述人员分8批遣送出境，并全部列入不准入境人员名单。

（谭　评　申春潋）

【对因私出入境中介机构进行资格认定】 12月30日，出入境管理处根据公安部《因私出入境中介活动管理办法》和北京市的具体规定，开始受理、审批北京市因私出入境中介机构申请，进行资格认定，对全市出入境中介机构的业务工作实施管理、监督和检查。

（苏道新）

案　例　举　要

【查处烧毁中国国旗案】 2月25日，南非籍人尼尔·斯蒂芬（男、26岁），因在天安门广场点燃中国国旗，打出“反对北京申办2008年奥运会、拯救法轮功”的横幅被当场抓获。出入境管理处民警赶赴现场，对尼尔·斯蒂芬和非法进行采访的境外记者进行了处置。这是首例外籍人在中国公共场所烧毁中国国旗案。根据《中华人民共和国国旗法》、《中华人民共和国治安管理处罚条例》和《中华人民共和国外国人入境出境管理法》的规定，对尼尔·斯蒂芬给予缩短在华停留期限、遣送出境并列入不准入境人员名单的处罚。

（杜美英）

【荷兰人维茨不服治安处罚复议案】 3月31日凌晨2时许，荷兰人维茨（男，28岁）与同伴乘出租车到三里屯明大酒吧。为寻开心，维茨将所乘出租车的顶灯取下，与同伴在酒吧中扔玩，司机在索要不还的情况下打“110”报警。公安民警赶至现场处理，维茨等人不听劝阻，对民警推搡、踢打，造成一民警警服撕破并受轻微伤。次日，依据《中华人民共和国治安管理处罚条例》第19条第7项的规定，对维茨作出治安拘留7天的处罚。维茨不服，于4月22日向北京市人民政府提出行政复议。市政府法制办公室裁决维持出入境管理处对维茨的行政处罚。

（陈跃涛）

【查处紫铭公司非法聘雇外籍人案】 6月20日，出入境管理处在紫铭大厦505房间当场查获持访问签证在京非法谋职的韩国人金重权。经查，紫铭公司副总经理李向东与金签定了协议，委托其在该公司留学服务中心办理赴韩国留学事务，金先后为13名中国学生办理了赴韩国留学手续，从中收取了人民币3.5万元的报酬。根据《中人民共和国外国人入境出境管理法实施细则》规定，8月14日出入境管理处对李向东裁决罚款人民币7000元。李向东不服裁决，向北京市东城区人民法院起诉。11月19日法院公开审理前一天，李向东主动撤诉。

（陈跃涛）

【查获一起倒卖护照案】 8月1日，韩国人梁荣睿（男、30岁）到出入境管理处报失护照，并要求为其出具丢失证明。出境管理处在接报工作中，通过公安部出入境信息网核查情况，发现其报失的护照已被他人持用出境，当即对其进行传唤审查。经工作查明，这是一起倒卖护照案件。梁将自己的护照出卖，从中获利6000元人民币，梁在华倒卖护照，待确认持照人已经持用其护照出境后，梁再到出入境管理处假报失，妄图骗取出入境证件回国。对于梁的违法行为，根据《中华人民共和国外国人入境出境管理法》规定，给予其拘留审查并遣送出境。

（许金福）

出入境管理处2001年领导名录

职务	姓名	任职时间
处长	俞国海	1995年10月—2001年2月（调北京出入境边防检查总站任职）
处长	张淑英（女）	2001年2月—
政委	张淑英（女）	1995年10月—2001年2月
副处长	范鹏章	1990年5月—2001年3月（到最高任职年限，任正处级调研员）
副处长	吴建设	1995年10月—
副处长	刘建华	1996年12月—
副处长	段志安	2000年10月—

刑事侦查系统

刑事侦查总队

【概　况】 2001年，刑事侦查总队积极发挥“攻坚、指导、协调、服务”的职能作用，组织开展“严打”整治、“打黑除恶”、“追逃”等专项斗争，继续深化刑侦改革，加强刑侦基础工作，落实科技强警发展战略。全年刑事侦查总队共破获各类重、特大刑事案件944起，其中包括民警刘德润被“打闷棍”抢劫杀害案、“6.24”华瑞茁杀害14名卖淫女案等重、特大案件，成功处置了“5.13”郑有军北京西站携爆炸物、持刀劫持人质扬言爆炸案、“8.03”望京持枪抢劫案，抓获了公安部B级通缉的丁荣根等一批重大负案在逃犯，抓获各类违法犯罪嫌疑人1143名，打掉犯罪团伙36个，收缴各类枪支17支，子弹500余发，收缴汽车209辆，毒品海洛因9.5公斤、冰毒7.7公斤、摇头丸1公斤、氯胺酮2.8公斤，毒资100余万元、其他赃证物折合人民币850万元；完成中央、国务院、公安部、市政府等上级交办任务241件、协助外地公安机关查办案件359次、完成各类重大政治活动安检任务279次，圆满完成“大运会”52个场馆、驻地和APEC会议现场的搜爆、防暴安检任务，为维护社会治安的稳定，发挥了重要的作用。

继续深化改革，推行侦审一体化工作，强化责任区刑警队规范化建设。在全局责任区刑警中队开展评选先进典型活动，将9个模范、优秀责任区刑警队的硬件设施、打击破案的方法和成果制作成录像片进行广泛宣传；实行探长破案责任制，制定了案件倒查制度，明确如实立案、监督办案的工作责任。加快刑事技术建设，进一步落实科技强警战略。在全局刑侦系统全面运行“刑事案件综合信息管理系统”，实现了利用科技手段对案件信息的网络化、动态化管理。法医检验鉴定中心建成了目前国内规模最大、设施一流的法医解剖室，DNA检验实验室先后装备了500万元的各种设备，检验能力已达到国际先进水平；一批新的科研成果，如：“心理测试技术”、“枪弹痕迹自动识别系统”、“现场自动测绘系统”、“多个传感器同通道指纹采集仪及便携比对系统”、“荧光标记16个STR基因座的法医学应用”、“中国黎族13个STR基因座遗传多态性研究”及“吗啡快速检测试纸研制”等通过鉴定，投入案件使用效果显著。

年内，选举产生了刑事侦查总队第一届党委和纪委、4个基层党委及15个基层党支部，成立了工会和团委。通过公开竞聘、考核，有27人走上了领导岗位，对112名新任领导干部进行了任职培训。通过全局刑警探长培训班、队伍建设研讨会、刑事侦查总队专业技术人员的继续教育、对新调入民警的岗前培训等形式，强化刑侦队伍的建设，提高队伍的综合素质，取得显著成效。深化党风廉政建设，制订了各级领导班子廉政建设责任制等7个配套措施，并聘请25名特邀警风监督员，全面推行警务公开制度，取得了良好的效果。年内，刑事侦查总队在市局贯彻党风廉正建设责任制领导小组的检查考核中，被评为达标先进单位，领导班子在市局组织的测评考核中被评为优秀领导班子。全年获表彰的集体33个，获表彰的先进个人368人。

（张晓忠 陈 庄）

【刑事案件立、破案情况】 全年，共立刑事侦查部门管辖的各类刑事案件71776起，其中重大案件立案39804起。破获刑事侦查部门管辖的各类刑事案件37680起，其中破获重特大案件15855起。全年共抓获各类犯罪嫌疑人36058名，其中外地人员22226人，占抓获人员总数的61.6%；打掉各类犯罪团伙3512个，查获成员13370名，从中破案5396起。

（陈 庄）

【法医工作】 全年，法医检验鉴定接案17404件，出具鉴定书及检验报告19936份，其中刑事案件占受案总数的18%。利用刑事技术受理各类案件2081件，检验痕迹物证24409件；利用指纹自动识别系统查询比对现场指纹2600余件，直接查出犯罪嫌疑人365人，利用犯罪嫌疑人10指指纹反查现场指纹库破案30余起”利用勘察技术勘察各类案件现场173次、破案60起，召开全市分（县）局串并案会议26次、串并案件119串，破案53串1237起，其中刑事侦查总队通过痕迹成功破获系列案件26串、500余起。

（陈 庄）

【指纹远程查询只需10分钟】 年内，东城、宣武、朝阳、海淀、丰台、大兴、北京西站等分局联网运行“CAFIS指纹远程查询系统”。该系统 由刑事侦查总队刑事技术处与清华大学自动化系共同开发研制并通过国家鉴定，达到在50万人的指纹库中进行查询，只需10分钟的速度。

（陈 庄）

【禁毒专项斗争成绩显著】 年内，刑事侦查总队组织全局开展打击毒品犯罪专项斗争，通过建立“无毒社区”和加强对易制毒化学品的生产、经营和管理工作等方式，收到显著效果。全局共查破毒品刑事案件1913起，抓获毒品犯罪嫌疑人2093名，收缴各类毒品103公斤；破获涉枪贩毒案件16起，缴获各类枪械27支、子弹552发、手榴弹1个。

（陈 庄）

【全年审理“邪教”破坏法律实施案91件】 年内，刑事侦查总队预审支队共审理“法轮功”邪教组织成员破坏法律实施案91件，为维护首都政治稳定作出了重要贡献。

（陈 庄）

【“刑事案件信息综合管理系统”开通运行】 1月1日，刑事侦查总队与联想集团研制开发的“刑事案件信息综合管理系统”在全局28个单位开通使用。实现了全市公安机关信息资源共享，全面提高了北京市刑事案件侦查破案的应对能力。

（陈 庄）

【白景富慰问大案支队民警】 1月20日上午，公安部副部长白景富等领导在市局副局长阮增义、刑事侦查总队总队长王军等的陪同下到大案支队慰问。白景富在听取工作汇报后指出：要通过提高整体素质，使每一个侦查员都成为破案、办案、执法、文书制作及会做群众工作的综合型刑侦人才，将大案支队建成一支政治强、业务精、作风硬、执法严、特别能战斗的刑侦队伍。

（陈 庄）

【罗干视察刑事侦查总队特警支队】 1月21日，中央政治局委员、国务委员、中央政法委书记罗干，在中央政法委秘书长王胜俊、国务院副秘书长崔占福、公安部副部长田期玉和市局及刑事侦查总队领导陪同下，到刑事侦查总队特警支队慰问。

（陈　庄）

【向受灾的边远地区刑警队献爱心】 2月13日，刑事侦查总队在全总队范围内开展“我向灾区献爱心，对口支援送温暖”活动。至15日，民警个人捐款63228元人民币。捐款通过新疆自治区公安厅政治部转交给灾情最为严重的塔城地区刑警队。

（陈　庄）

【举办全局禁毒业务培训班】 3月28日至30日，根据全国禁毒工作电话会议的精神，刑事侦查总队举办了禁毒业务培训班，邀请公安部禁毒局、总队有关部门领导和专家授课。全局27个单位80余名缉毒队长和内勤参加了培训。

（陈　庄）

【全市“严打”整治专项斗争成果显著】 4月20日至12月底，刑事侦查总队作为全市打击刑事犯罪指挥部，组织开展了以侦破大要案和抓捕逃犯为重点的“严打”整治专项斗争。期间，全市共破获各类刑事案件32591起，其中重大案件13873起，破获挂牌督办案件253起，抓获犯罪嫌疑人28337名，打掉各类犯罪团伙2855个，抓获网上逃犯2671名。

（陈　庄）

【“枪弹痕迹自动识别系统”开通运行】 7月28日，“全国涉枪案件枪弹痕迹档案数据库”及“枪弹痕迹自动识别系统”正式开通运行。该系统由刑事侦查总队刑事科学技术研究所研制，通过了公安部验收，经鉴定各项指标达到国际先进水平。

（陈　庄）

【刑事警察执法证件10月1日正式启用】 9月3日，在市局警务中心举行了北京市公安局刑事警察执法证件的颁发仪式。市局副局长阮增义宣布，刑事警察执法证件于10月1日正式启用。市委副书记、政法委书记、市局局长强卫在讲话中指出：启用刑事警察执法证件是保障刑事警察依法执行职务，加强队伍规范化建设的重要举措，对进一步展示首都刑警良好形象具有重要意义。颁发仪式由刑事侦查总队政委张新威主持，总队长王军做了北京市公安局刑事警察执法证件管理规定的说明。局属各分（县）局主管刑侦工作的副局长 、刑警支（大）队领导及刑警代表200余人出席了颁发仪式。

（陈　庄）

【刘德、马振川到刑事侦查总队调研】 9月12日下午，市局党委书记刘德、局长马振川在副局长阮增义等领导的陪同下到刑事侦查总队调研。在听取了总队领导班子汇报后，刘德强调刑侦系统要强化攻坚作用，打出声威、震慑犯罪，发挥总队对全局刑侦工作的指导、组织、协调和服务的作用，建立健全各种办案制度，逐步建立刑侦工作的新格局。马振川在讲话中充分肯定了刑侦工作和改革所取得的成绩，并指出要把刑侦工作摆到突出的地位，充分认识当前刑事犯罪的新情况、新特点，扎扎实实做好刑侦基础工作；在打击犯罪工作中，要有超前意识和手段，给市委、市政府当好参谋，为人民安居乐业创造良好的生活环境。

（陈　庄）

【专项“追逃”行动取得显著战果】 9月20日至11月30日，刑事侦查总队开展了专项“追逃”统一行动。在传统抓捕的基础上，采取网上查询、光盘比对等科技手段。“追逃”统一行动中，全局共抓获网上各类负案在逃犯1620名，其中本市上网逃犯1152名，外地上网逃犯468名（包括公安部B级通缉逃犯3名、本市挂牌督捕逃犯24名）。

（陈　庄）

【刑侦系统法纪教育活动收效明显】 10月25日至31日，刑事侦查总队组织全局刑侦系统开展法纪教育活动。以“进行法律、公安纪律和职业道德教育，查找侦查办案环节中存在的问题，根据队伍建设和管理需要，制订完善的执法活动行为规范和细则”为主要内容，采取学习文件、剖析问题、认真整改等有效措施，促进了刑侦工作的开展，收到了良好效果。

（陈　庄）

【四直辖市召开刑侦协作会议】 10月30日至11月1日，刑事侦查总队在京召开了有北京、天津、上海、重庆四直辖市主管刑侦工作领导参加的第五次刑侦业务协作会议。会议就四直辖市刑事案件的发案情况、开展“严打”整治斗争的经验与做法进行了交流，对存在的问题和解决的办法作了积极的探讨，提出了进一步加强协作的新思路；会议讨论并通过了《京、津、沪、渝四直辖市刑侦协作章程》。

（陈　庄）

【打击毒品犯罪战役5天破案13起】 11月12日至16日，刑事侦查总队缉毒支队开展了“打击毒品犯罪战役”。共破获吸毒案件5起、贩毒案件8起，打掉5个吸毒窝点，抓获吸贩毒犯罪嫌疑人25名，缴获毒品海洛因440余克、收缴毒资人民币2000余元。

（陈　庄）

【召开刑侦系统队伍建设研讨会】 12月11日，刑事侦查总队在市科技活动中心召开“刑侦系统队伍建设研讨会”，研究探索刑侦队伍建设的新思路、新方法。市局党委书记刘德、副局长阮增义、公安部刑侦局副局长杜航伟到会并讲话。10个单位的代表就刑侦队伍建设问题作了典型发言。刑事侦查总队及局属有关单位的领导、各分（县）局主管刑侦工作的领导、刑侦支（大）队双正职共计160余人参加了会议。

（陈　庄）

案　例　举　要

【侦破“1·08”重大杀人案】 1月8日凌晨，北京军区263医院外科主任杨家禄（男，53岁）及其妻罗继军（51岁，263医院放射科主任）在家中被害。案发后，刑事侦查总队侦技人员立即赶赴现场与通州分局刑警支队、北京军区保卫处等单位，组成“1.08”专案组展开侦破工作。经工作，发现曾在该院实习人员卢文明（男，23岁，山东省邹平县九户乡商家村人）指纹与现场提取的血指纹认定同一，遂于16日将卢文明抓获。经审查，卢文明交待了7日晚12时许，携带两把餐刀，杀害罗、杨2人，盗窃信用卡、手机、钥匙等物品的犯罪事实。

（陈　庄）

【破获特大绑架勒索案】 1月12日，刑事侦查总队特警支队根据公安部的要求，对北京市重信建筑装饰公司项目经理严长新1月3日被绑架勒索8万美元一案进行核查。经工作，先后将涉案犯罪嫌疑人黄巍（男，29岁，北京市人，无业，住崇文区天坛西里东区东平房）、刘锐（绰号小亮，男，24岁，黑龙江省五常市五常镇人）、陈显涛（男，26岁，黑龙江省五常市长山乡人）、王瑞群（女，39岁，北京市人，北京时尚空间装饰公司经理，住本市西城区北礼士路）等4人抓获。经审查，犯罪嫌疑人供认了绑架事主，抢走其随身携带的1千余元人民币及手机、通讯录、钥匙等物品，同时威逼索要8万美元的犯罪事实。

（陈　庄）

【持刀、枪抢劫巨款的歹徒被抓获】 2月4日，2名歹徒手持刀、枪闯入朝阳区新雅购物中心财会室，威逼出纳员将保险柜打开，抢走现金6万余元、又将当日营业款现金4万余元抢走。案件发生后，市局刑事侦查总队会同朝阳分局、市局行动技术处组成专案组开展侦破工作，并于3月15日在辽宁大连将犯罪嫌疑人曲栓柱（男，20岁，曾用名曲宏彬、曲金发、周博宁、哈斯巴根，内蒙古科尔沁右翼前旗归流河嘎查人，曾在新雅购物中心当保安员，后因盗窃被开除）抓获。经审查，曲交待了伙同马本忠（男，22岁，河北省承德市大营子乡人）抢劫新雅购物中心的犯罪事实。

（陈　庄）

【“2·09”特大绑架案告破】 2月9日，刑事侦查总队接公安部通报，中央党校社科部副教授刘俊杰（男，40岁）的父亲刘文清（70岁，吉林省苏兰市人，清雪莲商贸有限公司经理，住中央党校院内）被绑架，绑架者索要人民币35万元。接报后，刑事侦查总队与市局行动技术处汇同海淀分局开展侦破工作。根据线索，9日在港澳中心瑞士酒店咖啡厅将犯罪嫌疑人王雯（男，38岁，无业，住朝阳区长营乡四队）抓获并先后将金宝柱（男，39岁，无业，住朝阳区黑庄户乡双树村南队9号）、王艳芹（42岁，金宝柱之妻）等5人抓获。与刘文清同时被绑架的刘德群（女，36岁，无业，住丰台区六里桥，刘的生意伙伴）安全返回。经审查，犯罪嫌疑人供认了绑架人质、索要赎金的犯罪事实，收缴赃款9万余元、作案工具白色松花江面包车1辆及手机等物品。

（陈　庄）

【破获首起骗取公务护照偷渡案】 2月14日，北京出入境边防检查站发现黄惊雷（女，32岁，南京市俊雷咨询公司法人代表，住江苏省南京市）等4男6女的因公护照与实际不符，遂将10人阻留，交由刑事侦查总队立案侦查。经审查，2000年10月初，景文欣（女，43岁，中国农房公司农房协会副秘书长，住海淀区）、卑京京（男，27岁，无业，住海淀区）、叶文丽（女，31岁，上海国旅侨务公司经理，在逃）、张巨达（男，56岁，中国农房公司副总经理，住海淀区）、朱长安（男，56岁，中国建筑材料及设备进出口公司副总经理，住东城区）、唐再新（男，46岁，中国建筑材料及设备进出口公司职员，住西城区）等人收取黄惊雷等人的钱款后，利用职务之便出具虚假出国人员身份材料、伪造中国建筑材料及设备进出口公司出国任务批件，为黄等10人办理了赴美签证。经依法搜查，从景文欣等犯罪嫌疑人住处及单位起获赃款人民币80余万元。3月29日，上述犯罪嫌疑人被逮捕，破获了本市首起企业高层领导利用假材料骗取公务护照并组织偷渡的案件。

（陈　庄）

【盗窃信用卡巨款的罪犯落网】 3月20日，刑事侦查总队将涉嫌盗用日本三菱商事株式会社职员神田雅和信用卡，冒支15万元人民币的犯罪嫌疑人李丽（女，45岁，广西省桂林市人，暂住北京市西城区）、史学琴（女，54岁，长城书画社南群房服务部外宾服务大堂经理）等7人抓获。经查证，李丽等伙同他人于2000年4月至9月，先后40余次共冒支人民币160余万元。4月26日，上述犯罪嫌疑人被逮捕。

（陈　庄）

【破获特大毒品案】 3月22日，刑事侦查总队缉毒支队在丰台区丽泽桥东水头庄街北口将正在进行买卖毒品活动的犯罪嫌疑人杜江鱼（女，23岁，四川省雅安市人）、马建华（男，44岁，新疆伊宁县人）等7人抓获，当场收缴毒品海洛因约30克，并从马、杜2人租住地起获毒品海洛因约400克，天平秤1台。11月29日，杜江鱼因贩卖毒品罪被北京市第二中级人民法院判处死刑、剥夺政治权利终身并处没收个人全部财产；其他同案犯分别被判处1至9年有期徒刑。

（陈　庄）

【抓获冯士语特大流氓恶势力团伙】 3月24日，刑事侦查总队根据线索，打掉一由河南来京人员组成，专门进行抢劫、绑架、盗窃、贩卖假币、淫秽光盘等犯罪活动的流氓恶势力犯罪团伙，抓获河南潢川县农民冯士语（男，27岁）、童志超（男，25岁）、胡继才（男，31岁,）等34人，起获假人民币37万元，砍刀8把，双筒猎枪1支（子弹5发），自制击发六四式子弹手枪1支。经审查，犯罪嫌疑人供认了贩卖假币，结伙绑架、抢劫、盗窃等10起特大案件。4月26日，上述犯罪嫌疑人被批捕。

（陈 庄）

【侦破盗窃民航售票处保险柜系列案】 4月2日凌晨，北京昆仑、赛特、国际饭店先后发生民航售票处保险柜被盗案件，被盗保险柜7个，被盗1万余元人民币、200美元。接报后，刑事侦查总队大案支队会同朝阳分局成立专案组开展侦破工作。经工作，将犯罪嫌疑人韩国人罗年甲（男，47岁，韩国南亚出版社代表）、朴文求（男，42岁，韩国汉城市青海水产餐厅老板）抓获，起获大量作案工具。经进一步审查认定，2000年7月19日金都假日饭店民航售票处被盗案、2001年3月19日晚丽都饭店民航机票售票处保险柜被撬案及燕翔饭店国际旅行社保险柜被撬案也系罗年甲、朴文求所为。5月15日，犯罪嫌疑人被批捕。

（陈 庄）

【打掉陈一兵黑恶势力犯罪团伙】 4月4日，刑事侦查总队打掉一个以陈一兵（又名陈益兵，男，35岁，安徽无为县人，该县第二建筑公司某项目经理，暂住北京市朝阳区）为首的黑恶势力犯罪团伙，抓获犯罪嫌疑人18名。经查：该团伙自1996年以来为非法获取经济利益，纠集安徽来京务工人员汪子豪、俞永富、方谦正等10余人，以在北京从事建筑业为掩护，形成带有黑社会性质的犯罪团伙，进行故意伤害、聚众斗殴、敲诈勒索等犯罪活动。采用暴力威胁手段，强行收取长途客票40%至50%的保护费，敲诈勒索北京至安徽长途客运司机人民币10余万元，在安徽来京人员聚居区，按户强卖高出原价格十几倍的劣质茶叶和衬衫，对不愿交保护费和不愿购买其推销产品的人进行殴打，先后在海淀区、朝阳区、宣武区、丰台区等地持片刀、斧子等凶器砍伤12人。5月14日，陈益兵等13人因涉嫌组织参加黑社会性质组织罪、故意伤害罪、聚众斗殴罪、寻衅滋事罪被逮捕。7月12日，被移送检察机关依法起诉。

（陈 庄）

【打掉一与香港黑社会勾结的毒品犯罪团伙】

4月8日，刑事侦查总队根据线索，将涉嫌贩卖毒品的李新忠（男，33岁，住海淀区西三环北路，曾因强奸、盗窃被判刑）等5名犯罪嫌疑人抓获，收缴毒品“摇头丸”1500余粒（700余克），氯胺酮700克，冰毒20克，毒资93000元人民币及用于贩毒的汽车2辆、手机6部。在公安部及广东、深圳等地公安机关的配合下，又于10日、11日在深圳先后将香港黑社会(新义安帮)成员彭伟生(绰号“阿生”、男，41岁，香港人)等5名贩毒网络成员抓获，收缴毒品“摇头丸”2000余粒、氯胺硐2000余克、大麻烟40余支及毒资10万余元、贩毒用手机等物品。经审查，彭伟生等人对贩卖毒品的犯罪事实供认不讳。5月17日，李新忠被批捕。

（陈 庄）

【破获特大体内带毒案】 4月13日，刑事侦查总队根据云南警方提供的线索，将刚刚抵京、正在海淀区盛唐饭店内排泄毒品的体内藏毒犯罪嫌疑人丘银带（女，21岁，广东省花都市花山镇紫西村农民）、丘农英（女，21岁，广东省花都市花山镇紫西村农民）、张见叁（男，24岁，湖南省会同县人）、黄优才（男，36岁，广东省大埔县人）等4人抓获，当场缴获毒品海洛因丸500粒（1500克）。并经蹲守于当晚17时，将前来“接货”的2名新疆人抓获，5月21日，上述犯罪嫌疑人被批捕。

（陈 庄）

【破获重大贩毒案缴获毒品1.4公斤】 5月15日，刑事侦查总队缉毒支队根据线索，抓获贩毒人员马国强（男，33岁，回族，无业，新疆伊宁人，暂住大兴区），当场收缴棍状毒品海洛因49粒，毒资人民币3000余元，在其暂住地起获海洛因84粒、板状毒品海洛因2块，共1.4公斤；毒资存折2个，存款2700余元，5月24日，马国强被批捕。

（陈　庄）

【打掉张氏三兄弟恶势力犯罪团伙】 5月16日，刑事侦查总队会同丰台分局打掉了以张永纯（男，32岁）、张永志（男，34岁）、张永吉（男，29岁，均住吉林省吉林市船营区日新街9委4组）三兄弟为首的恶势力团伙，抓获团伙成员11人，起获管制刀具等凶器18件。经查，该团伙自1996年以来，在本市丰台区小红门、郑常庄、新发地市场、海淀区东升乡、北太平庄、清河等市场内，以打人、砸车、敲诈、恐吓等多种暴力手段，抢占、霸占豆制品批发市场，敲诈事主钱财作案30余起。

（陈　庄）

【破获绑架韩国人崔治洙案】 5月25日，刑事侦查总队接市局出入境管理处通报，韩国驻华大使馆报案称：韩国人崔治洙（男，40岁）24日被绑架，案犯向崔在韩国的妻子索要1000万韩币（约合人民币6.5万元），要求中国警方解救。刑事侦查总队大案支队经工作，于26日凌晨1时许将崔治洙解救，抓获犯罪嫌疑人金锡哲（男，31岁，朝鲜族，黑龙江省梅林县人）、方德平（男，23岁，山东省阳古县人）及朴姓初（男，48岁，韩国籍，1994年7月因强奸罪被韩国警方通缉），另一涉案嫌疑人吴中华（男，26岁，山东省人）于27日被抓获。经审查，4名犯罪嫌疑人对绑架韩国人崔治洙、索要赎金的犯罪事实供认不讳。朴姓初交由韩国警方处理，其它犯罪嫌疑人6月26日被批捕。

（陈　庄）

【抓获冒充警察抢劫杀人团伙】 6月1日，刑事侦查总队经侦查，将冒充警察涉嫌杀人、抢劫、盗窃的团伙成员吴宁（男，27岁，无业，户口所在地本市东城区，暂住通州区华兴园小区）、李伟（男，33岁，无业，住西城区）、樊重庆（男，31岁，无业，住海淀区）、宋金龙（男，24岁，无业，内蒙古雅克什市，暂住海淀区）等5人抓获，起获被盗机动车车牌照7付、毒品、注射器及部分赃物。经审查，该团伙供认自2000年12月以来，在北京持枪杀人、抢劫、盗窃作案20余起。

（陈　庄）

【破获特大贩毒案缴获冰毒6公斤】 6月27日，刑事侦查总队缉毒支队根据线索，将准备在西藏大厦进行毒品交易的韩国籍人金京柱（男，68岁，住韩国庆尚北道安东市）、姜秉裕（男，52岁，住韩国汉城卢元区）抓获，当场缴获冰毒6公斤。

（陈　庄）

【破获抢劫、敲诈国际高层论坛成员案】 7月2日、3日，北京发生2起参加纳米国际高层论坛的成员被人以色相引诱，借机抢劫、敲诈的恶性案件。刑事侦查总队大案支队根据市局领导指示，会同西城、海淀分局迅速展开侦破工作，并于8日、9日将涉嫌参与敲诈、抢劫犯罪的团伙成员许立城（男，36岁，北京吉安出租汽车公司司机）、王艳玲（女、26岁，无业，吉林省敦化市人）等5人抓获；31日又将另一涉嫌犯罪团伙成员陆月方（男，40岁，住东城区东直门外大街）、张宝印（男，37岁，住宣武区南新里）等18人抓获。经审查核实，许立城、陆月方团伙在实施抢劫、敲诈犯罪活动中，有专人策划、专人进行色相引诱与拍照、专人实施抢劫敲诈，已在本市作案达50余起。

（陈 庄）

【“7·06”抢劫团伙成员被抓获】 7月6日，国家信息中心工作人员在朝阳区劲松小区被2名男子抢走内存国家重要机密内容的笔记本电脑、手机和钱包等物品，国家发展计划委员会致函市政府，请求尽快侦破此案。刑事侦查总队接案后，会同朝阳分局组成专案组开展工作。经工作，于20、21日先后将以牛国伟（男，26岁,）、石涛（男，28岁，均为北京市人）等7名犯罪嫌疑人抓获，打掉了一个吸毒抢劫犯罪团伙，收缴抢劫并已被销赃的笔记本电脑等物品，并通过审查深挖破获该团伙抢劫案件8起。

（陈 庄）

【破获特大买卖“易制毒化学品”案】 7月16日，刑事侦查总队与江苏省公安厅、苏州市公安局、上海市公安局密切合作破获了一起内地与香港不法分子相互勾结，购买国家管制的可制造毒品“摇头丸”的原料“胡椒基甲基酮”，并企图运往境外的特大非法买卖“易制毒化学品”案件。抓获犯罪嫌疑人于某某（男，32岁，北京北方律师事务所律师，住北京通州京通苑24号楼）、王某某（男，43岁，香港联成贸易公司经理，住香港九龙花园街）等4名犯罪嫌疑人，收缴制造毒品“摇头丸”的原料“胡椒基甲基酮”4.2吨。

（陈 庄）

【侦破密云特大绑架案】 8月16日，密云县南菜园“兴淘旺”卫生洁具经销部王明全（男，49岁，四川省广安地区华莹市禄市镇人）被一伙歹徒绑架并索要赎金20万元。刑事侦查总队接报后，在密云公安县局刑警大队的密切配合下，于21日将犯罪嫌疑人王文录（男，43岁，住昌平区回龙观镇）、张同明（男，27岁）、张金星（男，21岁，均福建省莆田县人）等5人抓获。经审查，犯罪嫌疑人对绑架王明全、将其右手小指剁下恐吓家属、索要赎金的犯罪事实供认不讳，同时交待了7月26日以同样手段在昌平区绑架蒋国松、收取5万元赎金的全部犯罪事实。根据犯罪嫌疑人的交待，专案组收缴赃款现金21000元人民币、银行存折1个（内存14000元人民币）及作案用白色面包车1辆。

（陈 庄）

【打掉熊希党为首的黑恶势力犯罪团伙】 9月2日，刑事侦查总队根据线索，打掉了自1997年以来在丰台区玉泉营水果批发市场，欺行霸市的黑恶势力犯罪团伙，抓获犯罪嫌疑人熊希党（男，40岁，住宣武区校场小七条）、李金庭（男，38岁，无业，住崇文区琉璃井南里）等6人。经审查，犯罪嫌疑人供认了自1997年以来持刀抢占水果批发市场，对不从者进行欧打，并多次对摊主进行敲诈的犯罪事实。

（陈 庄）

【打掉特大制、贩假药犯罪团伙】 11月29日，刑事侦查总队根据线索，将贩运假药的犯罪嫌疑人张国华（男，29岁，内蒙古赤峰市人）等5名犯罪嫌疑人抓获，当场缴获假“斯达舒”胶囊47箱。根据犯罪嫌疑人交待，于12月2日在内蒙古赤峰市起获了用于制造假药的生产设备5台、原料氢氧化铝50公斤、假“斯达舒”胶囊500万粒及福田微型卡车1辆。经审查，犯罪嫌疑人供认了自2000年11月开办制造假药工厂，生产假“斯达舒”胶囊4万余盒，销往陕西、河北等地牟利的犯罪事实。

（陈 庄）

刑事侦查总队 2001 年领导名录

职　务	姓　名	任职时间
总队长	王　军	2000 年 9 月—
政　委	张新威	2000 年 9 月—
副总队长	陶　晶	2000 年 10 月—
副总队长	高　岩	2000 年 10 月—
副总队长	张　毅	2000 年 10 月—
副总队长	张　刚	2000 年 10 月—
副总队长	杨建国	2000 年 10 月—
副总队长	闫　伟	2000 年 10 月—
副总队长	陈　强	2000 年 10 月—

经济犯罪侦查处

【概　况】 2001 年，经济犯罪侦查处全面贯彻市局“严打”整治总体方案，精心组织经侦系统各单位以破获挂牌督办的经济犯罪大要案为龙头，以打击扰乱市场秩序、金融犯罪、涉税犯罪、制贩假币犯罪、职务侵占等犯罪为重点，以经侦系统“严打”整治目标考核为手段，充分发挥职能作用。年内，破获了中科创业操纵股票价格、杨书武徇私舞弊造成国有资产亏损 3100 万元、神龙数码卡集资诈骗等一大批涉及群众切身利益，影响政治稳定、社会安定的敏感性案件；破获了公安部及市局挂牌督办的经济犯罪大要案件 23 起，抓获挂牌在逃犯 23 名。组织全局经侦系统开展打击骗取出口退税、涉税犯罪、金融票证犯罪、非法传销和变相传销、非法买卖外汇等专项斗争和“追逃”集中统一行动。建成公安二、三级网络并投入使用。强化队伍的规范化管理，制定下发了《北京市公安局整顿和规范市场经济秩序，严厉打击经济犯罪活动实施方案》、《经侦系统开展“严打”整治打击经济犯罪工作的实施方案》，《经侦系统目标管理实施办法》等规定，重点解决了经侦系统存在的统计工作不及时、数字不准确等问题，规范了经侦系统案件统计信息工作。为提高民警业务素质，先后聘请银行、税务、检察院等部门专家及本系统业务骨干举办税侦、境外调查取证、预审业务、公安文书等业务培训班 10

余期；全局563名经侦民警通过了全国公安机关经侦民警任职资格考试。加大了宣传、防范、综合治理的力度，选择有典型宣传教育意义的经济犯罪案例，结合法制教育，从犯罪手段、危害、漏洞、防范等群众关心的问题入手，先后40余次在中央电视台“焦点访谈”、“经济半小时”和北京电视台“法制进行时”等新闻媒体向社会广泛进行宣传，收到了良好效果。年内，从114名应聘民警中，公开选拔42名探长。选举产生了新一届党委，成立了工会组织。

（许　勇）

【经济犯罪案件总量持续上升】 年内，全局各单位共受理各类经济犯罪案件8972起，比上年上升91.8%；立案侦查6560起，比上年上升76.9%；立案案值86.4亿元，比上年上升340.8%。破获案件6015起，比上年提高118%；收缴赃款赃物折合人民币8.48亿元，比上年提高268.7%；抓获各类经济犯罪案件嫌疑人1693人，比上年提高18.6%。

（许　勇）

【查处上级交办大要案件】 年内，经济犯罪侦查处受理中央、国务院，市委、市政府和人大、政协等部级以上交办案件165起，占局级以上交办案件的88.9%。其中，立案59起，经工作破案51起，结办8起。

（许　勇）

【协查经济犯罪案件千余起】 年内，全局受理全国有关公安厅（局）经济犯罪侦查总队（处）请求协查经济犯罪案件1059起，抓获犯罪嫌疑人225名，追缴赃款、赃物折合人民币近1600万元。

（许　勇）

【涉税案件立案高出上年185.9%】 年内，全局共立案侦查涉税案件2613起（价税合计61亿余元，税额8.9亿余元），比上年上升185.9%；抓获犯罪嫌疑人215名，比上年提高6.4%；追缴罚没入库税金6亿余元，是上年的78倍。

（许　勇）

【开展打击假币专项斗争】 年内，全局开展了打击假币专项斗争，共查处假币案件251起（其中案值在百万元以上的2起），抓获犯罪嫌疑人273人（其中外地人员254名）。收缴假人民币1082.78万元（不含北京铁路公安处收缴数，均为机制版），与上年相比，增幅达2.6倍。超过百万元案值的假币犯罪案件和假币追缴数量均创市局近10年来之最。朝阳、海淀分局刑侦支队、公共交通分局、刑事侦查总队被市局授予打击假币犯罪先进集体。

（许　勇）

【公安三级网建成并投入使用】 年内，经济犯罪侦查处投入经费75万元，建成了实用、可靠、先进、可扩展型的公安三级网。千兆交换机通过光纤与市局实现千兆连接，达到宽带数字网的设备要求；新建了180个信息点和局域网，实现了办公自动化和资源、信息共享，提高了办案效率。

（许　勇）

【组织开展打击骗取出口退税专项斗争】 年内，经济犯罪侦查处按照国务院和公安部的统一部署，组织开展了打击出口退税专项行动。先后侦破了中国土产畜产进出口有限总公司干果莱蜂进出口公司、中国粮油食品进出口集团有限公司包装实业贸易公司等9起骗取出口退税案件，涉案金额5.85亿元，涉嫌骗税8500万元，抓获犯罪嫌疑人12名，追缴税款6000余万元，冻结赃款350余万元，扣押房产、汽车等一批赃证物。

（许　勇）

【整顿规范市场经济秩序，打假成效显著】 4月至12月，局属有关单位配合有关行政执法部门，在食品、药品、农资、文化等领域开展了打击制售假冒伪劣商品的集中统一行动和对全市158个批发市场的联合执法检查。全局共出动警力1740人次，开展集中

件，抓获各类犯罪嫌疑人员76人。

（张成河）

【召开遣送工作研讨会】 4月24日，监所管理处在香山疗养院召开了遣送工作研讨会，济南、长沙、张家口、亳州、沧州、秦皇岛6个省（市）民政局领导和29个收遣站的主要领导参加了会议。与会人员就进一步加强合作，共同做好收遣工作交流了意见。监所管理处分别与到会单位签定了遣送事项协议书。

（张成河）

【开通“亲情电话”】 4月26日，监所管理处收容教育二所开通了“亲情电话”，用于被收容教育人员同亲属的沟通联系。此举在全国收容教育所尚属首创。

（张成河）

【组织孤残儿童游览北京动物园】 5月29日，监所管理处收容遣送站团总支结合国际助残日，在“六一”儿童节来临之际，以“一带一”的方式组织部分因无家可归滞留在遣送站的残疾儿童游览北京动物园，使他们享受到儿童节的快乐。

（张成河）

【组织看守所所长到北京监狱观摩学习】 5月30日、31日，监所管理处组织全局23个看守所所长到北京市第一监狱、北京市团河劳教所观摩、学习，使他们了解掌握先进的管理方法。

（张成河）

【部署监所专项整治工作】 6月至11月，全局监管系统开展了打击牢头狱霸、规范监所管理专项整治工作。通过深入摸排，获得了一批重要线索，严惩了一批牢头狱霸。公开处理226人，其中报请法院、检察院、办案部门加刑、加重处罚的16名，加戴戒具惩戒的103名，责令公开检查悔改的75名，其它处理32名，维护了良好的监管秩序。

（张成河）

【联合召开坦白检举政策兑现大会】 6月27日，市公安局、市高级人民法院、市人民检察院在第一看守所联合召开坦白检举政策兑现大会。会上对在“严打”工作中有重大立功表现的支晓鹏等7名在押人员予以政策兑现。大会宣布了“严打”期间在押人员坦白检举查证属实的5起案例，并对有重大立功表现人员发给了《坦白检举情况证明》。市局副局长刘绍武、市高级法院副院长王明、市检察院监所检察处处长郑向东出席会议并讲话。200余名在押人员参加了会议，1400余名在押人员在监室内收听、收看了大会实况。

（张成河）

【对被收教人员进行爱国主义教育】 7月6日，监所管理处组织11名女性被收教人员到天安门广场观看升国旗仪式，并参观了圆明园遗址，使她们受到了生动的爱国主义教育。

（张成河）

2001年度北京市公安局看守所等级评定情况

级别	序号	看守所名称
一级看守所	1	崇文区看守所
	2	门头沟区看守所
	3	延庆县看守所

二级看守所	1	西城区看守所
	2	宣武区看守所
	3	石景山区看守所
	4	北京市清河看守所
	5	通州区看守所
	6	顺义区看守所
	7	怀柔县看守所
	8	密云县看守所
	9	平谷县看守所
三级看守所	1	丰台区看守所
	2	房山区看守所
	3	房山区第二看守所
	4	北京市看守所
	5	北京市第二看守所
	6	北京市第三看守所
	7	东城区看守所
	8	昌平区看守所

监所管理处2001年领导名录

职　务	姓　名	任职时间
处　长	毕　晶	2000年10月—
政　委	王　健	2000年10月—
副处长	梁泽溥	2000年10月—
副处长	崔　琳	2000年10月—
副处长	马　恒	2000年10月—
副处长	宿景阳	2000年10月—
副处长	刘连明	2000年10月—

治安管理防范控制系统

治安管理总队

【概 况】 2001年，治安管理总队进一步落实、深化市局提出的“十五字”工作方针，充分发挥职能作用，圆满完成了“申奥”、“大运会”、“足球世界杯出线”等重大保卫任务，维护了美国“9.11”恐怖事件发生后首都政治稳定和社会安定。全面推进治安管理业务规范化建设，深入开展第二条战线“严打”整治斗争。继续加强科技强警战略的实施，提高治安管理和控制效能，确保了首都社会治安环境的持续好转。牵头组织第二十一届世界大学生运动会的安全保卫工作，确保了中外观众的安全。牵头负责维护“7.13”申奥投票日和“10.7”中国国家足球队获得世界杯出线权庆祝活动的治安秩序，共组织警力17400名，确保了天安门广场地区总流量达110万人次、单位时间内广场最高容量达40万人次的群众联欢庆祝活动的安全。加强治安基层基础工作，编辑了《北京市公安局治安管理业务工作规范》一书，开展对分（县）局治安民警的培训。调整管理职能，下放管理权限，推进治安管理业务规范化建设。大力开展“严打”整治斗争，组织警力122745人次，对全市77处治安重点地区进行集中整治，治安面貌得到了较大改观。会同工商、文化等部门以卖淫嫖娼问题严重的地区和场所为重点，开展整顿规范文化娱乐服务场所专项行动，有效遏制了站街拉客卖淫的问题。针对反恐防爆的严峻形势，开展了以打击私制、私藏、私售爆炸物品及枪支为重点的专项行动，清除了一批不安全隐患。从解决群众关心的问题入手，组织开展打击偷盗自行车专项行动和收容外地来京违法犯罪人员专项行动，受到社会各界好评。加大对国家信访局、永定门接济站周边等上访人员易聚集地区的清查收容力度，打掉制贩“三假”（假文凭、假证件、假公章）窝点17个，取缔废旧金属非法收购点73个，维护了良好的治安秩序。严格审批，依法管理，确保全市1507项6942场大型活动绝对安全。

（何培露 贾 岚）

【深入开展“扫黄打非”斗争】 全年，治安管理总队共查获非法出版书刊和街头贩卖盗版案件1852起，查获涉案人员2318名，收缴各类非法出版物322.9万件（其中非法音像制品276.7万、非法书刊46.2万）；收缴淫秽制品23.6万件（淫秽音像制品20.5万件，淫秽书刊2.03万件，其它1.04万件）；先后破获了“曾庆学盗印《三个代表》一书”，“盗印《大学英语》”，“盗印《丁丁历险记》”和“盗印《华夏英才》”等挂帐大案，有效地维护了本市出版市场的良好秩序。

（陈 玮）

【清理整治社会面治安秩序】 年内，治安管理总队共组织全市集中统一清查行动29次，出动力量25万余人次，其中民警12万人次。检查重点地区19765处次，繁华大街24688条次，市场23476处次，地下通道6384处次，过街天桥10724座次，工地工棚44240处次，出租房48.25万间次，小发廊、小旅店、小饭馆、小酒吧、小门店97654处次，其它地区48万余处次。查获各类人员22231人。

（任雪梅）

【预防煤气中毒工作】 年内，全市共发生煤气中毒死亡事故41起，死亡58人，死亡率为0.72/10万，比市政府规定的1.12/10万低35%。在市政府下达的死亡指标和死亡率基数整体大幅度下调的情况下，仍较好地完成了任务。

（叶小龙）

【限养注册工作顺利完成】 年内，市局及各分（县）局共依法批准养犬124490只（城八区51629只，远郊区县72861只），比上年增加30262只，上升了32%。共收取登记注册费4803万余元，比上年增加1596.3万元，上升49.8%。

（张 红）

【捡拾物品招领工作】 年内，市局共接收91个单位和个人送交的捡拾物品3611件，与上年相比，上缴单位减少18个，下降16.5%；物品增加561件，上升18.4%；接收捡拾人民币63226.65元，比上年增加3028.65元，上升5%；发还各类物品90件，比上年减少22件，下降19.6%；处理各类物品1874件，其中机动车、非机动车668辆。年内，接待来访群众1039人次，接查寻电话2622人次，接待群众挂失登记223人次，打查找电话246次，发查找信息421条，收表扬信31封，锦旗1面。1月13日，招领处开展的以“讲美德、讲文明、助申奥”为主题的爱民月活动，受到多家媒体的报道。4月，与北京中鸿联信息技术有限公司合作建立失物招领及人工查询服务热线（26630456），并通过市局www.bjgaj.gov.cn网址发布招领信息。6月12日，参加了中央人民广播电台《午间1小时》“不该冷落的失物招领”节目的制作。

（杜淑英）

【全局治安管理系统目标管理考评情况】 年内，治安管理总队改革、调整了治安管理工作目标考评办法，使对各分（县）局治安管理工作的考核更加科学、客观、公正、合理。2001年度年终考核结果如下：

组别＼名次	第一名	第二名	第三名	第四名	第五名
第一组	东城分局	西城分局	宣武分局	崇文分局	石景山分局
第二组	朝阳分局	丰台分局	海淀分局		
第三组	顺义分局	房山分局	门头沟分局	通州分局	昌平分局
第四组	大兴分局	怀柔县局	延庆县局	平谷县局	密云县局

【调整职能，下放管理权限】 年内，治安管理总队调整职能，下放管理权限，增强了属地治安管理职能。全市10家重点放射性物品从业单位安全监管工作由治安管理总队负责，其余441家由属地分（县）局治安处（科）负责；全市9家有出境资格的旅行社

总社由治安管理总队纳入行业管理，其下属单位及其它443家旅行社比照一般社会企业单位由属地公安机关实施治安管理；街头宣传、服务咨询、开业庆典、首映（首发）式及行业或单位内部举办的运动会、文艺演出、周年纪念会等不具有经营性、不面向社会的活动及各类拍卖会等大型活动不再列入公安机关管理范围；重新划分了市局和分（县）局大型活动审批权限，增强了属地管理职能。

（何培露　贾　岚）

【整治77处治安重点地区】 年内，治安管理总队加大对全市77处治安重点地区的整治力度。共出动警力122745人次，集中整治14147处次，查处违法犯罪人员2041人，打掉团伙33个涉及136人。与上年同期相比，77处重点整治地区发生刑事案件668起，治安案件1217起，发案率分别下降80%和82%，治安面貌得到较大改观，并全部建立了重点整治地区基础档案。

（何培露　贾　岚）

【整顿规范文化娱乐服务场所治安秩序】 年内，治安管理部门会同文化、工商、监察等部门开展了打击整治文化娱乐服务场所专项行动。针对朝阳区被公安部定为重点整治地区的情况，对麦子店、新源里等12个地区开展了统一行动，取得了较好的效果。全年共查处违法经营场所4461家，其中取缔1361家；打掉卖淫嫖娼、赌博等违法犯罪团伙和窝点367个，比上年增加22%；抓获卖淫嫖娼5561人，比上年增加48%，其中组织介绍容留884人，比上年增加62.5%；抓获赌博人员11234人，比上年增加214%；收缴赌资792万元，淫秽物品257124件。

（何培露　贾　岚）

【完成6000余场大型活动安保工作】 年内，全市共举办各类大型社会性活动1507项、6942场（次），比上年分别增加了129项、1016场（次），上升了9.4%和17.1%。其中，大型活动988项，展览展销519项。全年共接待群众2189万余人次，组织警力171898人次，比上年减少了18896人次，下降了9.9%，共组织保安23000人次，与上年的8500人次相比，上升了170.6%，圆满完成了各项活动的安全保卫工作。

（马　东）

【做好敏感期集会游行示威审批和行政复议工作】 年内，治安管理总队针对不同的敏感时期，“积极介入、认真准备、耐心疏导、依法管理”，作好集会、游行示威的审批和行政复议工作。全年共接待受理公民集会游行示威申请52起，其中本市38起，外地14起；来信7起，来人45起。经工作，由当地公安机关配合查控或地方单位协助解决20起，申请人撤销申请25起，书面答复不批准的7起。受理行政复议案件85起，经审理维持原裁决67起，撤销原裁决7起，变更原裁决1起，复议申请人自动撤诉10起。

（张峰杰）

【举办全市危险物品管理培训班】 年内，针对近年来危险物品管理干部和接触人员变更频繁的情况，治安管理总队组织有关人员编写了培训教材，举办了全市危险物品管理干部和接触人员培训班，分别培训放射性物品管理干部44人，枪支管理干部50人，持枪人员136人，剧毒物品接触人员1200人。通过培训，提高了参训人员的业务素质和法律意识，确保了全市危险物品管理的安全。

（刘　东）

【全面清理整顿剧毒物品】 年内，治安管理总队对全市1288家剧毒物品单位进行了安全检查。共收缴各类剧毒物品416.3176千克，其中氰化钠等剧毒物品12.3176千克，“3911”等剧毒农药404千克，发现各类问题68起，均限期整改。12月8日至31日治安管理总队组织专人对19个区县的57家单位进行了抽查验收，全部合格。

(李平举)

【规范危险物品储存仓库】 年内，治安管理总队结合公安部部署的治爆缉枪专项行动，在全市范围内开展了爆炸物品、剧毒物品储存仓库的规范化建设工作。根据现行法规和技术标准，先后制定了《北京市爆炸物品储存仓库安全管理规范》、《北京市爆炸物品储存仓库安全检查记录》、《液氯治安管理工作规范》、《剧毒物品仓库隐患分级、分类标准》、《剧毒物品使用储存单位风险等级分类标准》，将所检查的内容与标准逐一列出。各分（县）局对照《规范》要求，从生产、销售、使用、购买、运输等环节，采取关、停、并、转的方式，对全市548座爆炸物品储存仓库进行了安全检查，其中撤销库房119座，整改429座；并对全市200余家剧毒物品储存仓库按规范进行了整改。

(谭 权 李平举)

【完成禁放工作】 年内，治安管理部门继续贯彻市政府提出的“口子不开，力度不减，禁放区管住，非禁放区确保安全，态度坚决，严格执法”的工作方针，在元旦、除夕、初五、正月十五等重点时段出动警力及治保力量12余万人次，查处各类违禁案件198起293人，收缴价值36万余元的烟花爆竹并予以公开销毁。确保了元旦、春节期间的安全。

(谭 权)

【旅馆业计算机装机率达到97.4%】 年内，治安管理总队饭店旅游管理处努力提高旅馆业计算机装机率，进一步扩大全市旅馆业临时户口查控系统的覆盖面，把安装计算机作为旅馆业必备条件列为目标考评内容，同时与民警的考评成绩挂钩，全面落实责任制。全市4781家旅店装机4647家，装机率达到97.4%，比上年同期3750家增加897家，增长率为18%以上，北京市旅馆业的计算机覆盖率在全国名列第一。

(李 尚)

【制定直管饭店保卫部工作规范】 年内，根据《北京市企业治安保卫责任制规定》和《旅馆业治安管理办法》，治安管理总队制定了《饭店保卫部工作规范》。该规范从职责任务、建档建制、培训教育、内保工作、消防工作、警卫工作、日常安全检查指导、突发事件处置工作、内部员工重点人的工作、技防建设及治保会建设11个方面明确了饭店保卫部的工作范围和安全保卫工作具体实施办法。

(黄 宁)

【通过旅馆查控系统抓获在逃人员】 年内，治安管理部门利用本市旅馆业计算机临时户口登记查控系统，在全市旅馆中共抓获网上在逃人员462名，比上年上升了22.8%。在抓获的网上在逃人员中，属于经济犯罪和情节较轻的侵犯公民人身权利及财产权利犯罪的占95.8%。

(李 尚)

【假日旅游安全保卫】 年内，全市公园、景区“五一”、“十一”共接待游人915万人次。为保障假日各项旅游活动顺利进行，治安管理总队制定了假日旅游安全保卫工作方案，并在天安门分局成立了假日旅游安全指挥部。协调组织旅游局等5个委办局的有关人员，对30个重点公园景区进行了50余次的安全大检查，共消除隐患40余处，出动保卫力量9.1万人次，处理各类违法人员4358人，稳定了旅游市场治安秩序。

(王 文)

【开展打假联合行动】 年内，全局治安管理部门出动警力5784人次，配合烟草专卖、工商、技术监督、商委、环保等有关部门联合开展打假行动，查获卷烟、电池、密封胶、药品、注水肉、食品等假冒劣质商品总价值1700余万元。

(郭腾跃)

【严肃查处重大责任事故】 年内，全局治安管理部门共受理各种事故报案191件，死

234人，伤57人，经济损失155万元。其中冒顶31件，高坠33件，触电29件，物体打击21件，坍塌20件，车辆伤害14件，机械伤害12件，中毒窒息等事故31件。立案侦查29件，因责任人死亡等原因不予立案69件，其他事故在调查处理中。

（王启振）

【维护信访秩序】 年内，治安管理总队会同各分（县）局对重点地区和重点信访部门堵门静坐、制造事端的集体访依法妥善进行处置。共处置各类集体访3151批106678人次，出动警力5万余人次，未发生大的治安问题，有效地维护了信访秩序和社会安定。

（张润金）

【完成潜水打捞任务】 年内，治安管理总队治安行动支队共执行潜水打捞任务38次，协助分（县）局打捞溺水尸体10具，打捞小口径手枪2支，凶器2件，水下安检面积12万平方米。

（张润金）

【推进队伍规范化建设】 年内，治安管理总队制定了《关于加强治安管理总队规范化建设的决议》和《治安管理总队规范化管理规定》，从会议、值班、请示报告、文件、枪械、着装、考勤、卫生和办公秩序管理等方面对民警的日常工作和生活行为做出了详尽明确的规定，并采取闭卷考试、队列操演等形式狠抓落实，工作效率、工作作风得到提高，民警逐步养成了按照工作规范办事的良好习惯。

（袁保柱）

【春运安全保卫工作】 1月9日至2月17日（春运期间），铁路、民航、公路长途等部门共安全运送旅客约3614万人次。全局治安管理系统配合铁路、民航、公路、地铁等部门加强安全保卫工作，共投入警力38000余人次，查获各类违法犯罪嫌疑人及妨害社会治安秩序人员4829人，比上年的3891人上升24%。未发生重大治安事件，确保了旅客出行安全。

（肖小华）

【推进治安管理业务规范化】 2月，治安管理总队总结近年来治安管理工作的手段、措施和成功经验，会同有关单位编辑出版了《北京市公安局治安管理业务工作规范》一书，从法规依据、管理机关、职责任务、程序要求、监督措施等方面对治安管理工作作了系统的规范。以该书为基础5月下旬至6月底，治安管理总队在全局治安民警中组织开展了业务规范化建设征文比赛、开卷考试和知识竞赛等系列活动，进一步推进了治安系统业务规范化建设。

（何培露　贾　岚）

【清明节群众扫墓安保工作】 3月31日至4月8（清明节扫墓日），全市54处墓区共接待扫墓群众136万人次（同比增加14万人），其中八宝山地区接待扫墓群众27.8万余人，治安管理部门共投入警力14000余人次（八宝山地区投入警力7000余人次），疏导机动车14万辆，非机动车24000辆，使群众扫墓做到了安全、平稳、有序。未发生治安、交通、火灾等问题。

（王学毳）

【妥善处置申请游行抗议美国撞机事件】 4月1日，美国军用侦察机在南海上空撞毁中国军用飞机事件发生后，激起中国人民的无比愤慨。北京大学、理工大学的学生及一些单位纷纷向治安管理总队打电话咨询申请举行集会游行示威的手续，表示抗议美国的霸权行为。在进行认真解答的同时，治安管理总队对申请人进行了耐心的疏导。经工作，申请人均表示以其他方式抗议美国暴行。

（张峰杰）

【开展“治爆缉枪”专项行动】 4月18日至12月31日，根据公安部“全国公安机关治爆缉枪专项行动电视电话会议”精神，治安管理总队部署在全市范围内对涉爆、涉枪单位进行全面安全检查，以收缴流散社会的爆炸物品、枪支弹药为重点开展了“治爆缉枪”专项行动。共查处涉爆、涉枪案件1293起，查处涉案人员1310人。5月10日，按照公安部《关于集中销毁收缴的非法枪支弹药的通知》要求，治安管理总队、装备财务处在首钢总公司对1996年以来收缴的16832支非法枪支进行了集中销毁。8月14日，市局在门头沟区召开公开逮捕涉爆、涉枪犯罪嫌疑人大会，对涉嫌非法持有枪支弹药的许洪贵、涉嫌非法制造爆炸物品的史德臣等9名犯罪嫌疑人执行逮捕。

（何培露　贾　岚　刘　东）

【取缔吊销违法娱乐服务场所营业执照】 为进一步强化娱乐服务场所“严打”整治力度，震慑违法经营活动，4月22日、8月14日治安管理总队会同市工商局、文化局联合召开两次全市娱乐服务场所法人大会，公开取缔、吊销了132家存在卖淫嫖娼等问题的大型歌舞、洗浴场所的营业执照，并在《北京晚报》、《北京晨报》、“北京新闻”、北京电视台等多家新闻媒体上公开曝光，极大地教育了群众和场所经营者。

（杨　科）

【打击卖淫嫖娼组织者及窝点】 6月15日至7月15日，治安管理总队在全市范围内开展了“集中打击卖淫嫖娼组织、容留、介绍者及窝点专项行动”，以郊区县的度假村、培训中心等娱乐服务场所为清理整顿重点，推动“严打”斗争向纵深发展。共打掉影响恶劣的卖淫嫖娼窝点25个，查获卖淫嫖娼人员1011人，其中组织容留卖淫人员168人。

（周　伟）

【对领导干部进行考核】 9月至12月，治安管理总队制定出台了《治安管理总队现职领导干部管理办法》（试行），并对89名领导干部进行了考核（新走上领导岗位的11人未参加），考核人数占总队内设机构干部总数的89％。考核工作采取民主测评、谈话了解、本人述职、设置征求意见箱、查阅被考核单位及干部个人目标管理考核排名等方法进行。根据考核结果，对11名干部进行了岗位调整，对9名干部作出了免职、降职和任职警示决定。

（吴新春）

【举办法人代表、经理法制培训班】 9月26日至28日，治安管理总队会同刑事侦查总队、消防局和市文化、工商、卫生、商委等单位，以学习“七一”讲话精神，贯彻落实清理整顿为主要内容，举办了为期3天的全市大型娱乐服务场所法人代表、经理培训班，对72家星级宾馆饭店及社会面大型娱乐服务场所120名法人代表、经理进行了法制教育。

（何培露　贾　岚）

【6个治安应用信息系统通过市局验收】 9月30日，由市局科技处主持，市局办公室、信息通信处、网络安全监察处及有关单位专业技术人员对治安管理总队开发的走失、拣拾人口管理系统、精神病人管理系统、文娱场所管理系统、网络报表管理系统、卖淫嫖娼人员管理系统、上访人员重点人员管理系统6个应用信息系统进行了综合考察验收和评审。

（王全福）

【打击偷盗自行车专项行动】 10月25日至11月30日，治安管理总队在全市范围内开展了打击偷盗自行车专项行动。以自行车非法交易黑市和偷盗自行车团伙为重点，共查处偷盗自行车案件645起，打掉偷盗自行车团伙28个，依法处理622人，查获赃车3057辆，收缴和清理无主自行车34865辆，发还13833辆，受到社会各界的好评。

（马　辉）

【地下空间整改治安隐患494件】 11月8日至12月10日，全局治安管理系统配合有关部门对全市地下空间开展了集中整治。共出动警力4587人次，动员社会力量5178人次，对全市摸排掌握的地下空间普遍进行了安全检查，整改治安隐患494处，其中限期整改265处，停业整顿81处，停止使用54处，依法治安拘留8人，罚款36050元，收容外地人员387人。

（朱玉明）

【召开娱乐服务场所管理经验交流会】　11月15日，治安管理总队召开娱乐服务场所规范化建设经验交流大会，介绍推广海淀分局花园路派出所、西城分局月坛派出所、东城分局东直门派出所在娱乐服务场所治安管理规范化建设中的经验、做法。全局300余名派出所所长参加了会议。

（周　伟）

【对全市娱乐服务场所联合检查】　12月1日至21日，治安管理总队、市局警务督察处和城、近郊分局组成联合检查组，按照“异地用警、交叉检查、及时曝光”的原则，采取公开检查和秘密手段相结合的方法，对全市娱乐服务场所整治工作进行检查。共出动警力987人次，检查娱乐服务场所346家，查处存在各类违法违规经营和不安全隐患问题的场所126家，抓获各类违法犯罪人员254人，收缴赌博机227台，电路板20块，赌资5630元。

（杨　科）

【开展外地来京违法犯罪人员专项清查行动】　12月1日至31日，治安管理总队部署在全市范围内集中开展外地来京违法犯罪人员的专项清查收容行动。全局共出动警力13.75万人次，其他力量20.37万余人次，对重点地区、繁华大街、集贸市场、地下通道、出租房屋、工地工棚、娱乐场所、旅店、“五小”场所（小发廊、小旅馆、小饭馆、小酒馆、小门店）、公园进行了清查，共收容外地来京人员14757人，其中收容河南、安徽、江苏、河北等重点省人员9202人。经刑事侦查总队对356人进行指纹比对，发现犯罪嫌疑人12名。

（张　伟）

案例举要

【查处东方皇宫娱乐城卖淫嫖娼案】　3月3日,治安管理总队治安行动支队根据群众举报,对朝阳区东方皇宫娱乐城进行突击检查,在该场所桑那部将卖淫嫖娼人员邓某、万某某（女）、OCHIRBAT CHULUUNBAT（蒙古国籍）等6人查获,并查获其他涉案人员136人。其中,刑事拘留28人,治安拘留8人,其他人收容教育,场所被依法查封。

（杨建华）

【查处亚洲美丽花园别墅赌博案】　3月19日，治安管理总队治安行动支队根据群众举报，对朝阳区亚洲美丽花园别墅进行突击检查，当场查获以百家乐形式聚众赌博人员45名，查获设赌、涉嫌放高利贷及其它涉嫌人员41人。收缴赌资人民币62.6万元、港币14.8万元、美元2.1万元、日元10万元，折合人民币100余万元。其中，刑事拘留22人，治安拘留34人，其他人收容教育。

（杨建华）

【查获盗版淫秽光盘3万余张】　4月10日上午，治安管理总队在朝阳区广渠门外大街汽配市场19号查获3万余张盗版淫秽光盘，其中盗版DVD5000余张、盗版VCD25000余张、淫秽DVD300余张，抓获涉案人员11人。此案是北京地区首次查获盗版淫秽DVD光盘。

（何培露　贾　岚）

【查处盗版大学课程教材案】　5月8日，治安管理总队接市新闻出版局移送的通州区三元装订厂非法盗印《大学英语》、《大学语文》等教材案。此案为2001年全国“扫黄打非”行动第一阶段大案。李岚清副总理曾批示：“必须严打”。经工作查明，通州区三元装订厂利用孟祥国提供的盗版图书的印刷软件和封面于2000年4月至2001年2月非法印刷了《大学英语》、《大学语文》等38

种教材，共计338000册，违法印刷总码洋达394万余元。5月23日，犯罪嫌疑人李桂英（女，52岁，北京人，通州区三元装订厂负责人）、金利杰（男，25岁，北京人，李桂英之子）、孟祥国（男，39岁，北京人，原系北京新华印刷厂职工，1995年辞职从事个体经营）被抓获，并被移送检察院依法起诉。2002年6月，孟祥国被判处5年有期徒刑，李桂英被判处2年零6个月有期徒刑。

（杨宝岩）

【首钢巨各庄矿区发生重大坍塌事故】 5月15日，首钢巨各庄铁矿（位于密云县境内）矿区内山体突然崩塌，将正在工作的6名工人埋压致死。事故发生后，治安管理总队重大责任事故调查处立即组织人员赶赴现场，配合密云县公安局对事故展开调查。经查，个体矿主张秋生非法组织对首钢巨各庄铁矿进行开采，在开采前未进行严格的地质勘查，致使在采矿中发生重大坍塌事故。张秋生被移送检察机关起诉。

（王启振）

【查获本市首起非法生产卷烟滤嘴棒案件】 7月27日，治安管理总队根据群众举报，会同朝阳分局、市烟草专卖局对位于朝阳区小红门牌坊村汽车队院内的北京菲思达文化用品有限公司进行突击检查，当场查获英国进口普通滤嘴成型机1台、复合滤嘴成型机2台、德国进口RDF2滤嘴成型机1台，碳嘴13箱（每箱1万支）、滤嘴棒10箱（每箱2万支），生产滤嘴棒的原材料棒纸7箱（每箱5盘）、丝素9卷及部分零配件，按市场价估算价值近千万元。当场抓获赵向阳（女，42岁，北京菲思达文化用品有限公司经理）等10名犯罪嫌疑人。这是北京首次查获非法生产卷烟案件。

（郭腾跃）

【查处盗印《论三个代表》案】 8月28日，治安管理总队受理了市新闻出版局移送的《论三个代表》一书被盗版案。中央领导李岚清、丁关根均对此案做了重要批示。根据领导指示，治安管理总队于8月28日、30日依法将涉案人员曾庆学、张秀改、程启钊、余志国等4人抓获。经审查，程启钊、余志国为曾庆学、张秀改印刷盗版的《论三个代表》一书7000余册。曾庆学（男，39岁，河南人）、张秀改（女，25岁，河北人）、程启钊（男，38岁，北京市人）、余志国（男，24岁，河北人）4人被移送检察院依法起诉。

（杨宝岩）

【查获一制造假电池的地下工厂】 11月22日，治安管理总队会同朝阳分局在朝阳区洼里乡龙王堂村工业区内查获一大量制造假冒"金霸王"品牌电池的地下加工厂，抓获涉嫌组织制造假冒"金霸王"品牌电池人员3人及26名工人。当场查获制造假冒电池的包装贴标机2台，已包装好的假冒"金霸王"品牌的电池24万粒，未包装的裸电池43万粒及大量假冒"金霸王"品牌电池的包装材料，案值近150万元。

（绳 钢）

治安管理总队2001年领导名录

职 务	姓 名	任 职 时 间
总队长	张伟刚	2000年9月—
政 委	赵怀达	2000年9月—

职　务	姓　名	任 职 时 间
副总队长	王　凯	2000年10月—
副总队长	唐云利	2000年10月—
副总队长	柴志平	2000年10月—
副总队长	郑　坚	2000年10月—
副总队长	邹燕平	2000年10月—
副总队长	高　扬	2000年10月—

巡察执法总队

【概　况】 2001年，巡察执法总队围绕“申奥”、“大运会”两项重大保卫任务，以巡逻工作改革为中心，以“严打”整治斗争为契机，以“三项教育”、规范化建设为动力，全面加强队伍建设，充分发挥巡警的职能作用，强化社会面巡逻控制，有效遏制街头发案，严厉打击街头各种违法犯罪活动，处置突发事件，圆满完成了各项任务。年内，全市巡察系统共参加各类大型活动798次，出动警力2万余人次，路线警卫5305次，动用警力12万人次，参与处置群体性事件562次，动用警力1.3万余人次。在“大运会”安全保卫工作中，巡察执法总队承担了运动员代表行车路线的随车安全警卫任务，制定了严密的处置措施，“大运会”期间共执行随车警卫任务329次，护送运动员车辆900余台次，运动员25000余人次，确保了运动员行车路线的绝对安全。在各项重大保卫活动中，组织巡察系统全力投入社会面巡逻控制，加强清理整治，认真做好处置突发事件工作，加大外围防控力度，为“申奥”、“大运会”、“两会”、国庆保卫等重大保卫活动创造了良好的社会治安环境，圆满完成了处置突发事件的任务。

（谢义勇　田海军）

【深入调研，指导一线工作】 年内，巡察执法总队成立了由办公室、指导处、督察队和政治处人员组成的八个指导检查组，深入一线分片包干进行指导，发现典型并及时总结推广，以推动巡逻工作改革和“严打”整治斗争。共编发巡逻工作改革暨“严打”专刊109期，其中总结转发各分县局经验做法88期，推动了各项改革措施的落实。同时，坚持对正反两方面典型案例分析制度，提出对策性措施，并及时对下指导不断提高民警的技战术水平，受到了市局领导的肯定。

（田海军）

【理顺巡逻工作管理体制】 年内，全市巡警部门实行统一编制、统一机构、统一管理指导专业巡逻队伍的办法。在全市初步形成了市局巡察执法总队指导考核各分（县）局巡警支（大）队、巡警支（大）队指导考核辖区派出所巡逻队、派出所巡逻队指导组织社区联防保安力量的规范的巡逻体制，加强了首都社会治安动态控制体系的管理工作。

（田海军）

【明确职能落实巡逻控制责任】 年内，各分县局明确划定了巡警与派出所巡逻控制责任区，落实了防控责任。各巡警支（大）队对全市315条主要大街的控制任务进行了层层分解，落实到警队、警长、车组和每名民警身上。巡察执法总队出台了以“两率一好”（主控大街发案率低、抓获现行率高和主控大街社会秩序好）为主要考核指标的目标管理考核办法，从巡察执法总队到各巡警支（大）队建立了一套严格的统计考核制度，加强了对巡逻工作的目标管理与考核。目标考核办法从4月份开始试行，至9月，全市315条巡警主控大街共发案1288起，比上年同期减少3069起，下降70%。巡察系统“110”处警27152次，抓获11878人，现场抓获率达23.6%。主控大街街头发案得到有效控制。

（田海军）

【改善装备和办公条件】 年内，巡察系统加大了对巡逻工作的投入，共争取资金1700余万元，购置、更新巡逻车80辆，电台199部，警械具防护器材643件，新建和装修了一些单位的办公备勤楼，使巡逻民警的装备和办公条件得到改善。

（田海军）

【确定城八区及远郊主控大街的责任归属】 年内，巡察系统各巡察支（大）队综合辖区重点部位、治安乱点、繁华街道等因素，确定了主控大街。巡察执法总队协同有关单位，对所有大街逐条编号、汇总每条大街名称、长度、起止点、警力及巡逻车辆部署等情况，进行计算机绘图，制定了《巡察系统主控大街警力分布一览表》，全面掌握主控大街的基本情况，确定了城八区263条主控大街及远郊52条主控大街的责任归属。按照城区不大于5平方公里，近郊区四环以内不大于12平方公里、四环以外不大于30平方公里配备1辆“110”巡逻车的标准及加强对城近郊263条主要大街和辐射区域及远郊城关地区进行巡逻控制的要求，严密了“110”巡逻车的覆盖网络。城八区主控大街在同一时间内白天警力保有量为407人，“110”巡逻车为145辆，夜间警力保有量为349人，“110”巡逻车为119辆；远郊区同一时间白天警力保有量为151人，“110”巡逻车为48辆，夜间警力保有量为101人，“110”巡逻车为32辆。

（田海军）

【整治重点地区的社会治安秩序】 年内，巡察系统配合有关部门进行集中整治统一行动，以朝阳、海淀、丰台33个挂牌督战派出所辖区内的73条主要大街和市局确定的77处治安乱点中在巡警主控区的55处作为重点地区，加大整治和防控力度，坚持天天清、天天整，“严打”整治斗争中全市巡察系统共参加各种整治1万余次，整治乱点6183个次，清理无照摊商4万余个，清理“三无人员”5.4万余人，查获票贩子665人、查获“黑车”1321辆，取缔制假窝点22个，使重点地区的治安秩序有了明显好转。

（田海军）

【贯彻内务条令，推进规范化建设】 年内，以贯彻内务条令为契机，巡察执法总队进一步推进规范化建设，提出了2001年巡察系统三分之二警队达标的总体目标。为实现上述目标，巡察执法总队深入各级巡警部门进行指导、检查，先后在东城、平谷召开两次现场会，并对全市基层检查站组织了两次集中考核验收。截止11月底，全市巡察系统113个警队、21个治安检查站有80个警队、16个检查站通过总队级考核验收，分别占全系统基层队、检查站的

70%和76%。

（田海军）

【开展接警处警出警工作检查】 年内，巡察执法总队在全市巡察系统开展了“对110接警处警出警进行全面检查”的专项工作。按照《北京市公安局警务公开细则》“110报警服务”的具体规定及巡察总队《巡察系统规范化建设标准》的要求，对提高快速反应能力、现场处置能力、实现市局提出的城区5分钟，郊区10分钟到达现场及“四有四必”（有警必接、有险必救、有难必帮、有求必应）的承诺等重点问题，进行了有针对性的重点检查。

（田海军）

【内务条令与规范化建设有机结合】 年内，巡察执法总队将民警的着装、仪容、举止、语言、卫生等内容纳入了规范化建设标准，并根据《内务条令》和规范化建设标准的有关规定，先后出台了《巡察总队装备物资管理规定》、《防暴支队思想政治工作规范》等规章、制度。这些规章制度的出台，明确了队伍管理的目标和依据，使民警的日常工作、生活有了可以自行对照执行的、明确具体的标准。

（田海军）

【举办首期业务骨干培训班】 2月19日至3月19日，巡察总队举办了首期业务骨干技能培训班。来自全市巡察系统各支（大）队、巡察队一线单位的81名业务骨干参加了培训。经过一个月的集中封闭式学习训练，参训人员完成了政治理论、法律法规和业务技能等科目的学习训练任务，经考核全部获得了合格证书。

（田海军）

【举办“110”车组战术和射击培训班】 5月9日至22日，为配合“严打”整治斗争，巡察执法总队连续举办了四期“110”车组战术和射击培训班。巡察系统50个整建制的“110”巡逻车组、144人参加了培训。

（田海军）

【贺巍勇夺女子60公斤级冠军】 6月15日至21日，巡察执法总队民警贺巍、朱炳文、张成彪代表北京市公安局参加了由公安部主办的“首届全国警察人民卫士武术搏击大赛”。贺巍夺得女子60公斤级冠军，并获得了全场109名选手中唯一的“技术风格奖”。

（田海军）

【巡察系统举行计算机应用技能比武活动】 8月6日，巡察系统计算机应用技能比武活动在市局警察学院举行。全系统24个单位按照人员编制情况，100人以下的单位选拔2人、101至200人的单位选拔3人、200人以上的单位选拔4人，共计72名选手参加了比武活动。有20个单位58名选手的成绩在及格以上，所占比率分别为83.3%和80.5%，反映了巡察系统民警掌握计算机应用技能的实际情况。

（田海军）

【组织进行巡逻设卡堵截方案演练】 8月6日、13日巡察执法总队与市局指挥中心联合对全市巡逻设卡堵截方案进行了两次演练。演练由市局指挥中心统一向各分（县）局下达全市堵卡指令，各单位按照《全市巡逻设卡堵截方案》要求，共在全市设堵卡点194个，每次演练投入巡逻堵卡力量1058人（其中巡警519人、派出所民警242人、交警36人、武警18人、联防33人、保安210人）、车辆237辆。其中城八区分局在第一道防线的二、三环立交桥及周边路口设卡105个，部署警力531人，巡逻堵卡车辆146辆；远郊10个分（县）局在第二道线的城关通往市区的主要路口设置堵卡点68个，部署警力132人，出动巡逻堵卡车68辆；远郊21个治安检查站在第三道防线的进出京主要路口共部署警力63人，警车21辆。两次堵卡演练中各单位共盘查车辆10840辆、人员18389人。

(田海军)

【王汉应邀赴泰国执教】 8月10日至17日，应泰方邀请，市局巡察执法总队防暴支队民警王汉被公安部确定为“中泰搏击对抗赛”中方筹备代表团团长，赴泰国执教。

(田海军)

【开展“大运会”保卫宣传咨询活动】 8月12日，巡察执法总队组织城八区巡警支队和西站分局巡警队开展“维护首都良好秩序，确保‘大运会’圆满成功”主题宣传咨询活动。在城八区和西客站地区共设9个宣传点，向市民发放巡察执法总队《致首都市民的一封信》、《110报警服务简介》和《社会调查问卷》等宣传材料。《社会调查问卷》是巡察系统第一次向市民发放，涉及当市民的人身及财物安全受到非法侵害时如何拨打“110”报警电话，市民对首都巡警、巡警工作的评价等9个方面的内容。市委副书记、政法委书记、市局局长强卫，市局副局长刘绍武、政治部主任杨晓毅、政治部副主任张策，有关区委、区政府和巡察执法总队、城八区分局、西站分局的领导参加了宣传咨询活动。

(田海军)

【开展巡察系统法纪教育】 10月17日至30日，巡察系统开展了法纪教育活动，针对宣武、丰台巡察民警与社会不法人员相勾结进行犯罪的情况，从强化民警的宗旨意识、法纪意识和责任意识入手，查摆日常工作和队伍管理中存在的突出问题，有针对性地完善了工作规范和监督制约机制。通过教育，巡察队伍的纪律作风建设得到加强，促进了巡察系统各项业务工作的开展。

(田海军)

【开展11城市巡警防暴警协作交流活动】 10月22日，巡察执法总队举办北京、上海、天津、重庆、沈阳、哈尔滨、武汉、长沙、广州、深圳、珠海11城市巡警防暴警协作交流活动首届年会。协作交流单位通过了《十一城市巡警防暴警协作交流活动章程》并签订了“约定书”。公安部、市局机关和11城市巡警防暴警的领导及民警代表共110余人参加了签约仪式。与会人员观看了由市局巡察执法总队直属防暴支队进行的处置群体性治安事件战术科目演示，并开展了以巡警防暴警队伍建设、业务建设和教育训练为主题的研讨交流活动，各协作交流单位的33名民警还进行了PPC警用手枪实用射击竞赛。

(田海军)

【制定巡逻勤务“十五项”规定】 12月28日，巡察执法总队为规范巡察民警的执勤、执法行为，在原巡察系统规范化建设标准的基础上，制定了《巡警勤务制度、检查制度和法律规范的若干规定》(巡逻勤务“十五项”规定)。

(田海军)

巡察执法总队2001年领导名录

职　务	姓　名	任 职 时 间
总 队 长	肖　勇	1999年12月—
政　　委	王春和	2000年 9月—
副总队长	张宪法	1995年 4月—
副总队长	王佐联	1997年 3月—

职　务	姓　名	任 职 时 间
副总队长	薛晓明	1999 年 4 月—
副总队长	刘剑宇	1995 年 4 月—
副总队长	李向军	2000 年 4 月—
副总队长	郭士德	2001 年 8 月—

人 口 管 理 处

【概　况】 2001 年，人口管理处深入开展派出所达标活动，全面推进全局派出所规范化建设。年内，就落实规范、开展达标活动作了全面部署，进一步明确了派出所的职责任务、工作规范和工作标准，强化了人口管理、治安管理及安全防范等基层基础工作。印制 1.5 万余册《派出所工作规范》一书发到每名派出所民警手中，并采取典型引路的办法，推出 48 个各具代表性的达标示范派出所，总结印发了 16 个分（县）局、派出所在开展达标活动中取得的经验，组织 48 个示范派出所的所长到左家庄消防中队学习加强队伍规范化建设的先进经验。在全市 382 个派出所中进行了规范考核。加强外来人口管理，以摸清实有外来人口和出租房屋的各种情况底数为突破口，在全市范围内集中开展了对外来人口和出租房屋的专项调查。据统计，全市办理暂住手续的外来人口达到 257.7 万人，其中申领暂住证的 240.7 万人，与上年的历史最高纪录相比，登记、办证率提高了 38.1%。围绕“申奥”和“大运会”保卫两件大事，适时组织开展了清理整顿专项战役。为推动“严打”工作的深入开展，在全市集中组织开展了对外地来京人员的“百万函调工程”，并配合有关业务处及时研制开发了“办证现场抓逃信息比对系统”软件，在派出所普遍安装使用，取得明显效果。截止年底，全局通过发函调查和网上比对，共抓获外地通缉在逃犯 778 人。为落实外来人口的分层次管理，对原有暂住证及管理办法进行了重大改革，全市换发新型《暂住证》257 万个。不断深化户籍制度改革。认真贯彻执行《国务院批转公安部关于解决当前户口管理工作中几个突出问题意见的通知》及《国务院批转公安部关于推进小城镇户籍管理制度改革意见的通知》，积极办理随父入户子女及投资进京人员户口，逐步解决群众关注的热点问题，促进了首都经济建设。加强人口信息系统建设，继续开展常住人口信息数据的纠错工作，完成口卡停建工作，进一步推广网络制证技术，开展人口信息服务系统的对外服务工作。开展全市居民身份证编号清理纠错工作，制证中心为配合“严打”整治斗争，制定了 24 小时为基层单位提供鉴定和业务查询制度。完成了全局派出所民警全员培训。

（李　杰）

【深入创建安全责任区】 年内，全局派出所责任区共发生刑事案件27093起，比上年同期减少了10481起，下降了27.9%，其中朝阳、海淀、丰台3个分局发案12724起，比上年减少7865起，下降38.2%。全市派出所责任区共发生入室案件8453起，比上年下降了35.7%。安全责任区达到3229个，占总数的78.3%，安全责任区比例比上年上升了5.2%。

(李 杰 傅玉辉)

【加快派出所设施装备建设】 年内，在派出所达标活动中，各分（县）局充分发挥主观能动性，广开渠道，共筹集资金6531.29万元用于改善派出所基础设施和装备建设。其中投资4154万元（分县局投资725.8万元，争取地方政府投资3428.2万元）用于派出所基础设施建设，新建派出所19个，改建派出所56个，扩建派出所36个，正在建设派出所11个，使36个原来建筑面积不达标的派出所达到了规定标准。投资2377.29万元（分县局投资665.09万元，争取地方政府投资1712.2万元）用于改善派出所的装备，为94个派出所配备了337台通讯设备；为124个派出所配备了车辆186台；为201个派出所配备了微机350台，使135个原来装备不达标的派出所达到了规定标准。

(李 杰 傅玉辉)

【提高派出所服务水平】 年内，各分（县）局派出所按照《派出所工作规范》的要求，不断改善前台办公条件，完善服务设施。城八分局及远郊区县城关镇派出所均安装了咨询触摸屏，派出所警务公开内容全部上墙，并配备了便民桌椅和饮水器具，急救小药箱等，同时结合“三项教育”和“两减一树”活动，提高民警为群众提供优质服务的意识，改进服务态度，提高了办事效率和服务水平。在年底开展的首都创建文明行业规范化服务达标考评活动中，户籍派出所群众满意率为98.25%，考核总分值为87.35分，达到文明行业规范化服务标准。

(李 杰 傅玉辉)

【楼门牌工作取得新进展】 年内，人口管理处组织城近郊各分局继续开展以主要大街、繁华场所、改扩建道路为重点的楼门牌清理整顿工作，共制作、安装楼门牌5289块。并在农村地区楼门牌城市化管理进程中，制作、安装楼门牌151182块。全年楼门牌制作安装率达到46%，比上年提高10%。

(李 杰 傅玉辉)

【小城镇户籍制度改革试点增加】 年内，市政府又批准了11个小城镇为户籍制度改革试点镇。为了使新批准的11个镇尽快落实“户改”政策，人口管理处加强了对新增小城镇的具体指导，年底前，已有4个镇启动了户籍制度改革工作。全年共办理外省市人员投资进京2115户、5000人，有力地促进了这些地区的经济发展。

(李 杰 傅玉辉)

【提前完成派出所民警全员培训任务】 年内，人口管理处在上年完成全局派出所民警三分之二培训任务的基础上，组织各分（县）局举办培训班26期，共培训民警1395人，全局派出所民警全员培训任务提前完成。

(李 杰 傅玉辉)

【推广网络制作居民身份证技术】 年内，人口管理处结合全市人口信息管理三级网络系统，对居民身份证的制证工艺再次进行改革创新，与有关单位联合研制开发了网络制证系统。网络制证是派出所直接在常住人口信息系统中读取制证人信息，现场数字化采集制证人照片或人像，将新的数据和照片回写到常住人口信息系统中，通过二级网络传输到市局制证中心，利用“无底卡”电子影像扩印设备完成证件制作。网络制证缩短了制证周期，提高了制证质量，减轻了派出所的工作负担，加强了制证过程的管理监督，并能及时更新维护派出所常住人口信息数据。年内，东城、西城、崇文、宣武、朝阳、海淀和房山分局的91个派出所已全部安装了网络制证程序，并通过网络传输制发居民身份证63736张。

（李 杰 傅玉辉）

【开办居民身份证鉴定和查询业务】 年内，为配合“严打”整治斗争，人口管理处证件制作管理中心制定了24小时为各基层单位提供居民身份证鉴定和业务查询制度。截止到10月底，共接到业务咨询电话4500人次，为刑侦、治安、预审部门和派出所出具居民身份证真伪鉴定书652份，正确率达100%。组织各分（县）局和证件使用部门开展居民身份证查验、核查工作，共发现各类违法犯罪线索56898件。

（李 杰 傅玉辉）

【加强治安防范工作】 年内，各分（县）局派出所发动和依靠群众，开展治安防范活动，严密社会面控制。全市共有治保会29055个，治保积极分子551818人。全年有19030个治保会辖区没有发生刑事案件，占治保会总数的65.5%。治保积极分子和群众向公安机关提供各类违法犯罪线索23150件，协助公安机关破获各类案件8542起。各派出所继续推行居民小区的封闭式管理，共新建封闭居民小区268个，使全市封闭居民小区总数达到2154个。因地制宜地安装了楼宇对讲、电子报警、电视监控等技防设施，主要大街、地下通道等地区安装了电视监控系统，提高了警务反应速度和社会面控制的严密程度，增加了防范工作的科技含量。

（李 杰 傅玉辉）

【严密重大节日期间社会面控制】 在春节和国庆期间，人口管理处部署组织各分（县）局、派出所充分发动群众，加强社会面控制工作。城八分局共召开各种宣传会43258个，受宣传人数达197万人次，动员78万余人次参加巡逻队、看门护院。各派出所结合专项斗争，深入开展调查摸底，对严重不满可能闹事人员，纳入视线开展工作，对228806个居民楼、院和13570个内部单位进行了安全检查，共发现各类不安全隐患3654件，消除3537件。期间，公安机关共接报群众提供的线索4626件，从中破获各类案件1619起，打击犯罪分子3492人。

（李 杰 傅玉辉）

【对外来人口开展专项调查摸底】 4月中旬至5月11日，人口管理处组织各分（县）局围绕“严打”整治斗争，开展外来人口专项调查摸底工作。以带有地区性特点的外地来京违法犯罪团伙作为调查摸底和打击的重点，特别是对来自同一地区、居住相对集中、无正当生活来源、经常昼伏夜出等可疑外地来京人员进行了审查。全市共审查外来人口85.7万余人，新发现登记13.8万人；清理出租房屋13.9万户，新发现登记1.8万户。通过调查摸底，共查获外地犯罪嫌疑人1008人、在逃犯50人，打掉带有地区性特点的外地违法犯罪团伙81个、涉及成员379人，破获刑事案件798起。

（李 杰 傅玉辉）

【出台户口迁移新政策】 4月27日，人口管理处制定了关于解决当前户口管理工作中几个突出问题意见的实施细则，出台了关于婴儿随父落户、解决夫妻投靠落户、老人投靠子女落户及本市“农转非”的新政策。其中规定1998年7月22日后外省市妇女与本市居民结婚生育的子女，年满5周岁，已在母亲常住户口所在地登记常住户口的，可以申请随父入户。截止年底，全市按新政策办理随父入户的子女4582人。

（李 杰 傅玉辉）

【建立网上外逃、外漂人员名单索引】 5月10日，人口管理处在网页上建立了“外逃、外漂人员名单索引”，将派出所掌握的负案在逃人员、工作对象中外漂人员及人户分离人员中有违法犯罪活动嫌疑人员上网公布，以便各有关分（县）局、派出所查找。查询从人口管理处主页进入“外逃、外漂人员名单索引”，根据查询条件，在人口管理处的“信息查询”或市局主页的“信息查询”中的“重点人口查询系统”进行查询。

(李 杰 傅玉辉)

【出租房屋信息计算机管理】 5月13日，市局决定将全市出租房屋信息全部纳入计算机管理，即将各分（县）局派出所已掌握的平房、楼房、地下室、违章建筑等各类实有出租房屋信息，包括合法出租房屋和各类违法出租房屋信息，全部输入暂住人口信息管理系统中的出租房屋信息管理系统。截止年底，全市已录入暂住人口信息257.7万人；出租房屋信息20万户、67万间。与年初相比，“人、房”在视线率分别提高了20%和30%。出租房屋户数、间数在视线率分别比上年提高了28.2%和31.9%。

(李 杰 傅玉辉)

【启动“百万函调”工程】 5月15日开始，人口管理处组织各分（县）局在全市范围内开展了对外地来京人员集中发函调查工作。重点是对新来京的、新发现的、以往发函未回的、来自特定地区的特定人群、从事特种行业以及有各种可疑的人员与公安部和市局在逃人员信息进行比对。截止年底，全局通过函调和网上比对，共抓获外地通缉在逃犯778人。据统计，全年共查获各类外地刑事犯罪分子23810人，占抓获总数的59.7%，与上年相比外来人口犯罪所占比例下降了1.7%。

(李 杰 傅玉辉)

【户口在京人调外地工作人员更换户卡】 5月30日至8月底，人口管理处开展了本市户口在京调外地工作人员换发集体户常住人口登记卡的工作。全市共登记户口在京调外地工作人员1027人（包括已死亡20人），其中：生活基础在京的276人，生活基础在外地的731人；在职人员120人，离（退）休人员887人。经工作共为938名户口在京调外地工作人员更换了集体户新常住人口登记卡，为20名死亡人员办理了户口注销手续，有69人因无法与本人联系，暂缓换发。此次换发工作彻底解决了户口在京调外地工作人员的户口问题，受到群众好评。

(李 杰 傅玉辉)

【常住人口数据质量提高】 5月30日，人口管理处对全市截止到4月30日的常住人口数据进行合库。全市总人口共计11118345人，其中16周岁以上人口9569114人，共采集照片8834473张。全市16周岁以上人口的照片采集率平均达到92.32%。经过检查，数据中存在重身份证号涉及2644人，其中本区内重身份证号涉及226人。与上年同期相比，数据中重身份证号减少了75%，照片采集增加了60多万张，有9个分（县）局照片采集率达到了市局95%以上的要求。针对合库时发现的2477件各类居民身份证编号差错问题，证件制作管理中心开展了全局居民身份证编号清理纠错工作，解决了各类编号差错2414件，纠错率达97.5%。

(李 杰 傅玉辉)

【清理整顿出租房屋】 6月至9月，人口管理处组织各分（县）局集中开展了清理整顿出租房屋，规范流动人口管理专项行动。期间，全市共进行清理整顿11415次，出动民警、协管员、街乡居（村）民和职能部门干部在内的各种力量42.4万人次，清理各类出租房屋72.4万户次、234.5万间次，审查外来人口480.9万人次，从中查获做拘留以上处理的外地违法犯罪人员8907人，清理“三无”人员9.3万人，处罚违法出租房主24525人，端掉各种制假窝点100余处，拆除违章建筑462万余平方米。

(李 杰 傅玉辉)

【换发新型《暂住证》】 为落实对外来人口的分层次管理，市局决定对原有《暂住证》及管理办法进行改革，6月10日开始，在全市范围内统一换发新型《暂住证》。《暂住证》分为A（绿）、B（黄）、C（红）三种，并实行《暂住人员临时登记证》制度。截止年底，全市换发新型《暂住证》257万余个。

（李　杰　傅玉辉）

【开发暂住人口办证“网上比对”程序】 6月10日，人口管理处结合全市换发新型《暂住证》，专门研制推出了“办证现场抓逃比对系统”，即在派出所办理暂住证现场采集信息的同时，与公安部网上通缉“在逃人员”和“历年在逃人员”两个数据库进行比对。截止年底，全市通过办证当场或立即抓获公安部网上通缉在逃人员190名。“网上比对”利用科技手段严密了办证审查，有效地将抓逃比对的关口前移，提高了工作效率。

（李　杰　傅玉辉）

【检查派出所达标活动初评情况】 6月14日，人口管理处召开会议部署并组织各分（县）局依照《派出所工作规范考核办法》，对全市派出所上半年贯彻工作规范开展达标活动的情况，采取只记分、不排名的方法进行考核和评估。初评结果，在全市具备达标资格的349个派出所中，初评得分80分以上、达到考核标准的有338个，占96.8%。8月初，人口管理处抽调13名业务部门的现职领导，随机抽取了城八区分局达标活动初评得分在80分以上的32个派出所，对其所容所貌、接待环境、警容警姿、警务公开及服务态度等5个方面的15项内容进行了专项检查，并按百分制打分。检查结果90分以上的8个，80分至90分的17个，80分以下的7个。

（李　杰　傅玉辉）

【加强对刑释解教人员的管理】 6月25日至9月底，人口管理处组织各分（县）局对辖区内的刑满释放、解除劳教人员进行排查和清理。全市1998年1月1日以来放回的刑释解教人员中被纳入重点人口管理的占94%。清理排查期间，谈话教育20773人次，发联系单、协查单1479份，对536名人户分离人员落实了现住地管理。同时，全市新建帮教小组2327个，调整力量6961人，帮教小组总数达到31094个，帮教力量共84363人。另外，积极帮助2712名刑释解教人员解决了落户和就业问题。全年，刑释解教人员重新违法犯罪率为0.97%，比上年下降了0.03%，有效地减少了犯罪因素。

（李　杰　傅玉辉）

【改革常住人口管理制度】 6月26日，人口管理处决定实行高等学校及普通中等专业学校录取本市新生不办理户口迁移的制度。全市共有73771名学生没有迁移户口，其中23300名学生办理了就地农转非手续。年内，人口管理处还制定了郊区小城镇户口向市区迁移的规定，并为256名已满规定年限的人员办理了户口由郊区小城镇迁往市区的手续。

（李　杰　傅玉辉）

【人口卡片全部停建】 7月6日至年底，人口管理处对全市分（县）局所属户籍派出所常住人口系统和数据质量进行了检查验收。20个分（县）局已全部通过验收，并停建人口卡片。至此，全市1956年开始建立，1957年3月1日正式使用的人口卡片历史宣告结束。

（李　杰　傅玉辉）

【编制军人公民身份号码】 9月3日，根据公安部和解放军四总部关于认真做好军队和武警部队人员公民身份号码编制工作的联合通知要求，人口管理处制定了本市军队和武警部队人员编制公民身份号码的实施方案和操作说明，并向各分(县)局进行了部署。截止年底，全市共收到本市驻军单位和区县武装部转来的《军人公民身份号码登记表》98564件，其中补编号码和编号升位共95106件，占97.1%，并完成了92799件《军人公民身份号码登记表》的编码数据录入工作。

(李 杰 傅玉辉)

【人口信息查询服务系统开通】 9月27日，人口管理处建立的“北京市人口信息服务系统”进入运行阶段，开展对外身份证项目安全核对与咨询认证工作。该系统可提供自动语音播报、自动传真（含照片图像）、自动转接人工坐席、WEB查询等多种方式的服务，系统具有通过网络同时并发处理40用户、通过电话每日满足10万次访问的能力。年内已为北京移动通信、租赁、大型零售商场、中关村IT等行业用户提供服务，接待查询5000人，取得了良好的社会效益，被公安部指定参加“九五”科技成果展，5家新闻报刊和4家电视媒体进行了专题报道。

(李 杰 傅玉辉)

【圆满完成冬季征兵政治审查任务】 10月25日至26日，本市召开征兵政审工作会议，具体部署冬季征兵政审任务。各分（县）局的人口、国保、治安等有关业务处（科）及基层派出所抽调了3726名民警参加征兵政审工作。各单位在政审期间认真落实工作责任制，坚持村（居）委会初审、乡镇（街道）复审、区县终审和横向联审制度，深入开展调查摸底，严格审查把住政治质量关。全市共调查应征青年及亲属22960人。通过对8895名应征青年进行审查，有8396人符合征兵政审条件。在确定征集的4000名新兵中，党（团）员占60%，比上年高出3个百分点。

(李 杰 傅玉辉)

【清理整顿外地人员租住的地下空间】 11月9日至12月10日，人口管理处组织各分（县）局对外地人员租住的地下空间进行了清理整顿。全市共出动民警、协管员、治保积极分子等力量7.2万人次，审查外来人口18.4万人次；清理“三无”人员7480人；停租治安、防火等安全隐患问题严重的地下空间134处；处罚违法外来人口3681人，罚款18.1万元。经清理统计，全市外地人员租住的地下空间有11253处，781.4万平方米。其中人防工程4224处、268.9万平方米，普通地下空间7029处、512.5万平方米。共租住的外来人口14.4万余人，已办理暂住证的12.9万余人，办证率为89%。

(李 杰 傅玉辉)

【评选表彰先进治保会和治保积极分子】 11月20日至12月20日，市局对在2001年度治保工作中取得优异成绩的治保会和治保积极分子进行了评选表彰。共评选出东城区礼士胡同等1098个治保会为北京市先进治保会；东城区朝内大街西等35个治保会为北京市先进治保会标兵；徐福妹等1975人为北京市先进治保积极分子；戴凤兰等20人为北京市先进治保积极分子标兵。

(李 杰 傅玉辉)

【全市人口增加12万余人】 截止年底，全市常住户籍人口达4052909户，11223462人。其中：非农业人口7801655人，占全市总人口的69.51%，农业人口3421807人，占30.49%；城近郊区人口为6786640人，占全市总人口的60.47%，远郊区县4436822人，占39.53%。全市人口共增加128809人，与上年净增人数相比增加45119人，上升了53.91%。年内，全市共登记出生人口59759人，出生率为5.36‰，比上年减少12409人，出生率下降了1.18个千分点。全市共死亡52652人，死亡率为4.72‰，死亡率比上年下降了2.31个千分点。全市人口自然增长为7107人，自然增长率为0.64‰。与上年相比，自然增长增加12526人，自然增长率上升1.13个千分点。全年由外省市迁入本市158638人，本市迁往外省市36936人，机械增长121702人，机械增长率为10.92‰。与上年相比，多迁入17090人，少迁出15503人，机械增长增加32593人，上升了36.58%。人口机械增长大幅度上升，主要是因为各类大中专院校录取的外省市学生和投靠亲属生活迁入本市的人数分别净增70169人和22687人，占全市人口机械增长总数的57.66%和18.64%。

（李 杰 傅玉辉）

人口管理处2001年领导名录

职务	姓名	任职时间
处长	马碧原	2000年10月—
政委	王红（女）	2000年10月—
副处长	孟繁荣	2000年10月—
副处长	张玉顺	2000年10月—
副处长	郑广德	2000年10月—
副处长	史崇欣	2000年10月—
副处长	魏光	2000年10月—2001年9月（到最高任职年限，任正处级调研员）
副处长	凌宏	2000年10月—2001年9月（到最高任职年限，任正处级调研员）
副处长	张健（女）	2000年10月—
副处长	刘玉成	2000年10月—

防爆安全检查处

【概 况】 2001年，市局防爆安全检查处遵照局党委“十五字”工作方针，深入开展全局防爆安检的组织、指导、培训工作，加紧实施“以邮件防爆安检为中心；狠抓政治、业务素质提高；加强队伍、业务、装备建设；防爆安检人才聚集地、涉爆信息收集研究基地、防爆安检器材基地、安检排爆培训基地”为主要内容的“1234”工程建设。圆满完成了“大运会”、“纪念中国共产党建党80周年展览”、海南博鳌亚洲论坛和上海APEC会议等重大活动防爆安检及涉爆现场处置任务1159次，共组织警力30443人次，安全检查264万余人，查出枪支、子弹、刀具等各类违禁品1225件；鉴定爆炸可疑物115件，排除爆炸装置7枚。在“大运会”防爆安检工作中，制作了各运动场馆计算机综合数据的查询系统，绘制了重点目标平面图和示意图112幅，制定了“大运会”开闭幕式、运动员村、新闻中心、涉爆现场、器材配备、安检培训、大运村内涉爆应急处置等8个工作方案及实施方案、流程表168份。筹借、租赁和购买各类防爆安检器材2486件（套），引进了先进的车底检查系统和天棚检查系统。分层次对分（县）局民警、借调人员及本处民警近4000人进行了有针对性的培训，提高了执勤人员的业务水平。8月26日，大运村11号楼安检口执勤民警通过X光机准确发现了随团翻译金陈琛包内携带的2枚冲锋枪子弹，消除了隐患，确保了安全。年内，有2人荣立个人二等功，6人荣立个人三等功，3个集体荣立二等功，1个集体荣立三等功。

（胡珍颖）

【提出“涉爆现场两级处置、防爆安检属地负责”工作原则】 年内，为提高快速反应能力，防爆安全检查处根据实际情况提出了“涉爆现场两级处置、防爆安检属地负责”工作原则，即分（县）局对本辖区的涉爆现场要进行先期处置和应急处置，并独立完成本辖区内一定规模的人身、场地防爆安检工作。宣武、朝阳分局在落实此项工作原则中独立完成了“宣武之夜”、朝阳区CBD招商活动的防爆安检任务。

（胡珍颖）

【对全局防爆安检工作进行目标管理考核】 年内，防爆安全检查处制定了全局防爆安检工作目标管理办法，从安检勤务、涉爆现场处置、业务培训、器材使用保管、安检信息5个方面对局属25个分（县）局进行考评，规范了各分（县）局防爆安检工作。

（胡珍颖）

【举办全局防爆安检业务骨干班和普训班】 年内，防爆安全检查处先后举办了防爆安检业务骨干培训班和普训班，共有32个单位的1443名民警参加了培训。骨干班培训采用脱产形式，以理论授课和技能训练相结合的方式，使参训民警达到了“一识两会”，即：能识别简易爆炸装置；会人身安检和场地直观检查；会涉爆现场应急处置。普训班采取授课、操作演示等形式，使参训民警了解防爆安检基础知识，掌握人身安检和现场直观检查基本技能。

（胡珍颖）

【加强装备建设，提高科技含量】 年内，防爆安全检查处以“大运会”为契机，加强了装备器材建设。利用市局先后拨款的700万元购置了排爆安检器材21件（套），引进了先进的车底检查系统和可视天棚检查系统，购买了排爆机器人，为防爆安检提供了器材保障。

（胡珍颖）

【采取多种形式，加大调研力度】 为了使防爆安检工作具有超前性，防爆安全检查处采取深入基层、出国考察、召开研讨会等多种形式大力开展调研工作。年内，共完成对防爆安检工作具有现实指导意义调研报告28篇，内容涉及形势分析预测、设备建设、科技强警、安检立法等诸多方面，其中，副处长朱益军撰写的《布控在“五一”节》和《防爆安检器材设备现状存在问题及发展对策》，分别在2001年公安部发行的《现代世界警察》第8期和市局发行的《警察训练》第2期上刊登，为领导决策和一线工作提供了参考意见。

（胡珍颖）

【加强信息沟通，建立信息库】 年内，防爆安全检查处利用现代化信息网络，广泛收集国内外敌对势力和恐怖组织的情报信息，并针对“9.11”事件后反恐防爆形势需要，建立了信息资料库，通过多种形式加强与国内及局内有关单位的信息沟通。年内，共收集国内外爆炸案信息千余条，及时准确地掌握了国内外涉爆案件、恐怖活动的动态和最新的防爆安检手段，为有针对性采取防范措施提供了有利的科学依据。

（胡珍颖）

【发行《安检与排爆》(双月刊)】 年初，防爆安全检查处在收集大量信息的基础上，进一步充实《安检与排爆》双月刊的内容，增加了“培训参考”、“安检聚焦”、“走近安检”、“勤务日记”等栏目，扩展了篇幅，正式向全局64个单位发行，年内共出版6期。

(胡珍颖)

【制定下发一个《意见》两个《规范》】 1月，防爆安全检查处在对全局防爆安检工作现状进行充分调研的基础上，制定下发了《关于进一步统一规范全局防爆安检意见》、《涉爆现场处置规范》、《防爆安检工作规范》等规范性文件，为局属25个单位防爆安检工作提供了指导性意见。

(胡珍颖)

【召开“反恐怖、防爆炸、保稳定”研讨会】 10月18日至19日，防爆安全检查处组织召开了“反恐怖、防爆炸、保稳定”主题研讨会。会上，市局副局长李全福针对全局防爆安检工作提出了六点意见。治安管理总队、巡察执法总队、内部单位保卫局、天安门地区、公共交通、地下铁道分局等单位主管防爆安检工作的领导参加了会议。经过研讨，与会单位在增强防爆意识、理顺关系、加强培训和器材投入等方面达成了共识。

(胡珍颖)

防爆安全检查处2001年领导名录

职务	姓名	任职时间
处长	李润华	1995年4月—
政委	舒健	2000年10月—
副处长	李福会	1995年4月—
副处长	朱益军	2000年10月—
副处长	郑春生	2000年10月—

北京市安康医院

【概　况】 2001年，北京市安康医院坚持为社会提供“优质、高效、低耗、便捷”的服务，努力做好精神病人和强制戒毒人员的收治管理及精神医学司法鉴定工作，完成了各项工作任务。全年，收治精神病人156人、强制戒毒人员2430人，精神科门诊2398人次，精神医学司法鉴定228例，完成招录新警心理测试2387人次。接待国内外参观采访47批次，40家国内外新闻媒体来院采访，记者发稿40余篇。年内，制定出台了《北京市公安局危害社会精神病人强制收治规定》，并配套形成了住院强制医疗精神病人管理制度，使危害社会精神病人的强制医疗工作规范化、法制化。继续加强重点科室建设，精神医学司法鉴定科按照市局要求，赴案发现场鉴定7次，尤其在处置西客站解救人质案件中发挥了重要作用。老年病房开始运行，由于推行了整体护理模式，老年病人的住院生活质量明显提高，全年病死率为“0”。二病房、七病房被确定为男、女治疗区，建立了住院鉴定等工作制度，发挥了对重点精神病人的收治管理作用。心理科进行了应用量表的引进和推行，参与了戒毒人员心理康复的课题研究。药研室配合戒毒中心的课题研究，完成了80例海洛因血药浓度监测。加强戒毒工作的规范化、制度化建设，年内戒毒中心共修订增补规章制度、岗位职责49项，整理戒毒档案7000余份。为确保安全，实行了戒毒人员责任民警负责制度，定期开展谈话活动；认真落实《预防和处置突发事件的预案》及措施，实现了“无毒品流入、无脱逃、无自杀、无因互殴致重伤或死亡”的“四无”目标。开辟“严打”深挖第二战场，共接待各分（县）局办案173起，提供戒毒人员查询523人次。建立了戒毒康复活动中心，设置了娱乐、劳动场所和电脑培训室；新建了禁毒展室和戒毒人员家属探视休息室；配备了26台对讲机，提高了戒毒中心的快速反应和通讯能力。年内，戒毒中心通过了公安部一级强制戒毒所的评审；被高士其科研基金管理委员会授予戒毒贡献奖。继续坚持“科教兴院”战略。建立了优秀科研课题及论文奖励制度，年内完成科研课题3项。医疗论文在国家级杂志发表17篇、省级13篇，参加全国性学术会议的论文36篇；编辑出版了2001年《论文汇编》，共收录论文58篇。在专业技术职务晋升中试行了《专业技术干部技术职务晋升评分标准》，引进了竞争机制。年内，安康医院通过了市卫生局行风检查小组的规范化服务达标验收，综合考评为97分。

（肖延杰）

【精神病人收治工作】 年内，安康医院配合市局制定出台了《北京市公安局危害社会精神病人强制收治规定》，使危害社会精神病人的强制医疗工作规范化、法制化。全年共入院各类精神病人156人，完成了首都重大节日期间精神病人的收治工作；截止到12月底，安康医院有住院精神病人612人，其中危害社会精神病人217人。

（孟庆会）

【强制戒毒人员收治】 年内，安康医院戒毒中心坚持“治疗、康复、教育、挽救”的工作方针和坚持脱毒治疗科学化、生活管理规范化、教育训练系列化、康复活动多样化的原则。为方便各分局工作，戒毒中心主动上门收治吸毒人员，共出警410人次，出车190次，全年接收吸毒人员2357人。

（孟庆会）

【戒毒人员教育训练系列化】 年内，安康医院戒毒中心针对吸毒人员特点，编写了戒毒人员教育训练大纲，大纲包括法律法规、道德观、人生观、毒品知识、毒品危害、性病、艾滋病预防、心理矫治、行为规范等8部分。年内共分4个批次对2000余名戒毒人员进行了416学时的教育讲座，组织戒毒人员运动会2次，组织了4次戒毒人员文艺汇报演出和读书演讲，每月组织1次戒毒人员考核验收工作。为吸毒者戒除毒瘾、重返社会，防止复吸发挥了重要作用。

（孟庆会）

【戒毒中心建立禁毒展厅】 年内，安康医院戒毒中心筹建了“北京市戒毒中心禁毒展厅”。展厅分为什么是毒品、毒品的危害、矫治和挽救吸毒人员3部分。以图文、实物等形式说明了毒品对人们的危害，成为对戒毒人员进行禁毒教育的好场所。

（孟庆会）

【精神病人医疗保险管理】 年内，为推行精神病人医疗保险制度改革，安康医院组成了医疗保险改革领导小组，制定了《已参保人员就医须知》、《关于参保人员来院就医的有关规定》、《转诊转院制度》等规定，并先后召开医保工作会议10次，进行病历检查200余人次，对病人参保情况摸底3次，建立了69名医保病人的各项情况登记，办理了13人签定自费药协议书的审批登记，完成了2人次超6个月住院报表审批，5人次结算单的初审，完成了向医保病人参保地区医保中心传送结算单进行申报审核的工作，结回统筹基金支付额22万余元。11月中旬，安康医院顺利通过了全市范围内首次对定点医院进行的大规模医疗保险工作的联审互查。

（孟庆会）

【康复病人参加演出获好评】 年内，安康医院为使住院精神病患者早日恢复身心健康，精心组织康复病人排练文艺节目。10月10日世界精神卫生日，17名康复病人在首都剧场参加了市残联组织的文艺汇演。10月30日，在国际会议中心，康复病人再次参加了由卫生部组织的全国第三届精神卫生工作会议演出，获得与会者的一致好评。

（孟庆会）

【科研工作成绩显著】 年内，安康医院完成科研课题3项，其中，市级1项、院级2项。市科委立项的《脱毒加社会心理干预综合治疗海洛因依赖》课题，通过了专家的验收。戒毒中心的《对海洛因依赖者预防复吸的研究》课题，已通过市科委论证、立项，并获得30万元资金支持。年末，评选出院级优秀课题奖2项、优秀论文2篇；医疗科技论文在国家级杂志发表17篇、省级13篇，36篇论文被全国性学术会议采用；医院编辑出版了2001年《论文汇编》，共收录58篇科技论文，医院的科技管理工作在市局目标考核中排名第一。

（孟庆会）

【科教兴院加快人才培养】 年内，安康医院修订了有关在职学历教育的管理规定，继续将在职学历教育作为医院培养人才的渠道之一。2001年考取在读博士研究生1人、硕士研究生1人、本科生50人、大专生30人。年终取得本科学历的2人，大专学历的25人，其中有14人获得全国高等教育自学考试委员会颁发的护理或心理学专业的大专学历证书。

（孟庆会）

【鉴定刘某砸"两会"代表轿车案】 3月15日（两会召开期间），犯罪嫌疑人刘某（男，34岁，无业），因在大庭广众之下公然砸"两会"代表的轿车被西城分局抓获。安康医院司法鉴定科接到市局命令后及时赶赴西城分局对刘进行鉴定，经过充分的调查及精神检查，排除了其患有精神病的可能性，为及时准确地严肃处理扰乱社会治安的不法分子提供了定案依据。

（孟庆会）

【戒毒中心荣获高士其基金会戒毒贡献奖】 6月25日，由中国科学技术发展基金会高士其基金管理委员会和公安部监所管理局等11家单位共同组织的第三届中国禁毒肃毒科普研讨会，在人民大会堂新闻发布厅举行。会上，安康医院戒毒中心介绍了经验，并荣获高士其基金会戒毒贡献奖。

（孟庆会）

【戒毒所建立康复活动场所】 7月，安康医院戒毒中心建立了康复活动中心，设有干洗间、缝纫室、理发室等室内劳动场所，还设有图书阅览室、健身房、台球室、乒乓球室、书画室、棋牌室、计算机室等康复娱乐场所。年内，组织戒毒学员进行康复娱乐活动1550人次，干洗服装510件，加工被罩、床单、枕套1441件。丰富了戒毒学员的文化生活，为他们早日康复创造了条件。

（孟庆会）

【鉴定李某划伤新华门哨兵案】 7月，从山西太原进京的李某在中南海新华门越过警戒线时遇值勤哨兵上前阻拦，李某拿出小刀将哨兵划伤后被当场抓获。审理中，办案人员发现李神志恍惚，与其无法交流。安康医院接到任务赶赴现场鉴定，司法鉴定科对李某进行详细的调查分析和精神检查，诊断其患有精神分裂症，无责任能力，李某被送往精神病院接受治疗。

(孟庆会)

【计算机网络开通】 8月1日，安康医院内部计算机网络开通，收费系统上线运行。为医院与市局网络的联通打下了基础。

(孟庆会)

【美禁毒专家来院参观交流】 9月5日上午，美国国务院禁毒研究专家小组到安康医院参观戒毒所，并就戒毒问题进行了交流。

(孟庆会)

【境外驻京记者参观强制戒毒所】 11月5日上午，市政府外事办公室和市公安局邀请常驻北京的40家境外新闻媒体的81名记者到市局强制戒毒所参观，并向他们介绍了北京警方打击毒品犯罪、“创建无毒社区”及强制戒毒所情况。

(孟庆会)

北京市安康医院2001年领导名录

职　务	姓　名	任职时间
院　长	吕秋霖（女）	1992年6月—
政　委	王　森	2000年10月—
副院长	柴宝森	1992年6月—
副院长	王佩贤（女）	1995年2月—
副院长	张惠民	1995年2月—

内部安全保卫系统

内部单位保卫局

【概　况】 2001年，内部单位保卫局在指导、监督、检查、服务中央、市属企事业单位和分、县局内保工作中，以“严打”整治为契机，有效地维护了机关、团体、企事业单位内部稳定，为首都的经济发展创造了良好的治安环境。年内，从预警信息入手，采取有力措施，加大对直管单位“法轮功”练习者的调查控制力度，保证了重大节日、敏感日“零指标”的实现。对因企业机构改革、兼并破产、终止职工劳动合同等问题引发的内部群体性不安定因素做到提前掌握，及时研究，妥善处置。全年共处置群体性事件162起（涉及9400人次），确保了企业内部的稳定。加强与中央在京单位、龙头单位保卫部门的联系与检查、指导，及时了解掌握各类信息1796件，提前预警，确保涉及国家安全与国计民生单位的安全。加强对分（县）局、派出所内保工作的指导，制定了以要害保卫、治安防范等为主要内容的考核实施意见，进一步完善了“三级管理，两级指导”的内保工作管理模式。制定了《内保工作规范》、《要害部门要害部位安全保卫规定》、《创建安全单位工作意见》及违反《北京市企业治安保卫责任制规定》处罚程序等规范性文件，完善了各项内保工作规章制度。持续开展创安活动，推进治安保卫责任制的贯彻实施，31759个单位达到了创安标准，占内保系统分管单位总数的86%。在供水、供电、供气、供热、通信、邮政、食品供应等方面建立了一整套规章制度，确立要害部位2886处，并切实加强了工作。内部单位保卫局和各分（县）局内保部门与5822个直管一层单位签订《治安目标责任书》，对131家因疏于防范发生重大刑事案件的单位依法作了处理；对52376处重点防范部位开展了多次安全检查，发现解决各类不安全的问题2895件，发治安隐患通知书948份，有效地避免了各类事故的发生。年内，内保系统开展了反盗窃专项行动，加强对首钢、航天二院、长沟峪煤矿、金融网点和中小学等周边地区的集中整治，出动警力19000余人次，治安保卫人员57000余人次，检查出租房屋70623间，清理取缔违章摊位1337个，遣送“三无”人员45137人，行政处罚55人。全年共破获各类刑事案件119起，其中重大案件75起，抓获犯罪嫌疑人244名，打掉犯罪团伙24个，抓获上网在逃人员16名，挽回经济损失4284.4万元。在“大运会”安全保卫工作中，先期介入，加大警力部署，圆满完成了70000余名“大运会”工作服务人员的政审、复审及1995枚奖牌的押运、保管、发放、领奖等各项安全保卫工作。开展“三项教育”活动，贯彻《内务条令》，整顿警容风纪、办公秩序、内务卫生；依靠首钢公司、矿务局、航天集团党委完成了企业公安转制工作。狠抓了转制民警、分（县）局内保处、科民警的培训工作，举办保卫人员岗位培训班13期，1702名保卫人员参加培训。研制了“金融案件信息管理”等信息库，设计制作了分（县）局内保机构文件信息上传系统，进一步提高了网络应用能力。

（张小波　赵建华）

【打击冒充中央国家机关进行诈骗的犯罪】
年内，针对近年来一些不法之徒冒充中央国家机关工作人员招摇撞骗的情况，内部单位保卫局加大了查破和打击力度。先后侦破了11起冒充中纪委、中组部、中宣部、国家烟草专卖局、最高检察院等单位进行招摇撞骗活动的案件，抓获犯罪嫌疑人13名，缴获赃款赃物折合人民币30余万元。

（邓京保）

【制定北京市要害部门部位安全保卫规定】
年内，为加强要害部门、部位保卫工作，根据《北京市企业治安保卫责任制规定》及有关法律、规章，内部单位保卫局制定下发了《北京市要害部门要害部位安全保卫规定》。《规定》科学划分了要害范围，界定了要害等级，明确了工作方针和“谁主管谁负责”的工作原则；详细规定了公安主管部门、单位保卫部门的职责，提出了新建、改建、扩建工程中的要害安全防范设施建设方案需报公安机关和保卫、技防部门审核，并纳入工程总体设计的工作要求。据此规定，全市内保系统对要害部门、部位进行了重新审定，截至年底全市内部单位共确定要害部门、单位2886处，其中一级180处，二级793处，三级1913处。

（郭东升）

【教育转化“法轮功”人员】 年内，内部单位保卫局开展对单位内部“法轮功”人员的教育转化工作，多次配合各单位举办“法轮功”人员转化学习班，并派民警驻班工作。全年所管单位共举办“法轮功”人员转化班11次，参加地方办班10次，参加学习班的“法轮功”人员共有53人（其中在职39人，离退人员14人）216人次。通过转化班学习，51名“法轮功”练习者已转化，单位内部“法轮功”活动得到了有效遏制。

（白桦 吴郡）

【连续四年实现“盗抢不成”】 年内，内部单位保卫局金融处和中国人民银行等部门密切合作，以金融营业网点、运钞车、金库为重点，狠抓硬件防范设施建设和各项规章制度的落实，全市2400余个银行营业网点和113家证券营业部基本做到了护栏通顶、边门上锁、监控到位，金融营业网点、运钞车和金库的硬件设施全部符合安全标准，组建了金融单位报警联网系统和金融单位运钞车无线报警联网系统。通过人防、物防、技防的有效结合，建立了一整套安全防范体系，金融防范工作取得了显著成绩，连续四年实现了公安部提出的“盗抢不成”的工作目标。

（嵇虹）

【完成企业公安改制工作】 年内，根据《国务院批转公安部关于企业事业单位公安机构体制改革意见的通知》和公安部《关于北京市企业事业单位公安机构体制改革方案的批复》精神，内部单位保卫局完成了核定编制、划分职责、民警招录和考核领导干部等工作，共录用民警331人（首钢京区118人，首钢迁安矿区131人，矿务保卫处74人，航天工业保卫处8人），完成了企业公安改制工作。10月1日，内部单位保卫局首钢保卫处、矿务保卫处正式挂牌办公。8月7日，内部单位保卫局航天工业保卫处进驻航天科技和科工（原机电）两集团机关大院，负责院内办公区、家属区的内部治安管理工作。

（蔡新宇 安玉宁）

【完成年度保卫人员上岗培训任务】 按照《北京市企业治安保卫责任制规定》关于企事业单位保卫人员必须经过公安部门岗位培训考试合格，取得上岗合格证书的要求。年内，内部单位保卫局分13期（每期2周，脱产学习）对来自本市工矿企事业单位、国家机关1702名保卫人员进行了岗位培训，经考试全部合格，取得上岗证书。

（解北峰）

【开通分（县）局文件上传系统】 年内，为了及时采集分（县）局内保信息，便于指导管理工作，内部单位保卫局设计、制作并开通了分（县）局内保处、科文件上传系统。该系统的开通运行缩短了分（县）局文件上报的时间，提高了工作效率，使内保指导工作向科技化管理迈进一步。

（耿红蕾）

【完成全年押运任务】 年内，北京振远护卫中心为1800个金融网点提供押运人员20多万人次，运钞车辆行程1100多万公里，护运款额上千亿元。没有发生被盗、被抢案件。

（黄伟）

【公开选拔17名副科职领导干部】 年内，内部单位保卫局通过自我推荐、单位复核、笔试面试、综合评定、党委复核等程序，从民警中选拔、任命了17位副科职领导干部。

（蔡新宇）

【建成立体汽车停车库】 年内，内部单位保卫局建成了占地145平方米、可同时停放42辆小型客车的五层立体停车库，缓解了院内停车位紧张、无序的状态。

（米汉明）

【对办公区院内进行修缮改造】 年内，内部单位保卫局修缮改造了西小楼、指挥中心、主楼一层会议室、二楼大会议室、大门等，施工面积约1290平方米；粉刷外墙5000平方米；新铺路面2697平方米；对院内进行了绿化，改善、美化了办公环境。

（米汉明）

【“GPS”无线报警联网系统开通】 1月9日，北京市金融单位运钞车“GPS”无线报警联网系统开通。系统采用卫星定位技术，把运钞车、银行网管中心和市局“110”指挥中心联成一体，将现代科学技术应用到预防打击刑事犯罪中，实现了打防结合，有效地遏制了抢劫犯罪。

（赵建华）

【开通运行公安网网站】 2月8日，内部单位保卫局网站在公安信息网上正式开通，网址为www.nb.bj。网站运用ASP语言并结合数据库编程技术，具有动态网页、信息发布自动化等功能，设内保简介、公文简报、指挥中心、政治工作、“严打”整治斗争、电话查询等栏目。8月，根据工作需要和业务需求对主页改版，增加了分（县）局内保、法制、宣传、后勤等栏目，并将内部单位保卫局网站设置分为外部人员、内部人员浏览网。全年网站的访问量为68046次，为无纸化办公创造了条件，极大地提高了办公效率。

（耿红蕾）

【确保奥运考察团考察安全】 2月22至23日，内部单位保卫局配合有关单位圆满完成了国际奥委会考察团到中国气象局、北京电信公司、北京天然气集团公司等单位考察的警卫工作，共出动警力126人次，组织防爆安全检查6次，制定警卫工作方案和突发事件处置预案4个，确保了考察团在单位内部考察活动的安全。

（马泽生）

【进行内保系统“严打”整治考核】 4月至9月内部单位保卫局对全市内保系统按《内保系统“严打”整治工作考核办法》进行了考核，从处置不安定事端、治安防范、要害保卫、重点防范、“严打”整治等方面以百分制的形式分城八区组、远郊区县组、专业分局组进行考核打分，进一步完善了内保“三级管理，两级指导”工作格局，经考核，西城、崇文、宣武分局，门头沟分局，公共交通、北京西站分局分列各组第一名。

（刘伯元）

【发挥法制职能作用做好“严打”整治】 4月至11月，内部单位保卫局法制处充分发挥职能作用，深入办案单位指导，确保办案质量。通过对9月底转制的首钢、矿务保卫处加强检查、监督、指导，两个保卫处刑事办案能力有了明显提高，自“严打”以来共抓获犯罪嫌疑人189人，治安拘留11人。

（何　跃）

【合并保安机构】 5月18日，内部单位保卫局金融保安分公司与开远保安分公司正式合并组成开远保安分公司。开远分公司将向中央和市属国家机关、银行、证券等金融单位及全市供水、供电、供气、供热等大中型要害企业提供保安服务。公司现有保安员4960名，客户单位251个。公司新办公地址在朝阳区东八里庄红领巾公园内。

（刘晓卫）

【全面开展创建安全单位活动】 5月25日，为贯彻中央综合治理委员会和首都综合治理委员会关于开展创建安全单位活动的工作意见，内部单位保卫局结合首都机关、团体、企事业单位实际，制定下发了《内部单位创建安全单位工作意见》。从指导思想、创建安全单位标准、使用范围、创建安全单位目标、工作考核等方面提出了具体要求。截止年底，全市已有31759个单位达到了创建安全标准，占内保系统分管单位总数的86%。

(祝　越)

【开展对军工单位基础调查工作】　6月至8月，内部单位保卫局针对新接管国防工业八大集团公司基础情况不明的情况，抽调专人开展基础调查工作。通过调查，摸清八大集团公司在京单位的底数，分别建立了系统的基础档案，确定了一、二、三级要害部门、部位，完成了对重点人、"法轮功"练习者、治安危险分子、精神病人等人员管理档案的建立工作，为进一步指导国防工业八大集团公司开展"创安"工作奠定了基础。

(岳　峰)

【出台保险机构安全防范管理规定】　9月17日，为加强北京市保险机构安全防范工作，保证保险资金、营业场所和保险机构职工人身安全，内部单位保卫局制定了《北京市保险机构安全防范管理规定》。使保险公司在建设营业网点和开展保险业务时有章可循，使各级公安机关在日常管理时有法可依，保证了保险公司健康有序地发展。

(嵇　虹)

【振远护卫中心举行比武会】　10月21日，振远护卫中心在北京卫戍区某团举行"2001年专业技术比武大会"。公安部三局副局长杨奇、市局副局长吕实珉、市局内部单位保卫局局长刘松、政委王树彬及各用警、驻警单位领导到会观摩。会上进行了外语、炊事、消防、车辆驾驶比武和战场自救、互救6个项目的专业技术比赛。

(范根东)

【"警体年"中创辉煌】　10月26日，内部单位保卫局在市局举办的第十二届警体运动会的比赛中，取得了乙组总分第二名的好成绩。男、女篮球队分获乙组第一、第二名；男子足球队获乙组第六名；男、女乒乓球队分获第二名和第五名；警体三项赛获得了团体第五名。

(李东阳)

【开展全市企事业单位保卫工作评选】　11月9日至12月25日，北京市企事业单位保卫组织、保卫人员评功、评选工作顺利完成。北京饭店保卫部荣立集体二等功；铁道部等142个保卫处、科荣立集体三等功；北京供电局等712个保卫处、科荣获集体嘉奖；北京大学保卫部童宣海等519名保卫人员记个人三等功；工商银行朝阳支行保卫科郑立民等4267名保卫人员荣获个人嘉奖。

(解北峰)

【制定实施内保工作规范】　11月20日，为加强和规范内保基层基础工作，提高内保工作整体水平，内部单位保卫局制定下发了《内保工作规范》(试行)。《内保工作规范》对维护稳定、国内安全保卫、治安防范、重点人口管理、打击犯罪、执法工作、要害保卫、国防保卫、金融保卫、业务指导、警卫工作、技术防范、档案管理等十三项工作的职责任务、工作要求、工作标准进行了规范，使内保工作更加科学化、规范化、制度化。

(祝　越)

【召开"严打"整治经验交流现场会】　11月21日，内部单位保卫局在和平里派出所召开了北京市公安局内保系统"严打"整治斗争经验交流现场会。公安部三局副局长杨奇、市局副局长吕实珉、内部单位保卫局局长刘松到会并讲话，6个单位作了如何加强基层内保工作，确保首都企事业单位内部稳定的经验介绍。各分、县局主管内保工作的副局长、内保处(科)长和49个派出所主管内保工作的所长参加了会议。

(刘伯元)

【对派出所内保工作调研】　12月，内部单位保卫局对分(县)局派出所内保工作的现状及存在的问题进行了调研。通过走访海淀区花园路、西城区展览路、东城区朝阳门等派出所和顺义分局，召开分（县）局内保处、派出所代表座谈会，起草了《关于对本市派出所内保工作现状进行调查及加强工作的意见》的报告。明确了对内部单位的界定，提出了将派出所内保工作融入警区管理的具体意见。

（郭东升）

【完成经警总队改制工作】 12月19日，内部单位保卫局完成了经济民警改制工作。经济民警改制后纳入保安系列，名称为北京振远护卫中心，业务上接受市局保安管理处的指导。

（赵建华）

案 例 举 要

【抓获一名网上在逃诈骗犯】 4月24日，内部单位保卫局将潜逃两年多的网上特大诈骗在逃犯张鸿伟（男、37岁、太平洋保险公司北京分公司通州支公司下属天宝乐代理处法人代表）抓捕归案。经审查，张对1998年间以太平洋保险公司北京分公司的名义骗取客户人寿保险费1800余万元的犯罪事实供认不讳，并交待了其潜逃藏匿于拉萨、上海等地的经过。10月23日，张鸿伟因涉嫌诈骗罪被起诉。

（张 可）

【破获一起特大票据诈骗案】 6月，内部单位保卫局金融处破获一起特大金融票据诈骗案，起获了诈骗的赃款及电脑等作案工具，追缴损失1000余万元。经查2000年9月至2001年1月，犯罪嫌疑人张鲁华（男，44岁，北京华科实业有限公司法人代表）以工程施工名义将中国建筑一局第四建筑公司的存款人民币9000万元存至商业银行翠微路支行，后伙同该行职工杨肖燕，将该单位的银行预留印鉴卡取出，伪造了该单位财务印鉴，将其中8600万元转出。11月15日，张鲁华因涉嫌票据诈骗罪被起诉。

（王 凯）

【破获航天二院党校杀人案】 6月9日凌晨，内部单位保卫局在河北省蠡县将在逃2年多的犯罪嫌疑人吴亚彬（男，32岁，河北省蠡县农民）和陈淑玲（女，53岁，河北省蠡县农民，吴亚彬之母）抓获，同时在京抓获涉案犯罪嫌疑人陈根长（男，59岁，原中国航天科工集团第二研究院党校副校长，陈淑玲之兄），1999年7月22日中国航天科工集团第二研究院党校校长谢树林（男，58岁，正局级）被杀一案告破。经审讯，犯罪嫌疑人吴亚彬对陈根长雇佣其报复杀害谢树林的犯罪事实供认不讳。12月10日，北京市第一中级人民法院判处吴亚彬和陈根长死刑，剥夺政治权利终身。陈淑玲因包庇罪被判处有期徒刑3年。

（安玉宁）

【侦破一起强奸未遂杀人案】 7月7日凌晨，石景山区西黄村首钢地质勘查院红宝石餐厅发生一起强奸未遂杀人案，被害人许静棉（女，26岁，原红宝石餐厅服务员）因失血过多死亡。案件发生后，内部单位保卫局勘察技术队和首钢公安处密切配合，严密蹲守，于7日19时将犯罪嫌疑人周军炉（别名周松鹤，男，19岁）抓获归案。经审查周交代：7月6日晚在参加厨师长生日的聚会上见许貌美，又一人睡在包间内，遂起歹心，持一把长20厘米左右的食品雕刻刀窜入包间，欲对许实施强奸，遭许反抗强奸未遂，即用刀将许刺伤后逃跑。周军炉已被逮捕。

（赵建华）

【破获一起特大保险合同诈骗案】 9月11日，内部单位保卫局将潜逃的犯罪嫌疑人刘兆林（男，33岁，原中国人寿保险公司北京分公司中关村营业部经理，1999年6月被辞退）从山东省青州市押解回京，从而破获一起特大保险合同诈骗案。经审查，刘于8月20日利用私刻的中关村营业部公章及财务章，使用已作废的保险单据，到人民日报社非法推销大额增值特约生存保险，诈骗保险金900万元后潜逃。刘兆林已被逮捕。

（赵建华）

内部单位保卫局2001年领导名录

职　务	姓　名	任　职　时　间
局　长	刘　松	2000年 9月—
政　委	王树彬	2000年 9月—
副局长	刘振杰	2000年10月—
副局长	牛新民	2000年10月—
副局长	李彩珍（女）	2000年10月—
副局长	杜　兵	2000年10月—2001年8月（调昌平分局任职）
副局长	朱　辉	2000年10月—
副局长	张　强	2000年10月—
副局长	田　壮	2001年 8月—

保　安　管　理　处

【概　况】 2001年，保安管理处（北京市保安服务总公司）围绕“申奥运、保大运”等中心任务，创造性地开展工作，确保客户单位内部安全。充分发挥保安队伍的职能作用，积极配合“严打”整治斗争。全年，全市保安系统共协助破案1659起，抓获各类违法犯罪嫌疑人2421人（含网上通缉和负案在逃66人）；协助查缴“法轮功”宣传品14万件，抓获“法轮功”顽固分子103人。年内，深入贯彻实施《保安服务操作规程》和《保安服务质量标准》，不断加强保安行业规范化管理，加大了对保安行业的监督管理力度，配合有关部门查处非法保安和单位自建保安问题172起，会同治安管理总队等部门取缔了6个非法保安组织；进一步强化保安培训工作，全年共举办岗前培训班151期，各类专业培训班33个。实施“暖心工程”，兴建北京保安希望小学，通过为全体保安员上保险、提高工资待遇、组织保安员休假等措施，稳定了保安队伍。圆满完成2000式保安服装、标志的换发工作。加快保安科技发展，研究制定了《电子保安联网报警系统发展规划和实施意见》，全面开展电子保安联网报警系统试点工作，自行研制开发的警用电子地图获国家版权局版权，并在市局指挥中心、巡察执法总队、城八区分局投入使用。全年共刊发各类稿件2483篇，拍摄了保安专题片，出版了保安宣传画册，创办了《首都保安》报。进一步加强保安调研和理论研究工作，调研文章《改革产生保安，稳定需要保安》在市政治学行政学学会、市警察学会联合组织的维护首都稳定研讨会上获一等奖。年内，成立了工会组织。民警备勤宿舍楼建成投入使用，较好地解决了民警住房困难。

（包　赟）

【参加大型活动和重要展览安保工作】 年内，全市保安系统先后参加了全国足球甲A联赛、“5.1”申奥大型演唱会、“5.27”大型演唱会、国际科技周、国企展览、中华世纪坛和历史博物馆建党80周年展览、反“法轮功”邪教展览等30多个临时性大型活动的安全保卫工作，共投入保安员10370多人次。

（包　赟）

【举行2000年度总结表彰大会】 1月13日，全市保安系统2000年度总结表彰大会在公安部礼堂隆重召开。会上，授予外事等6家保安分公司“先进单位”荣誉称号，授予马京敏等8人“首都优秀保安员”荣誉称号，西城等7家保安分公司予以通报表扬，27个集体和47名个人予以记功奖励，并对“红旗团委”、“优秀团干部”进行了表彰。会上还宣布了向首都优秀保安员学习和兴建“北京保安希望小学”的决定。

（包　赟）

【审定并通过市《保安服务操作规程》《保安服务质量标准》】 2月6日，北京市质量技术监督局标准处组织召开了“北京市《保安服务操作规程》《保安服务质量标准》（以下简称《标准》）专家审定会”。由中国保安协会、市局办公室、治安管理总队、北京人民警察学院、市警察学会的领导及中国人民大学法学院博士生导师、教授组成的审定委员会一致通过了《标准》，该《标准》弥补了全国保安服务没有质量标准的空白，是一项重要的科研成果。8月7日，《北京日报》全文刊发了《保安服务操作规程》和《保安服务质量标准》。

（包　赟）

【保安管理处网站接入市局公安专网】 3月31日，保安管理处网站正式与市局公安网连通，处局域网也同时开通。

（包　赟）

【电子保安联网报警系统正式启动】 4月11日，保安管理处研制开发的电子保安联网报警系统正式向社会提供服务，第一个联网用户为石景山区京源学校。

（包　赟）

【新式保安服装公开亮相京城】 5月1日，全市保安系统2000名保安员率先换着2000式保安服装上岗，10月28日全市保安系统换装工作圆满完成，共累计发放各类服装34.8万套（件），各类标志88.3万套（枚），各类附品27.2万套（件）。

（包　赟）

【举办首期女子保安培训班】 5月17日至6月17日，保安管理处举办了“北京市保安系统第一期女子保安培训班”。52名来自北京、河北、吉林的女保安员学习了军事技能、法律常识、保安礼仪常识等方面的课程后，被分配到党政机关、大专院校、外国驻华使馆等单位工作。

（包　赟）

【举办首届全国“十佳”保安服务公司联谊活动】 5月22日至25日，首届全国“十佳”保安服务公司联谊活动在北京举行，北京、上海、武汉等10个省（市）的保安服务公司经理及部分主管领导参加了联谊活动。公安部治安局局长武冬立、市局副局长吕实珉、公安部治安局八处处长谢平、中国保安协会秘书长戴思鸿等会见了参加联谊活动的全体人员。保安管理处处长、市保安服务总公司总经理宋建国介绍了首都保安的发展建设情况。与会的保安同行进行了业务交流与研讨，并参观了保安管理处指挥中心和保安培训中心。

（包 赟）

【《首都保安》报正式创刊】 5月23日，保安服务总公司主办的《首都保安》报经市新闻出版署批准正式出版。该报分为重要新闻、综合新闻、交流与探讨、文艺副刊4个版面，每月2期。全国政协常委、中国书法家协会名誉主席启功先生为报纸题写了报头。市局副局长吕实珉撰文《努力建设一支高素质的首都保安队伍》，中国作家协会书记处书记、著名作家陈建功撰文《养气兼养勇，报国亦慰家》以示祝贺。

（包 赟）

【首期外语强化训练班开班】 6月至7月，保安管理处举办了首期为期一个半月的外语强化训练班。以公安业务、保安管理、保安科技、外事礼仪、风土人情等知识为主，全部使用英语进行对话交流。8名达到英语六级水平或具有翻译职称的民警参加了培训。

（包 赟）

【电子地图获国家版权】 6月25日，保安管理处研制开发的《北京市电子地图》获得北京市版权局版权。

（包 赟）

【组织优秀保安员外出参观学习】 7月5日至11日，保安管理处组织保安系统首届全国“十佳”保安员和优秀保安员共10人，赴昆明、深圳等地参观学习。

（包 赟）

【参加庆祝“申奥”成功安保工作】 7月13日，保安管理处根据市局统一部署，组织外事、开远、东城、西城、崇文、宣武等6家分公司的600余名保安员，参加天安门广场“申奥”庆祝活动安全保卫工作，配合公安机关圆满完成了任务。

（包 赟）

【捣毁销售假冒2000式北京保安服装窝点】 7月17日，保安管理处与玉泉营派出所、新发地工商所联合行动，对丰台区新发地中央批发市场、六里桥市场内4个销售假冒2000式北京保安服装、标志的窝点实施突击检查，当场收缴了600余件假冒保安服装、标志和附（饰）品，对市场内100余名穿着使用假冒保安服装、标志的人员进行了查处。

（包 赟）

【参加“大运会”安保工作】 8月22日至9月1日，全市保安系统向“大运会”21个比赛、训练场馆，4个代表住地，12个重点场所派驻了1006名保安员，并在服务的客户单位中确定了水电气热、金融网点、旅游景点、涉外场所等403个重点部位，先后制定了2210个总体方案和工作预案，配合公安机关圆满完成了“大运会”的安保工作。

（包 赟）

【民警巩玉刚参加联合国维和行动】 10月6日，保安管理处民警巩玉刚与全国21个省、市、自治区的39名民警赴河北廊坊集训，并于11日启程赴东帝汶参加联合国维和行动。

（包 赟）

【北京保安希望小学落成并投入使用】 10月13日，保安系统捐资近100万元兴建的“北京保安希望小学”在河北省宽城县汤道河镇落成。北京保安希望小学占地面积7500平方米，建筑面积1200平方米，建有图书室、实验室、计算机教室，可容纳600名小学生就读。北京市保安系统还向希望小学捐赠了32台金长城586型计算机，500余套课桌椅和1000余册图书。

（包　赟）

【制作北京保安宣传片和宣传画册】 10月25日，保安管理处制作完成了北京保安宣传片（DVD光盘）和宣传画册，展现了首都保安的发展历程和首都保安的良好形象。

（包　赟）

【参加亚洲保安协会第八次年会】 10月27日至30日，亚洲保安协会第八次年会在京召开，保安管理处处长宋建国、副处长齐放、办公室主任邓春祥作为代表出席年会。宋建国作了关于《首都保安工作的地位和作用》的演讲。期间，参加年会的中外代表200余人，参观了保安管理处指挥中心、保安培训中心并观看了北京保安宣传片。保安管理处向与会代表赠送了介绍北京保安工作的有关书籍、画册和光盘。

（包　赟）

【开展民警业务大比武】 11月至12月，保安管理处组织全处民警开展保安管理业务知识、公文写作、手枪射击等3个全员项目，英语、计算机2个专业项目的大比武活动。保安管理处办公室研究室、指导科、外事保安分公司分获全员项目集体第一名；徐暖保、燕雯、张娜、包赟、刘文龙分获5个项目的个人第一名。

（包　赟）

【市人大代表视察保安培训中心】 11月9日，市人大常委会内务司法委员会主任张旭明率领40余位市人大代表，在市局副局长吕实珉等陪同下，视察了保安培训中心。代表们就首都保安工作进行座谈，充分肯定了首都保安在社会安全防范工作中的重要作用，并就保安立法、进一步加强和完善保安培训等问题提出了意见和建议。

（包　赟）

【为保安员提供保险服务】 11月12日，共青团中央、中国人寿保险公司以保安培训中心为主会场，分别在北京、天津、上海、南京、杭州、广州、济南、深圳、福州、武汉、哈尔滨等11个城市设分会场，举行“共青团赠保险，中国人寿保安康”全国进城务工青年保险服务启动仪式。北京保安、纺织、建筑系统的500余名进城务工青年代表参加了活动。中国人寿保险公司为4.4万余名保安员上了人身意外伤害保险。

（包　赟）

【2000式北京保安服装标志获专利证书】 12月7日，保安管理处研制开发的2000式北京保安服装、标志，经国家专利局非实质性审查批准，取得11项专利，并获得专利证书。

（包　赟）

【北京社区保安全部换着新式服装】 12月12日，保安管理处在西城保安分公司召开社区保安换装大会，2000式北京社区保安服装、标志正式亮相京城。截止到28日，全市社区保安员全部换着新式社区保安服装、标志。

（包　赟）

【与新闻工作者联谊】 12月22日，保安管理处与市局政治部宣传处联合举办了首都新闻工作者联谊会，37家新闻单位的70名记者和领导参加了联谊会。会上，保安管理处处长宋建国介绍了首都保安的发展建设情况及在加强保安队伍管理、广泛接受社会监督等方面采取的措施和取得的成效。

（包　赟）

【开办中央党校法律专业大专班】 12月30日，保安管理处印发《关于开办中央党校函授教育法律专业大专班的通知》。决定从2002年起，在全市保安系统中开展中央党校法律大专函授班学历教育，以提高保安队伍整体素质。

（包　赟）

保安管理处 2001 年领导名录

职　务	姓　名	任职时间
处　长	宋建国	1997 年 10 月—
总经理		1996 年 8 月—
政　委	李福生	1997 年 10 月—
政　委		1996 年 8 月—
副处长	齐　放	1997 年 10 月—
副总经理		1996 年 8 月—
副处长	黎小康	1997 年 10 月—
副总经理		1997 年 10 月—

交通管理系统

公安交通管理局

【概　况】 2001 年，公安交通管理局继续全面落实、深化市局“十五字”方针和公安交通管理“四个转变”工作思路，以年初朱镕基总理视察北京交通管理工作时提出的首都交通管理三年达到“世界先进，国内一流”的指示要求为动力，紧密围绕“申办奥运、举办大运”两大中心任务，以实施“畅通工程”、创建“平安大道”、开展“严打”整治等活动为载体，坚持加强依法管理和科学管理，深化交通管理工作改革，加快科技建设和应用，强化队伍教育培训，促进全市交通总体环境进一步改善，交通管理工作整体效能进一步增强，影响交通秩序和安全的严重交通违章明显减少。市区主干道的机动车遵章率达到 98.7%，非机动车遵章率达到 95%，行人遵章率达到 86.5%，主要大街的机动车停车入位率达到 94%，城市主干道机动车平均速度提高。在车辆、流量持续增长（机动车保有量已达 170 万辆）、道路基础设施大面积改造施工的情况下，市区主干道基本保持畅通，机动车平均速度达38公里/小时，比上年提高近6公里/小时，其中二、三、四环路分别保持在48、56、60公里/小时以上。交通死亡事故稳中有降，全年共发生一般以上交通事故17645起，其中重大交通事故1343起，死亡1447人。与上年相比，事故减少9起，下降0.7%；死亡人数减少12人，下降0.8%；万车死亡率为8.8人，比上年减少1人。交通安全社会宣传日益深入，以“文明伴您行”为主题的系列交通安全宣传活动形式多样，吸引了市民群众的广泛参与，交通法规和交通安全常识普及率达到了91%。科技建设和应用水平明显提高，全面启动交通管理现代化建设“三年规划”，交通信息检测系统、信号控制系统、综合信息系统等科技项目在实际工作中取得了显著效益，为建成智能交通管理体系奠定了基础。圆满完成了全国“两会”、申办奥运会、举办“大运会”等重大交通保卫任务，全年出警62.5万人次，加勤务32610次，其中元首级41次，展示了北京交通组织能力和一流的交通警卫工作水平。交警队伍整体素质和规范化管理水平明显提高。市民对交通民警执法执纪满意率保持在95%左右。

（王蕴明）

【进一步增强执法力度】 年内，公安交通管理部门共纠正各种交通违章1667万起，处罚1472万起，吊扣驾驶证5.7万个，滞留驾驶证39.6万个，暂扣违章车62.8万辆次，吊扣、滞留驾驶证和暂扣违章车分别比上年上升13.5%、29%和45.3%。其中，处罚小公共汽车违章2.3万起，出租车违章4.6万起，配合有关部门查获出租、小公共“黑车”1100余辆，集中报废解体人力客货运三轮车7458辆、“摩的”3823辆。依法处罚交通事故责任者28986人次，吊扣驾驶证17869个，吊销驾驶证677个。依法处罚车务违章1.7万起，注销机动车牌证15699个，报废机动车16711辆。全年行政拘留4370人，是上年的4倍。

（王蕴明）

【加强执法监督检查】 年内，公安交通管理局每月开展一次执法监督检查，及时发现和纠正替代执法（用低款额、低分值处罚替代高款额、高分值违章）、单纯凑数（大量处罚非重点违章）等隐性违法执法问题。同时，全面清理执法规范性文件和行政审批事项，开展行政处罚案卷评查。全年共受理交通事故责任重新认定517起，变更3起；办理行政复议案件606起，占处罚总数的0.4/万；办理行政诉讼案件38起，占处罚总数的0.02/万。法制部门依照执法责任制规定，分别追究了当事民警和所在部门的责任，有效规范了交通管理执法行为。

（王蕴明）

【建立新闻宣传网络加大宣传力度】 年内，公安交通管理局依托自办刊物和社会新闻单位，建立起首都各新闻媒体广泛参与的立体宣传网络。先后46次召开新闻吹风会，将交通管理的重大政策、措施周知社会。全年共刊发交通安全宣传稿件近3万（篇）条，有15篇稿件在全国或本市获奖。其中，报纸刊发8006条，电视台2793条，新闻专题片113部，电台18393条，北京交通台路况信息的收听率、关注率在全市电台设置的栏目中始终排行第一。

（王蕴明）

【开展“文明伴您行”主题宣传教育活动】 年内，公安交通管理局和市交通安全委员会每月组织开展一次全市性“文明伴您行”交通安全宣传日活动，在繁华大街、主要路口设立咨询站，向市民发放宣传材料，解答群众咨询，共发放宣传材料140余万份。在全市18个区县、167个系统举办交通安全知识竞赛9350场，参赛选手达18万余人，观众达180余万人，在社会上产生了很大影响。首都大学生“文明伴您行”交通安全辩论赛，中央电视台进行了现场直播，扩大了宣传效果。在全市271个小区、49.8万户、153.4万居民、9.8万名驾驶员中开展了“交通安全进社区”活动，将交通安全宣传延伸到群众身边。

（王蕴明）

【重点群体宣传教育广泛深入】 年内，公安交通管理局与教育部门密切合作，在全市大力加强中小学生交通安全知识教育，共抽调480名执勤民警担任中小学校交通安全辅导员，为中小学生讲安全课2400余场，受教育师生达140万余人次。组织宣传民警深入“平安大道”沿线村镇、单位，广泛开展警民共建“交通安全文明村”、“文明单位”、“文明学校”活动，使市级“交通安全文明村”总数达到331个，占本市自然村总数的9%，占国（市）道、旅游沿线1公里以内村庄数的41%，主要公路沿线村镇居民的交通文明意识明显提高。以长途客运站、建筑工地为重点，对外地来京人员广泛开展交通法制宣传。

（王蕴明）

【社会单位宣传管理工作日益增强】 年内，公安交通管理局先后组织开展了4次全市交通安全大检查和2次车辆临时检验，抽查机动车16518辆，消除事故隐患827处，协助社会单位制定内部交通安全措施87条，签订“交通安全责任书”10万余份。对通过宣传管理信息系统确定的10950名重点驾驶员集中进行交通安全教育和法规测试；召开单位领导、司机座谈会216次，讲交通安全课153场。全年对违章记分满12分的7.1万名驾驶员进行复考。加大对违章超标单位、责任事故单位、专业运输单位的宣传管理力度，召开现场处罚大会141次，处罚交通肇事、违章超标单位10793个，给3207个单位发了交通事故隐患警告书，给612个单位挂了警告黄牌，追究了210位单位领导的责任，有效促进了社会单位内部交通安全管理。

（王蕴明）

【规范非机动车、行人交通秩序】 年内，公安交通管理局以非机动车、行人违章作为管理和整顿的重点，深化路口秩序规范化管理，使规范化管理路口扩大到200处，覆盖市中心区主要路口。在完善交通设施、加大社会宣传力度的同时，持续开展非机动车、行人交通违章整顿。全年共处罚非机动车、行人违章520万余起，暂扣违章非机动车31万辆，分别占全市处罚总数的36%、扣车总数的50%，市区重点路口的交通秩序明显好转，路口通行能力进一步提高。

（王蕴明）

【创建停车管理规范街区】 年内，公安交通管理局将停车规范化管理大街扩大到447条、规范化管理区扩大到10处。全年依法处罚乱停车违章123万起，清拖违章停车11.5万辆次，锁车2万辆次。在对全市公共收费机动车停车场开展普查的基础上，增设停车泊位1万个。与有关区政府共同开发建设王府井、西单商业区停车诱导系统，提高了停车设施的利用效率，缓解了地面交通压力。

（王蕴明）

【改革勤务制度扩大管控范围】 年内，公安交通管理局依托违章自动监测、多相位信号控制等科技手段，全面实施岗位设置结构调整。调整后全市共设岗位1462处，其中巡逻岗由调整前的863处增加到977处，占岗位总数的67%，上升了14%。同时，将三级领导上路指挥纳入岗位管理范畴，支队指挥车、支队查勤车、执勤队查勤车、警长巡逻车被设置为一类岗。通过对岗位设置、管理模式、走勤方式进行改革，实现了警力资源与科技资源的优势互补。

（王蕴明）

【科技手段广泛应用】 年内，公安交通管理局新增101个微波检测断面，9个视频检测断面，初步形成动态交通信息采集系统，新装闯红灯监测设备140套，在高速公路和远郊区县安装超速监测仪38套，全市违章监测设备总数达340个，加大了对违章车辆的监管力度。全年非现场处罚违章58万起，占处罚本市机动车驾驶员违章总数的17.6%，与上年相比，非现场执法违章信息录入量增加114.6%，处理量增加197.9%。改造交通信号系统，在120处主要路口恢复了集中控制功能，总数已达236个。安装了5处勤务专用车道信号灯，既增加了交通警卫安全系数，又减少了加勤警力。新建宣传信息管理、事故信息管理系统，完善了数字化执法系统，开通了4个机关单位网页。综合信息系统开通了15个信息应用项目，交通管理各项业务工作初步实现了信息网络化，管理的能力和效率明显增强。

（王蕴明）

【建成全国第一套无线数据传输系统】 年内，公安交通管理局建成了全国第一套无线数据传输系统，一线巡逻车配备了52台无线数据传输设备，在交通执法工作中实现了路面管理、宣传管理、车务管理的有效结合。5月至12月，通过无线数据传输系统共查询交通违章45.9万次，查获违法机动车31242辆。

（王蕴明）

【改革车务管理工作】 年内，公安交通管理局根据《中华人民共和国机动车登记办法》，调整车辆管理工作流程和制度，开发管理软件，使各项登记业务衔接全部实现计算机管理。新车办理牌照取消控办证明、停车泊位证明等项手续后，国产车登记领取号牌由过去5个工作日缩短到当天完成。全年共办理各种车务手续139万件。强化对全市43家机动车检测场的考核验收，责令6家不合格的检测场停业整顿。全年检验机动车108万辆，查出违章车10.4万辆，被盗抢车87辆，查获各类假手续217件，假牌、证561副，协助治安管理部门抓获“车虫”166人；对全市150所驾校开展资质认证，其中96所驾校资质认证合格。在全市各机动车考试场推广使用计算机路考系统，严格驾驶员管理标准，促进了考试工作的公正、公开，共考试驾驶员35.6万人，合格率达89%。

（王蕴明）

【全市车辆和驾驶员继续增加】 年内，全市机动车保有量为169.8万辆（含军车71727辆），比上年净增12万辆，增长7.6%。其中私人机动车保有量为101.2万辆，比上年净增15.6万辆，增长18.3%。非机动车保有量为1096.4万辆，比上年净增36.7万辆，增长3.5%。全市机动车驾驶员为286.7万人，比上年增加20.6万人，增长7.7%。

（王蕴明）

【开展创建“平安大道”活动】 年内，公安交通管理局在14条国、市道（含7条高速公路）继续深入开展创建“平安大道”活动，对大货车超载违章开展了大规模专项治理整顿。全年共处罚大货车超载违章32.6万起，劝返外地超载大货车2.9万辆，拆除槽帮1045块。通过治理，全市大货车超载违章呈大幅度下降趋势，其中，110国道运煤车的严重超载违章率已由整顿前的95%下降到30%。改革高速公路现行交通管理体制，实行专门机构（高速公路管理处）、专门队伍（7个高速路队）和专业化、规范化管理，形成动静结合、以动为主的勤务机制，对路面实施24小时巡逻控制。全年“平安大道”创建路线交通事故死亡250人，比上年减少15人，下降5.7%。在公安部、建设部创建“平安大道”评比中，昌平交通支队高速路队荣获创建“平安大道”模范集体称号；延庆县公安局交巡大队110国道中队副队长李金强荣获创建“平安大道”先进个人称号。

（王蕴明）

【集中治理秩序乱点和事故“黑点”】 年内，公安交通管理局结合开展“严打”整治斗争，在全市确定了26处交通秩序乱点，与治安、巡察部门密切配合，开展综合整治，使这些秩序乱点的交通秩序明显改观。对1公里路段内三年连续发生交通事故的多发点段进行了深入调查，共确定事故“黑点”60处，通过采取工程改造、改善照明、完善安全设施、加强警力控制等针对性措施，狠抓严重危害安全的重点违章，全年组织集中夜查整顿60余次，处罚酒后开车违章2.8万起，非司机开车违章4.2万起，夜间闯红灯违章4092起，超速违章39万起。

（王蕴明）

【建立新型事故处理工作机制】 年内，公安交通管理局发布《关于快速处理道路交通事故有关问题的通告》，对40种仅造成车物损失或人员轻微伤害的交通事故实行快速处理。在全年发生的16万余起交通事故中，有12.9万起由值勤民警实施快速处理，占事故总数的80%，其中城区、近郊区、远郊区的快速处理率分别达到89%、86%、48%。

（王蕴明）

【交通肇事逃逸案件侦破率达到历史最高水平】 年内，按照市局统一部署，公安交通管理局开展了“严打”追逃专项行动，共破获积案40起，现案139起，抓获交通肇事逃逸嫌疑人178人；为有关部门提供在逃人员信息30余条，协助外单位核查案件10余起，配合外省市抓捕网上在逃人员2名。全年侦破重大交通肇事逃逸案件139起，侦破率71%，比上年提高了9%，达到历史最高水平。全年共办理交通肇事刑事案件410起，提请逮捕174人，取保候审151人。各区县共召开公捕公判大会4场，公捕交通肇事嫌疑人12人、公判16人，有力打击了交通肇事犯罪行为。

（王蕴明）

【优化道路交通组织】 年内，公安交通管理局结合新建、改建道路工程情况，发布交通管制通告6个，临时管制措施13条，对部分道路的交通管理措施进行调整，进一步调整了车种结构。通过采取工程改造和技术手段，全年共优化、渠化路口、路段318处，解除禁左路口24处，改造中心区拥堵路口40处，增加导向车道36条，在20条道路上新增公交专用道38.8公里，提高了路网整体通行能力，其中公交车辆全天运行速度平均提高10%。

（王蕴明）

【强化分指挥中心职能】 年内，公安交通管理局在加快各支队分指挥中心硬件建设的同时，全面规范了分指挥中心工作流程，保证了全市交通管理指挥调度统一高效。全年共指挥调度警力20.6万人次，处置事故、故障车及其它交通偶发事件近20万起，民警到达现场平均用时3.8分钟，配合“110”布控截获机动车10辆，抓获犯罪嫌疑人17名。

（王蕴明）

【严格指挥中心工作的检查督导】 年内，公安交通管理局狠抓“三级信息报告制度”落实，各支（大）队领导每天分30个时段向局指挥中心报告路况信息，平均每月获取路况信息1万余条，为岗位管理、指挥调度提供了重要依据。进一步完善以“122”为主体、以“三快”（接警出警快、到达现场快、清理排除快）为目标的快速接处警制度，确保了执勤民警白天接出警时间平均在5分钟以内，夜间接出警时间在15分钟以内。根据“122”接警和路面发现，对全市149处（次）堵点实施督导治理，制订疏堵措施222条。

（王蕴明）

【路况信息服务水平进一步提高】 年内，交通路况信息直播次数由过去每周1次增加到每天早晚高峰4个时段。建立了交通预报制度，根据天气变化、道路施工等情况对下一周交通状况进行分析预测，全年通过北京交通台向社会发布交通预测信息32期，受到市民欢迎。室外信息显示屏全年播发信息20万余条，其中，实时信息由30%上升到69%，对合理引导交通流量发挥了重要作用。

（王蕴明）

【完善交通标志设施】 年内，公安交通管理局继续深化交通管理“设施工程”。全年新增交通标志6012面，标线1930公里，隔离护栏33.6公里，信号灯150处。新增指路标志519面、路名标志2066面，并将“街、路、飞机场、火车站、体育场馆”等指路标志全部改为中英文对照，进一步方便了市民群众出行。

（王蕴明）

【积极开展调研工作】 年内，公安交通管理局围绕各项中心任务，开展调查研究。全年各单位撰写调研报告30多篇，其中：《关于非现场执法有关问题的调研报告》、《关于快速处理交通事故工作情况的调研报告》为市局重点调研课题，《关于本市开展交通安全进社区活动的调查报告》、《关于公安交通管理局当前执法工作现状的调查报告》等9篇调研文章先后被市政府《昨日市情》、市局《工作参考》及自办刊物采用发表，对推动交通管理工作上台阶发挥了重要作用。

（王蕴明）

【朱镕基总理视察北京交通管理工作】 1月19日上午，中央政治局常委、国务院总理朱镕基，中央政治局常委、国务院副总理李岚清，中央政治局委员、国务院副总理温家宝，中央政治局委员、国务委员罗干，国务委员兼国务院秘书长王忠禹，公安部副部长田期玉，国务院研究室副主任魏礼群，总理办公室主任李伟，中央警卫局副局长高京政，在中央政治局委员、北京市委书记贾庆林，市长刘淇，市委常委、政法委书记、市局局长强卫，副市长汪光焘等市领导陪同下，视察北京市交通指挥调度中心，评估团成员听取了市局副局长、公安交通管理局局长马振川关于北京市交通科学管理工作汇报。朱总理要求北京加快交通管理现代化建设，在三年内建成一个最现代化的交通管理指挥系统，达到“世界先进，国内一流”的目标，为全国树立一个榜样。

（王蕴明）

【国际奥委会评估团实地考察申奥工作】 2月21日至24日，国际奥委会评估团一行17人，对北京申办2008年奥运会准备工作进行实地考察。2月23日下午，国际奥委会评估团主席海因·维尔布鲁根及评估团成员在北京奥申委有关领导的陪同下考察了北京市交通指挥调度中心。评估团成员听取有关汇报后，观看了交通管理控制系统动态演示。在对北京交通的疑问得到充分回答后，海因·维尔布鲁根先生代表国际奥委会评估团对北京交通管理工作表示满意。考察期间，公安交通管理局出动警力5500人次，采取不用警车带路、不腾车道、加强沿线及周边道路交通疏导的指挥方式，为评估团抵京、考察、参观、离京部署勤务路线74条，保证了交通畅通。

（王蕴明）

【公安交通管理局启用新名称】 6月1日，根据北京市公安局内设机构规定，公安交通管理局对外开始启用“北京市公安局公安交通管理局”名称，并于10月1日启用北京市公安局公安交通管理局行政、党务和执法用章。

（王蕴明）

【实施《北京市机动车道路停车秩序管理办法》】 7月1日，市政府第74号令颁布的《北京市机动车道路停车秩序管理办法》开始实施。

(王蕴明)

【完成申奥成功庆祝活动交通秩序维护工作】7月13日22时08分北京申奥成功后，群众欢庆活动达到高潮，天安门地区聚集群众近百万人，致使东、西长安街双向机动车行驶严重受阻。公安交通管理局按照预定方案，在长安街的建国门至复兴门路段采取临时交通管制措施，加强天安门地区交通维护疏导。当临时得知江泽民等中央领导将从中华世纪坛庆祝活动现场到天安门广场与群众联欢时，根据现场、路线交通情况，迅速采取紧急应变措施，启用备用勤务路线，调整警力部署，加强勤务路线外围疏导，确保了中央领导安全畅通抵达天安门广场。当晚，共增派路面值勤民警3950人，确保了北京申奥群众庆祝活动的顺利进行，交通安全方面未发生任何问题。

(王蕴明)

【实施公安部《中华人民共和国机动车登记办法》】10月8日，本市开始实施公安部《中华人民共和国机动车登记办法》。

(王蕴明)

【参加第七届多国城市交通展览会】10月17日至20日，公安交通管理局组织参加了在北京展览馆举行的第七届多国城市交通展览会。期间，全国人大常委会副委员长曹志、公安部副部长杨焕宁、全国科协副主席左铁镛、公安部交通管理局副局长陈洁、王金彪、北京市科协副主席贺慧玲、中国道路交通安全协会理事长张正常、常务副理事长蒋秉洁等领导参观了公安交通管理局展台，公安交通管理局副局长于春全作了讲解汇报。来自中国科协、中国交通工程学会、欧盟驻华机构等交通专家150余人参加了在公安交通管理局昌平法规培训中心举行的以“面向二十一世纪的城市交通管理”为主题的第七届北京多国城市交通学术会议。

(王蕴明)

【12月7日下午雪后造成市区交通堵塞】12月7日下午，本市普降小到中雪，路面迅速结冰。公安交通管理局先后对各条高速路，108、109国道和城市环路桥区采取封路、分流措施。16时起，二、三、四环等快速环路桥区出现严重交通拥堵，并迅速波及环路及其联络线，导致市区主要道路基本瘫痪。18时35分，市委书记贾庆林打电话给公安交通管理局指示：“今晚天气恶劣，行车困难，请你们加强维护疏导，减少事故发生，保证安全”。公安交通管理局全体民警竭尽全力维护疏导，确保交通安全。7日14时至8日2时，公安交通管理局共出动警力3500多人上路指挥疏导，大部分民警连续工作10小时以上。8日晨2时许，交通拥堵得到缓解。

(王蕴明)

【专家咨询北京交通管理现代化建设工程建议书】12月8日至11日，受国家计委委托，中国国际工程咨询公司对《北京市道路交通管理现代化建设工程项目建议书》(即“三年规划”)进行调研咨询。国家交通部智能交通中心、上海同济大学、北京市计委、市规划院等单位专家，公安交通管理局副局长于春全及局属有关部门的领导、技术人员和《建议书》编制人员参加了研讨。与会专家在听取有关北京市道路交通管理现代化建设项目及《建议书》介绍后，对北京市交通指挥控制中心和部分交通管理设施的应用状况进行现场调研。并对《建议书》技术的前瞻性、先进性、可操作性、工程实施安排、效益评价标准等方面提出了18条意见和建议。

(王蕴明)

【专家考评北京“畅通工程”实施情况】12月18日上午，公安部、建设部“畅通工程”专家考评组到公安交通管理局对北京市“畅通工程”实施情况进行考核评价。考评组在听取北京市2001年“畅通工程”实施情况和自评结果汇报后，结合有关实施数据和资料进行了提问。专家组认为，2001 年北京实施“畅通工程”效果明显，比上年有了很大进步。在公安部、建设部创建实施“畅通工程”评比中，北京市被评为“畅通工程”二等管理水平城市。

（王蕴明）

【本市实施机动车公共停车场管理办法】 12 月 26 日起，本市开始执行《北京市机动车公共停车场管理办法》（北京市人民政府令 2001 年第 75 号），同时以 2001 年第 88 号政府令的形式，废止了 1981 年 9 月 16 日公布实施的《关于对全市公用机动车停车场的管理规定》。

（王蕴明）

案 例 举 要

【房山区发生死亡 4 人事故】 2 月 26 日 14 时许，河北省涿州市东宣坡乡司机赵银波（男，30 岁）驾驶大货车（内乘 3 人）在房山区周张路由北往南超车时驶入逆行，适有市长途汽车公司 917 车队司机张铁军（男，35 岁）驾驶大客车由对面驶来，超车时也驶入逆行，两车会车时相撞，致使张及赵车上 3 名乘车人重伤后死亡。赵银波负此事故主要责任，被追究刑事责任。

（池文兴）

【怀柔县发生死亡 3 人事故】 3 月 2 日 15 时 30 分，怀柔县九渡河镇黄花城村司机赵文臣（男，39 岁）驾驶大货车（内乘本村村民李殿武、赵连树、崔贤志、李殿东 4 人）在怀柔县怀四路由北往南行至 70 公里处时，因车辆超载下坡时失控、侧翻，致使乘车人李殿武等 3 人受重伤先后死亡。赵文臣负此事故全部责任，6 月 18 日被刑事拘留。

（池文兴）

【通州区发生死亡 6 人事故】 3 月 25 日 0 时 20 分，大兴县奥宇模板厂雇佣司机李梁（男，22 岁）驾驶东风牌大货车，由北往南行至通州区亦马路马驹桥镇胜利村委会门前，在超越前方车辆时驶入逆行。适有北京市劲松意通达制冷工程服务部司机王成勇（男，43 岁）酒后驾驶北京 2020 型吉普车（内乘本单位 10 名职工）由对面驶来。两车左前部刮撞，造成司机王成勇及车内 5 名乘车人当场死亡，另 4 名乘车人受伤，两车严重损坏。李梁负主要责任，被追究刑事附带民事责任。

（池文兴）

【昌平区发生死亡 3 人事故】 5 月 31 日 14 时，北京首都公路发展有限责任公司八达岭分公司司机李涛（男，25 岁）驾驶水罐车在昌平区八达岭高速路小汤山收费站处，由北往南在超车道内执行草木浇灌作业时，适有 91917 部队司机杨松（男，21 岁）驾驶小货车（内乘 4 人）由后驶来，撞在水罐车尾部，造成杨及 2 名乘车人死亡、2 名乘车人受重伤的特大交通事故。李涛负此事故次要责任，被行政拘留。

（池文兴）

【延庆县发生死亡 3 人事故】 8 月 7 日 19 时 10 分，河北省赤城县地税局司机孙旺（男，35 岁）驾驶小客车在延庆县延八路由南往北连续超车行至新宝庄村南时，适有河北省张家口市宣化区司机郭飞（男，32 岁）驾驶大货车由对面驶来，两车相撞，造成孙及车内乘车人贺霞等 3 人死亡，2 人受重伤。孙旺负此事故全部责任。

（池文兴）

公安交通管理局 2001 年领导名录

职 务	姓 名	任 职 时 间
局 长	马振川	1997 年 7 月—2001 年 11 月（任市公安局局长）
局 长	李建华	2001 年 11 月—
政 委	胡层林	1997 年 7 月—
副局长	于春全	1994 年 1 月—2001 年 10 月（副局级）—
副局长	丁保生	1994 年 1 月—
副局长	周国平	1997 年 12 月—
副局长	刘继忠	1994 年 1 月—
副局长	李建华	1998 年 4 月—2001 年 11 月
副局长	张锁成	1998 年 4 月—
副局长	张景利	1999 年 8 月—

安全警卫系统

警 卫 局

【概 况】 2001 年，警卫局认真贯彻市局党委扩大会会议和全国警卫局长会精神，以确保各项安全警卫任务万无一失为目标，加快警卫工作规范化进程，狠抓警卫队伍管理，切实改进警卫形式，并根据形势变化不断调整警卫工作部署。全年警卫系统共执行各种临时警卫勤务 6653 次（含中央主要领导同志路线警卫勤务 1506 次），出动警力 79 万人次。其中警卫局执勤 6180 次，出动警力 30538 人次。完成了市“两会”、全国“两会”、国际奥委会评估团考察、清华大学校庆、紫禁城广场“三高”音乐会、首都各界庆祝奥运申办成功文艺晚会、十五届六中全会等 61 场次重大活动安全警卫任务；完成了中央常委在京活动 565 次及 189 位重要外宾来访 1660 场次的安全警卫任务（其中国家元首及政府首脑级外宾 48 位 202 场次）；确保了在京的 102 位、66 处警卫对象住地外围的安全。年内，警卫局深入开展了“三项教育”活动，围绕建党 80 周年组织民警分两批赴西柏坡革命纪念馆学习，收到了明显效果；选举产生了新一届党委；警卫局团委先后组织了第三届青年演讲比赛、首届卡拉 OK 大赛，丰富了民警的文娱生活。

（韩新省）

【进一步规范首都警卫工作】 年内，在上年规范内部规章制度的基础上，警卫局重点加强落实领导岗位责任制和对分（县）局完成警卫任务情况的考核。根据中共中央办公厅、国务院办公厅下发的《警卫工作规定》，结合首都警卫工作实际，按警卫勤务分级负责组织原则，制定下发了《警卫现场领导到场负责制》，明确各业务单位和分（县）局领导职责，落实了领导岗位责任制；制定下发了《警卫系统目标管理考核评比办法》，统一了各单位完成警卫任务的标准，规范了工作流程和工作方法。

（韩新省）

【做好安南在京期间的安全警卫工作】 1 月 20 日至 22 日，联合国秘书长安南一行对中国进行正式访问。代表团下榻钓鱼台国宾馆，并与中国领导人进行会见会谈、参观积水潭医院、到长安大戏院观看京剧等。警卫局对安南在京期间安全警卫工作按照一级警卫方案进行部署，确保了安全。

（韩新省）

【田期玉到警卫局慰问】 1 月 21 日，公安部副部长田期玉、公安部警卫局局长董福元等在市局副局长吕实珉的陪同下到警卫局慰问。田期玉副部长参观了新建的警卫局陈列室，高度评价了警卫局史料整理工作取得的成绩。随后视察了宿舍、办公室和练功房，并题词：永远忠于光荣的警卫事业。

（韩新省）

【调整警卫勤务】 自 2 月 1 日起，警卫局对部分警卫勤务进行调整。城近郊区内（除人民大会堂、毛主席纪念堂和石景山区外）现场外围的安全警卫工作交由属地分局负责，警卫局负责勤务的业务指导和监督检查。11 月 26 日，市局印发了关于《调整首都机场至钓鱼台警卫路线部分路段》的通知，对首都机场至钓鱼台警卫路线的部分路段进行了改线。

（韩新省）

【做好北京市“两会”安全警卫工作】 2 月 2 日至 10 日，北京市第十一届人民代表大会第四次会议和北京市政协第九届四次会议分别在北京会议中心和京西宾馆召开。代表、委员分住在五洲大酒店、京丰宾馆和北京会议中心。警卫局全面负责大会的各项安全警卫工作，成立了大会警卫组和住地警卫组，协调市局有关单位按照工作方案要求落实各项安全措施，确保了会议安全。

（韩新省）

【完成中央工作会议安全警卫任务】 2 月 12 日至 14 日，中央工作会议在京西宾馆召开。市局成立了由局长强卫总负责，副局长吕实珉协助指挥，警卫局负责牵头组织，公安交通管理局、海淀分局参加的住地、会场外围警卫组，共投入警力 11200 人次，完成了中央常委 35 人次出席 5 次大会的会场、住地外围以及 30 次常委路线的安全警卫任务。

（韩新省）

【完成“国际奥委会评估团”在京考察安全警卫任务】 2 月 19 日至 25 日，国际奥委会评估团一行 17 人对北京申奥工作进行考察，并受到江总书记亲切接见。中央和市委、市政府对评估团的安全警卫工作非常重视，李岚清副总理专门批示要求做好安全工作。警卫局与有关单位密切配合，共部署现场警卫勤务 44 次、现场外围警卫勤务 3 次，交通路线勤务 74 次，累计投入警力 8360 人次。圆满完成了评估团在京期间的安全警卫任务。

（韩新省）

【强卫检查全国“两会”住地安全警卫工作】

3月3日，市委政法委书记、市公安局局长强卫在市局副局长吕实珉、警卫局局长丁世伟的陪同下，先后到广西大厦、商务会馆和中国科技会堂检查全国“两会”住地安全警卫工作，并听取有关“两会”安全警卫工作情况的汇报。强卫局长提出：一是做好集体访的信息掌握工作，力争把问题解决在基层，解决在萌芽状态；二是做好“法轮功”滋事的预防工作；三是做好社会面的控制工作；四是做好民警思想动员工作的要求。

（韩新省）

【完成全国“两会”安全警卫任务】 3月3日至15日，全国人大九届四次会议和全国政协九届四次会议分别在京举行。出席此次会议的人大代表2984人、政协委员2266人，分别住在27处宾馆、饭店。期间，人大和政协共召开了12次全体会议，3次人大主席团会议，组织了7场文化娱乐活动。江泽民、李鹏、朱镕基、李瑞环、胡锦涛、尉健行、李岚清等中央主要领导同志先后5次15人次到住地参加小组会。根据此次“两会”具有日程安排紧、情况信息多和敌社情突出等特点，警卫局以防火、防爆、防“法轮功”为重点，严密部署了各项工作。围绕“两会”住地、路线和会场外围安全警卫工作，共动用警力205820人次（平均每天13700多人次），圆满完成了全国“两会”的安全警卫任务。

（韩新省）

【完成中央主要领导植树活动安全警卫工作】

4月1日，江泽民、李鹏、朱镕基、李瑞环、胡锦涛、尉健行、李岚清等20位党和国家领导人到朝阳区洼里乡奥林匹克公园预留地参加一年一度的全民义务植树活动。为确保此次活动的绝对安全，警卫局提前对奥林匹克公园进行了全面的基础调查，制发了专门的安全警卫工作方案，并在活动当天在现场成立了由市局局长强卫总负责，副局长吕实珉、马振川协助指挥，各有关单位主要领导参加的安全警卫指挥部。共部署警力7082人，确保了中央领导植树活动的安全。

（韩新省）

【做好清华建校90周年庆祝活动安全警卫工作】 4月29日，江泽民、朱镕基、胡锦涛、李岚清及14位政治局委员、全国人大副委员长、全国政协副主席出席了在清华大学体育中心举行的清华大学建校90周年纪念庆典仪式。晚上，在清华大学西区体育场举行了“腾飞，清华”文艺晚会。市局在现场成立了安全警卫指挥部，围绕清华校庆各项庆祝活动警卫工作，共部署警力7008人次，其中现场警力1067人次，路线警力5941人次，确保了庆祝活动及党和国家领导人的安全。

（韩新省）

【警卫局达到人均一部电台】 5月1日，警卫局投入60万元资金，将原有的电台全部更换为新的、高性能电台，警卫局各业务处干部实现了人均一部电台。

（韩新省）

【做好“科技周”安全警卫工作】 5月10日至15日，“第四届中国北京高新技术产业国际周”在京举办，警卫局牵头成立了安全警卫组，与有关单位密切配合，部署警力6135人次，圆满完成了国际周各项活动的安全警卫任务。

（韩新省）

【完成“三高”音乐会安全警卫任务】 6月23日20时，“世界三大男高音紫禁城广场音乐会”在午门至端门广场举行。此次音乐会是6月23日国际奥林匹克日中国纪念活动的重要组成部分，是宣传中国、宣传北京、宣传奥林匹克精神和为北京申奥创造良好国际氛围的重要活动之一。6月23日，江泽民主席到午门外视察了“三高”音乐会现场，并就音乐会各项准备工作作了专门指示。警卫局组织警力 3938 人次，确保了安全。

（韩新省）

【完成建党 80 周年纪念大会安全警卫工作】 7 月 1 日，中国共产党建党 80 周年纪念大会在人民大会堂大礼堂举行。在京党和国家领导人、老同志、中央国家机关各部、委有关领导及首都各界群众共 6000 人出席了大会。为确保大会的顺利进行，市局成立了大会堂外围安全警卫指挥部，警卫局负责具体组织实施，有关单位按照分工落实各项安全措施，确保了大会的安全。

（韩新省）

【完成“申奥”成功庆祝活动安全警卫任务】 7 月 13 日晚，江泽民、李鹏、朱镕基、李瑞环、胡锦涛、尉健行等中央领导同志出席了在世纪坛举办的“首都各界庆祝申奥成功文艺晚会”，并到天安门广场与首都群众共庆北京申办 2008 年奥运会成功。市局共部署警力 6232 人，确保了首长行车路线和参加联欢活动的绝对安全。

（韩新省）

【圆满完成暑期铁路路线警卫任务】 7 月 15 日至 8 月 22 日，为期 39 天的暑期铁路路线警卫工作圆满结束。期间，警卫局共为 41 位党和国家领导人前往北戴河部署铁路路线警卫工作 7 次，返京铁路路线警卫工作 9 次，北京站外围警卫勤务 16 次，全局共动用警力 12657 人次，圆满完成了暑期路线安全警卫任务。

（韩新省）

【完成鲍威尔抵京访问的安保工作】 7 月 28 日，美国国务卿鲍威尔抵京对中国进行访问，在京期间下榻国际俱乐部饭店并与中国国家领导人会见，29 日乘专机离京。由于美国国务卿来访政治敏感性强，按照公安部、外交部的要求，警卫局对鲍威尔在京期间的安全警卫工作按二级加强警卫规格进行了部署，确保了安全。

（韩新省）

【做好全国少数民族文艺会演安全警卫工作】 9 月 14 日至 26 日，第二届全国少数民族文艺会演在北京举行，来自全国各民族的 3680 名演职人员参加了会演。演出在人民大会堂、北京会议中心分别举行了开、闭幕式。此次会演在 16 处剧场、剧院演出 82 场次并进行了 12 场慰问演出。市局成立了文艺会演安全警卫组，警卫局负责组织实施，共出动警力 7260 人次，确保了会演演出、演员住地及演员外出活动的安全。

（韩新省）

【圆满完成中国共产党第十五届六中全会安全警卫任务】 9 月 24 日至 26 日，中国共产党第十五届六中全会在北京召开。与会人员分别住京西宾馆和国谊宾馆。全体会议会场设在人民大会堂宴会厅，分组会议会场分别设在京西宾馆和国谊宾馆。按照任务分工，市局负责京西宾馆、国谊宾馆、人民大会堂、首都机场、北京站、北京西站外围的社会治安管理和制高点、社会面控制，指导并协助人民大会堂管理局、京西宾馆、国谊宾馆做好防爆和消防安全检查。针对美国发生“9·11”恐怖袭击这一特定事件，警卫局制定了周密细致的警卫工作方案，采取有针对性的加强措施，出动警力 8547 人次，确保了大会的安全。

（韩新省）

【完成国庆招待会及江总书记登城楼观景安全警卫任务】 9 月 30 日，党和国家领导人、有关方面的负责人及在京的重要外宾、驻华使节 1500 人出席了在人民大会堂宴会厅举行的国庆招待会。19 时 45 分，在大会堂大礼堂举行了庆祝建国 52 周年交响音乐会，党和国家领导人及首都各界人士共 6000 人欣赏了音乐会；21 时，江泽民、李鹏、朱镕基、李瑞环、胡锦涛、尉健行、李岚清等 28 位在京的党和国家领导人登上天安门城楼观赏夜景。为确保活动安全顺利进行，警卫局专门制发工作方案并召开会议进行了部署，市局党委书记刘德、局长马振川、副局长吕实珉到现场组织指挥，共部署警力3035人，圆满完成了任务。

（韩新省）

警卫局2001年领导名录

职务	姓名	任职时间
局长	丁世伟	2000年9月—
政委	霍连成	2000年9月—
副局长	齐世华	2000年10月—
副局长	师雅峰	2000年10月—
副局长	张学勤	2000年10月—
副局长	王瑞年	2001年11月—

消防管理系统

消防局

【概　况】 2001年，消防局以保障“申奥”、建党八十周年和“大运会”消防安全为中心，以部队正规化、规范化建设为重点，以公众聚集场所消防安全专项治理为突破口，大力加强消防基础工作，积极推进消防基础设施建设，努力提高消防监督和灭火作战能力。部队基层正规化、消防处（科）大队业务工作规范化建设取得了长足进展，圆满完成了各项消防安全保卫任务。达到了“火灾少、灭得早，服务经济、保障申奥，火灾形势稳定，群众满意率高”的目标。在元旦、春节、全国“两会”、“申奥”、建党八十周年、“大运会”、十五届六中全会等1113场重大活动消防保卫工作中，监督检查单位16500个次，解决不安全问题19870件；共出动现场执勤警力11130人次，出动消防车辆480辆次，有力地确保了重大节日和重要政治活动的消防安全。以商（市）场、公众聚集场所和地下空间的专项治理为主线，全面加强消防监督执法工作，防止了群死群伤等重特大火灾的发生。全面开展了灭火技战术、器材装备操作、灾害事故处置大练兵活动。提高部队灭火救援作战水平。汇编制作了高层、地下、化工、水源及恐怖暴力事件等9大类灭火救援作战计划，极大地方便了火场使用。努力增加消防科技含量，按照市局“金盾工程”建设计划的要求，制定实施了《消防科技发展“十五”计划和2010年规划》。新建的“119”通信指挥系统完成了主体工程；局值班办公系统实现了多种服务功能；继续完善了局域网和广域网建设，全局信息联网工作完成86%。在消防监督管理工作中推行电子警务，开发了消防行政审批、建筑设计防火审核和消防验收、消防安全重点单位管理等6套消防监督规范化管理软件，把消防监督执法的程序全部纳入计算机管理。进一步加强部队正规化、业务规范化建设，16个基层中队实现正规化达标，23个消防监督处（科）、大队实现规范化建设达标。围绕建党八十周年，举办了以“新世纪——我的卫士形象”为主题的演讲、征文、知识竞赛、文艺汇演等一系列教育活动，增强了部队凝聚力。离退休老干部移交地方工作进展顺利，83名老同志移交到地方，移交率达98.6%。后勤保障在保证预算经费年递增9%的基础上，争取预算外资金3305.7万元，弥补了下拨经费的不足。全年共发展党员244名，有142人立功、971人受奖、27个先进集体受到表彰。

（王　玮）

【消防行政处罚情况】 全年，消防局共实施消防行政处罚5299起，罚款1136万余元。其中，对单位处罚4055起，包括警告316起，罚款3713起，罚金964万余元，责令停产停业26起，并处主管领导或责任人110人，罚金25万余元。对个人处罚1244起，包括警告139起，189人，罚款1103起，罚金147万元，拘留2起2人。在5299起处罚中查处火灾390起，违章4909起。与上年相比处罚起数增加1886起，上升55.26%，处罚金额增加153万余元，上升15.66%。

（张先来　杨利超）

【全市火灾情况】 全年，全市共发生火灾5302起，死27人，伤103人，直接财产损失1392万余元（其中重大火灾3起，死1人，伤2人，直接财产损失220万余元）。与上年相比，除火灾次数增加265起，上升5.3%外，其它三项指标均下降。其中死人减少15人，下降35.7%，伤人减少4人，下降3.7%，损失减少43万余元，下降3%。从原因看：电气火灾居首位，共1543起，占全年火灾总数的29.1%；其次是用火不慎，共1442起，占27.2%；其余依次为：吸烟750起，玩火238起，放火179起，违章操作139起，自燃36起，雷击6起，原因不明287起，其它原因682起。从行业看：商业393起，交通运输业343起，工业161起，社会服务业98起，教科文卫业89起，农牧渔业39起，机关团体29起，仓储业17起，科学技术12起，房地产业7起，金融保险业5起，邮电通信业3起。突出情况：一是春节、麦收期间火灾下降，是近4年来最好的一年。二是发生3起重大火灾，损失占全年火灾损失的16%。三是机动车火灾有所上升。四是油品及易燃易爆化学物品火灾下降。五是城乡居民住户火灾下降。

（张　贤　徐　霞）

【火灾灾害接警次数增加】 年内，消防局“119”调度指挥中心共接火警8776件，比上年增加393起，出动灭火警力9203队次，参战官兵209531人次。12月29日火警数达到61起，为全年最高日。

（卢志文）

【公安消防队（站）达到50个】 年内，新成立航天城消防中队、空港消防中队并开展工作。全市公安消防队（站）总数已达到50个。

（贾国利）

【加强部队基层正规化建设】 年内，为全面加强基层部队正规化建设，根据公安部消防局制定颁布的《公安消防部队基层正规化管理若干规定》，消防局决定用3年时间，逐步完成现有中队基础设施改造和部分队站搬迁重建工作。4月28日，北京市公安消防总队在左家庄中队召开基层中队正规化管理现场会。现场会之后，消防总队党委投资320万元采取“划分阶段，分布实施”的办法，首先对16个中队进行投资建设。年底，投资建设的16个消防中队全部实现达标，基础设施明显改善。

（王　玮）

【强化消防监督规范化建设】 年内，消防局制定了《北京市公安局消防局消防监督处、科、大队规范化管理暂行标准》，规范了消防行政审批、消防监督检查、消防行政处罚、火灾调查处理、消防宣传、消防档案等13项消防监督工作。7月5日，在宣武消防监督处召开了消防监督规范化建设现场会，并对消防监督员进行了应知应会的现场抽测。9月份，消防局统一配发了6套消防监督管理计算机软件，并举办了消防监督处、科、大队主管领导和部分消防监督员计算机软件操作培训班。在年底的规范化考核验收中，有23个消防监督处、科、大队达标。

（张先来　杨利超）

【首次申请法院强制执行消防行政处罚决定】 1月8日，消防局首次向海淀区人民法院申请强制执行行政处罚决定。此前，针对北京天成商品批发市场存在的火灾隐患，消防局作出消防行政处罚决定，责令该市场停业整改火灾隐患，但该市场拒不执行消防局行政处罚决定，没有彻底整改火灾隐患，继续营业。4月30日，海淀区人民法院经审查做出裁决，认定消防局作出的行政处罚决定合法，对消防局作出的公（消）行决字(2000)第016号公安行政处罚决定书准予强制执行。

（张先来　杨利超）

【消防中队向社会开放】 1月20日，消防局所属方庄、亚运村、左家庄、右安门、双榆树、顺义、昌平7个消防中队作为北京市第一批“消防宣传教育基地”正式向社会开放。11月9日，第二批西客站、延庆等10个消防中队也向社会全面开放。中队对外开放的主要内容以宣传和传授防火灭火、逃生自救常识为主，结合群众所关心的、经常遇到的消防安全问题进行宣传。

（张文秀）

【举行联合消防演习】 2月18日，消防局与东方家园建材城、120急救中心举行大型联合消防演习。消防局共出动了8个中队、13部各种类型的消防车、100余名消防官兵参加演习。整个演习过程从单位自防自救、人员疏散到消防队接警出场实施救人灭火，紧张有序，生动逼真。中央电视台东方时空节目组“直播中国”栏目对整个演习过程向全国进行了现场直播。

（王仕国）

【为奥委会评估团排险】 2月23日凌晨，在奥委会评估团下榻的五洲大酒店附近，一辆满载稻草的大货车与一辆装有6吨轻汽油的油罐车相撞。轻汽油大量外溢，与空气、稻草混合，形成爆炸、燃烧混合物，情况非常危险。亚运村中队接警后迅速赶到现场，冒着随时爆炸的危险，合理利用战术和装备，成功排除了爆炸、燃烧险情，并及时救出了两名被困在车里的伤员。

（王德志）

【开展消防执勤岗位大练兵活动】 3月至10月，根据公安部消防局《关于开展消防执勤岗位练兵活动的通知》的精神，消防局局属6个支队、48个消防中队、2600余名消防官兵开展了大练兵活动，并取得了显著成绩。宁文军等 12 人荣立个人三等功；第六支队被公安部授予“全员岗位练兵先进支队”称号；清河、双榆树中队被公安部授予“全员岗位练兵先进中队”称号；清河消防中队抢险班班长张宏晓等 4 人被公安部授予“全员岗位练兵训练标兵”。部队训练工作、执勤灭火、救援能力有了大幅度地提高。

（王仕国）

【房山区政府大楼义务消防队成立】 3 月 2 日，房山区政府办公大楼义务消防队成立。房山区政府大楼义务消防队共有 100 余人，主要负责区政府办公大楼的日常用火、用电、用气的安全检查巡视，消防设施维护、保养，夜间值班巡逻和初期火灾扑救等工作。

（张先来 杨利超）

【开展商场市场消防安全专项治理】 3 月 31 日，海淀区双泉堡旧货综合交易市场发生火灾后，根据市委领导的指示及全市春季消防工作电视电话会议精神，市商委、市工商局和市消防局联合印发了《关于加强各类市场商场消防安全工作的紧急通知》。4 月 2 日至 27 日，市消防局组织专门力量，对全市商场、市场进行了消防安全检查，共检查各类商（市）场 1069 个，发现并解决各类消防不安全问题 1645 件，责令 186 个商（市）场限期整改，责令 6 个商（市）场停止使用，对 60 个商（市）场进行经济处罚，罚款 29 万余元。

（张先来 杨利超）

【停止使用和维修手提贮气瓶式干粉灭火器】 针对近年来，本市发生多起手提贮气瓶式干粉灭火器爆炸伤人、死人事故的情况，4 月，消防局公布了《关于停止使用和维修手提贮气瓶式干粉灭火器的通告》，规定本市所有场所一律禁止使用手提贮气瓶式干粉灭火器，并用手提贮压式干粉灭火器替代。

（张先来 杨利超）

【开展消防执法大检查】 4 月 12 日至 5 月底，消防局对全局 28 个消防执法单位进行了消防执法检查。检查分成自查、互查、验收检查三个阶段，检查涉及消防执法管理、消防监督检查、消防行政处罚、消防执法档案四个方面共 65 项具体内容。针对检查发现的消防行政处罚程序不规范、消防执法程序中断、消防行政处罚案卷不规范等问题，消防局及时督促有关消防执法单位进行了整改。

（张先来 杨利超）

【六支队与昌平科技园区喜结“良缘”】 4 月 19 日上午，消防局第六支队和北京中关村科技园区昌平园管理委员会正式结为警民共建单位。昌平科技园利用自身优势支持部队建设，帮助部队开展军地两用人才的培训。消防局第六支队帮助该园检查保养灭火设施，培训义务消防队员，为开展消防安全教育提供条件。

（杜荣亮）

【第四次巴黎——北京消防技术交流活动】 4 月 20 日至 30 日，消防局组团参加了在巴黎举行的第四次巴黎——北京消防技术交流活动，活动主题为“人员救助”。中法双方交流了各自在人员救助方面的先进技术。巴黎消防总队为代表团成员演示了大型伤亡事故的处置和培训情况，安排代表团参观了调度指挥中心等部门。交流期间，中法双方签订了第五次北京——巴黎消防技术交流活动会谈纪要，初步商定 2002 年第五次消防技术交流主题为自然灾害中的消防救助活动和消防人员培训。

（温慕华）

【“星光青春自护学校训练基地”揭牌】 4 月 26 日，“关注生命，学会生存”活动启动仪式暨“星光青春自护学校训练基地”授牌仪式在北京消防教育训练中心举行。“星光青春自护学校训练基地”是市青少年法律与心理咨询服务中心创建的一个以青少年为对象，进行防范、防灾、防火知识普及教育的组织。北京消防教育训练中心为“星光青春自护学校”的训练基地。

（杨国甫）

【特勤大队参加全国特勤业务训练展评】 5月，消防局特勤大队参加了公安部消防局举办的全国消防特勤业务训练展评活动。这次展评主要针对市内大型化工企业、高新技术产业的日益增多以及新产品、新工艺、新材料的大量使用等而开展的。期间，由特勤大队精心制作的VCD光盘在全国41个省、市消防特勤队伍参加的评选活动中，受到了公安部消防局特勤业务训练展评专家评审组的好评，获得了全国特勤业务展评一等奖。

（王德志 王仕国）

【“消防安全伴我行”一日活动】 5月至12月，消防局组织本市城八区单位职工、中小学生和居民群众在北京消防教育训练中心开展了“消防安全伴我行”一日培训活动。共有2200人接受了培训。

（杨国甫）

【为火场指挥员“充电”】 6月1日至7日，消防局在北京消防教育训练中心举办了2001年度灭火指挥员培训班。这次培训班是针对当前火灾形势以及部队指挥员成分新，业务素质及指挥水平不高等问题而举办的。培训涵盖了灭火战术基础理论、火场组织指挥、火场供水、化学灾害事故处置、消防技术装备、建筑防火、救助技术与安全管理等多领域，并邀请了武警学院、军事医学科学院等院校的资深专家教授、日本专家以及本局实际工作经验丰富的领导担任教员。

（王仕国 杨国甫）

【公众聚集场所消防安全专项治理】 6月至10月，在全市开展了公众聚集场所消防安全专项治理。期间，全市各级公安消防机构共出动警力11000人次，对全市8558家公众聚集场所进行了全面检查，发现并解决各类消防不安全问题23590件，责令740个单位补办消防审批手续，责令1433个单位限期整改，对493个单位进行了经济处罚，罚款137万余元，责令72个单位停业整改，责令13个单位停止使用，行政拘留6人。

（张先来 杨利超）

【制定完成北京市“十五”时期消防事业发展规划】 6月初，《北京市“十五”时期消防事业发展规划》由北京市发展计划委员会和北京市公安局消防局组织编制完成。《北京市“十五”时期消防事业发展规划》是根据《北京市国民经济和社会发展第十个五年计划纲要》精神以及国务院批转公安部《关于“十五”期间消防工作发展指导意见》的通知精神，结合首都新世纪发展的需要而制定的。该《规划》提出了2001年后五年北京市消防事业的指导思想、发展目标、工作重点和主要措施，是全市“十五”规划体系的重要组成部分，是“十五”时期北京市消防事业发展的指导性文件。

（谢忠宇）

【成立中关村派驻机构】 根据市政府关于“中关村科技园区建立‘一站式办公’服务体系”的会议精神及北京市市属各有关单位进驻中关村科技园区实行“一站式办公”实施方案，7月18日，消防局中关村派驻机构正式对外办公，派驻机构设有接待窗口、审批组、验收组，人员13名。消防受理审批范围为：海淀区行政区内的建筑设计防火审核、建筑工程施工现场消防安全审批、建筑工程竣工消防验收，《易燃易爆化学物品消防安全许可证》审批中有关加油站、加气站项目的审批等。

（张文秀）

【举办首期地震灾害抢险救援技术培训班】

7月23日至8月11日，北京消防教育训练中心受国家地震局委托，为国家地震灾害紧急救援队举办了首期地震救助技术培训班。北京消防教育训练中心是中日两国政府专项技术合作项目，地震灾害的抢险救援是中日双方技术交流的重要内容之一，经过几年的交流与实际训练，初步总结出一套完整实用的救助方法及教材，此次培训班的举办，既是对训练成果的检验，也是对地震抢险救援技术的推广。参训学员经过20天的培训，熟练的掌握了基本结绳、各种破拆救生器材的操作、搜索救出等操法，并进行了模拟震后灾害救援科目的训练。

（杨国甫）

【停止生产、销售、维修消防产品企业前置审批】 8月6日，消防局正式发文，停止对全市生产、销售、维修消防产品企业的前置审批，企业在取得工商营业执照后，依据《北京市消防条例》到消防局备案。

（张先来　杨利超）

【举办首期水上救助技术培训班】 8月13日至15日，消防局在北京消防教育训练中心举办了为期3天的首期水上救助技术培训班。颐和园、翠微路等靠近河湖区域的8个中队骨干共16人参加了培训，训练中心教官以及在消防局工作的日本专家担任技术指导。培训的主要内容是水上救助技术的理论基础、实际技能以及对溺水人员实施救助的方法。受训人员经过培训，初步掌握了水上救助基本操法和自救的方法。

（杨国甫）

【《北京市建设工程施工现场消防安全管理规定》发布施行】 8月14日，《北京市建设工程施工现场消防安全管理规定》以北京市政府第84号令发布，自12月1日起正式施行。同时，1989年7月18日以市政府第20号令发布的《北京市建设工程施工现场消防安全管理办法》废止。新规定共21条，进一步明确了施工现场的消防安全责任，增加了施工现场的消防安全管理措施，对公安消防机构的日常消防监督设置了限制性条款，同时加大了对违法行为的处罚力度。

（张先来　杨利超）

【开发消防监督管理系统计算机软件】 8月23日，消防局和北京燕塞大件网络技术有限公司共同开发消防监督管理系统计算机软件签字仪式在前门饭店举行。消防监督管理系统计算机软件是根据公安部《科技强警总体规划纲要》和《公安科技发展“十五”计划和2015年规划》的精神，结合北京市消防监督工作实际开发的。该软件包括中心数据库、级别化数据浏览和基层消防监督工作信息化管理等部分。基层消防监督工作信息化管理包括火灾档案管理、重点防火单位管理、建审验收、消防行政审批、消防监督执法的消防行政审批受理6套件。

（张先来　杨利超）

【成功扑救一起油罐车火灾】 8月28日中午12时50分，朝阳石油公司一辆载重9吨汽油的油罐车行驶至朝阳区大望路双龙路口时驾驶室突然起火，有发生爆炸火灾事故的危险，现场周围不足50米是居民住宅楼，十字路口附近有大量群众围观。消防局红庙中队接警后立即出动4辆消防车到场，仅用8分钟就将大火彻底扑灭，清理现场完毕后又留下一辆泡沫车在现场看护近3个小时，直至两辆输油车将油罐里的汽油全部安全疏导，从而避免了油罐车爆炸造成更大的损失。

（侯　波　余　东）

【举办首期山岳救助技术培训班】 9月19日至21日，消防局在第六支队松山中队举办了首期山岳救助技术培训班，来自全局山区中队的20多名业务骨干参加了培训。培训内容包括进山情报收集、识图方法训练、山区徒步穿越训练、搜索训练、担架运送训练、保护要领、座席悬垂下降、设定固定线、夜间行动训练、紧急救护等。

(杨国甫)

【举办消防工程施工企业技术人员培训班】 9月25日至10月31日，消防局举办了10期（每期三天）消防工程施工企业专业技术人员培训班，共2045人参加了培训。培训内容包括《中华人民共和国消防法》、《北京市消防条例》；建筑业企业资质管理规范、民用建筑防火规范、高层民用建筑防火规范、自动喷水灭火系统施工及验收规范、火灾自动报警系统施工及验收规范、气体灭火系统施工及验收规范等。12月16日，对培训考试合格的人员颁发了合格证书。自此，北京市消防工程施工企业专业技术人员必须持证上岗。

(张先来　杨利超)

【开展消防产品型式认可工作】 9月26日，消防局召开消防产品型式认可动员大会，正式开始消防产品型式认可工作。通过型式认可的企业将获得中国消防产品质量认证委员会颁发的型式认可证书，企业持证书即可在全国市场上销售相应的消防产品。

(张先来　杨利超)

【新型高效灭火剂及相关产品被列为重点推广项目】 10月，由北京市消防科研所和北京六合安消防科技有限公司合作开发的新型高效灭火剂及相关产品被国家科技部列为2001年度国家科技成果重点推广项目。该项目中的强化水系灭火器是国内唯一达到3L灭1A火灾的水型灭火器，获北京市科技进步三等奖。

(张先来　杨利超)

【第六支队被评为“学习天津消防先进支队”】 10月，消防局第六支队在全国公安消防部队“学习天津消防正规化、规范化建设”活动中取得显著成绩，被公安部消防局授予“学习天津消防先进支队”荣誉称号。

(贺洪永)

【举办第二期全国公安消防部队救助技术培训班】 10月23日至11月4日，北京消防教育训练中心受公安部消防局委托，承办了第二期全国公安消防部队救助技术培训班。培训班由训练中心经日方专家培训的救助队员担任教员，共讲授了16项有关救助技术的课程。来自全国9个省、市、自治区消防总队的60名官兵参加了培训。

(杨国甫)

【实行消防产品生产企业备案制度】 根据公安部通知精神，自11月1日起，消防局对在京生产、销售消防产品的本市、外埠、国外消防产品生产企业实施备案制度。原来在消防局领取的各种备案回执从即日起废止；凡符合市场准入规则（即通过消防产品质量认证、消防产品型式认可、消防产品型式检验）的消防产品生产企业，均可在京生产、销售消防产品；用户可在公安部网站上查询符合市场准入规则的消防产品生产企业名录。

(张先来　杨利超)

【开通消防服务热线电话】 11月9日，消防服务热线电话62228119正式向公众开通。消防服务热线电话系统采用计算机控制，提供值班员受理、消防知识查询和留言三种服务方式。受理公众对消防工作、消防法律法规、消防知识的查询，火灾隐患报告，对消防违法、违规、违章行为的举报，对消防官兵违法、违纪行为的举报，对消防设施及设备埋压、圈占、挪用、破坏等举报，对消防工作的意见、建议等。消防服务热线实行24小时值班。截止年底，共接群众咨询消防知识、举报火灾隐患、投诉、意见建议等电话1480个。

(卢志文)

【全市“119”消防活动丰富多彩】 11月9日是北京市第十一个消防日，也是江泽民总书记《责任重于泰山》重要文章公开发表5

周年。全市各区县、各系统广泛开展了液化气灭火、厨房灭火、消防知识有奖问答、消防咨询、板报评比、消防装备演示、消防演练、火场逃生等消防宣传活动。当日全市共设立480个消防咨询点，17个消防中队向社会开放，受教育群众近190万人。

（张文明）

【公布便民服务措施】 11月26日，消防局向社会公布了八项便民服务措施，即：在各接待窗口落实警务回执单和告知单制度；进一步缩短建筑防火设计审核时限；取消小型简单装修工程的建筑设计防火审核审批；取消对成立消防设施检测和电气消防安全检测企业进行限制审批；对消防设施检测和电气消防安全检测企业不再划分检测区域；公安消防机构对本市成立的消防产品生产、维修、销售企业不再进行前置审批；取消本市、外地、国（境）外的消防产品在京销售、使用登记备案制度；进一步提高建筑工程消防验收的工作效率。

（张先来　杨利超）

【举办中日消防教育训练北京研讨会】 11月27日至29日，消防局与市科学技术委员会、日本国际协力事业团共同主办，北京消防教育训练中心承办的“2001年中日消防教育训练北京研讨会”在北京新大都饭店举行。公安部消防局、中国国际减灾委员会、公安大学、武警学院、国家地震局等各方面专家、领导及18个省、市、自治区的公安消防部门代表；消防局所属各部门、各支队的代表以及日本消防专家组全体成员120余人参加了研讨会。研讨会上，国内消防专家学者及来自日本消防同行的6名代表，就消防教育训练的有关问题进行了演讲，内容涉及消防教育训练的机制、教育训练基地的建设、公民的消防安全教育、企业职工的消防培训、青少年的自护教育、消防人才的培养等方面。与会人员进行了交流和探讨。

（杨国甫）

【完成市政府重点调研课题】 12月20日，消防局完成了市政府重点调研课题《北京城市环境安全问题研究》之子课题“北京城市消防安全问题研究”。该课题从北京消防现状出发，从城市消防总体规划、社区消防建设、防消合一的消防管理体制、城市消防水源、应对各种灾害事故、紧急救援指挥体系等方面入手，提出了有针对性的措施和行之有效的对策。

（王　玮）

【加强国家大剧院建审工作】 12月31日，消防局对国家大剧院工程的初步设计图纸进行了消防审核，发出了审核意见书。该工程为国家重点工程，建筑高度46.286米，建筑面积149519.65平方米，从消防角度看，是一个性质重要、功能复杂、人员密集、用电量大的综合性建筑。由于大剧院建筑结构特殊，国家有关防火规范不能全面涵盖此项工程的消防问题。针对难以用现行消防规范来解决的防火分区、火灾扑救等问题，消防局通过采用性能化设计理论，经过分析研究，提出了理想的解决方案，提高了消防安全度。

（张先来　杨利超）

案例举要

【朝阳区美怡商贸公司仓库发生火灾】 2月12日9时许，朝阳区百子湾路5号北京美怡商贸有限责任公司仓库发生火灾。过火面积648平方米，烧毁电脑、打印机及大量日用商品，直接财产损失905124元。经查，火灾原因是人为放火。

（徐　霞）

【大兴县东方昊元工贸公司库房发生火灾】 6月6日15时30分，大兴县北京东方昊元工贸有限责任公司库房发生火灾。过火面积4000平方米，烧毁库房内存放的棉花，直接财产损失250300元。经查，火灾原因是该公司职工李某、程某、闫某在公司露天库房东侧电焊作业时，因安全措施不落实，电焊渣落到北侧毗邻库房的棉垛上引发火灾。

（徐　霞）

【平谷县旺旺食品分公司库房发生火灾】 6月18日14时22分，平谷县城关镇旺旺食品有限公司分公司库房发生火灾。烧毁库房4000平方米及库房内存放的成品及原料，直接财产损失171308元。经查，火灾原因是电工张某违章在库房墙壁电焊作业，电焊火花溅到泡沫保温层上引发火灾。

（徐　霞）

【丰台区章丘大厦发生火灾】 7月29日上午9时19分，丰台区水口子村33号的章丘大厦附属配楼一房间（正在施工装修）发生火灾，造成2人当场死亡，4人受伤（3人重伤、1人轻伤），直接财产损失2000元。经查，火灾原因是隋园装饰有限责任公司的施工人员为房间做防水施工时，因违反操作规定使用防火涂料发生爆燃。

（徐　霞）

【门头沟区一小区居民楼发生火灾】 11月22日晨，门头沟区滨河德露苑小区12楼居民王崴（女，46岁，石景山时奥汽车修理部职工）家，因燃气灶台塑料管老化液化石油气泄漏，遇电冰箱启动器电火花引起爆炸燃烧，过火面积150平方米，受灾12户，王崴当场死亡，其夫高时璋被烧伤，经抢救无效一周后死亡，其子高彬被烧死，造成直接财产损失996659元。

（徐　霞）

消防局2001年领导名录

职　务	姓　名	任　职　时　间
局　长	刘瑞祥	1994年12月—
政　委	张学伟	2000年7月—
副局长	杜兆刚	1992年7月—2001年9月（退休）
副局长	王宏旗	1994年4月—2001年6月（因病免职）
副局长	张正福	1994年4月—
副政委	陈益新	1999年9月—
副局长	张华锋	1999年9月—
副局长	王振中	2001年6月—
副局长	李　进	2001年6月—
副局长	王启生	2001年6月—

区域警务管理

东城分局

【概　况】 2001年，东城分局坚持“三创一保”的基本工作思路，以人民满意为工作的最高标准，以“助申奥”、“保大运”等各项中心工作为契机，深入开展“严打”整治和与“法轮功”邪教组织的斗争，全力维护全区的政治稳定和社会安定。年内共查破“法轮功”宣传品案件52起，打掉“法轮功”团伙8个、窝点13个。妥善处置各类群体访，有效地维护了市委、市政府及驻区中央单位周边的良好秩序。共投入警力83261人次，完成各类警卫勤务2840次，确保了党和国家领导人及重要外宾活动的绝对安全和首长驻地的绝对安全。年内本区发生各类刑事案件2353起，比上年下降7.5%。破获各类刑事案件2305起，其中破获本区年内案件1224起破案率为52%，比上年上升了6.1%，抓获各类违法犯罪嫌疑人4516名，其中外地人2772名，打掉犯罪团伙153个，涉及成员564人。全面强化治安管理，积极探索建立治安管理的长效机制。进一步加强规范出入境管理工作，年内，62家涉外留宿单位共接待境外人员82472人次，处理各类涉外案件400起。对全区35处治安重点地区特别是市局确定的5处重点地区开展集中整治，取得显著成效。先后打掉在王府井地区指使儿童卖花团伙、在协和医院进行诈骗的“医托”团伙。认真落实外来人口和出租房屋“三查三见面”的管理检查措施，将出租房屋全部纳入计算机管理。全区共建立出租房屋管理站153个，出租房屋自管小组343个。加强派出所规范化建设，先后落实一区一警制度、评议社区民警制度和警情通报制度，年内，50%以上的户籍派出所在硬件设施方面达到了《派出所工作规范》标准。大力开展科技创安，年底全区建成了23个技防小区，9000多户居民受益；全区重点单位安装紧急报警按钮1400余个、各类防盗探测器1400余个，5条重点繁华大街安装了电视监控系统，通过报警服务公司与分局直接连通的报警服务网络用户共700家。以抓巡察支队为突破口，积极推进队伍规范化建设，民警队伍整体素质得到提高。坚持从优待警，保证民警正常休假。全年共组织25批825名民警和家属休养。2月，东城分局被公安部评为2000年度全国优秀公安局。

（刘　滨　赵为民）

【确保危改拆迁工程秩序】 年内，东城分局配合有关部门先后开展了对黄城根农贸市场、东直门外交通枢纽等11处危改拆迁工程的秩序维护工作。分局抽调警力积极协助解决拆迁工作遇到的实际困难和突出治安问题，现场及时化解引发的人民内部矛盾。全区拆迁的2万多户居民中，未发生一起上访闹事事件。

（刘 滨 赵为民）

【深入开展“两减一树”活动】 年内，东城分局在开展减少违法违纪，减少群众投诉，树立人民警察良好形象的“两减一树”活动中，共受理反映民警各类问题的信访和“110”电话投诉291件，比上年下降51%。共查处民警违纪案件4起4人，比上年分别下降了33%。

（刘 滨 赵为民）

【换发新型《暂住证》】 年内，东城分局落实市局换发《暂住证》工作部署，共召开各种宣传动员会1986个，发放宣传材料10万份。至7月底，全区更换新型《暂住证》87111个，新办理《暂住证》17961个。

（刘 滨 赵为民）

【完成地坛春节文化庙会安保任务】 1月下旬，东城区举办了为期9天的第十六届地坛春节文化庙会。庙会期间，客流量达到95万人次（外宾5110人次），机动车7180辆，非机动车28100辆。分局出动执勤警力1665人次，维护各场、点治安秩序，抓获各类违法犯罪嫌疑人65人，破获各类刑事案件18起，收缴管制刀具16把，仿真枪258支，发现解决不安全隐患20起，确保了庙会的安全。

（刘 滨 赵为民）

【完成春运保卫任务】 历时40天的北京站春运安全保卫工作于2月17日结束。东城分局与有关部门互相配合，安全迎送旅客529万人次，比上年多52万人次，上升10.9%。工作中破获各类刑事案件6起，抓获各类违法犯罪嫌疑人51人（其中票贩子18人），清理“三无”人员362人，确保了北京站地区秩序良好。

（刘 滨 赵为民）

【开展“严打”整治斗争】 4月至年底，东城分局连续开展“严打”整治斗争。共破获各类案件2050起，抓获犯罪嫌疑人3594人，打掉犯罪团伙107个，抓捕负案在逃人员146名；追缴赃款1029.4万元人民币。对全区35处治安重点地区特别是市局确定的5处治安重点地区开展集中整顿，共出动警力3万人次，查获各类违反治安管理人员49246人，收容14268人；抓获卖淫嫖娼人员496人；查获盗版音像、书刊13万余件，收缴非法持有枪支1022支，管制刀具80件。9月，经有关部门联合考核，5处治安重点地区全部验收合格。

（刘 滨 赵为民）

【发还被盗机动车】 8月1日，东城分局在地坛体育馆举行被盗机动车发还仪式，将在“严打”整治斗争中破案追缴的30辆被盗高档机动车发还事主。

（刘 滨 赵为民）

【贾春旺、强卫视察巡察支队】 8月22日上午，公安部部长贾春旺，市委副书记、政法委书记、市局局长强卫到东城分局巡察执法支队视察。了解询问警情动态，观看了计算机演示GPS卫星定位系统对全区“110”警务车监控情况，抽查了民警宿舍内务，并听取了支队领导的工作汇报。

（刘 滨 赵为民）

【确保商委住宅楼爆破拆除安全】 9月16日0时30分，东直门北大街16号商委住宅楼实施爆破拆除。为此，东城分局成立爆破安保指挥部，抽调警力350人对现场周边150米实施警戒控制，确保了爆破现场及周边的安全。

（刘 滨 赵为民）

【启动“电子”巡更系统】 10月24日，东城分局朝阳门派出所启用“电子巡更”管理系统，对辖区实施6个层面的全方位技防控制，即辖区重要路段由电视监控系统覆盖；门店较多的街道采用电视监控与报警系统相结合；胡同中设置电视监控，由街道治保会

区域警务管理

公安部部长贾春旺(左二)，市委副书记、政法委书记、市局局长强卫(左三)视察分局巡察支队

分局向区内危旧楼房居民发放灭火器材，分局长刘瑞宾(左三)出席首发仪式

分局举行“严打”整治斗争誓师大会暨新警车发放仪式

分局举行发还被盗自行车认领群众大会

朝阳门派出所启动“电子巡更”系统

区域警务管理

西城分局

“零点行动”拉开西城区“严打”整治斗争序幕，副分局长贾克青(中)、分局领导(右第一排)及部分民警整装待发。区委书记王长连(左三)下达出击命令，分局长于泓源(左四)、时任区委副书记邵雷(左二)、副区长曹长胜(左五)、时任区委常委、区委办公室主任张春平(左一)等领导参加“零点行动”

分局长于泓源(右二)与政委陈福印(右一)在新分配大学生座谈会上

分局为一线警务车配备便携式移动查询终端

“走近警察、走进严打”警营一日系列活动，分局警官合唱团为参加活动的群众做汇报演出

分局成功打掉一个以东北人为主的，在天意市场强行收取保护费的黑恶势力团伙

2月11日下午，全国人大常委会副委员长何鲁丽（左一）在分局长王仲伸（中）陪同下，到东花市派出所慰问全体民警

国庆保卫中，分局政委郑燕生(左三)深入基层检查指导工作

分局荣获市局第十二届警体运动会集体跳绳甲组冠军

崇文门派出所民警蒋鸿英、副所长王艳在市局警体运动会上，获警体三项甲组个人比赛女子第一和第二名

4月，分局巡察支队在前门大街、崇文门大街、天桥大街、北京南站站前街四个派出所组建四个治安巡警队

区域警务管理

宣武分局

分局长姜良栋(右二)在分局档案工作目标管理晋升市一级考评会上作汇报

分局领导与横渡琼州海峡的巡察民警刘军合影留念。左起：副分局长袁塞路、政委安铁军、民警刘军、分局长姜良栋、政治处主任贾启强、纪委书记于万斌

分局聘请李阳教授英语，分局长姜良栋（左三）、政委安铁军（左四）、政治处主任贾启强（右二）积极参加英语学习

牛街派出所荣获“全国优秀基层党组织”称号。

治安调解中心民警为群众调解纠纷

区域警务管理

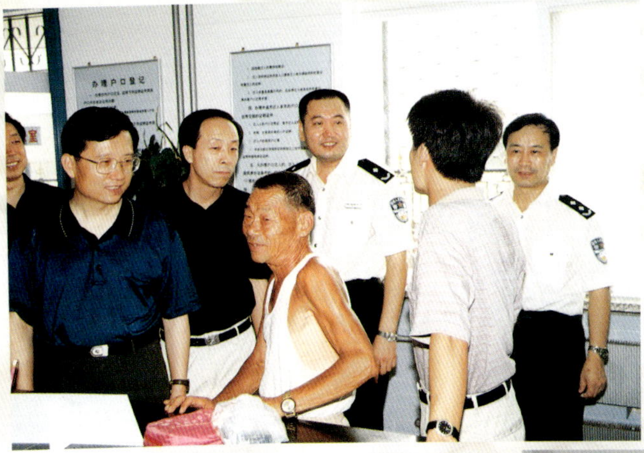

6月20日，市局局长强卫（左一）到太阳宫派出所调研，区委书记刘晓晨（左二）、分局长肖兴国（左四）、分局政委王忠（左六）陪同调研

9月，分局领导班子针对美国“9.11”恐怖事件的发生，认真研究使馆区安全警卫工作。左起：政治处主任巫国强，副分局长李国营、马英、米国顺，分局长肖兴国，政委王忠，副分局长赵文忠、徐长春、赵建章，纪委书记徐风

6月，分局举办内保系统保卫干部培训班

大运会保卫期间，分局督察队对重点比赛场馆执勤点督察

摄影：郭景奎　陈晓

区域警务管理

6月27日，分局长高煜(左三)、政委单志刚(右二)在分局召开的庆祝建党80周年大会上

6月7日，分局第一次党代表大会召开，选举产生第一届由高煜、单志刚、刘孚中等11人组成的党委领导班子。前排左起：副分局长康荣顺、王慧强、金志海、刘欣、刘孚中，分局长高煜，政委单志刚，副分局长张福润、陈德宝，政治处主任姜小棣，纪委书记付志华(后排左四)

10月，第十三届风景旅游城市公安分局治安工作研讨会在海淀区西郊宾馆召开，公安部部长贾春旺(右二)在市局局长马振川(右三)陪同下到会并作重要指示

二十一届世界大学生运动会期间，分局担负着运动员驻地大运村外围的警卫任务

分局积极组织各项文体活动，丰富民警的业余生活。图为，分局组织民警参加警体运动会

区域警务管理

分局选举产生第一届党委委员。前排左起：陈玉川、赵禄、王志江、夏其忠、吴树春、李学炎；后排左起：李雪明、孙伟年、贺安钢、贾福清、宋宏声

8月，市局局长强卫(右)在分局长王志江(左)陪同下参加分局看守所建成投入使用揭牌仪式

8月10日，分局331名民警参加领导干部竞聘上岗考试，夏其忠政委亲临考场监考

在中国共产党建党80周年之际，分局组织民警到革命圣地－西柏坡参观并举行宣誓活动

11月17日，分局英语小教员培训班结业

区域警务管理

分局领导班子左起：纪委书记朱国泉、副分局长孙鸿博，政治部主任宋英杰、副分局长李文祥、政委张京、分局长赵福奎、副分局长梁恩贵、赵利、谢克宁、于明泉

3月16日，分局派出所巡逻队成立，苹果园派出所副所长赵颖彪从区长陈文占手中接过治安巡逻队旗帜

区政法委副书记王景泉（左一）、分局长赵福奎（左二）在总结表彰会上向受到表彰的民警颁奖

八宝山治安巡逻队在辖区巡逻

八角派出所荣誉室

摄影：赵东超　岳树军

市委副书记、政法委书记、市局局长强卫（左一），区委书记李建华（左二）等领导同志向分局民警发放住房钥匙

区委书记李建华（中）到分局调研，听取分局长周福海(右)、政委鹿进宝（左）工作汇报

6月29日，分局特邀请原公安部副部长俞雷在分局“纪念中国共产党建党80周年大会”上为民警讲党课

分局长周福海（左二），副分局长刘凤（左一）参加夜间清查行动

区域警务管理

房山分局

5月，市局局长强卫（前排左六）来到分局良乡责任区刑警队调研时与分局领导和民警合影

房山区委常委、宣传部部长崔国民(右一)率区有关部门领导来分局慰问，并送来锦旗，称赞分局圆满完成《没有共产党，就没有新中国》大型文艺演出保卫任务。分局长孙钫(左二)政委陈曦(左一) 参加接旗仪式

分局召开党组扩大会议，部署全年工作

5月，分局北潞园派出所正式成立，市局政治部主任杨晓毅(右二)、分局长孙钫(中)、政委陈曦(左一)参加了揭牌仪式

分局举办“开展打击和预防经济犯罪教育”展览

摄影：牛立昕、李功

10月23日，区委书记崔君乐（右三）等领导参观分局“严打”整治斗争成果展览

2月23日，分局长解崑(左一)在“严打”整治斗争部署大会上与各职能部门和派出所一把手签订《严厉打击刑事犯罪活动全面加强通州区社会治安工作责任书》

分局政委杜太原在实战技能培训班上做动员

“严打”期间民警上街向过往群众发放宣传资料

区域警务管理

分局长张建军（右一）与多发案地区派出所签订打击控制发案责任书

分局长张建军（左一）、政委孙玉文（右一）陪同市人大、市政协等领导检查北小营派出所规范化建设

分局举办第一届警体运动会

新建成的刑侦、交巡综合办公大楼

摄影：赵德印

区域警务管理

1月20日，公安部副部长白景富到分局回龙观责任区刑警队视察慰问

4月18日，分局新建看守所在南口镇举行奠基仪式(前排左四分局长李清林、左五分局政委尹燕京)

分局举办“治安规范化管理”业务培训班

6月8日，回龙观责任区刑警队被公安部命名为“全国模范刑警中队”称号

摄影：吴宝林　甘洪斌

区域警务管理

大兴分局

分局新一届党委成员。前排左起：副分局长王克华，分局长马武英，政委席思友，副分局长韩浩、后排左起：政治处主任杜志通，副分局长何立民、李福明、张京城，纪委书记张福长

北京市公安局大兴分局正式成立

野生动物园派出所挂牌成立

争创人民满意，为百姓寻回爱子

分局召开“严打”整治表彰大会

1月23日，中共中央政治局委员、国务院副总理李岚清(前左三)视察天安门地区时，来到分局指挥中心听取情况汇报。市局局长强卫（左一）等领导陪同。图为分局长王聚成(左三)、政委陈友(左四)介绍中心运转情况

1月30日，市委书记贾庆林（右三）在市局局长强卫（左三)陪同下，来到分局视察工作

十月一日，分局民警在天安门广场执勤

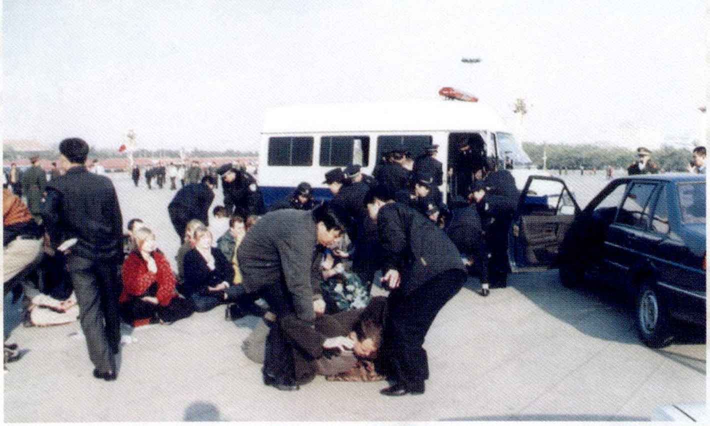

11月20日，35名外籍“法轮功”人员在广场滋事，被民警带离现场

5月25日，分局隆重召开党委换届选举党员大会，选举产生了分局党委新一届领导班子。左起：副分局长巩宝华、李京生、孔昭国，分局长肖毅，政委赵晓明，副分局长赵军，政治处主任陈付明

分局在市局警体运动会上取得乙组团体总分第三名。图为乒乓球代表队获奖后与市局领导合影

5月13日，成功处置携带爆炸装置挟持人质案。市局局长强卫(右二)，公安部副部长白景富(右一)，市局副局长吕实珉(右三)、阮增义(左一)等领导在北京西站处置现场研究方案

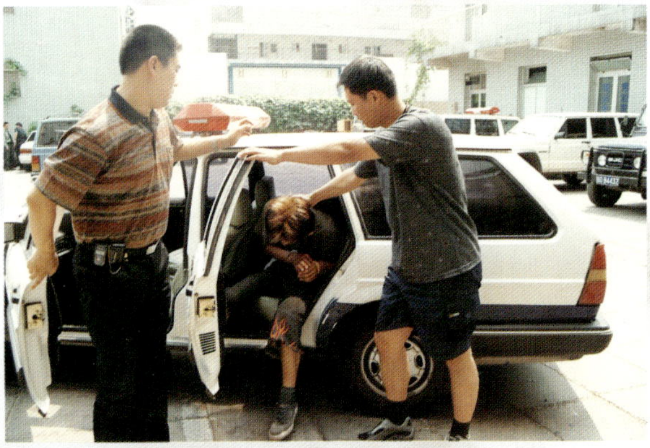

在公安部组织的全国70天追逃战役中，分局取得突出成绩

4月27日，分局巡察执法队民警捣毁位于西直门北滨河路的一个制造假公章、假证件、假牌照的窝点

区域警务管理

分局长蔡国柱(前排左六)、政委李宝刚(前排左五)参加“反扒”大队迁址仪式

分局开通全国第一条“反扒”热线，24小时接听群众报案

分局“反扒”民警参加北京电视台《荧屏连着我和你》节目

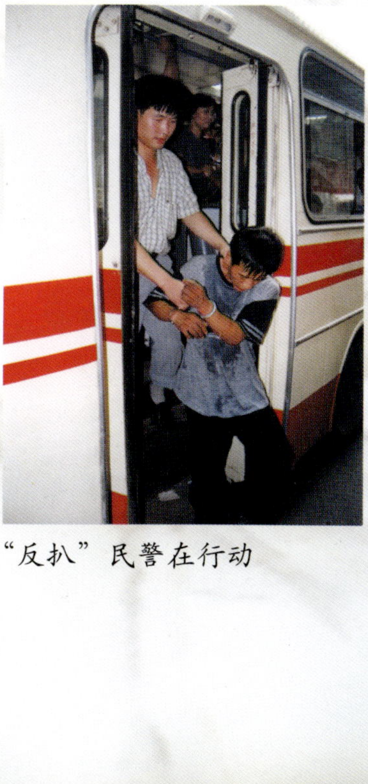

“反扒”民警在行动

分局配合“严打”斗争召开严厉打击刑事犯罪分子公捕大会

市委常委、市总工会主席阳安江同志一行到地铁西直门站、前门站、北京站亲切慰问执勤民警

市局副局长吕实珉于2月11日晚（农历三十）带领市局有关部门领导到地铁分局西直门派出所看望在节日期间坚守岗位的民警，向辛勤工作的民警拜年并赠送了节日礼品

市局副局长李全福(左二)到分局调研工作，分局长安金池(右一)、政委杨文清(右二)、副分局长鲁思敬(右三)、程勇(右五)、张福(左一)、刘连海(左三)陪同参观分局指挥中心

“爱民月”期间，分局在地铁复兴门站设立法律咨询、消防咨询、假币识别咨询台，热情为群众服务

区域警务管理

经济技术开发区分局

分局组织民警参观纪念中国共产党成立八十周年图片展(前排左七分局长宋金田、左六分局政委郭本立)

开发区卫士

7月1日，开发区组织党员举行宣誓仪式

分局深入企业征求意见

7月，分局指挥中心装修完毕正式投入使用

区域警务管理

分局领导班子：前排左起副分局长贾奎生，分局长田爱军，政委梁建勋，后排左起政治处主任吴淑荣，副分局长刘永巍、刘志刚

为确保燕化公司改革顺利进行，分局及时对内保工作进行部署

分局刑侦民警庄严宣誓：誓为“严打”斗争做贡献

内保民警深入燕化公司生产现场进行安全检查

区域警务管理

分局领导班子：左起：副分局长何靖、唐东风，分局长朱长友，政委倪春生，政治处主任王金婵

时任市局副局长马振川同志来分局慰问，并同五科派出所民警进行座谈

在市局广播操比赛中，分局获丙组第一名

在市局第十二届警体运动会拔河比赛中，分局参赛人员顽强拼搏，取得丙组第一名

县局领导班子。前排左起：副县局长孙长杰，政委丁增进，县局长许克嘉，副县局长崔建祥，后排左起：纪委书记褚秀兰，副县局长齐志林、刘子民、李兰祥、张卫兵

出席县局2001年度表彰大会的领导与荣立个人三等功的民警合影。三等功获得者第二排左起：王学林、崔连元、张国民、王筱月、沈亚彤、刘卫东、李福田、张仲同、耿仓元；第三排左起：孟凡栋、刘朝震、刘爱民、王立明、李艳清、彭明维、王建

8月，投资600万元新建的交巡大队指挥中心投入使用

11月15日，“110”指挥中心建成交付使用

新装修的县局办公大楼

摄影：张信生

市委副书记、政法委书记强卫到密云县公安局慰问民警，县局局长李晓奇陪同

5月29日，县局第二次党代会选举产生的新一届党委成员。右起：党委委员副县局长何跃先、王印生、周宗明，党委书记、县局局长李晓奇，党委副书记、副县局长马德朝，党委委员、副县局长田长丰，党委委员政治处主任张天利，党委委员纪委书记李桂生

县局新办公大楼

县局指挥中心

3月，县局局长李晓奇在全国旅游保卫工作总结表彰大会上领取先进单位奖牌

区域警务管理

年初，召开县局党委扩大会，县局局长武延年（左一）、政委李术兰（左二）部署全年工作任务

组织竞聘上岗，对新任职领导干部进行培训

配合“严打”整治斗争，县局为一线战斗单位购置新警车

午夜出警——盘查

为交巡大队配发新式警用摩托车

摄影：张军　甄继宏　范海旺

区域警务管理

4月23日，市局局长强卫(左四)到延庆调研工作，与永宁派出所民警合影留念，县局局长王春来(左五)陪同

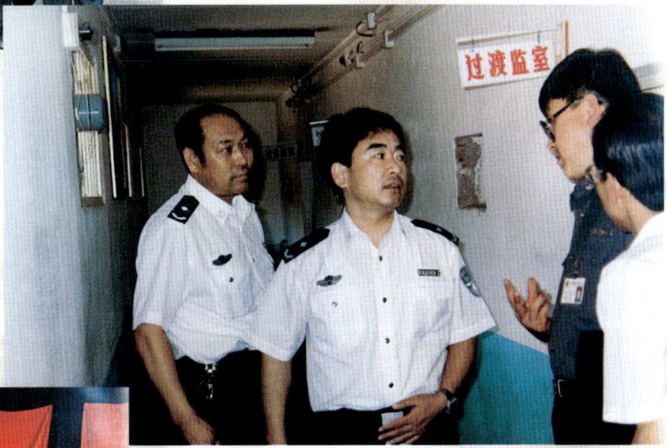

市局副局长刘绍武（左二）8月9日视察延庆看守所

6月20日，县局召开争优创先表彰会

刘斌堡派出所民警帮助教育“法轮功”练习者迷途知返

区域警务管理

北京市森林公安处

召开"三项教育"动员会，出席会议的领导有(由左至右)：副处长宁晋杰、国家林业局森林公安局处长陈介平、处长王增禄、市公安局副局长杨文忠、市林业局副局长李树旺、市林业局监察处处长陈玉泉、市林业局人事处副处长赵凌云

加强基础建设，一批驻林区派出所的办公条件得到明显改善

会同工商、野生动物保护、林政执法部门开展"猎鹰行动"，严厉打击破坏野生动物资源的违法犯罪活动

区域警务管理

公安部部长贾春旺(中)、民航总局公安局局长刘晓林(左)、分局长韩国良(右)在机场保卫现场

11月7日，珠海飞往北京的客机上一旅客被劫持。接报后，分局政委吕长城(左三)，副分局长王世平(左五)、张志(左四)带领民警立即赶到机场，研究处置方案

10月21日，刑侦支队进行经济案件侦查资格培训考试

大运会期间，民警参加值勤任务

12月，刑侦支队破获一起北京食品有限公司配餐物资被盗案

区域警务管理

分局领导班子。左起副分局长杨晓林、分局长王永、副分局长魏欣平

整装待发

清点查获的走私象牙

利用缉毒犬对监管现场进行巡检

分局民警对查获收缴的走私野生动物制品——猎豹皮进行登记清点

摄影：雷宏

区域警务管理

铁道部部长傅志寰(左一)亲自给北京铁路公安局局长姜战林(右一)颁授“追逃冠军”匾

春节前，铁道部公安局局长张起增(右二)在姜战林(右三)陪同下，来到宋凤和烈士家中慰问

为确保铁路大动脉安全，全局组织武装巡逻巡线工作

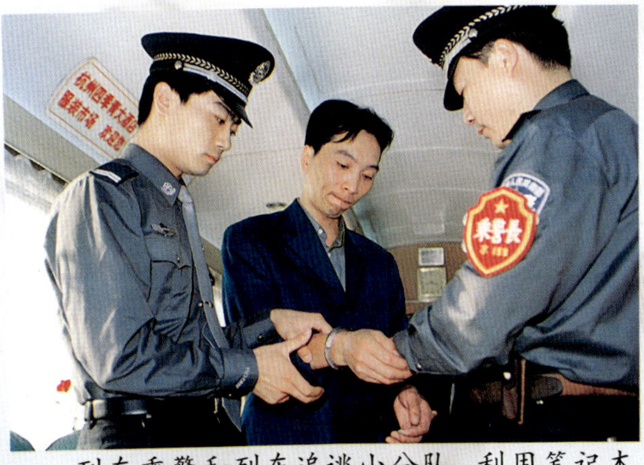

列车乘警和列车追逃小分队，利用笔记本电脑开展网上查缉，一名重大逃犯落入“法网”

车站上，民警在进出站口架设计算机进行网上查缉工作

摄影：崔立民　吕建国　韩兴旺　陆国鸿　刘建锋　徐雪琦

区域警务管理

追逃战役第一阶段，公安处被北京铁路公安局授予“先进单位”称号，处长姜顶峰(左)、党委书记段永吉(右)上台领受锦旗

乘警利用笔记本电脑在列车上，盘查嫌疑人

在列车上进行防暴训练

查获大量野生动物皮

在“严打”整治斗争中，公开逮捕犯罪分子

区域警务管理

市局副局长杨文忠（中）来到公安处调研，处长赵玉珉（左一）副处长孙玲（右一）详细介绍工作情况

处领导与处机关部分受表彰民警合影

现场排除朔（州）黄（骅港）线重大阻工事件

（北）京广（州）线（南段）"保春运"誓师大会

区域警务管理

铁道建筑公安局第十六公安处

3月14日，公安处在天津二处召开公安工作会议。前排左六为处长宋佑玉，左五为党组书记李定观，右二为副处长沈仲岳

在内（江）昆（明）铁路“严打”整治专项活动中，处长宋佑玉身先士卒，带领民警战斗在一线

民警在北京城市交通轻轨工地张贴《北京市人民政府第48号令》，宣传消防安全管理规定

积极参加“严打”整治斗争，维护国家重点工程施工秩序，查处各类案件

由中铁十六局承担的城市轻轨大钟寺车站，是重点工程之一，为保证施工生产的顺利进行，民警加强巡逻、值勤

摄影：　江克高　　成海忠

负责日常监管；在平房院内安装“门宇对讲”并推行门磁报警系统；在辖区中央重点单位引入专线及摄像系统全方位防护。有效减少了该地区案件的发生。

（刘　滨　赵为民）

【区委区政府赠车支持“严打”斗争】 11月14日，东城区隆重召开“严打”整治斗争第一阶段表彰大会暨新警车发放仪式，区委、区政府将为分局开展“严打”整治斗争而专门购置的39辆桑塔纳轿车发放到各参战单位手中，为分局“严打”整治工作的深入开展提供了强有力的物质保障。

（刘　滨　赵为民）

【完成全国公安厅局长会议安保工作】 全国公安厅局长会议于12月19日至21日在亚洲大酒店召开。东城分局成立现场保卫指挥部，共出动警力5427人次，保安和其他力量12800人次，确保了会议的安全。

（刘　滨　赵为民）

案例举要

【破获“2·26”持枪抢劫杀人案】 2月26日，东城区和平里民旺南胡同发生一起特大持枪抢劫杀人案。两名蒙面歹徒持枪将倒汇人员冯锐刚（男，41岁，住本市东城区朝阳门本司胡同）打死，抢走一黑色皮包后开车逃逸。4月1日，东城分局侦查员冯光尧、谢福彬在宣武区天宁寺前街附近跟踪涉案嫌疑人，遭到胡大秋（男，42岁，无业，住本市崇文区花市中三条，保外就医）纠集同伙的袭击，侦察员冯光尧被打成重伤。根据市局领导指示，东城分局会同市局刑事侦查总队、行动技术处组成专案组开展工作，分别于4月3日、7日将胡大秋、丛日光（男，38岁，个体汽修从业人员，住本市东城区青龙胡同，刑满释放人员）2名犯罪嫌疑人抓获。经审查及犯罪嫌疑人交代，丛日光曾利用工作便利偷配他人汽车钥匙，交给“2.26”持枪抢劫杀人案主要犯罪嫌疑人曹绍纯（男，37岁，无业，住本市西城区三里河，涉案在逃犯）、朱力凯（男，38岁，无业，住本市海淀区双榆树，刑满释放人员）用于盗窃抢劫犯罪活动及曹绍纯伙同朱力凯2月26日抢劫杀人后帮助其藏匿赃物、赃证的事实。办案民警迅速出击，将犯罪嫌疑人曹、朱抓获，并从丛日光处起获小口径手枪2支、子弹17发、蒙古刀1把、头套2个等作案工具。曹、朱二人对持枪抢劫杀人的犯罪事实供认不讳。

（刘　滨　赵为民）

【侦破一起绑架强奸案】 6月9日，东城分局接到一女事主在东城区赵家楼饭店内被人绑架、强奸的报警后，立即组织警力赶赴现场开展调查。经工作，抓获涉嫌绑架的犯罪嫌疑人关跃（男，24岁，无业，住本市通州区犁园）、吕柏成（男，25岁，黑龙江省大庆市人）、史静波（男，25岁，黑龙江省大庆市人）及幕后指使者赵亮（男，42岁，通州区政协委员，案发后被免）。据赵亮交待，因与女事主有经济纠纷，为抵销债务，指使关跃、王晓（在逃）等4人将女事主绑架、强奸，企图杀人灭口。后事主趁绑架人不备逃出房间求救。

（刘　滨　赵为民）

【打掉林晓琳虚开增值税发票团伙】 6月27日，东城分局刑侦支队接东城区国税局举报：东城区宝钞胡同23号北京鑫荣尊商贸有限公司对外虚开伪造的台湾电脑版增值税发票50张，合计销售金额200余万元人民币，抵扣增值税38万元人民币。分局立即开展调查，于当天下午在朝阳区慧新东街14号楼将犯罪嫌疑人林晓琳、林豪、郭平抓获，缴获赃款2万余元。

（刘　滨　赵为民）

【破获“9·07”杀人碎尸案】 9月7日，东城区黄米胡同12号院一出租房内发生一起杀人碎尸案，被害人安然（真名安红霞，女，22岁，河北省定州市子卫镇子卫村人，系陪聊小姐)。东城分局侦查员经工作，于10月11日在四川省成都市将犯罪嫌疑人程冬涛（男，41岁，无业，住本市宣武区三义东里）及其女友陈香菊（26岁，无业，四川省成都市人）抓获。经审查，程冬涛对因陪聊价钱问题与安然发生口角后杀人碎尸，并在其女友陈香菊帮助下逃到成都隐藏的犯罪事实供认不讳。

（刘 滨 赵为民）

东城分局2001年领导名录

职 务	姓 名	任 职 时 间
分局长	刘瑞宾	1997年8月—
政 委	毕庶琪	2001年5月—
副分局长	叶国清	1998年8月—
副分局长	王铁安	1991年10月—
副分局长	周志学	1998年1月—
副分局长	杨 铁	2000年4月—
副分局长	杨五一	2000年11月—
副分局长	孙 钫	1995年8月—2001年4月（调房山分局任职）
副分局长	张 京	1998年8月—2001年4月（调石景山分局任职）
副分局长	仇启春	1992年6月—2001年4月（到最高任职年限，任正处级调研员）
副分局长	韩金相	2000年11月—2001年9月（到最高任职年限，任正处级调研员）

西 城 分 局

【概　况】 2001年，西城分局从维护政治稳定、社会安定，促进经济发展的大局出发，全面加强公安工作。年内，共出动警力22万余人次，执行警卫勤务4000余次，圆满完成了“两会”等重大活动的警卫任务。继续深化同“法轮功”邪教组织的斗争，及时有效地处置了“法轮功”顽固分子企图利用重大活动和敏感日到中南海及重点地区非法聚集闹事的图谋。破获“千禧公司”下载、制作、散发“法轮功”宣传品等案件。妥善处置了因房屋拆迁等矛盾引发的居民堵路、静坐及集体上访等30余起事件。发现并妥善处置了到中南海周边上访的各类人员5855名。持续开展“严打”整治斗争，以“打黑除恶”为龙头，多警联合，先后组织实施了“零点行动”、“网上追逃”等一系列专项战役。全年共破获各类刑事案件4094起，其中全市挂帐案件9起，抓获违法犯罪嫌疑人4829名，比上年上升45.2%；打掉犯罪团伙112个，抓获在逃人员125名。组织开展了“治爆缉枪”、“风雷行动”、“清理整治废旧金属收购站”、“整顿规范文化娱乐场所”、“治理地下空间”等专项行动，全年共查处治安案件13656起17240人，清理“三无”人员33447名，收缴了一大批非法枪支弹药、管制刀具、淫秽光盘。全市挂号的5处治安重点整治地区秩序明显好转。实施“百车千人”公开巡逻，把警力、治保力量最大限度摆上街面，加大社会面防控力度，全区安全居委会、无发案小区达到83.5%。进一步落实派出所工作规范，10个户籍派出所在14项指标的考评中全部达标。在原有分局三级巡逻网基础上，认真探索巡警、武警、交警“警地联勤”的巡逻工作模式。全年“110”处警共抓获违法犯罪嫌疑人1607名，比上年上升42%。全区36条主控大街和幅射大街的刑事发案比上年下降了51.6%。强化外来人口管理工作，外来人口及出租房屋办证率均达98%以上。全区火灾事故231起，同比减少23.8%。进一步加大科技创安、科技强警的投入，公安综合业务宽带数字通信网络一期工程投入建设，新建了3个典型示范技防小区和21个普通技防小区，10个户籍派出所全部建立了三级报警网络。机关后勤服务系统，实现了以物业管理、承包经营为基础的“社会化”管理。深化干部人事制度改革，调整任免领导干部46名，完成110名警长的聘任和54名科职以下领导干部的公开选拔、竞争上岗工作。完成了党组改建党委工作，组建了工会。年内，足球队夺得市局联赛冠军，分局被授予“全国群众体育先进单位”称号。

（鲁向炜 李喜梅）

【大力营造科技防范网络】 年内，西城分局注重科技手段开展治安防范工作，在全区500多家内部单位的枪库、财会室、金融网点等要害部位安装技防设施。全区299个居民小区中，189个实施了封闭式管理，科技创安达标小区106个。

（李喜梅）

【完成警长和副科职干部竞聘工作】 年内，西城分局完成了派出所110名警长和54名科、队、所副职领导干部的公开选拔、竞争上岗工作。

（李喜梅）

【治安重点整治地区明显改观】 年内，西城分局对西直门手机市场、官园花鸟鱼市等5处治安重点整治地区，先后开展了代号“风雷一、二、三号”的系列专项整治行动，同时在各重点地区安装了电视监控探头，基本实现了24小时动态监控，使5处重点地区的刑事发案率比上年同期下降了92%，治安案件比上年同期下降了96%，治安秩序明显好转。

（李喜梅）

【后勤服务“社会化”改革取得成效】 年内，西城分局采用招投标方式引进物业管理公司，对新的办公大楼及附属服务楼的主体设施、配套设备进行专业养护、管理和修缮，对环境卫生、绿化、消防、会务等项目的服务进行全方位的托管，既节省资金几十万元又减少了人员投入，初步实现后勤服务社会化。

（李喜梅）

【组织大型图片宣传巡展】 1月，西城分局在全区十个街道及重点单位、中小学校举办了以打击犯罪、增强防范意识为主要内容的“创一流业绩、保一方平安”大型图片宣传巡展，近2万名居民群众、职工、中小学生观看了展览。

(李喜梅)

【完成政协礼堂新年茶话会安保任务】 1月1日上午，政协礼堂召开新年茶话会，江泽民等党和国家领导人与各民主党派及各界人士400多人出席了活动。西城分局出动警力563人（其中路线警卫230人，现场警卫183人），圆满完成了安全保卫任务。

(李喜梅)

【完成奥委会评估团来京考察警卫工作】 2月21日至25日，国际奥委会评估团在京考察。西城分局共出动警力1100余人次，完成了评估团对北京四中等地实地考察及做礼拜等活动的4个现场和13条路线的警卫任务，保证了考察工作的顺利进行。

(李喜梅)

【圆满完成“两会”保卫任务】 3月3日至3月15日，全国人大、政协九届四次会议在京召开。西城分局投入警力2.5万人次，社区保安和治安积极分子24万余人次，圆满完成了2个会场、5个驻地、41条路线的警卫任务。

(李喜梅)

【一线警务车配备便携式移动查询终端】 3月6日，西城分局为刑侦支队、派出所等一线单位的14辆警务车配备了便携式移动数字查询终端。把公安信息网引入公安工作的最前沿，提高了实战能力和行动效率。

(李喜梅)

【“严打”整治斗争取得阶段性成果】 4月1日至9月30日，西城分局持续开展“严打”整治斗争，共破获刑事案件917起，破案率50%；抓获负案在逃人员66名，打掉犯罪团伙54个，5处市局挂帐的重点整治地区和16处分局确定的乱点得到了有效整治。

(李喜梅)

【“基础工作日”活动全面启动】 6月，西城分局在户籍派出所内推行“基础工作日”制度，责任区民警实行弹性工作制，利用部分双休日和晚间的时间下管界，以保证民警“下片”的工作时间，此项制度成为贴近群众，服务严打的又一有力举措。

(李喜梅)

【府右街派出所数字化建设初具规模】 3月至6月初，西城分局府右街派出所先后完成了指挥室建设、局域网建设、中南海周边及长安街沿线等重点部位监控设备安装并与分局指挥中心实现图像共享的视频系统建设及上访人员数据库在内的5个数据库系统建设工作，率先实现了派出所和分局间的宽带数据接入，为“数字化”治安派出所的整体建设奠定了坚实基础。

(李喜梅)

【开展“一区一警一保安”警务模式试点】 6月1日，西城分局在展览路派出所试行“一区一警一保安”的社区警务工作模式。选派25名素质好、能力强的保安员进入社区，协助社区民警工作，以弥补警力不足造成的治安防范薄弱环节，辖区内治安状况得到明显改观。

(李喜梅)

【举办国际禁毒日宣传咨询活动】 6月26日，西城分局在西单文化广场举行了国际禁毒日宣传咨询活动。公安部部长贾春旺、副部长白景富、市委副书记、政法委书记、市局局长强卫等领导和美国、加拿大、德国、澳大利亚四国驻中国禁毒联络官及各界群众3000余人参加了活动，共发放宣传材料17000余份。

(李喜梅)

【启动“三警联勤”巡逻模式】 7月4日，西城分局与武警一支队、西城交通支队签订《多警合作 协同作战 全面加强社会面巡逻控制工作责任书》，正式启动以巡警为骨干，派出所巡逻力量为基础，社会辅助力量为补充，交警、巡警和武警密切配合、协同作战的治安防控工作机制。

（李喜梅）

【消防监督处获公安部表彰】 7月26日，西城区消防监督处被公安部授予“学习天津消防先进消防处”光荣称号，并连续3次荣获消防总队规范化管理先进单位第一名。西城区连续5年被市消防安全委员会评为消防工作先进区。

（李喜梅）

【开展“警营一日”活动】 8月4日，西城分局邀请公安部副部长罗锋等领导及各界群众300余人开展了以“走近警察、走进严打”为主题的“警营一日”活动。活动通过观摩表演、交流咨询、装备展示等形式，向群众展示“严打”成果，让群众了解人民警察的工作。此后，“警营一日”活动在10个户籍派出所相继开展，共接待各界群众3000余人。

（李喜梅）

【顺利完成“十五届六中全会”保卫任务】 9月25日至26日的十五届六中全会期间，西城分局为做好现场及路线的警卫工作共出动警力500余人次，保证了会议的顺利进行。

（李喜梅）

【信访“清案会战”效果显著】 10月16日至11月16日，西城分局开展了为期一个月的信访“清案会战”，由分局长挂帅，组织有关部门对10个信访疑难老户和6个治安调解疑难问题，逐一听取工作汇报，共同研究解决办法并加大督办力度，使14件疑难案件得到了最终解决，其余2件制定了具体工作措施。

（李喜梅）

【足球队蝉联市局甲A联赛冠军】 10月23日，西城分局足球队以六胜一平积19分、进26球的战绩获得第一名，蝉联市局“金盾安利杯”甲A联赛冠军。

（李喜梅）

【举办警务英语培训班】 10月24日至30日，西城分局举办警务英语脱产培训班，聘请外籍教师授课，对30个基层单位和业务部门的36名英语骨干进行培训，为警务英语的普及奠定了基础。

（李喜梅）

【向群众发还被盗自行车】 11月，西城分局与西城交通支队联合举行了4次打击盗窃自行车违法犯罪公开处理大会暨向群众发还自行车活动。对56名偷盗自行车的违法犯罪人员进行了公开宣判，发还被盗自行车2510辆。

（李喜梅）

【开展对小地痞、小无赖矫正教育工作】 11月，西城分局各派出所开展了对危及一方稳定的“小地痞、小无赖、小流氓”的集中教育周活动。活动以“惩治一批、教育一批、挽救一批、安定一片”为指导思想，采取集中开会和个别谈话的方式，对这些人进行法制教育。同时积极与有关部门联系，为他们解决实际困难。期间，共谈话教育898人次，290人写下了不再做违法犯罪事情的保证书。

（李喜梅）

【抓获杀害亲属的“法轮功”人员傅怡彬】 11月25日17时许，西城分局新街口派出所民警接市局“110”布警，在德西大街64号楼4单元701室，将杀死亲属2人、致伤1人的犯罪嫌疑人傅怡彬（男，46岁，住百万庄北里13楼，北京百瑞房地产信息公司职员）抓获。经审查，傅自1998年年底开始练习“法轮功”，经多次教育仍沉迷其中。当日下午，傅看到一张报纸上有四幅英语小漫画，认为有“爸死、爷死、哥死、妹死”以及“死光光”的字样。傅与妻子回到父母家（案发地）后，从厨房中拿出菜刀，将妻子贺春英（47岁，北京制药三厂工人）、父亲傅秉让（75岁，北京变压器厂退休）当场砍死，将其母卢玉华（71岁，北京七中退休）砍成重伤。现傅已被刑事拘留。

（李喜梅）

【开展“百车千人”大巡逻行动】 12月，西城分局将全区主要大街划分为43个巡逻区段，组织100辆巡逻车，抽调机关、各派出所及巡察支队、驻区武警、社区保安、联防队员近千人，每周一次，从晚7时至翌日凌晨，在各责任区段内巡逻、盘查，以震慑犯罪，遏制发案。年底全区刑事发案未出现大幅度反弹。

（李喜梅）

案例举要

【破获一起敲诈勒索案】 4月8日，西城分局阜外派出所会同分局刑警队在天意市场将涉嫌收取“保护费”的吴兴茂（男，40岁，辽宁鞍山市人）和齐永春（男，30岁，辽宁鞍山市人）抓获。经审查，二人交待了自3月份以来，伙同他人在天意市场外对6个收购废旧纸盒、纸箱的河南商贩和推销塑料袋的安徽商贩采取殴打、胁迫等手段强行索要每月4000元保护费的犯罪事实。

（李喜梅）

【破获特大贩毒案】 4月21日，西城分局刑侦支队缉毒队根据线索将贩毒嫌疑人陈香艳（女，33岁，湖南省攸县人）抓获，收缴毒品海洛因1030克。当晚，又将同案嫌疑人依立塔木（男，38岁，新疆维吾尔自治区托台乡人）抓获。经审查，2人交待了4月3日，由依立塔木在广州以每克120元的价格购买海洛因1100余克，19日由陈香艳携带入京准备贩卖的犯罪事实。

（李喜梅）

【破获假冒记者系列盗窃案】 5月28日，西城分局刑侦支队根据线索在阜外大街附近将以低价出售两台笔记本电脑的犯罪嫌疑人杨光（男，32岁，北京市朝阳区中科园南里）和其妻高春燕（女，31岁，湖北大悟县人）抓获。2人供认了自1997年4月以来，以参加会议为名先后在王府饭店、五洲大酒店、香格里拉等40余处高档宾馆、饭店，采取拎包、溜门等手段盗窃80余起，窃得人民币20余万元、笔记本电脑2台、手机30部及外币等财物（总价值60余万元）的犯罪事实。

（李喜梅）

【破获系列骑摩托车抢劫案】 6月1日，西城分局刑侦支队在西直门无线局门前将正在销赃的赵红卫（男，27岁，河北泊头市人，暂住海淀区）、赵保才（男，31岁，同上）抓获，当场查获手机3部、手机卡7张。经审查，两人交待了自2000年6月起，伙同同乡多次于晚间在三环、四环、京昌路等地，由赵红卫驾摩托车带赵保才等人抢劫骑自行车人的手机或手包，作案40余起，抢得手机30余部及现金等物，涉案总值3万余元的犯罪事实。二人已被判刑。

（李喜梅）

【打掉两个由聋哑人组成的抢劫、盗窃团伙】 6月14日，西城分局民警在新街口路口将用拉车门、向车主眼部喷射“鼻炎宁”雾剂方式实施抢劫的聋哑人范飞虎（男，15岁，湖北襄樊市人）抓获。根据范供述，经工作，先后在昌平霍营西里4号楼和霍营华龙苑南里36号楼，打掉分别由易宏泽（男，34岁，湖南长沙市人）、卢福军（男，32岁，吉林省榆林市人）组织的两个外地聋哑人犯罪团伙，17名犯罪嫌疑人被全部抓获。经查，两团伙分别以拉车门、喷刺激性药剂为手段抢劫、抢夺和在批发市场、商场内进行拎包盗窃，共作案20余起。

（李喜梅）

西城分局2001年领导名录

职 务	姓 名	任 职 时 间
分局长	于泓源	1997年8月—
政 委	陈福印	2000年9月—
副分局长	耿广军	1998年1月—
副分局长	刘锡元	1996年4月—
副分局长	苗 林	1996年3月—
副分局长	李振涛	1996年3月—
副分局长	郭柏顺	1996年3月—
副分局长	贾克青	1997年3月—
副分局长	张 岩	1999年2月—
副分局长	张晓东	1999年2月—

崇 文 分 局

【概 况】 2001年，崇文分局把维护稳定，为经济发展创造良好治安环境当做头等大事来抓。在深入开展同“法轮功”邪教组织斗争中，对“法轮功”练习者落实了宣传、教育、转化和看护措施，使其中90%的“法轮功”练习者得到转化。打掉“法轮功”窝点4个，收缴“法轮功”宣传品2468件。年内，组织警力4130人次完成了天安门广场勤务及庆祝北京申奥成功、国家足球队出线、“大运会”等重大活动的安全保卫任务。在金鱼池、新世界等地区危改拆迁期间，分局投入警力12380人次，妥善处置各类矛盾引发的不安定苗头，保证了拆迁工程的顺利实施。此外，还积极依靠各级党政组织，化解因人民内部矛盾引起的敏感事件17起。持续开展“严打”整治斗争。通过上账挂牌、攻坚深挖、网上抓逃，全年破获本区刑事案件651起，其中重大案件457起，破案率分别为46.5%和49.1%，比上年提高2%和6.9%；抓获违法犯罪嫌疑人586名，抓获网上在逃人员47名，打掉犯罪团伙45个，涉及成员143名。通过专项整治和经常性管理，年内查获各类违法人员41883人次，收容遣送5248人，收缴非法出版物、盗版淫秽光盘5302张（册）。查获卖淫嫖娼人员312名，收缴赌博机49台。加强对外来人口聚集场所的清查工作，通过清查破获各类案件265起。7个市级、23个区级重点整治地区全部建立了治安长效管理机制，治安秩序明显改善。年内，加强了对全区内部单位和文化娱乐场所的安全检查，发现解决不安全隐患1900余件，对18家存在问题的单位和场所作出处理。对2万余户危旧房屋和防火重点单位进行防火安全检查，消除1600余件火险隐患。全年发生火灾事故195起，比上年下降20.1%。全年接处“110”报警16253件，抓获各类犯罪嫌疑人478人，从中破案110起。继续开展创建安全社区活动，各责任区普遍建立了10至15人的群众治安巡逻队，同时组建了一支300人左右的社区保安队伍。加快公安科技步伐，相继建成计算机网络文件传输系统、“110”三级接警系统、身份证网络制证等系统工程。崇文分局加强队伍建设，针对民警中存在和发现的问题，制定了“改进机关作风，优化服务环境工作实施方案”、“崇文分局首问责任制规定”等项制度。9月至12月，在民警中开展改进机关作风，优化服务环境，树立良好政府形象的活动。年内，破格选拔3名科技干部走上领导岗位。调整领导班子30个，现职领导52人（其中免职9人）。并在全局推行双向选择聘任制，实行了目标管理“零起点”岗位责任制；按照培训计划，对实战单位领导、各警种民警进行了业务培训。

（杨永党）

【天坛公园安装电视监控系统】 年内，天坛公园管理处投资170万元，在祈年殿、回音壁等35处重点景区内安装了电视监控系统，对全园实行24小时监控，使刑事案件从上年的19起降至7起，发案率下降63%。至年底，公园派出所利用电视监控系统抓获各类违法人员102名，治安罚款3000余元。

（苏树茂　杨永党）

【旅店业网上抓逃质量提高】 年内，崇文分局治安处对179户旅店的数据网络系统进行了调整，提高了旅店业的防范控制能力。先后抓获网上在逃犯35名，其中杀人犯3名。从中破获刑事案件41起，其中重大案件33起。

（邢玉芝 杨永党）

【警卫基础工作实行计算机管理】 年内，崇文分局警卫处将分局7个户籍派出所、8个治安派出所辖区11大类、40余种警卫工作基础材料，100余种图表全部录入计算机，有效提高了警卫工作科学化管理水平。

（李明海　王　坚）

【天桥大街派出所保持“青年文明号”荣誉】 年内，崇文分局天桥大街派出所青年团员以一流的服务意识、一流的工作成绩被市局连续第四年授予市级“青年文明号”荣誉称号。

（杨　斌　杨永党）

【选调现职领导充实督察队伍】 年内，崇文分局从派出所选调5名政治、业务素质高、作风过硬的副所长充实到警务督察队，进一步加强督察工作。全年共出动督察民警1830人次，检查民警2万人次；检查中发现各类问题230件，现场纠正435人，现场登记65人，发现排除各类隐患21件，受理群众投诉59件，较好地完成了督察任务。

（李显奎　孙广林）

【“110”接处警打击现行犯罪成绩突出】 年内，崇文分局指挥中心共接市局“110”处警16253件，其中刑事类警情794件。通过“110”处警，当场抓获犯罪嫌疑人478名，比上年多103名，破获刑事案件110起。

（杨真水　周传豹）

【妥善处置因拆迁引发的群体性堵路事件】 年内，崇文区拆迁安置居民16630户。因部分群众对拆迁政策不理解，先后4次聚集闹事，阻塞交通。共有25起57批1034人到市、区政府集体访。崇文分局有针对性地开展工作，共收集信息140件，出动警力9810人次，及时进行劝解和疏导，防止了矛盾激化，保证了拆迁工作的顺利进行。

（邢玉芝　杨永党）

【龙潭北里小区发案为零】 崇文区龙潭北里小区上年发案22起。年内，崇文分局龙潭派出所与街道办事处共同研究决定，由街道办事处出资56万元，将小区15个出入口改造为3个，并增设岗亭，由保安24小时值守；小区内每天有社区保安、治保积极分子68人轮流值班巡逻。实行封闭式管理后，年内刑事案件发案下降为“零”，群众满意率达到96%。

（杨真水　高云生）

【派出所实行目标管理零起点】 1月1日起,崇文分局各派出所对民警实行目标管理零起点岗位责任制。即:如果民警只出勤、不做具体工作,目标管理则视为“零”,由末位调整制进行制约。零起点目标管理办法实行后的第一个月,民警得分最高为1200分，最低的仅有200分，改变了过去分配机制上的不合理现象，激发了民警工作的积极性。

（杨真水　高云生）

【维护秩序，确保春运安全】 春运期间，崇文分局北京南站派出所与铁路、公交等部门相配合，共出动警力400余人次，在高峰时间、重点地段加强巡逻控制，安全护送过往乘客6万人次，为群众做好事200余件，确保了春运的安全。

（荣富春　杨永党）

【“爱民月”征求意见达1388条】 1月1日至31日“爱民月”期间，崇文分局各单位共召开各种座谈会417个，到会人数13814人，走访群众15589人，表扬及各类意见1388条（其中表扬1132条，建议207条，批评49条）。

（杨真水　刘　波）

【圆满完成龙潭庙会安全保卫任务】 春节期间，崇文分局成立了龙潭庙会活动安全保卫办公室，在园内设立了安保指挥部和九个分指挥点，每天组织警力365名，对各活动场所、娱乐设施、摊棚进行安全检查，维护庙会活动秩序，确保了游客的安全。

（杨永党　陈丽霞）

【实现身份证网络制证】 3月15日，崇文分局人口管理处在东花市派出所，利用电脑试行居民身份证网络制证取得圆满成功。经市局批准，结束底卡上报制度，实现身份证网络制证。身份证制证周期从原来的40天，缩短到15天。

（杨真水　蔡元林）

【实行巡警、派出所民警“警务一体化”巡逻体制】 4月初,崇文分局巡察支队与前门大街派出所、崇文门大街派出所、天桥大街派出所和北京南站站前街派出所联合成立了4个地区巡警队,形成了以巡警为龙头的巡逻网络。年内,街头发案率同比下降了19.1%。

（李明海　罗延华）

【真情感化在押“法轮功”人员】 4月，崇文分局看守所管教民警针对在押“法轮功”人员抵触情绪大、不讲真实身份等问题，从人情、真情、亲情入手，运用事实论证，举办“抛弃邪教、走向新生”报告会，请转化好的现身说法，使在押“法轮功”人员主动说出真实姓名，并表示与“法轮功”邪教组织决裂。

（李明海　张国忠）

【革新里地区建立治安整治工作长效机制】 4月至7月，崇文分局永外派出所出动警力146人次会同城管等部门，对被列为市重点整治地区的永外革新里地区进行了7次清理整顿。清理无照摊点87个，拆除违章建筑房屋24间；取缔黑机动车22辆，违章停留残疾摩托车1辆，客货三轮车19辆；审查外来人口476人，处罚违反治安管理的75人；收容“三无”人员82人。至年底，该地区发生刑事案件6起，治安案件4起，分别同比下降73.7%和66.7％。

（杨真水　冯志谦）

【北京南站站前街派出所打击卖淫嫖娼成绩显著】 4月至11月底，崇文分局北京南站站前街派出所民警和联防队员组成打击卖淫嫖娼人员小分队，采取公开和秘密相结合的方法，共抓获卖淫嫖娼人员112人，有效地遏制了该地区卖淫嫖娼活动的蔓延。

（荣富春 杨永党）

【强化社区保安培训效果明显】 4月2日至12日，崇文分局分批对全区110名社区保安队员进行了以法律和业务知识为主要内容的强化培训。至年底，社区保安队员共抓获违法犯罪人员137人，查获“法轮功”人员39名，协助民警审查“三无”人员3737人，排除火险9起，为群众做好事667件，收到群众表扬信47件、锦旗7面。

（杨真水 李景丽）

【抓获外地黑社会性质犯罪团伙成员】 5月11日，崇文分局刑侦支队根据浙江省温州市公安局协查通报，利用高科技手段，将潜逃来京的温州一黑社会犯罪团伙主要嫌疑人胡国栋、陈建通等17人在本市朝阳区一宾馆内查获归案。

（李明海 王惠玲）

【开展民警盘查缉捕技战术演练活动】 5月17日至24日，崇文分局对刑侦、巡察和派出所的580名民警，分11批进行了贴近实战的巡逻盘查、设卡盘查车辆、缉捕技战术演练培训活动。

（宋厚林 孙广林）

【清理整顿境外人员聚集地】 6月7日至13日，崇文分局国保处对境外人员在本区重点聚集地及留宿在饭店、公寓的外籍人员进行集中清理整顿，查获外国人非法入境3人，非法居留4人，犯罪嫌疑3人。经审查，依法进行了处理。

（杨真水 焦丽萍）

【对在押人员开展系列“禁毒”教育活动】 6月26日，崇文分局看守所利用有线电视向全体在押人员播放《2000年禁毒备忘录》教育片；组织56名在押的吸毒、贩毒人员观看所内举办的“禁毒图片展览”；安排14名吸贩毒人员现身说法，对在押人员进行“珍惜生命，远离毒品”教育。

（李明海 隗会文）

【本市第一支区级行业性消防协会成立】 6月27日，“东花市地区餐饮业消防协会”宣告成立。该协会是在公安机关消防部门指导下的群众性消防安全自律组织。

（李明海 崔金松）

【张洪政见义勇为光荣负伤】 7月12日上午，崇文分局民警张洪政上班行至丰台区洋桥附近时，发现一歹徒持刀抢劫并将女事主扎伤后逃跑，即追出300余米将歹徒打倒后与其博斗，被歹徒连扎三刀，身负重伤。

（杨真水）

【及时处置一起因倒卖传销墓地引发的群体性事件】 9月初，近千名河北等地被非法倒卖传销购买墓地的灵泉公司所骗的群众纷纷来到西花市大街126号的灵泉公司要求退款。为防止矛盾激化，崇文分局崇文门大街派出所积极配合市区有关部门，组织警力到现场维持秩序，控制事态发展，并敦促灵泉公司制定还款计划，先后办理退款手续2000人次，办理退款补偿金700万元，退款金额2000多万元，使问题得到妥善解决。

（刘新华 杨永党）

【为92户孤老病残排除火险】 10月18日，崇文分局会同有关部门对体育馆路地区92户孤老病残户，逐门挨户地排除火灾隐患；并现场指导居民进行紧急报警、切断电源、液化气罐灭火、抢救人员、紧急疏散等防火、救火演练。

（李明海 崔金松）

【建立“审核小组”确保办案质量】 11月，崇文分局组成了“行政案件审核小组”，对呈报分局领导审批的行政案件，进行前期审核把关，确保了行政案件的办案质量。至年底，20余件行政案件无一起错案。

（李明海 刘 伟）

【“110”三级网络接警系统建成使用】 11

月30日，崇文分局完成了分局与16个派出所的“110”微机网络连接。12月20日“110”三级网络接警系统正式投入使用。

（李建勋　孙广林）

【避免一起重大治安事故】 12月28日下午，北京市燃气集团对天坛西里东区天然气管道进行停气抢修，因施工前宣传不到位，施工后又提前通气，导致有的居民户中天然气外泄。崇文分局天坛派出所民警了解情况后，立即报告。副区长李文玉、分局领导及治安处、消防监督处领导先后赶到现场，组织民警、社区保安、燃气职工及街道干部共73人和6个居委会全体积极分子，对所涉及的43栋简易楼2061户居民逐门逐户进行检查，关掉17户未关的燃气阀门，对家中无人的26户分别在居民屋门上张贴醒目提示。夜间，派出所在上述地区留有一部车进行巡视，避免了重大治安事件的发生。

（杨真水　邵　杰）

【全市首位外地私企老板落户崇文】 12月30日，外地来京人员王伟坚因在京创办私人企业连续三年纳税300万元以上，符合市政府《关于外地来京人员办理北京市户口试行办法》中规定的进京条件，经市局批准，成为第一位获得北京市常住户口的外地私企老板。

（杨真水　蔡元林）

案　例　举　要

【查获一名外籍“法轮功”人员】 1月6日，崇文分局在康城饭店查获一名外籍“法轮功”人员小林秀行（男，19岁，日本人，持旅游签证），收缴其携带的日文“法轮功”书1本、日文宣传“法轮功”横幅1面、中文“法轮功”宣传品3500份和在境内外拍照的胶片等。经查，该人2000年12月22日在台湾参加由美、法等国“法轮功”人员的“法会”后来京，1月1日至3日多次到天安门广场窥探境内“法轮功”人员活动情况。小林秀行被依法缩短其在华停留期限，限期出境。

（杨真水　焦丽萍）

【破获系列盗窃机动车案】 3月2日，崇文分局巡察支队民警在龙潭公园附近巡逻时将盗窃机动车的犯罪嫌疑人张学东（男，23岁，北京市人）抓获。经审查，张供认自1996年2月至2001年3月期间，与贾杰（男，25岁，河北省人）、张家胜（男，26岁，河南省人）等人结成盗窃团伙，先后在本市东城、西城、宣武、朝阳、海淀、丰台等地作案15起，盗窃桑塔纳轿车13辆，奥迪、本田轿车各1辆（总价值达人民币200余万元），以超低价销往河北，山东、太原等地，共获得赃款10余万元的犯罪事实。根据张的交代，侦查员先后抓获贾杰等6人，起获赃车7辆。7名犯罪嫌疑人于4月7日被依法批准逮捕。

（李明海　王惠玲）

【查破一专“吃”洗浴中心的盗窃团伙】 3月23日20时许，崇文分局前门派出所与分局刑侦支队密切配合，查破一个专门在各洗浴中心进行盗窃活动的犯罪团伙，抓获犯罪嫌疑人张林（男，32岁，通州区人，无业）、王洪宪（男，30岁，吉林人，无业）、王金发（男，27岁，黑龙江人）和胡秀峰（男，24岁，黑龙江人）等4人。经审查，4人交代了于2000年10月至2001年3月间，先后在西城、崇文等地的洗浴中心盗窃作案20起，窃得财物总价值人民币10万余元的犯罪事实。4人被逮捕起诉。

（李明海　杨永党）

【破获一起杀人碎尸案】 4月29日，崇文分局接市局“丰台区和义东里5区2号楼前发现两包尸块的协查通报”后，经认真核对，发现该案事主与本区的走失人口朱晓秋（女，22岁，通州区牛堡屯镇西永河村人）十分相象。通过对事主及家属进行DNA血型测试，确认无误。分局成立了专案组，经侦查发现王建军（男，30岁，北京灵泉公司业务员，住垂杨柳北里，系朱的同事）有重大嫌疑，经审查王交代了4月23日14时，伙同朋友王小强（男，30岁，无业，住北京市铁路局内燃机务段宿舍）在王小强家将朱晓秋轮奸后，王小强用铁锤和刀将朱杀害，二人又合谋将朱碎尸并抛尸的犯罪事实。5月2日，王小强被抓获归案。11月21日，北京市第二中级人民法院判处王小强死刑，判处王建军有期徒刑8年。

（李明海　杨永党）

【破获一起跨国贩卖军用枪支案】　5月13日，崇文分局刑侦支队经周密侦查，在龙潭温泉酒店门口将正在非法贩卖军用枪支的犯罪嫌疑人宝利·巴特尔（男，24岁，蒙古国胡布色格乐市人）和乌云撒拉（女，42岁，蒙古国乌兰巴托苏合巴特尔区人）抓获，当场缴获苏制军用手枪2支，子弹40发。经审查，2人交代了从蒙古国黑市购买枪支和子弹，于4月30日从二连浩特边防口岸入境，准备在北京将枪支卖掉后回蒙古国再购枪支来京倒卖的犯罪事实。

（李明海　王惠玲）

【捣毁一“法轮功”窝点】　6月30日，崇文门派出所会同分局国保支队在朝阳分局管庄派出所配合下，在朝阳区管庄西里查获一“法轮功”窝点，抓获“法轮功”骨干人员吴某某（女，30岁，北京市崇文区人，无业）等2人，并收缴“法轮功”彩色塑封宣传品2000余份，用于制作“法轮功”宣传品的笔记本电脑1台、打印机2台、塑封机1台、打印纸30余包、塑封纸15包、墨盒90盒以及李洪志讲法磁带、书籍等。12月12日，朝阳区人民法院依法判处吴某某有期徒刑7年6个月，剥夺政治权利1年。

（杨真水　张　平）

崇文分局2001年领导名录

职　务	姓　名	任职时间
分局长	王仲伸	2000年4月—
政　委	郑燕生	2001年4月—
副分局长	郑燕生	1995年3月—2001年4月
副分局长	王保旗	1996年8月—
副分局长	刘振祥	1995年12月—
副分局长	朱连富	1994年8月—
副分局长	王乐军	1994年8月—
副分局长	王令振	1998年1月—2001年11月（到最高任职年限，任正处级调研员）
副分局长	梁志国	1998年8月—
副分局长	张　健	1999年1月—

宣 武 分 局

【概 况】 2001年，宣武分局以“申奥”和“大运会”安全保卫为中心，以实现深化改革、科技强警、队伍建设三个突破为目标，深入开展“严打”整治斗争，有效地维护了全区的政治稳定和社会安定。全年共执行警卫任务206人次，出动值勤警力11830人次，圆满完成各项警卫任务和“厂甸”庙会、“两会”及申奥成功庆祝活动等一系列重大活动的安全保卫任务。深入开展“严打”斗争，以“打黑除恶”为龙头，持续不断地开展“打现行、破大案、抓逃犯”的专项斗争和打击团伙犯罪、盗窃机动车犯罪的集中统一行动，共破获各类刑事案件2049起，抓获违法犯罪嫌疑人2842名，打掉犯罪团伙214个，涉及团伙成员1051名。采取挂牌督战的方法，成功破获10起市局督战的重大案件。全年共抓获网上通缉的在逃犯156名，同比增加57.8%。加强复杂场所的治安管理，全年共出动警力3.8万人次，检查公共娱乐场所4918家次，查获卖淫嫖娼人员224人；查获赌博人员505人，收缴赌资22万元；收缴盗版光盘111万余张，淫秽光盘751张，非法书刊2649册。深入开展打击偷盗自行车专项行动，共破获盗车案件58起，抓获盗车嫌疑人296人，收缴赃车60辆，清理收缴无主车辆3667辆，向群众发还自行车1293辆。加强出租房屋、工地等外来人口聚集场所的清理整顿，共发函调查8000余人，上网查询9万余人，全年共清理“三无”人员1.5万余人。坚持对商场等繁华场所进行消防专项治理，全年火灾数同比减少20起，下降8.6%。年内，继续推行居民小区封闭式管理，全区已建成封闭小区116个，使用技防手段的小区29个。在企事业内部单位加大人防、物防、技防力度，全区487个直管企业单位中，有446个单位达到创安标准，创安达标率为91.6%。区保安分公司为220家客户提供保安员1800名，全年协助公安机关抓获违法犯罪嫌疑人157名，发现不安全隐患7648起。全区共有13万人次群众参与巡逻防范、看门护院，全年保卫干部和治保积极分子共向公安机关提供线索1298件，从中破获各类案件282起，抓获违法犯罪嫌疑人198名。继续对全区“法轮功”人员深入开展调查摸底，控制审查工作，落实控制措施，做到责任到人，实现了“零指标”。年内，分局新一届党委对28个领导班子、209名现职领导干部进行了政绩考核，1132名民警参加了民主测评。分局党委还专门举办了两期现职领导理论学习班。并积极争取资金加强各项后勤保障工作，全年共购置机动车27辆，配备了计算机106台，打印机89台，修缮了机关大院的办公楼，在办公楼的每一层都建了太阳能淋浴室，给所有的办公室安装了空调，并为全体民警做了身体检查。年内，分局党委被宣武区委评为“增强党组织凝聚力、战斗力、影响力”达标党委。

（张　浩　韩富敏）

【举办各类培训班18期】 年内，宣武分局共举办各类培训班18期，培训民警1235人。特别是聘请特警、巡警教官对刑侦、派出所等单位的100名业务骨干进行警务技能培训。大力开展计算机和英语培训，分局80%的民警取得市局承认的计算机资格证书，其中有74%的民警取得国家承认的计算机等级证书。同时，为分局各单位培训英语小教员100名。

(张 浩 杨亦兵)

【实现区域网络信息系统互联互通】 年内，宣武分局投资300万元铺设了62公里的光缆传输线路，完成了分局千兆网建设，链接驻外单位20个站点，实现了分局与所属单位间网络信息系统的互联互通。

(张 浩 杨亦兵)

【187个责任区达到安全责任区标准】 年内，宣武分局通过加强派出所规范化建设、落实从优待警、健全考核奖励办法等措施，确保民警深入责任区工作。同时在派出所推行了副所长办公前移制、警长负责制、民警弹性工作制等10项制度，使各项公安基础工作向社区延伸。全年可预防性案件同比下降34.1%，全区198个责任区中，187个达到安全责任区标准。

(张 浩 杨亦兵)

【加强刑警科技装备建设】 年内，宣武分局争取资金200余万元，为刑侦部门购置了指纹自动识别、图象处理、紫外观察照相、现场图测绘、多波段光源、视频荧光鉴别仪等高新科技装备，更新了照相器材、暗房等刑侦设备，提高了分局利用高科技手段侦察破案的能力。

(张 浩 杨亦兵)

【建立全区巡逻防控体系】 年内，宣武分局建立了以警务指挥中心为中枢，派出所为基础，巡察支队为龙头，整合其他治安辅助力量，重点建设8个区域性防控网络，从而形成覆盖全区的治安防范体系，增强了社会治安防控能力。

(张 浩 杨亦兵)

【开展治安整治工作见成效】 年内，宣武分局先后出动警力2.7万人次，对区内治安乱点集中清理整治100余次，有效解决了前门月亮湾的"票提"，"黑车"拉客，崇光百货门前的贩卖盗版、淫秽光盘，琉璃厂的"江西瓷"，"两办"信访局门前涵洞上访人员聚集等问题，使这些地区治安秩序明显好转。

(张 浩 杨亦兵)

【监所内开展政治攻势】 年内，宣武分局配合严打斗争，在监所积极开展政治攻势，敦促在押人员坦白检举，共获取各类线索179件，查证属实44件，从中破案32起，查获各类违法犯罪嫌疑人14名。

(张 浩 杨亦兵)

【户籍工作成绩突出】 年内，宣武分局户籍工作在市局目标考核评比中，名列8个城区第一名；其中户证办理中心全年接待群众17万人次，为群众办理各种户口、证件手续10万余件，解答咨询6万人次，群众满意率为97%，先后荣获北京市公安系统青年文明号和人民满意的公安单位称号。

(卢 东)

【信通处被公安部评为先进集体】 年内，宣武分局科技信息通讯处实现了光缆连通分局18个驻外机构，以及区委区政府和8个街道办事处，成为全市第一家光缆到所率100%单位；图像以MPEG2上网传输，实现数据、语音、视频"三网融合"，成为全市第一家派出所与分局之间具有光缆通道实时图像监控的联网系统；计算机三级网络第一个实现了从市局到派出所纵向网络带宽为1000兆的目标。分别被公安部评为全国二、三级网建设先进单位、被市局科技处评为"宽带综合业务数字网图像监控科技先进集体"、在市局信通处组织的信息通信系统目标管理考核评比中名列第一名，并荣获市局"网络建设工程集体二等功"。

(信息处)

【完成厂甸和大观园红楼春节庙会安保任务】 春节期间（1月23日至29日），宣武区举办了第一届“厂甸文化庙会”和“第六届大观园红楼庙会”，宣武分局投入安保力量5280人次，对活动场所、摊位、娱乐设施进行安全检查，消除各种隐患，维护庙会秩序，保证了参加庙会活动的领导和百万游客的安全。

（张　浩　杨亦兵）

【完成国际奥委会评估团考察活动安全保卫任务】 2月22日，国际奥委会评估团一行17人，在北京市副市长刘敬民等领导陪同下，到宣武区椿树园小区进行考察。分局组织200名警力，确保了评估团考察活动的安全。

（张　浩　杨亦兵）

【民警刘军成功横渡琼州海峡】 5月19日，宣武分局巡察支队民警刘军在公安部举办的支持北京申办奥运，中国警察横渡琼州海峡的活动中，第一个游完37.7公里全程，为首都公安民警争得了荣誉。

（张　浩　杨亦兵）

【开展“一日捐”活动】 5月28日，宣武分局民警响应区委、区政府、区工会组织的“一日捐”活动，纷纷将自己一天的工资收入全部捐出，用于救助区内的特困职工家庭。仅一天时间，分局工会就收到捐款2.83万元。

（张　浩　杨亦兵）

【分局治安调解中心成立】 6月，宣武分局治安调解中心在天桥地区北纬路甲46号成立并试运行。中心成立后，派出所民警只承担案件取证、第一次调解工作，从而有更多的时间从事社区安全防范工作。调解中心试运行半年来，受理各类治安调解案件79起，成功调解52起。

（张　浩　杨亦兵）

【新建指挥中心投入使用】 7月，宣武分局投资600万元建成的快速反应指挥中心正式投入使用。该中心装备了GPS系统等先进的通信和图象监控设备，能够利用光缆传输进行三级布警，提高了中心与基层单位间的综合通讯能力，提高了快速反应和全程控制能力。

（张　浩　杨亦兵）

【牛街派出所再获荣誉称号】 7月1日，在中共中央举行的隆重庆祝建党80周年大会上，宣武分局牛街派出所受到表彰，荣获“全国先进基层党组织”称号。

（韩富敏）

【消防处推行电子警务】 7月5日，市消防局在宣武分局召开了“推行电子警务，以信息促消防监督规范化建设”现场会。对宣武分局消防处贯彻落实公安部、市消防局有关文件精神大胆推行电子警务，坚持走以信息化 促进消防监督管理规范化的道路，利用现代化网络信息管理技术优势改变了传统陈旧的消防管理方式，探索出一套适应新形势需要的消防监督管理的先进理念和模式予以肯定。

（消防处）

【牛街派出所与国旗护卫队开展共建活动】 7月31日，宣武分局牛街派出所与北京武警总队14支队国旗护卫队在故宫午门广场举行共建协议书签字仪式。国旗护卫队的战士将一面曾经由他们亲自升起的五星红旗送给派出所民警，牛街派出所则将记载着牛街民警事迹的《牛街故事的背后》一书作为礼物回赠给国旗护卫队的战士。

（张　浩　杨亦兵）

【编发居民防范宣传手册】 9月中旬，宣武分局广外派出所将精心编印的防范宣传手册发给辖区群众。宣传手册以地区简介、居民防范指南为内容，通过对入室盗窃、入室侵害、街头诈骗、拎包盗抢等易发刑事案件的特点进行分析，增强了居民的防范意识和能力。

（韩富敏）

【组织案件审批资格考试】 12月初，宣武分局法制办会同政治处教训部门，对分局办案单位146名现职领导进行了案件审批资格考试。考题重点围绕日常工作中经常使用的刑法、刑诉法等8种法律及相关案例。

（张 浩 杨亦兵）

案例举要

【破获持枪抢劫出租车系列案】 1月13日至29日，宣武区接连发生9起专门以出租车司机为目标的持枪抢劫案件。宣武分局刑侦支队经工作，于2月3日20时10分，在右安门外客车七厂宿舍外将预谋再次抢劫作案的犯罪嫌疑人宋学光（男、38岁，住广内大街438号，暂住客车七厂宿舍，无业）抓获，当场从其身上搜出仿64型手枪1支。经审查，宋供认伙同武建军（男，41岁，别名吴宝福，住广内达智桥14号，无业）多次在宣武区抢劫出租车司机的犯罪事实。侦查员于当晚21时30分在宣武区上斜街胡同将武建军抓获。经查，两人共同作案13起，抢得现金8000余元。宋、武分别被法院判处有期徒刑11年和12年。

（赵 跃 孙长青）

【破获一起特大诈骗银行储蓄存款案】 1月20日9时，一名南方口音的女子杨君（真名李超玲，26岁，广西容县人），持假身份证明和假外汇存单以办理转存活期业务的手段，从工商银行宣武支行范家胡同储蓄所骗走存有美元12.5万元的活期存折一个（后从天宁寺储蓄所提取5万美元）。宣武分局刑侦支队接报后经工作，于2月14日对犯罪嫌疑人刘宁（男，34岁，工商银行宣武支行范家胡同储蓄所主任，住西城区三里河）进行传唤。经讯问，刘交代因开销过大，负债太多，故铤而走险，采用内外勾结的手段，制作假身份证、户口本和假美元存单，实施诈骗的犯罪事实。经对刘的工作场所进行搜查，收缴赃款美元1.7万元、人民币2万元。刘宁被刑事拘留。

（赵 跃 孙长青）

【破获一诈骗案】 2月7日，宣武分局刑侦支队接事主张竹翠（女、29岁）报案称：一自称刘军的人以兑换美金为名，使用一“换芯”假存折，骗走其人民币7.29万元。刑侦支队经工作，于5月30日将犯罪嫌疑人王风涛（男、37岁，北京人）抓获。经讯问，王对犯罪事实供认不讳。同时，交待了伙同闫利民（男、28岁，北京人）在宣武、朝阳、西城等地诈骗25起的犯罪事实。晚23时，闫被抓获。王、闫二人被刑事拘留。

（赵 跃 孙长青）

【破获一特大入室抢劫案】 9月12日，宣武区永居胡同1号楼4门601室发生一起特大入室抢劫案。一歹徒持刀闯入室内，抢走于波（女、27岁，黑龙江人）、苏小明（女、27岁，四川人）、陈永兰（女、25岁，重庆人，均为深圳大厦歌厅服务员）3人包内人民币5000元、美金1000元、手机3部、建设银行储蓄卡23张（内存人民币7万余元）、建设银行大额存款单1张（内存人民币10万元），并胁迫于波和苏小明说出储蓄卡和存单的密码后将储蓄卡、存单内的存款取走。宣武分局刑侦支队经工作，于11月4日凌晨将犯罪嫌疑人郑万里（男、33岁，黑龙江人）抓获。经审查，郑对持刀入室抢劫的犯罪事实供认不讳。郑被刑事拘留。

（赵 跃 孙长青）

宣武分局2001年领导名录

职　务	姓　名	任职时间
分局长	姜良栋	1997年8月—
政　委	安铁军	1999年12月—
副分局长	高宏达	1996年1月—
副分局长	徐世斌	1998年1月—2001年6月（到最高任职年限）
副分局长	袁塞路	2000年10月—
副分局长	刘群立	1996年4月—
副分局长	程永平	1996年4月—
副分局长	申　林	1996年8月—
副分局长	吴大征	1999年1月—
副分局长	战玉贵	2001年8月—

朝　阳　分　局

【概　况】 2001年，朝阳分局以“严打”整治斗争为主线，进一步完善打防控一体化建设，加强新形势下反恐怖斗争，坚决遏制“法轮功”邪教组织活动。全年共接“110”报警107980件，处理各类信息11408件，受理群众来信来访2343件，初次信访比上年上升41%，结办率96%，重点信件207件，比上年上升37%，结办率为99.1%；办理各级人大代表、政协委员建议、提案89件；应诉案件7件，法院审结7件，无败诉。进一步深化人事制度改革，举办领导干部和民警岗位培训班16期，培训人员1551人；对54个基层领导班子、194名领导进行了考核，与147名领导干部签订任期责任书，有56人通过公开选拔走上领导岗位；进一步开展“三项教育”和“两减一树”活动，民警违法违纪案件和人数与上年同比分别下降52%和33%；加强基础设施建设，解决民警住房1万平方米，151名民警入住新居。加大科技强警步伐，巡察指挥中心卫星定位系统实行全天候监控。加强使馆区和水电气热等要害部位控制，严密防范暴力恐怖活动，确保社会稳定；采取有效措施严密“法轮功”重点人看管教育和控制，打掉“法轮功”团伙18个，收缴“法轮功”非法宣传品10万余份，举办教育转化学习班279期，教育转化“法轮功”顽固分子，实现“法轮功”人员控制“零”指标。及时处置和化解群体性事件130批、4076人次，依法处置挑头滋事、扰乱秩序重点人60余名。年内受理各类涉外案（事）件2150件，其中涉外刑事案件527起，涉外治安案件192起，违反出入境管理案件1010起，其它涉外事件421件。持续开展“严打”整治斗争，通过“70天追逃”、“零点行动”、“打击街头多发案件”等系列性、区域性专项行动，破获各类刑事案件8540起（破案率为56.3%），其中破获大案4248起，抓获犯罪嫌疑人9185名；打掉犯罪团伙931个，抓获团伙成员3816人；抓捕网上逃犯412名；破获毒品案件375起，经济案件1161起，为国家挽回经济损失1360.2万元。以整治47处治安重点地区为突破口，先后开展多次专项整治行动，共查获卖淫窝点66个，抓获卖淫嫖娼人员1129人，依法取缔文化娱乐服务场所427家，收缴淫秽光盘84955张；查获赌博团伙43个，拘留赌博人员1893人，收缴赌资184万元；加强出租房屋和外来人口管理，出动各种力量32万余人次，清理出租房屋56万余户次，单位1万余个次，审查外来人口150万余人次，抓获各类违法犯罪嫌疑人6232人，清理“三无”人员103670人；处罚违法出租房主11444人，没收非法所得116万余元，取缔违法出租房屋931户，拆除违章建筑723645平方米；办理《暂住证》55万余个，办证率94.8%，同比增长7.4%。进一步加强辖区15240个内部单位安全管理，对64处要害部位制定安全保卫制度，建立安全保卫档案，定期进行安全检查，年审合格率达到100%。制定各种安全保卫方案，圆满完成“两会”、“申奥”、“大运会”、“商务节”、江总书记参加植树节活动等重大安全保卫任务。执行警卫、勤务766次，其中三级以上现场警卫290次，共出动警力51144人次。全年发生火灾880起比上年下降21%，死亡3人（与上年持平），伤24人，直接经济损失97万余元。

（丁义川）

【“110”接报警工作成绩突出】 年内，朝阳分局共接市局指挥中心转来“110”报警107980件，占市局接警总数27.8%，其中刑事案件8497起，占市局总数7.9%，治安案件38176起，占市局总数35.4%，群众求助7165件，占市局总数6.6%，其他54142件，占市局总数50.1%。

（丁义川）

【刑事案件发案率明显下降】 全年，朝阳分局共发生刑事案件15161起，比上年下降16.5%，其中盗窃机动车案下降55.5%，扒窃案下降50.1%，入室盗窃案下降42.4%，抢劫案下降36.6%，社会治安秩序明显改观。

（丁义川）

【破获经济案件千余起】 年内，朝阳分局受理经济案件1335起，比上年上升64.6%，立案1190起，比上年上升68.8%，破案1161起，比上年上升94.5%；抓获犯罪嫌疑人132名，挽回经济损失1360.2万元。

（丁义川）

【科技创安工作稳步发展】 年内，朝阳分局有25个派出所设立监控中心，在主要街道、繁华场所、大型商场、过街通道以及治安重点地区安装电视监控装置369个；建立社区自动报警系统、楼宇可视对讲、门禁系统、小型报警联网系统等技防措施1380处，方便了各派出所及时掌握、获取治安情况和报警信息。

（丁义川）

【清理整治校园周边秩序】 年内，朝阳分局组织民警和单位保卫干部27549人次，清理单位及学校周边违规市场3588个，清理外来人口114423人，收容“三无”人员29569人，清理出租房屋29692间；查抄非法网吧144个，查封娱乐场所47家、发廊56个；收缴非法盗版书刊9368册、光盘51841张，暂扣电脑 180 台、上网设备 63 台；破获刑事案件 468 起，查处治安案件 591 起，抓获违法犯罪嫌疑人 789 人。有效维护了中小学校周边的治安秩序。

（丁义川）

【制定内部单位安全保卫规范】 年内，朝阳分局贯彻执行市政府 22 号、47 号令精神，针对本区情况制定《全区写字楼、公寓治安保卫工作规范》，加强写字楼、公寓治安保卫工作规范化、制度化建设。

（丁义川）

【加强内保单位基础工作建设】 年内，朝阳分局内保处对辖区 15240 个列管的内部单位加强基础工作建设，制定《保卫组织情况统计表》、《要害部位审定（撤销）登记表》、《不安定事端登记表》等 13 种内部单位安全保卫工作档案，完成内保档案 20 大类 9000 余卷，全局直管单位完成 100%，为全分局档案信息联网打下良好基础。

（丁义川）

【加强暂住人口管理提高办证率】 年内，朝阳区共有出租房屋 43326 户，其中办理“两证一牌”的 30553 户，居住外来人口 414613 人；有人防工程 878 处，地下室 1379 处，居住外来人口 64139 人，年内累计办理《暂住证》550845 个，其中办理 A 证 8274 个，B 证 158183 个，C 证 353408 个，临时《暂住证》30980 个，办证率为 94.8%，比上年提高 7.4%。

（丁义川）

【圆满完成限养注册工作】 年内，朝阳分局加大限养法规的宣传和执法力度，在全区范围内设立宣传站 35 个，登记办证、防疫检查一条龙服务站 14 个，印发各种养犬宣传材料 14 万份。收缴无证犬 2500 只，登记注册 27000 只，上缴登记注册费用 1256 万余元，圆满完成限养执法、日常管理和注册登记等各项工作。

（丁义川）

【加强中小学生法制观念教育】 年内，朝阳分局内保处配合教育部门开展对在校生的法制宣传教育工作，宣讲法制课、禁毒专题教育 50 场（次），听课学生 5 万余人，法制意识普遍提高。

（丁义川）

【加强技防单位的执法和验收检查工作】 年内，朝阳分局配合市技术监督局、市技防办联合执法，对 108 家安防工程、生产销售单位进行检查，验收销售防盗门单位 29 家、金融报警联网系统年检 16 家，审批开工安防工程 27 个，验收工程 21 个，备案工程 18 个，审核工程资料 2000 多项，归纳整理档案 79 卷。

（丁义川）

【成立打击队查赌禁娼见成效】 3 月，朝阳分局成立治安处打击队，承担文化娱乐场所的治安管理。年内共打掉卖淫嫖娼团伙、窝点 31 个，抓获介绍组织容留卖淫嫌疑人和卖淫嫖娼人员 293 人；打掉赌博团伙 12 个，收缴汽枪 3 支、砍刀 22 把、赌资人民币 191.5 万元、外币 36.1 万元、盗版光盘 45000 余张（其中淫秽光盘 9000 张）。

（丁义川）

【成立黄港和崔各庄派出所】 4 月 5 日，黄港派出所挂牌成立并对外办公。4 月 25 日，崔各庄派出所挂牌成立并对外办公。

（丁义川）

【开展“治爆缉枪”专项行动】 4 月 20 日至 9 月 30 日，朝阳分局配合“严打”整治斗争开展“治爆缉枪”专项行动，共收缴各类枪支 326 支（制式手枪 1 支、匕首枪 1 支、小口径手枪 14 支、猎枪 22 支、火枪 27 支、气枪 244 支、电击枪 1 支、其它枪支 16 支），仿真枪 1198 支；各类子弹 2494 发（制式子弹 284 发、小口径子弹 242 发、猎枪子弹 502 发、其它子弹 1466 发）；雷管 647 支，炸药 11.3 公斤，烟花爆竹 902 头，管制刀具 414 件，处理涉案人员 112 人。

（丁义川）

【加强治安乱点清理整顿】 4月20日至9月30日，朝阳分局对12个市级挂帐的治安乱点地区进行大规模清理整顿，共出动警力9587人次，集中清理8912处（次），罚款181人，警告115人，收容7474人，教育释放350人。同时采取各种技防手段，加强重点地区控制，刑事案件发案同比下降86.9%，治安案件发案与上年同比下降78.1%，治安秩序明显好转。

（丁义川）

【开展严厉打击毒品犯罪专项行动】 4月23日,朝阳分局根据市局统一部署,开展严厉打击毒品违法犯罪活动专项行动,行动中共破获贩毒案件136起,抓获毒品犯罪嫌疑人215名,收缴毒品7851.65克,强制戒毒332人。

（丁义川）

【举办第五届田径运动会】 5月11日，朝阳分局第五届田径运动会在北京工业大学田径场举行，分局1500名民警报名参加，刑侦支队获团体第一名；南磨房派出所获最佳组织奖；巡察支队获精神文明奖。

（丁义川）

【大运会金牌失而复得】 8月24日晚,参加大运会的意大利击剑运动员维扎利(女,28岁,意大利罗马市人)将当日比赛获奖金牌遗失在出租车上,经麦子店派出所细致工作,将金牌找回并及时送还事主,受到外国运动员和大运会组委会的赞誉。

（丁义川）

【防范暴力恐怖活动确保使馆区安全】 美国“9.11”事件后，朝阳分局迅速成立反暴力恐怖活动指挥部，根据不同时期先后制定各种工作方案7个，在市局有关单位配合下，对重点国家的大使馆及大使官邸等重点控制目标制定三个级别的工作方案和应急预案，对涉及的路口、路段和区域实行交通管制，每天部署警力475人，出动巡逻车7辆、警犬2条，保证了使馆及驻华机构工作人员的安全及周边治安秩序稳定。

（丁义川）

【圆满完成第二届朝阳商务节保卫任务】 9月19日，为期4天的第二届北京朝阳国际商务节在朝阳公园开幕。朝阳分局出动警力3761人次，确保了商务节文化、商务、论坛、展览等四个方面24项活动的顺利进行和参加活动的党和国家领导人、中外来宾及74800余名各界群众的安全。

（丁义川）

【开展“追逃”专项斗争】 9月20日至11月30日，在为期70天的“追逃”专项行动中，朝阳分局通过有线电视台、广播、报纸及张贴布告等方式大造声势，积极营造追逃氛围，共抓获网上逃犯222名（包括部级督捕1名，市级督捕4名，外埠63名）。

（丁义川）

【开展“千人百日”集中统一行动】 10月初至年底,作为全国开展整顿和规范歌舞娱乐服务场所专项行动的重点地区,朝阳分局在市局领导和市、区有关部门支援下,组成专项行动领导小组,共组织整治力量1120人在全区开展了“千人百日”集中统一行动,重点打击站街拉客卖淫和“四黑”(黑歌厅、黑洗浴、黑发廊、黑网吧)场所内卖淫嫖娼、有偿陪侍、异性按摩等违法犯罪活动,共组织全区性统一行动7次,区域性专项行动60余次,检查各种文化娱乐场所1845家,依法查封“四黑”场所407家,铲除卖淫窝点15个,抓获卖淫嫖娼人员322人,打掉赌博团伙17个,收容站街拉客、有偿陪侍、异性按摩人员875人。

（丁义川）

【开展打击偷盗自行车专项行动】 10月25日至年底,朝阳分局针对群众反映强烈的自行车被盗问题,开展集中打击偷盗自行车专项行动,共查处自行车被盗案件60起,依法处理犯罪嫌疑人243人,铲除东风、潘家园两个自行车黑市,查获、收缴自行车10258辆,发还失主4773辆,受到群众赞誉。

（丁义川）

【开展打击冬季多发性案件专项斗争】 12月7日至年底，朝阳分局开展专项斗争，严厉打击冬季发案突出的“打闷棍”、“砸汽车玻璃盗”、“飞车抢”、“街头诈骗”、“拦路抢劫”、“挖锁芯”等刑事犯罪。共出动警力6439人次，秘密蹲守易发案部位210个，收集线索460余条，审查可疑人1276人次，抓获犯罪嫌疑人174人，破案447起，有效遏制了街头案件高发趋势。

（丁义川）

案 例 举 要

【查获一外籍人组成的抢劫犯罪团伙】 3月8日凌晨5时许，吉利大厦1220房间发生一起抢劫案，三名外籍男子捅开房间门，割断电话线，将房客别什克夫·格里高里（男，41岁，俄罗斯商人）用皮带和电线捆绑，持刀将其扎伤后抢走美金8000余元、人民币7000余元。接报案后，朝阳分局外事治安处和刑侦支队迅速赶到现场开展工作，经了解，3月7日晚23时，同住1220房间的基哈诺夫（男，34岁，俄罗斯商人）与朋友瓦列里（男，32岁，俄罗斯商人，暂住国泰饭店503房间）在汇阳大酒楼结识三名俄罗斯卖淫女子，8日凌晨4时随三名女子前往乐游饭店324房间，后被闯入的五、六名外籍男子持刀威胁，抢走基哈诺夫人民币1500元、美金1100元及吉利大厦客房钥匙；抢走瓦列里美金1500元及手表、项链等物。经查，乐游饭店324房间客人阿塞拜疆共和国埃里玛（男，32岁）于3月8日中午退房下落不明。在市局出入境管理处的配合下，3月9日在朝阳区乐园公寓605房间将埃里玛、哈利克、埃委巴尔等11名（6男5女）犯罪嫌疑人抓获。经审查，埃里玛等三人供认利用俄罗斯妓女依列娜·米哈伊诺夫娜、维列尼格（在逃）、奥列亚（在逃），勾引基哈诺夫进行抢劫后，又到吉利大厦1220房间抢劫别什克夫的事实。

（丁义川）

【破获“6·21”特大抢劫杀人案】 6月21日14时，北京京信宇科技公司经理汪钢（男，37岁，市第八届青联委员，海淀区第六届政协委员，住朝阳八里庄东里）在惠侨饭店客房内被人用锐器杀害，随身携带的手机、财物及奥迪A6轿车被抢走。接报后，朝阳分局刑侦支队迅速开展工作，在市局行动技术处的配合下于6月25日在秦皇岛市一出租房屋内将犯罪嫌疑人高跃辉（男，19岁，平谷县下营村农民）、高建业（男，19岁，河北丰润县人）、田春朋（男，24岁，吉林珲春市人）抓获。经审查，3人供认：2000年在海淀华奥洗浴中心打工期间结识汪钢，2001年6月初，3人被单位辞退，无生活来源，便预谋抢劫汪的财物，6月20日，3人以介绍朋友为名打电话将汪钢骗到惠侨饭店将其杀死后抢走诺基亚手机一部及奥迪A6轿车的犯罪事实。高跃辉三名犯罪嫌疑人被押解回京依法逮捕。

（丁义川）

【侦破杀害14名卖淫女案】 6月24日17时20分，有群众发现暂住朝阳区华威北里30楼1402室的卖淫女梁爱娟(女,32岁,内蒙古包头市人)被人杀害。接报后,朝阳分局会同市局刑事侦查总队开展工作,7月10日将犯罪嫌疑人华瑞茁(男,28岁,中建一局五公司,住朝阳区东坝驹子房中建一局宿舍)在定福庄搅拌站抓获。经审查,华交待:2001年6月,在运货途中与在燕莎桥下站街拉客的梁搭识,以200元价格谈妥嫖宿交易,6月21日晚,华与梁联系后到梁暂住地进行卖淫嫖娼活动,事后用铁丝将梁勒死。并交待了自1999年7月起利用上夜班单独作业机会,搭识站街卖淫女,先后将14名卖淫女骗到朝阳区东坝乡、麦子店、平房乡等地进行嫖娼后用事先准备的电线、塑料绳等将其勒死抛尸郊外的犯罪事实。12月7日,华瑞茁被北京市第二中级人民法院以故意杀人罪判处死刑,剥夺政治权利终身。

（丁义川）

【迅速破获民警刘德润被杀案】 12月11日18时许，南磨房派出所民警刘德润（男，58岁）下班步行途经南磨房北里205号楼前时被人用锤子击伤头部死亡，随身携带的手包（内有现金1900元、手表、BP机及工作证等证件）被抢走。案发后，市局局长马振川等领导赶赴现场指挥破案，在市局刑事侦查总队、行动技术处和东城分局的大力协助下，朝阳分局刑侦支队利用科技手段于17日、18日分别在黑龙江鸡西市和湖北宜城市将犯罪嫌疑人李吉文（男，24岁，黑龙江鸡西市人）、张余（男，19岁，湖北宜城市人）抓获，经审查，二人供认了12月11日，用锤子杀害民警抢劫财物的犯罪事实，同时交待自2001年11月以来分别伙同万彭彭（男，19岁，湖北宜城市人，无业）、王庆来（男，20岁，长春市人）、庞艳辉（男，23岁，河北衡水人，在逃）等人在本市朝阳、东城、丰台等地采用“打闷锤”手段抢劫作案6起的犯罪事实。2002年2月5日，北京市第二中级人民法院以抢劫罪分别判处李吉文、张余死刑；判处万彭彭等人有期徒刑5至15年。

（丁义川）

朝阳分局2001年领导名录

职　务	姓 名	任 职 时 间
分局长	肖兴国	2000年4月—
政　委	王　忠	2000年4月—
副分局长	米国顺	2000年10月—
副分局长	李国营	1994年3月—
副分局长	王　成	1994年3月—2001年6月（到最高任职年限，任正处级调研员）
副分局长	田万发	1996年4月—
副分局长	赵文忠	1996年10月—
副分局长	马　英	1997年7月—
副分局长	谢冬生	1997年7月—
副分局长	徐长春	2000年10月—
副分局长	赵建章	2000年10月—
副分局长	朱洪启	2001年6月—

海 淀 分 局

【概　况】 2001年，海淀分局认真贯彻全国治安工作会议精神，深入开展“严打”整治斗争，圆满完成了申奥、“大运会”等一系列重大活动的安全保卫任务。加强思想政治工作，推进队伍规范化建设，实现了各项业务工作和队伍建设再上新台阶的目标。通过连续开展“严打”专项行动，全年刑事案件发案率比上年下降15.4%。全年破获各类刑事案件12023起，比上年增加20.76%。抓获违法犯罪嫌疑人9153名；抓获在逃犯382名。加大打击经济犯罪力度，全年破获经济案件1014起，挽回经济损失1062万元。在申奥成功庆祝活动安全保卫工作中，组织2642名警力，对中华世纪坛联欢区、礼花燃放区严密控制，确保了江泽民总书记等党和国家领导人及整个庆祝活动的绝对安全。在“大运会”期间，组织安保力量32981人次，确保了运动员、教练员、裁判员、官员和31万人次观众的安全。全年共完成重大警卫任务1798次，出动警力52438人次，累计执勤112618小时。进一步完善“110”接处警机制。全年共接处“110”报警94858件次，出动警力320938人次，警车129176台次。办理人民群众来信来访2328件次，人大代表、政协委员建议、提案76件次，结办率均为100%。进一步强化治安整治力度，全区12处治安重点地区的刑事、治安案件分别下降68%和73%，群众满意率达85%。全年收容“三无”人员38159人。收缴盗版光盘41万余张，淫秽光盘5万余张，假文凭、假证件8150件，假公章4912枚。打掉卖淫嫖娼窝点108处，抓获卖淫嫖娼人员983人。查获聚众赌博窝点18处，收缴赌资210余万元。破获毒品案件356起，抓获吸贩毒人员1022人，收缴海洛因6341克，摇头丸124克，美沙酮31434克。收缴各类枪支1737支。继续深化同“法轮功”邪教组织的斗争，收缴“法轮功”宣传品100944份。大力加强基础工作建设，全区43个户籍派出所有37个达到了工作规范要求。488个责任区有422个达到安全责任区标准，181个责任区未发生入户盗窃案件。进一步加强了外来人口管理，全区已建立出租房屋管理站702个，“治安责任保证书”签订率达95%。进一步加大了科技强警力度，完成了分局至巡察支队、刑侦支队间的三级光纤通信网络建设，开通了公安三级网会议电视系统，为分局33个单位安装了CDPD无线上网查询系统，实现了分局新址局域网计算机联网及24个派出所的计算机ISDN联网。全年火灾死亡人数同比下降60%。继续深化创建人民满意活动，连续三年被区政府评为“效能监察活动先进单位”，连续两年被评为“廉政先进集体”。年内，选举产生了新一届党委、团委，成立了工会组织。

（王学仁）

【“创达标”活动成效显著】 年内，海淀分局贯彻落实市局制定的《派出所工作规范》，全面部署加强派出所基础工作建设，开展“创达标”活动。至年底，43个户籍派出所中，37个派出所达到工作规范要求；全区488个责任区有422个达到安全责任区标准。

(张 晋)

【实行外来人口管理"一站式"办公】 年内，海淀分局根据外来人口管理工作体制改革的整体要求，经过4个月的试点，自7月起，在全区范围内实行了集办理外来人口《暂住证》、《务工证》、《婚育证》及房屋租赁手续为一体的"一站式"办公模式。至年底，全区30个街、乡（镇）"一站式"办公办理《暂住证》共计54万余个。

(张 晋)

【试行劳动教养案件审核意见书制度】 年内，海淀分局率先试行劳动教养案件审核意见书制度。该制度的试行，促进了此类案件的整体审批进度，加快了案件周转，缓解了监所的压力，促进了审批模式的转变。为劳动教养案件的立法进行了有益的探索和准备。

(张 晋)

【加强社区治安防范建设】 年内，海淀分局加强人防、物防、技防相结合的社区防控体系建设，全区治保积极分子已达3万余人，控制覆盖率达85%。全区810个有封闭管理条件的楼区已封闭762个，居民区住宅安装楼宇对讲防盗系统的有430栋楼、26389户；168栋楼、5662户已安装双路报警系统；安装红外探测系统的有92栋楼、4292户。

(张 晋)

【参加市局体育比赛取得好成绩】 年内，海淀分局重视开展警体活动，增强民警素质。在市局举办的篮球、乒乓球比赛中分别夺得第一名。

(张 晋)

【破获"法轮功"人员利用气球散发传单案】 1月1日，在圆明园公园湖冰面上和北京第一O一中学校内，先后发现白、黄、红气球3个，气球下各悬挂1个白色编织袋，内装有"法轮功"宣传品。海淀分局经工作，迅速查获涉案嫌疑人孟某（男，27岁）等16人。孟等交代了组织"法轮功"人员有预谋地利用气球升空和定时装置，在天安门上空散发"法轮功"传单的违法犯罪事实。

(王学仁)

【看守所技术改造工程通过验收】 1月19日和12月6日，海淀分局看守所西监区安全防范及电教系统大规模技术改造工程及东监区、收容遣送站安全防范系统工程先后经公安部、市局及国家安全防范报警系统标准化技术委员会等单位验收，各项技术指标均达到设计要求。

(张 晋)

【一"法轮功"人员在万寿路口自焚身亡】 2月16日12时许，湖南来京"法轮功"人员谭一辉（男，26岁，湖南省常德市人）在万寿路南口金家村附近用汽油自焚。万寿路派出所民警接报后，立即赶赴现场，进行扑救，谭被焚死亡。

(王学仁)

【公开选拔52名领导干部】 4月5日，海淀分局举行公开选拔领导干部任命仪式，向52名通过竞争走上领导岗位的民警颁发任命书。

(张 晋)

【公开处理严重刑事犯罪分子】 4月11日上午，海淀分局与区检察院、法院联合召开严厉打击刑事犯罪分子公开处理大会，宣布对徐晓光、董建国等18名严重刑事犯罪分子依法逮捕和公开宣判的决定。

(张 晋)

【本市首例"黑客"落网】 4月23日，海淀分局破获一起特大盗窃、贩卖上网帐号的市局挂牌案件，抓获犯罪嫌疑人卢某（男，21岁，北京理工大学计算机系学生，住崇文区崇文门东大街）。卢自2000年6月开始，利用"黑客"软件在互联网上非法盗取北京创原世纪信息技术有限公司上网帐号和密码，致被盗单位经济损失达40余万元。此案在本市尚属首例。

（张 晋）

【在在押人员中开展政治攻势】 4月26日，海淀分局与区检察院、法院、司法局在分局看守所联合召开“严打”政治攻势大会，向在押人员宣读《通告》，敦促他们认清“严打”形势，主动坦白检举违法犯罪线索。至5月20日，在押人员共坦白、检举各类犯罪线索272条，预审从中破案323起，其中重特大案件73起。

（张 晋）

【首批社区治安巡逻队员培训结业】 4月28日，海淀区第一批100名社区治安巡逻队员培训结业典礼在海淀保安分公司培训基地举行。社区治安巡逻队是为适应海淀高科技园区发展而建立的新型的群众性专职治安防范组织。

（张 晋）

【破获本市首例利用互联网卖淫案】 5月10日晚，花园路派出所通过线索，打掉两个利用互联网招引嫖客进行卖淫活动的窝点，抓获在网上发布卖淫信息，帮助卖淫妇女招引嫖客的犯罪嫌疑人林某（男，26岁，某研究院技术员）及卖淫妇女郭某（27岁，黑龙江省佳木斯市人）、石某（20岁，湖北省黄石市人）等。经审，林交代了勾结郭、石等卖淫妇女自2000年9月至2001年5月间，采取上述手段多次进行卖淫活动以谋取暴利的犯罪事实。

（张 晋）

【中关村大街派出所挂牌】 5月16日，中关村大街治安派出所正式挂牌办公。该所2000年8月22日经市局批准成立，管辖范围包括中关村大街、海淀大街、苏州街及四环路中关村段和图书城。

（张 晋）

【分局新办公大楼奠基】 5月20日，位于万柳花园南侧的海淀分局新办公大楼开工。市委副书记、政法委书记、市局局长强卫等市、区领导为新楼奠基。

（张 晋）

【举办禁毒图片展】 6月25日，在“6·26”国际禁毒日前夕，海淀分局与区检察院在看守所联合举办主题为《珍惜生命，拒绝毒品》图片展，使在押人员受到教育。

（张 晋）

【成立社区治安巡逻队】 7月1日，海淀区30个街、乡（镇）成立由1907名队员组成的社区治安巡逻队。

（张 晋）

【职能部门设立警务督察协察员】 7月9日，海淀分局在刑侦支队、巡察支队、预审大队、看守所、法制处、治安处6个职能部门各设立警务督察协察员一名。

（张 晋）

【女民警获全国“三项教育”知识竞赛一等奖】 7月13日，全国公安机关“三项教育”知识竞赛在北京举办，海淀分局永定路派出所女民警田丽丽获个人一等奖。

（张 晋）

【成立大运村派出所】 8月3日，经市局批准，海淀分局成立大运村治安派出所，正科级建制。

（张 晋）

【社区安全防范海淀示范工程达国内领先】 8月16日，《社区安全防范综合报警服务体系研究与示范工程》总课题组召开结题大会，由分局为主负责的海淀示范工程建设经评审，达到国内领先水平，顺利通过验收。该示范工程于1999年8月19日正式启动，已建立覆盖全区的综合报警网络体系。截止目前，共发展用户7743户，其中企事业单位1114户，居民用户6629户。

（张 晋）

【14城市友好分局治安工作研讨会召开】 10月18日，第十三届“14城市友好分局治安工作研讨会”在海淀区西郊宾馆召开，来

自北京海淀、天津南开、秦皇岛北戴河、武汉武昌等公安分局代表参加了会议。研讨会主要议题是：新时期如何加强旅游繁华城市治安防范与治安整治。公安部部长贾春旺在市局局长马振川陪同下到会听取研讨并作重要指示。

（张　晋）

【开展打击盗窃自行车专项斗争成效显著】

10月25日至11月30日，海淀分局开展打击盗窃自行车专项斗争。打掉团伙4个，破案163起，收缴赃车及无主车4336辆。

（张　晋）

案　例　举　要

【破获高校系列入室盗窃抢劫案】　1月16日，海淀分局东升派出所与刑侦支队破获北大、清华等高校系列入室盗窃、抢劫案件，抓获犯罪嫌疑人曲杰（男，31岁），许志勇（男，23岁），金凤国（男，37岁，均系黑龙江省齐齐哈尔市人）。曲等供认了伙同他人于2000年10月至2001年1月间，分别在北大、清华、人大等6所高校撬门入室盗窃、抢劫作案100余起，窃得、抢得财物总价值39万余元的犯罪事实。

（张　晋）

【破获特大毒品运输案】　8月19日，海淀分局刑侦支队根据线索，在海淀区北蜂窝15号院门前，将替人运输毒品的两名新疆女子阿瓦汉·克然木、海力千木·马木提抓获，从2人携带的旅行箱夹层内查获毒品海洛因1532克。

（张　晋）

【抓获一假冒“刑警队长”诈骗犯】　8月31日，海淀分局将冒充刑警队长行骗，作案30余起，诈骗钱财10万余元的本市无业人员赵燕频（男，40岁，西城区太平桥大街200号）抓获。经工作，赵供认了自1998年8月以来，冒充北京市公安局刑警大队队长，化名”刘少杰”，以帮人办事为名，在本市海淀、西城、宣武、朝阳等地诈骗他人钱财的犯罪事实。

（张　晋）

【破获一起重大杀人案】　10月28日，北京京剧院国家一级演员、著名京剧艺术家王吟秋（男，76岁，住海淀区双榆树南里二区）被发现在家中遇害。海淀分局会同市局刑事侦查总队成立专案组，经工作于11月28日在山东菏泽抓获犯罪嫌疑人战庆华（男，32岁，山东省荷泽市巨野县丁官屯人）。经审查，战供认了10月20日闯入王家向其索要钱财，遭拒绝后用菜刀将王杀死，抢走戒指、钱包（内有几百元人民币）、VCD机随身听等物品后逃离的犯罪事实。12月27日，战庆华被依法逮捕。

（张　晋）

【破获重大杀人案】　12月3日22时许，有群众发现清河后屯村居民毕庆国（男，47岁）被杀死在西三旗潘庄村东口路边。海淀分局刑侦支队、西三旗派出所接报后经工作，抓获犯罪嫌疑人陈少元（女，48岁，住西三旗）、张清泉（男，50岁，顺义区北石槽乡良善村人）。陈交代曾与毕长期姘居，后因关系恶化，遂指使自己另一姘夫张清泉于12月3日21时，在潘庄村路口用铁管将毕打死。同时，陈还交代了曾伙同毕庆国于1996年12月，将丈夫刘书斌骗至河北前往张家口途中杀害的犯罪事实。

（张　晋）

海淀分局2001年领导名录

职务	姓名	任职时间
分局长	高煜	2000年4月—
政委	单志刚	2000年4月—
副分局长	刘孚中	1992年7月—
副分局长	张福润	1992年7月—
副分局长	刘欣	1995年4月—
副分局长	金志海	1997年8月—
副分局长	王慧强	1995年5月—
副分局长	林兆波	1995年5月—2001年5月（调市局法制办公室任职）
副分局长	康荣顺	1995年8月—
副分局长	陈德宝	1998年8月—

丰台分局

【概　况】 2001年，丰台分局以全力维护辖区政治稳定，社会安定为总体目标，严厉打击“法轮功”邪教组织，持续开展“严打”整治专项斗争，逐步建立和完善适应本地区形势发展要求的警务模式和打防控体系。通过主动出击、追捕在逃人员和加大审查力度等措施，侦破“法轮功”案件56起，其中重大案件5起，破案率达84%；打掉“法轮功”窝点50个，收缴各类非法宣传品11万余份。坚持打防控并举，有效地遏制了各类违法犯罪活动。全年共立各类刑事案件10198起，同比下降7.3%，其中杀人、伤害致死案78起，同比下降22%；破获本区年内现案6214起，同比破案率提高21.6个百分点，其中破重大案件2598起，市局挂牌督办案件36起；打掉犯罪团伙285个，抓获犯罪嫌疑人1186名；抓获在逃人员363名，同比增加157.4%。年内，出动警力10854人次，对全区各类治安乱点进行了969次整治。打掉以外号叫“老狼”的河北省无业人员张桂臣为首的6个抢劫、敲诈勒索、欺行霸市的恶势力团伙，抓获违法犯罪嫌疑人78人；取缔无照摊贩1306个，收容“三无”人员17690人。在对娱乐场所的整治中，共查获介绍容留、卖淫嫖娼人员 809 人，聚众赌博人员 1999 人，贩卖淫秽物品人员 138 人，收缴淫秽光盘 2495 张，盗版光盘 230844 张，有力地打击了各种丑恶现象。开展打击偷盗自行车的专项整治行动，共查获违法犯罪嫌疑人 165 人，打掉偷盗自行车团伙 12 个，收缴被盗自行车 6342 辆，端掉非法销售窝点 3 个。在全区设立了 28 个发还点，将丢失、被盗的 4328 辆自行车发还失主。通过组织警力加强对全区 26 条主控大街的巡逻力度，使严重影响群众安全感的抢劫、拎包、盗窃等街头犯罪比上年下降了 56.9%。年内，推出了《办理刑事案件程序的规定》规范执法活动。通过公开竞聘和综合考核，提拔任用干部 112 名，其中 35 人担任处、科级领导，77 人任警长。全年举办培训班 13 期，轮训领导干部、民警 830 名，实现了“3 年轮训一遍”的目标。年内，选举产生了新一届党委，成立了工会组织。

（李志友）

【全程监督促进执法规范化】 年内，丰台分局加强对行政执法的监督检查，组织专人对部分行政执法活动进行全程法制监督。在对全区网吧进行的 28 次清理整顿工作中，对违法经营的网吧，分局法制处均事先与执法单位对将要采取的处罚进行研究，严格按照国务院四部委的规定执法。对 52 家无证照网吧和 7 家证照不全的网吧，分别进行了 5000 元以上的大额罚款，无一例提起复议和引起行政诉讼。

（李志友）

【岳各庄等 7 个派出所挂牌督战成绩突出】 年内，丰台分局岳各庄、洋桥、丰台镇、石榴园、樊家村、铁匠营、六里桥等 7 个高发案派出所被列为挂牌督战单位。经抓紧工作，均取得发案率下降、破案率上升的好成绩。经市局综合考评，岳各庄、洋桥、丰台镇三个派出所分别名列全市一、二、四名。岳各庄派出所地处城乡结合部，外地来京人员和常住人口的比例接近一比一，刑事案件发案居高不下。挂牌督战后，所领导带领全体民警，先后破案 626 起，破案率同比提高 115%；立案 508 起，同比下降 28.9%。

（李志友）

【西罗园派出所获市政法系统三项荣誉】 年内，西罗园派出所在出色完成打击犯罪、安全防范等各项公安保卫任务的同时，结合本职工作为辖区群众抢修煤气管道、送危急病人去医院及修路排水等赢得了群众的称赞。全年共收到锦旗 15 面，表扬信 26 封，并获得市委政法委授予的“人民满意的政法单位”先进集体称号；民警杨秀奇获“人民满意的政法干警”标兵称号；所长王春发获“人民满意的政法干警”先进个人。

（李志友）

【新发地农贸市场治安整治见成效】 新发地农贸市场是丰台区在市局挂帐的 10 个重点整治地区之一。年内，丰台分局以治理新发地农贸市场的治安秩序为龙头，边整治，边建制，成功地打掉了以张桂臣（男，32 岁，河北省隆化县农民，绰号“老狼”）为首的长期盘踞在市场内敲诈、抢劫的犯罪团伙。在市场内成立了保安巡逻队，并统一配备了保险柜，安装了监测探头，对市场实行全天候、全方位监控，有效地遏制了违法犯罪的发生。6 月 1 日，市局在该农贸市场召开整治治安重点地区现场经验交流会，与会的领导参观了市场整治的情况。

（李志友）

【捐款救治危病民警】 年内，丰台分局刑侦支队侦查员陈强，在侦破 12.6 亿元增值税发票案中，由于劳累过度，肝病复发，经诊断，急需进行肝脏移植手术。在经费紧张的情况下，刑侦支队的侦查员和分局机关的全体民警，先后两次向陈强同志捐款 23 万余元，使其肝脏移植手术得以成功进行。9 月 10 日，市局党委书记刘德、政治部副主任董小兵等在分局副局长孙伟年的陪同下到人民医院看望了仍在接受治疗的陈强同志，并代表市局党委及全体民警向陈强同志送了鲜花和慰问金。刘德个人也向陈强同志捐了款。

（李志友）

【科技强警破案显神威】 年内，丰台分局投资近百万元，为刑侦支队技术队购置了多波段光源、紫外照相系统、电脑绘图系统、指纹自动识别系统等先进技术设备，大大提高了工作效益。通过刑事技术手段，先后破获104起各类刑事案件，破案率比上年提高了259%。一段时间，丰台区的部队大院多次发生入室盗窃案，技术人员利用多波段光源，提取了多枚有价值的指纹和掌纹。2月28日，通过与被抓获的盗窃嫌疑人支建国（男，30岁，住丰台区东安街头条）的指纹、掌纹进行比对，认定支建国为42起入室盗窃案的作案人，迫使其交待了多次入室盗窃总价值10万余元的犯罪事实。

（李志友）

【公众聚集场所消防专项治理见成效】 年内，丰台分局消防处严格按照国家11部委规定的标准对全区消防安全专项治理范围内的812个单位，进行了清理整治。发现存在火灾隐患的单位253个，存在火灾隐患830件，经限期改正，226个单位彻底解决火灾隐患784件，使全区公众聚集场所的消防安全环境得到改善。10月下旬，国务院公众聚集场所消防安全专项治理督查组对丰台区检查后，给予了充分肯定和好评。

（李志友）

【加大整治力度确保金融单位安全】 年内，丰台分局在强化金融系统全体员工安全防范和责任意识教育的同时，加大安全检查、指导督促的力度，全年出动警力2100人次，车辆810台次，对全区金融单位的安全工作，反复进行检查，督促有关单位对存在的362起隐患及时进行了整改。并于6月7日至22日，组织民警、保卫干部、联防、城管、交通等各种力量1020人，对全区57个分理处、137个储蓄所和28个邮政储蓄网点进行了集中整治。取缔门前无照摊点67个、收容“三无”人员83人、清理各种车辆1436辆。经年终治安保卫目标责任检查验收，165个网点全部达标，116个单位被评为优秀。

（李志友）

【发挥“片警”作用，强化基层基础工作】 年内，丰台分局重视发挥派出所外勤民警作用，做好基层基础工作。仅“两会”期间，各派出所外勤民警就召开各种群众会523个，积极分子会661个，内部单位会871个，受宣传人数达63696人；组织联防、积极分子、内部单位等巡逻队1717个；发动55364人对73885个楼门院进行了控制。在此期间，群众提供线索261件，从中破案99起，处理违法犯罪嫌疑人136人。11月14日上午，分局在北京戏校排演场召开“强化基层基础工作，再掀严打整治高潮”的外勤民警会，推广了西罗园、六里桥派出所和杨秀奇式的好民警方伟等4名外勤民警做好基础工作的经验。

（李志友）

【阶段性专项打击收效明显】 年内，丰台分局结合本地区的实际情况，什么案件突出就打什么，适时地开展了打击骑摩托车抢劫抢夺、盗窃机动车、撬盗保险柜等阶段性的专项战役。刑警、巡警、派出所、武警等协同作战，通过在重点地段巡逻、堵卡、快速出警，先后打掉犯罪团伙8个，破案80起，其中骑摩托车抢劫、抢夺的案件44起，盗窃机动车的案件30起，撬盗保险柜的案件6起，29名犯罪嫌疑人被抓获。

（李志友）

【城镇治安联防队发挥公安助手作用】 年内，丰台分局对全区联防队的组织机构、队伍建设、职责任务、奖惩制度进行了适当调整，使各联防队充分发挥公安机关的助手作用，全年共打掉各类犯罪团伙41个，协助破案950起；收缴被盗各种轿车16辆、摩托车24辆，以及手机、彩电、自行车等大批赃物，为国家挽回经济损失225万余元。年内有8个治安联防队被评为市级先进治安联防队；10个治安联防分队被评为市级先进治安联防分队；5个治安联防分队荣立集体三等功；41人被评为市级先进治安联防队员；3人荣立个人三等功。

（李志友　郭凤华）

【分局老干部活动站正式启用】 4月18日，丰台分局局长王志江和丰台区老干部局局长刘德义为丰台分局老干部活动站揭牌。活动站面积120平方米,设有综合活动室、阅览室、棋牌室、游艺室、健身室5个活动场所。

（郭凤华　李志友）

【开展“夏季攻势”集中清理整治】 6月6日、27日，丰台分局在全区先后开展整治工作夏季攻势“一号行动”和“二号行动”，共出动民警、联防、协管员5184人次，通过对木樨园环岛周边、新发地农贸市场、岳各庄农贸市场等8个重点地区及洗浴场所、歌厅、废品收购站、出租房屋的集中清理整治，查获抢劫、盗窃、卖淫嫖娼等各类违法犯罪嫌疑人73人，收容“三无”人员942人，对1068名违法外地来京人员和54户违法出租房主，分别进行了处罚。

（李志友）

【分局举办“严打”初期成果展】 7月7日至13日，分局举办了《严打整治斗争初期战果展览》。通过展出收缴的枪支弹药、管制刀具、毒品等大量实物和198张照片及影视展播，充分展示分局“严打”整治斗争前三个月取得的初步战果和分局民警顽强拼搏、无私奉献的精神风貌。丰台区委、区政府、区人大和市局有关领导及区内各界人士、分局民警1500余人参观了展览。

（郭凤华　李志友）

【西四环南路楼门牌变更任务完成】 四环路开通后，丰台区原丰台路岳各庄桥至富丰桥道路，变更为西四环南路，原丰台路地名也随之取消，造成一批楼、门牌与新地名不符，给这一带群众的工作、生活带来不便，丰台镇、岳各庄、看丹等3个派出所急群众所急，7月14日至8月18日，在人口管理处的统一协调下，在西四环南路周边，制作安装了门牌115块、楼牌33块、单位自制门牌44块，变更涉及4971户15261人。

（李志友）

【侦破两起外国人盗窃案】 8月18日，伊朗入境的巴拉汉姆（男，26岁，暂住朝阳区金鑫源饭店）在兴利出租汽车服务部租用一辆墨绿色捷达轿车，以购物或问路为名，诱使事主帮助其辨认面值100元的人民币，伺机盗窃作案。此前，5月2日16时许，他和另一外国人，窜到丰台区尧舜建材供应站，在会计刘某拉开放钱的抽屉帮他们辨认人民币时，将9000元现金盗走。分局侦查员经工作，于8月24日，在朝阳区潘家园发现其作案用的轿车。并于次日中午将准备上车的犯罪嫌疑人巴拉汉姆抓获。巴对两次盗窃作案的犯罪事实供认不讳。

（李志友）

【丰台区新看守所揭牌启用】 8月31日，丰台分局为新建的看守所举行揭牌仪式。市委副书记、政法委书记、市局局长强卫和丰台区委书记王子生为看守所揭牌。新看守所占地7万平方米，分局预审、法制、监所等部门迁入新址办公，5月24日和7月26日凌晨，分两次将1731名在押人员安全转押到新看守所。年内，在市局等级验收中，新看守所各项指标均达到了公安部“三级看守所”的要求。

（李志友）

【网上追逃战果显著】 9月下旬，根据公安部和市局开展追逃专项战役的部署，丰台分局成立了分局长王志江担任组长的追逃领导小组，在网上比对、发函外调的同时，于10月24日至29日、11月25日至30日，两次组织刑警、巡警、派出所、联防、协管员等力量，在全区进行大规模的集中清理。在为期70天的追逃战役中，共抓获网上在逃人员224名。11月6日，佳木斯市2名犯罪嫌疑人许佳东(男，35岁)、金川(男，26岁)在原籍绑架人质索要100万巨款，并杀害两名民警后，畏罪潜逃来京，被分局抓获。

(李志友)

【圆满完成日本首相参观抗日战争纪念馆安全警卫工作】 10月8日，日本首相小泉参观了位于丰台区的中国人民抗日战争纪念馆和卢沟桥。丰台分局针对不少群众对日本首相小泉参拜靖国神社反响强烈的不利因素，提前工作，严密部署，治安、内保、消防部门和有关派出所，对现场、外围及行车路线进行了以防火、防爆、防事故为主要内容的安全大检查，分局领导现场指挥，及时调整警力，在学生放学，工人下班的高峰期，保证了小泉首相参观活动的绝对安全。

(李志友)

案　例　举　要

【潜逃16年的杀人凶手落网】 4月24日，丰台分局通过网上追逃，将杀人潜逃16年之久的重大犯罪嫌疑人程占明（男，39岁，住丰台区东高地）抓捕归案。经审讯查明：1985年11月16日，程占明因与胡某某的婚事遭到对方父母的反对而心生怨恨，当晚潜入胡家，将胡某某的父母杀害，后逃往河北省景县龙华镇，改名程晨，并将生日改小3年，买了户口，在当地娶妻并生一子。1999年9月，丰台分局将程占明上网抓捕，当地公安部门通过网上比对，觉得程晨可疑，前往抓捕时程跳墙而逃，民警遂将其买来的户口注销。程占明逃到河南省濮阳县，做起了服装生意。2001年4月，丰台分局侦查员根据掌握的线索，多次组织力量抓捕程占明，在景县、衡水抓捕未果后，又到濮阳。4月24日凌晨零点30分，在三义庙出租房内将程占明抓获。

(李志友)

【侦破一起利用人体贩毒案】 5月18日，丰台分局侦破一起利用人体贩毒案，抓获犯罪嫌疑人海巴尔．阿布力孜(男，24岁，新疆人)、马军(男，20岁，河北省唐山市人)、马魁(男，27岁，天津市人)等5人，收缴海洛因515克、冰毒11.04克、大麻0.36克。经查该贩毒团伙主要嫌疑人海巴尔．阿布力孜多次从广东省汕头市购买毒品，每次500克左右，然后由其司机马魁委派马军乘飞机来往于汕头、北京，通过人体运毒。5月17日晚，马军再次从汕头运毒回京，与马魁一起住进京华饭店。18日9时许，石榴园派出所民警得到消息后，与刑侦支队侦查员一起，将马军、马魁抓获，并起获了严密包裹的213粒毒品。根据二人的交待，民警们在玉泉营一建材城内，将正在进行毒品交易的海巴尔．阿布力孜等3人抓获。

(李志友)

【破获虚开12.6亿元增值税发票案】 5月23日，丰台分局刑侦支队侦破一起涉案金额12.6亿元的特大虚开增值税发票案，抓获犯罪嫌疑人廖少武(男，29岁，化名周文辉)、廖少辉(男，33岁，均为广东省潮阳市人)、柴华(女，30岁，辽宁省锦州市人)、王浩(男，27岁，住丰台区)、王芳(女，26岁，四川省新都县人)等5人。经查，2000年10月27日，廖等人以周文辉的名义，注册登记了北京华辉信成经贸有限公司，并利用行贿手段买通3名税务干部，内外勾结，购领了增值税专用发票2725份，虚开金额达12.6亿元，从中收取巨额赃款。2001年3月1日，分局接到报案后，会同税务部门，组织52人分13路，先后到28个省、市、自治区调查取证抓捕案犯，行程10万余公里，侦破了这起特大虚开增值税发票案。

(李志友)

丰台分局2001年领导名录

职　务	姓　名	任职时间
分局长	王志江	1997年8月—
政　委	夏其忠	1996年4月—
副分局长	赵　禄	1996年1月—
副分局长	吴树春	2000年4月—
副分局长	贺安钢	1996年11月—
副分局长	李雪明	1998年1月—
副分局长	李学炎	1998年1月—
副分局长	贾福清	1998年1月—
副分局长	宋宏声	2000年10月—
副分局长	孙伟年	2001年7月—

石景山分局

【概　况】 2001年，石景山分局坚持“争创一流”的目标，按照“抓早、抓小、抓实、抓严”的工作要求做好各项公安工作。从坚持教育转化、人员控制、专案侦破入手，全方位开展同“法轮功”邪教组织的斗争，全区“法轮功”人员转化率达91%，破获“法轮功”专案17起。同时，继续加强信息工作，被市局采纳有关信息100余件。深入开展“严打”整治斗争，全年破获刑事案件647起，同比上升26.1%，破案率为44.3%，同比上升6%；抓获各类犯罪嫌疑人516名，打掉犯罪团伙29个，收缴赃款、赃物总价值人民币200余万元。以整治治安重点地区为主线，清理整顿文化娱乐场所，取缔了一批无照歌舞厅、游艺厅和网吧，抓获卖淫嫖娼人员150名，查获赌博人员234名，收缴赌资23万余元，收缴盗版光盘和软件45000余张，盗版书刊2万余册；收缴各种枪支300支、子弹300发、雷管1000枚。强化基层基础工作，建立健全社会治安信息员制度。通过群众提供线索，破获各种刑事案件152起，占分局破案总数的25.2%；抓获犯罪嫌疑人98名，占分局抓获犯罪嫌疑人总数的12.3%。通过建立以巡警为龙头、派出所巡逻力量为基础、社会辅助力量为补充的三级巡逻防控网络，破获刑事案件208起，查获各类违法犯罪嫌疑人员1960名。圆满完成申奥成功庆祝活动及“大运会”击剑、足球场馆及周边地区的安全保卫任务。共出动警力38200余人次，完成三级以上警卫任务67次。加强外来人口管理和整治工作，建立外来人口管理站207个。重视科技强警和科技创安工作。年内投资217万元为刑侦支队购置先进的现场勘查技术设备；完成了“光纤入局”工程；建立了治安报警平台；研制开发了楼门牌计算机管理系统；建设技防小区6个；内部单位技防设施安装率达85%，其中179个重点要害部位安装率为100%。加大领导干部和民警培训力度，全年举办4期干部、民警培训班。坚持“从优待警”，为民警子女办理医疗保险和大病统筹，投资7万余元为民警宿舍楼安装楼宇对讲系统，建起了理发室、洗衣房等服务保障设施，努力解决民警的后顾之忧。

（路庆华）

【开展派出所科学使用警力调研工作见成果】 年内，石景山分局组成调研组，结合有些派出所“打乱仗”现象，以八宝山派出所为试点进行调研。通过对各警种工作量、警力投入等情况进行量化分析，提出改进意见，指导派出所科学合理地安排使用警力，经过深入研究使八宝山派出所在完成各项工作的同时，责任区民警每周“下片”时间增加了一倍，并在辖区建立起警务工作站，使派出所工作进入良性循环。

（路庆华）

【对外宣传工作结硕果】 年内，石景山分局对外宣传共发各类稿件近700篇，610篇被区级、市级、中央级新闻媒体采用，其中被《北京日报》、《北京晚报》等采用198篇；北京电视台“法制进行时”、“特别关注”、“警法目录”等栏目播发了30个专题。

（路庆华）

【强化防火安全检查工作】 年内，石景山分局对区内大商场、市场、文化娱乐场所、地下人防设施、易燃易爆品经营场所等进行了防火安全专项治理。共检查上述场所1400余家次，发现各类不安全隐患950余件，当场解决824件，下发检查意见书670份，限期整改通知126份，取缔290个。全年没有发生重大火灾事故。

（新　莹）

【信访工作取得好成绩】 年内，石景山分局受理群众来信来访280件，结办266件，结办率为95%。受理“110”电话、网络及信箱投诉84件，全部结办。受理信访举报96件，结办94件（其中属实和部分属实7件），结办率98%。受理人大代表建议、政协委员提案27件，全部结办，被评为“人大代表建议、政协委员提案办理工作先进集体。”

（路庆华）

【以人民满意为目标，改进工作作风】 年内，石景山分局以纠正行业不正之风为重点，先后开展了“提高服务质量，争创群众满意单位”、“改进作风见行动”、“警示教育”等活动。同时，走访各类单位380个，走访各界人士427人，召开座谈会29次。通过发放“致人民群众一封信”、“送人民群众一份联系卡”广泛征求意见，进一步缩短了民警与群众之间的差距。

（陈晓萌　路庆华）

【提前完成公安业务档案进馆工作】 年内，石景山分局对1949年至1992年的公安业务档案进行整理，重新编制案卷目录8本、人物卡片8246张，计算机录入信息7000条，并向市局档案馆移交预审、刑拘、劳教案卷2812卷、4334册。

（路庆华）

【加大投资，科技强警】 年内，石景山分局投资217万元为刑侦支队购置了KSS－6996外直接观察系统、PC－400型多波段指纹采集比对系统、指纹远程查询系统、便携式多波段光源、文检鉴别仪、勘察车等现代化现场勘查设备，加大了侦查破案的科技含量，增强了打击犯罪的工作力度。

(赵福东)

【建立监督网络，增强监督力度】 年内，石景山分局从局外聘请党风廉政监督员150名，每个党支部设一名监督员，形成监督网络。同时，分局警务督察队强化监督力度，全年共出动警力820人次，出动警车410辆次，现场督察民警18000人次，发警务通知单3件，发现问题141件，均及时进行了处理和纠正，保证了政令畅通。

(李晓桐)

【推进"科技创安"工程】 年内，石景山分局继续推进全区技防设施建设。在全区179个重点要害部位全部安装了技防设备，并建设完成技防小区6个。清理整顿安全防范产品管理市场25家，取缔无照经营11家。

(靳 莹)

【民警职工上岗实行双向选择制度】 年内，石景山分局实行民警职工上岗全员双向选择任用制，符合"双选"条件的650名民警和职工参加了"双向选择"。经过动员、择岗、任用、公布结果等步骤，有8名同志在第一轮"双选"中没有择到岗位，经过为期一个月的待岗培训，试用上岗后，重新走上工作岗位。

(魏 辰)

【开展同"法轮功"邪教组织的专项斗争】 年内，石景山分局先后7次开展了同"法轮功"邪教组织的专项斗争，破获"法轮功"煽动性案件17起，收缴"法轮功"宣传品6万余件。

(王秀玲)

【"争创活动"再创佳绩】 年内，石景山分局八角派出所、广宁派出所、刑侦支队重案队、巡察支队李爽车组被区政法委命名为"争创活动"先进集体；八角派出所被市政法委命名为人民满意的政法单位；贾银虎被评为市政法系统人民满意的先进个人标兵；孙录新被评为市政法系统人民满意的先进个人。

(刘步云)

【加强重点地区整治工作】 年内，石景山分局对金顶街自行车黑市、首钢周边地区等五个治安重点地区开展专项整治行动，共出动警力9587人次，其他力量13716人次，查处违法人员1000余人。

(李晓桐)

【建立三级巡逻防控网】 年内，石景山分局建立以巡警为龙头，以派出所治安巡逻队为基础，以社会辅助力量为补充的三级巡逻防控网络。通过巡逻破获刑事案件208起，查获各类违法犯罪嫌疑人1960名，有效地维护了全区治安秩序。

(路庆华)

【研制开发石景山区楼（门）牌管理系统】 年内，石景山分局与有关单位研制开发了具有申请报表、位置示意图、查询统计、统计报表打印、系统管理和字典维护等6个功能模块的楼（门）牌计算机管理系统，并投入使用。该系统的建立，使石景山区道路沿线企事业单位、居民小区、自然村楼（门）牌编号全部纳入了计算机管理，为全区城市化管理提供了简便、快捷的服务。

(靳 莹)

【加大外来人口管理力度】 年内，石景山分局继续加大对外来人口管理力度，建立外来人口管理站207个，更换新型《暂住证》9万余个，先后组织各种力量61941人次，清查出租房屋35721间，收容"三无"人员3246人。

(路庆华)

【预审大队被评为市级"先进集体"】 年内，石景山分局预审大队审查、消化处理"法轮功"人员工作中，没有发生任何问题。被市委组织部等7部门联合评选为"北京市同法轮功邪教组织斗争先进集体”。

（新 莹）

【看守所为女在押人员举办“三八”节联欢会】 3月6日，石景山看守所女民警与女在押人员举行了共庆“三八”节联欢会。市局监所管理处、区政法委、区妇联及分局有关领导出席联欢会，并向全体在押人员赠送了法律书籍。联欢会上，女在押人员表演了诗歌、小品等节目。北京电视台《北京您早》栏目对联欢会进行了报道。

（苏爱萍）

【聘用社会治安信息员初见成效】 5月，石景山分局建立社会治安信息员制度，聘用治安信息员873名。至年底，信息员共提供各类线索和信息385件，从中破案18起，抓获违法犯罪嫌疑人40名，其中公安部网上逃犯3名。

（路庆华）

【派出所户籍工作率先入网】 7月，石景山分局所有户籍派出所的日常变动卡和常住人口信息管理系统数据及其它主要项目，全部通过市局验收，在全市率先全部停建、停报日常变动口卡及《人口卡片报卡情况统计表》，改为实行计算机联网管理。

（袁 超）

【规范内部单位安全防范工作】 7月，石景山分局与118个直管单位、980个三级管理单位重新签订了治安保卫责任书。同时重新审定了75个要害部位，并全部建立了要害档案。直管单位的重点、要害部位技防安装率达到了98%；组建了3个保安报警平台，实现了地区性联网。

（李晓桐）

案 例 举 要

【破获“8·15”特大杀人案】 2000年8月15日18时许，首钢总公司原料处处长侯永贵之妻王胡兰（49岁，住金顶街四区）在家中被人用锐器刺伤胸部休克死亡。为侦破此案，石景山分局专案组先后调查走访群众1000余人，在掌握大量线索、证据的基础上，于2001年6月19日将犯罪嫌疑人陈世清（男，41岁，住石景山区老山东里，首钢总公司原料处司机）抓获。经审查，陈对2000年8月15日携带一把尖刀，窜至王胡兰家中抢劫杀人的犯罪事实供认不讳。

（杨春斌）

【破获“3·04”特大抢劫案】 3月4日18时许，古城永定林工商公司东侧料场发生一起特大抢劫案，犯罪嫌疑人将值班员捆绑后，抢走料场内钢材10.6吨。石景山分局刑侦支队接报后迅速开展工作，于5月16日在衙门口村西街127号将一名外号叫“陈老大”的犯罪嫌疑人抓获。经审查，“陈老大”（真名叫陈浩瑞，男，35岁，甘肃人）交代了3月4日18时许伙同门头沟区的赵建军（男，28岁）、王占生（男，28岁）等人，窜至古城永定林工商公司东侧料场，抢劫钢材10.6吨的犯罪事实。随后，侦查员将犯罪嫌疑人赵建军、王占生抓获。

（杨春斌）

【破获一起伤害致死民警案】 3月20日22时22分，位于苹果园南路86号的小红牛烧烤店外发生一起伤害致死案，被害人系市局公共交通分局民警孙钟（男，汉族，26岁）。市局刑事侦查总队和石景山分局联合组成专案组经工作查明：3月20日19时许，孙某与朋友王起（男，28岁）到小红牛烧烤店吃饭。两人因对该店服务质量不满意，曾对该店领班提出意见。22时10分许，两人饭后出门时被该店老板李金章（男，42岁，住海淀区永定路南里）纠集人拦住，在揪扯过程中，孙被苹果园建材商店的葛建彪（男，32岁，河北省饶阳县官厅乡兆歧河村人）殴打致死，后葛出逃。此案被列为市级挂帐案件，专案组民警十余次奔赴河北、天津、哈尔滨等地，查找葛的落脚点。6月17日犯罪嫌疑人葛建彪投案自首。

（杨春斌）

【破获“5·19”伤害致死案】 5月19日19时40分许，外地来京人员阳承方（男，49岁，四川仪陇人）在北辛安市场街被人殴打致死。石景山分局经工作确定犯罪嫌疑人为张世刚（男，24岁，辽宁抚顺市人，暂住石景山区八角南里）。在辽宁抚顺市公安局的大力协助下，于10月13日在抚顺市将潜逃4个多月的张世刚抓获。经审查，5月19日晚19时许，张酒后骑“木兰”摩托车经过北辛安市场街，因与骑三轮车的阳承方发生口角用拳头及路边砖头将其殴打致死。

（杨春斌）

【破获杀害卖淫女系列案件】 8月5日，老山上庄村东口小树林内发现一具女尸。石景山分局接报后经工作查明，死者是湖南益阳市安化县来京农民梁芝英（女，38岁）。8月4日晚22时许，梁在上庄村东口小树林附近拉客卖淫时，被一名嫖娼男子用石头砸死在树林内。根据群众提供的线索，专案组于8月19日将犯罪嫌疑人陈志明（男，40岁，无业，户口所在地为石景山区模式口西里，现租住石景山区北新安街3号，曾因强奸、盗窃被判刑15年，2000年9月被释放）抓获。陈对嫖娼后用石块将梁砸死的犯罪事实供认不讳。同时，还交代了2001年2月6日晚7时许，将卖淫女王丽（22岁，黑龙江人）骗至北辛安菜地排水沟南侧，发生关系后用石头将其砸死的犯罪事实。

（杨春斌）

石景山分局2001年领导名录

职　务	姓　名	任　职　时　间
分局长	赵福奎	2000年 4月—
政　　委	张卫华	1999年12月—2001年4月（调市局办公室任职）
政　　委	张　京	2001年 4月—
副分局长	鹿进宝	1999年10月—2001年4月（调门头沟分局任职）
副分局长	李文祥	1988年11月—2001年9月（到最高任职年限，任正处级调研员）
副分局长	梁恩贵	1988年11月—
副分局长	谢克宁	1995年 4月—
副分局长	于　兵	1996年 4月—2001年8月（调市局公共信息网络安全监察处任职）
副分局长	孙鸿博	2000年 4月—
副分局长	于明泉	2000年10月—
副分局长	赵　利	2001年 8月—

门头沟分局

【概　况】 2001年，门头沟分局发扬同心同德，改革创新，求真务实，争创一流的精神，紧紧围绕“严打”整治斗争，突出抓好爆炸物品管理，防控“法轮功”邪教组织非法活动和处置群体访“三个重点”工作，有效地维护了全区的政治稳定和社会安定。在“严打”工作中坚持以“打黑除恶”为龙头，以查获“两盗一抢”案件为重点，共破获刑事案件643起（其中市局挂帐案件6起），比上年提高34.8%。破获重大案件378起，比上年提高11.5%。总破案率为59.7%，比上年提高20.1%。抓获各类犯罪嫌疑人员447名，比上年提高22.8%；抓获负案在逃犯73名（其中重点逃犯31名），比上年提高305.6%。破获毒品犯罪案件27起，查处吸食、注射毒品等治安案件117起，抓获涉毒违法犯罪嫌疑人151名，收缴毒品海洛因73.19克。破获各类经济犯罪案件92起，抓获犯罪嫌疑人22名，追缴赃款1996万元。在整治斗争中以斋堂地区为重点，对非法开采活动进行了集中整治，查获非法买卖、使用爆炸物品案件37起、59人；查获私藏枪支案件48起、48人；收缴非法爆炸物品944.6公斤，雷管5403支，各类枪支72支。以整治河滩商业文化中心为重点，清理各类场所、摊位789家，收缴赌博机354台，收缴盗版光盘14081张，淫秽光盘1388张。从中查获各类刑事、治安案件179起，查获各类违法犯罪嫌疑人587人。结合“严打”，清理出租房屋40463户次，审查外来人口125571人次。从中破获刑事案件65起，抓获违法犯罪嫌疑人85人，打掉犯罪团伙3个（成员19人），治安处罚2309人，罚款29497元。全区外来人口犯罪率为千分之三点一。坚持“早发现、早报告、早控制、早工作”的原则，妥善处置规模较大的群体性上访事件30余起。查破“法轮功”非法聚集和散发、张贴、投寄宣传品案件21起，分局被市委组织部、宣传部、政法委、市公安局、民政局、人事局等部门联合评选为“同法轮功邪教组织斗争北京市先进单位”。分局看守所被公安部命名为一级看守所。年内，全区发生交通事故265起，比上年下降32%，重大事故20起，比上年下降15%，在市局交通管理工作综合考核中名列郊区县组第一名。消防处罚70起，比上年上升62.8%，罚款增至196000元，比上年上升17.1%。全区发生火灾55起，经济损失511291元，比上年上升5%，经济损失减少175003元，比上年下降34.2%。全年培训民警514人。队伍建设实现违法违纪、群众来信来访和“110”投诉三个明显下降。

（吴世芳　刘天军）

【山区实行警务联勤制】 年内，根据门头沟北部山区的治安特点，门头沟分局党委经过认真调研，决定在现有编制的基础上，积极挖掘自身潜力，在北部山区全面实行“警务联勤制”。即：将位于该地区的派出所、地区刑警队、交巡支队警区（包括治安检查站、交通检查站）捆绑在一起，综合使用。建立联席和治安协作制度，一方有事，八方支援，一处接警，警务联动，既解决了山区警力不足的问题，又提高了快速反应和整体作战的能力。

(刘天军)

【开展公共场所消防安全专项治理工作】 年内，门头沟分局开展了历时3个月的公共场所消防安全专项治理工作。分局消防处累计出动警力469人次，车辆183辆次，对全区122个单位进行了拉网式消防安全大检查。发现和消除各种不安全隐患及问题27件，填发《责令限期整顿通知书》30份，处罚不合格单位13个，罚款金额20800元。

(刘天军)

【完成春节“燃放”安全保卫工作】 1月23日除夕之夜，门头沟分局出动500余名民警到龙泉宾馆、滨河路至双峪转盘一线的烟花爆竹施放点及全区30多个禁放区域执勤，维护治安秩序，保证了燃放烟花爆竹高峰期的安全。24日20时，区政府在大峪中学等处举办焰火晚会，观看焰火晚会的群众达10万余人。分局出动警力100余名，确保了晚会秩序良好。

(刘天军)

【完成泰国公主进香警卫任务】 3月3日，泰国公主诗琳通到京西古刹潭柘寺进香。门头沟分局派出民警执行外宾行车路线和活动场所警卫任务，保证了公主一行活动的安全。

(刘天军)

【开展“严打”斗争战果显著】 4月至11月，门头沟分局持续开展“严打”斗争，共破获各类刑事案件533起，同比增加31.6%。其中破获重大案件296起（市局挂帐案件6起，有较大影响的案件16起），抓获市局挂牌逃犯6名，重点逃犯31名；打掉犯罪团伙24个，涉及成员115人；抓获犯罪嫌疑人303名，同比增加39%；抓获负案在逃人员33名，同比增加200%。

(刘天军)

【紧急处警救助摔伤大学生】 4月6日，7名北京大学99级英语系学生到门头沟妙峰山风景区游玩时，其中1人不慎摔伤致左小腿骨折。门头沟分局妙峰山派出所民警接警后紧急出警，历时3个多小时找到受伤学生王国华，并及时联系救护车将其安全护送到区医院治疗。

(刘天军)

【“治爆缉枪”专项行动取得成绩】 4月18日至5月24日，门头沟分局开展了“治爆缉枪”专项行动，共查获涉爆案件17起，涉枪案件4起；抓获涉爆涉枪违法犯罪嫌疑人112人，收缴非法持有的爆炸物品225.15公斤、雷管284支、炸药原料530公斤，收缴各类非法持有的枪支5支。分局治爆缉枪专项斗争名列全市第一名。

(刘天军)

【完成第四届京西大庙会安全保卫任务】 4月21日至5月30日，门头沟区举办了第四届京西大庙会。先后在永定镇冯村、潭柘寺、戒台寺、百花山、妙峰山等景区举行了开幕式、古幡会、大法会、民间花会、登山、赏花等活动。大庙会期间，门头沟分局共出动民警209名、组织治保积极分子3000余名到各活动点维护治安秩序，确保了庙会的安全顺利进行。

(刘天军)

【落实安全防范责任制见成效】 4月下旬开展“严打”斗争后，门头沟分局在全区组织了治安巡逻队260个，巡逻队员3382人，安全员28000人，落实了25856个楼门排院的安全防范责任制，使4月至5月份入室盗窃案件持续下降，其中4月份发案13起，5月份发案11起，比上年同期分别下降18.7%和21.4%。

(刘天军)

【集中开展小煤窑综合整治工作】 5月13日至24日，门头沟分局组成15人的工作组进驻斋堂地区，集中开展了对小煤窑的综合整治工作。共关闭炸毁非法开采的煤窑口429个，封堵非法煤窑口152个；拆除私建工棚129间；违章搭建房屋674平方米；取缔非法经营的煤场32处；依法关闭镇办煤矿2个；清理审查外来人口1109人，收容遣送66人，收缴个人非法持有的雷管60支，炸药21公斤，销毁炸药192公斤。

（刘天军）

【铲除危害一方的流氓恶势力团伙】 5月26日，门头沟分局一举铲除了以矫立克（男，36岁，黑龙江克东县宝泉镇农民）、矫立军（男，33岁）、矫立东（男，31岁）等五兄弟为首的流氓恶势力团伙。该团伙有成员10余人，长期盘踞在本区龙门汉军屠宰场、河滩农贸市场强买强卖、强拿强要、欺行霸市，群众反映强烈。6月8日，该团伙主要成员矫立克、矫立军、矫立东、许洪波（男，22岁，与矫立克等同乡）等人被依法逮捕，9月7日被移送提起公诉。

（刘天军）

【分局民警住宅楼剪彩入住】 7月29日，门头沟分局在门头沟桃园小区举行了新建民警住宅楼入住剪彩仪式。市委副书记、政法委书记、市局局长强卫为新楼剪彩，并为入住民警颁发房门钥匙。区委书记李建华、区长刘永富、区委副书记兼区政法委书记朱明德、分局长周福海、政委鹿进宝等参加了剪彩仪式。新建民警住宅楼总建筑面积为11000平方米，为132户民警解决了住房困难。

（刘天军）

【集中清理整顿流动人口取得成效】 8月3日至13日，门头沟分局出动警力和治保积极分子39778人次，共清理出租房屋4548户次、7625间次；清理沿街门店540个次，农贸市场95个次，建筑工地1166个次；从中破获刑事案件23起，查处治安案件29起，查处违法人员489人，处以治安罚款4960元；收容"三无"人员88人；收缴危险品炸药38公斤，雷管42支，各类枪支13支。

（刘天军）

【刑侦支队举行大学生民警拜师会】 8月17日，门头沟分局刑侦支队举行了新民警拜师会，8名新参加工作的大学生刑警同8名刑警"师傅"签订了"志愿师徒"责任书。双方明确了师徒互相传、帮、带、学责任。此举是提高支队整体业务素质的一项新举措。

（刘天军）

【完成人户分离户口清理整顿工作】 9月至10月，门头沟分局开展了为期两个月的全区人户分离户口清理整顿工作。期间共召开各类宣传会议235个，发放宣传材料8489张。清理整顿中破获各类案件19起，其中大案2起；抓获违法犯罪嫌疑人26人，打掉犯罪团伙3个；抓获外地来京违法犯罪嫌疑人12人。

（刘天军）

【区政府为山区民警增发生活补贴】 9月3日，门头沟区政府召开常务会议，专门研究了工作生活条件十分艰苦的山区民警的生活补贴问题。会议决定：给门头沟分局清水等5个深山区派出所民警每月补助生活费240元；将斋堂地区刑警队民警每月生活补助费标准由原来的300元提高到450元，交巡支队杜家庄检查站、芹峪口交通边境分队民警每月生活补助费标准由240元提高到360元。

（刘天军）

【区长现场办公拨款助"严打"】 9月6日，门头沟区区长刘永富带领区政府办、区计委、区财政局的主要领导到门头沟分局现场办公，在听取了分局关于"严打整治工作情况"及"分局装备、设备、设施情况"的汇报后，刘区长当即决定由区财政拨款400万元，解决分局公安技术装备和"严打"工作经费不足问题。

（刘天军）

【首次实行城镇与山区派出所民警轮岗交流】 9月14日，门头沟分局有22名在城镇地区派出所工作五年以上的民警与13名在山区派出所工作五年以上的民警进行了轮岗交流。

(刘天军)

【分局举办第二届田径运动会】 10月7日，门头沟分局举办了第二届田径运动会。区委副书记、政法委书记朱明德及市局政治部、区工会、体委、分局领导出席了开幕式并观看了表演。分局440名民警、职工参加了39个单项比赛，刑侦支队、办公室、东辛房派出所、纪委、交巡支队、大峪派出所分别获得男女各组团体第一的奖杯。

(刘天军)

【开展查禁赌博专项行动】 10月12日至13日，门头沟分局开展了为期两天的查禁赌博专项行动。共出动民警128人次，清查各类场所89个，端掉赌博窝点3处；抓获涉赌人员34人，收缴赌资30660元，治安罚款33000元。

(刘天军)

案例举要

【破获“1·11”重大杀人案】 1月11日，门头沟王平地区南苑梅坪乐园门外30米处路基石崖下发现一具无名女尸。分局经工作，认定死者为魏春彩（女，24岁，河南汝州市来京打工人员，暂住石景山区鲁谷石槽村21号），并于2月26日将犯罪嫌疑人张俊伟（男，30岁，山东淄博市临淄区齐都镇赵王村农民）抓获。经审讯张供认：1999年与魏相识，双方发生两性关系，因魏屡次向张索要钱财并以将二人关系公开相威胁，张怕事情败露，于1月10日以要债为由将魏骗至王平地区梅坪乐园外，将其杀害，后搜出魏随身携带的手机、BP机、项链等物逃离现场。3月30日，张俊伟被批准逮捕，5月17日被移送起诉。

(刘天军)

【打掉跨区作案的特大经济犯罪团伙】 2月16日，门头沟分局刑侦支队会同区国税局、西城分局经侦队打掉了一个专门流窜于门头沟区和西城区虚开增值税专用发票的特大经济犯罪团伙，抓获犯罪嫌疑人郭春虎（男，33岁）、郭春豹（男，21岁）、郭春彪（男，19岁，郭等三人系亲兄弟，广东潮阳市贵屿镇人，暂住北京西城区西外大街展览南路）、郭浩杨（男，19岁，广东潮阳市贵屿镇人）、孙艳芳（女，19岁，内蒙古化德县人）等5人。经查，该团伙自1999年6月以来，先后用假身份证在门头沟区注册了北京双立一事工贸有限公司、北京金虎经贸有限公司、北京华士达工贸有限公司等并以上述公司名义先后从门头沟国税局购买111本万元版增值税专用发票，虚开108本2621份，以每份增值税300元至500元的价格出售，涉案金额1.89亿元，非法获利80余万元，造成国家税款流失2900余万元。此案破获后，共收缴增值税专用发票30本，750份，各种印章61枚。3月23日，5名犯罪嫌疑人被批准逮捕。

(刘天军)

【破获系列抢劫出租汽车司机案】 4月17日，门头沟分局破获了一起系列抢劫出租汽车司机案件，抓获犯罪嫌疑人荣伟（男，27岁，住朝阳区小红门，个体）、苏铁成（男，29岁，住门头沟区城子中街，无业）。经审查，二人分别供认了自2001年3月份以来勾结王庆铎（男，28岁，住门头沟大峪剧场东街）、张永利（男，22岁，住丰台区大灰场）在从石景山区打车到门头沟永定、三家店等地途中，以车主拉过卖淫小姐为借口，采用暴力威胁、殴打等手段连续抢劫出租汽车司机9起的犯罪事实。4月19日，犯罪嫌疑人王庆铎被抓获；4月24日，因吸毒被收押在丰台分局看守所的张永利被门头沟分局解回归案。2002年3月1日，苏铁成被门头沟区人民法院判处有期徒刑15年，剥夺政治权利3年。

(刘天军)

【深挖线索抓获吸贩毒人员25人】 5月20

日，门头沟分局抓获吸毒人员王宝平（女，35岁，住大峪南路，无业）、赵金河（男，32岁，住一西街）。经审讯，二人交待了所吸毒品的供货渠道、交易地点和联络方法。随后分局组织警力先后抓获了主要贩毒人员阿不都·沙拉木·买吾尔（男，25岁，住新疆乌什县南头角村，外地来京人员）、塔依阿不力孜（男，35岁，住新疆巴楚县图木休克镇），当场收缴海洛因20克。经深挖线索后，又先后抓获吸、贩毒人员共25人。6月27日，王宝平、阿不都·沙拉木·买吾尔、塔依阿不力孜被依法逮捕，9月1日移送检察机关提起公诉。2001年11月6日，门头沟区人民法院判处王宝平有期徒刑10个月，罚金人民币1000元，判处阿不都·沙拉木·买吾尔有期徒刑9年，剥夺政治权利3年，罚金9000元；判处塔依阿不力孜有期徒刑8年，剥夺政治权利1年，罚金8000元。

（刘天军）

【破获一起杀人抛尸案】 8月22日，门头沟区清水镇塔河河套内发现一具男尸。分局接报后立即组成6个侦破小组开展工作，经走访13个村500余户村民，查清死者系清水镇黄塔村村民宋建国（男，39岁，8月16日失踪）。经进一步开展侦破工作，于8月24日将两名犯罪嫌疑人张新红（男，34岁，门头沟清水镇黄塔村农民）、李增云（女，47岁，清水镇黄塔村农民）抓获。二人供述了因男女关系问题杀人的犯罪事实。9月28日，张新红、李增云被依法逮捕。

（刘天军）

【打掉一非法聚会的"法轮功"团伙】 9月23日，一伙"法轮功"顽固分子租用一辆白色红条中型面包车（车号京B/B6035）到门头沟妙峰山风景区进行非法聚会活动，张贴"法轮功"宣传品。经群众举报，分局民警及时赶到现场，将该团伙成员王慧（女，37岁，住本市西城区阜成门北大街，无业）、闫福礼（男，46岁，住本市西城区阜成门北大街，高级工程师）、高以雯（女，53岁，住本市西城区新街口南大街，市政工程管理处干部）、于志昕（女，44岁，住本市丰台区草桥，锁厂工人）等10人当场抓获，收缴其随身携带的"法轮功"横幅两面，标语81张。审查中又从闫福礼、高以雯、于志昕等人住处起获了大量的"法轮功"非法宣传品及宣传品制作工具。10月，首要分子于志昕被依法逮捕，10月26日，王慧、闫福礼、高以雯等9人分别被劳动教养1年6个月。

（刘天军）

门头沟分局2001年领导名录

职　务	姓　名	任　职　时　间
分局长	席善宝	1997年8月—2001年4月（退休）
分局长	周福海	2001年4月—
政　委	周福海	1998年8月—2001年4月
政　委	鹿进宝	2001年4月—
副分局长	赵　利	1992年6月—2001年8月（调石景山分局任职）
副分局长	何　平	1992年6月—

职　　务	姓　名	任　职　时　间
副分局长	张成龙	1996年 8 月—
副分局长	宋　捷	1996年10月—
副分局长	周建军	2000年10月—2001年9月（退休）
副分局长	刘　凤	2000年10月—

房　山　分　局

【概　况】 2001年，房山分局按照市局的工作部署，加大执法力度，努力完成各项安全保卫任务，为全区经济建设和社会发展创造了良好的治安环境。继续深化同“法轮功”邪教组织的斗争，采取有力措施，加大查控力度，确保实现“零”指标。年内，举办“法轮功”人员转化班76批690人。对全区“法轮功”邪教人员进行了详细调查摸底，铲除了5个邪教活动点。收集上报各类信息1300件，被市局采用50件。协助区委、区政府妥善处置集体上访事件136批2745人次。深入开展“严打”整治斗争，全年破获各类刑事案件1749起，抓获犯罪嫌疑人1108名，打掉犯罪团伙91个，抓获网上逃犯95名。侦破经济案件212起，抓获涉案成员71名，追缴挽回经济损失2261.54万元。查处治安、行政案件27622起，处理违法违规人员30926人。加强内部单位安全保卫工作，检查重点单位和要害部位1831处次。发现问题31处，发治安隐患和限期改正通知书各31份。加强消防监督工作，全年发出《责令限期改正通知书》152份，《复查意见书》151份。加强建筑工程防火安全的审核和验收，改善消防设施和环境。进一步调整警务模式，在良乡、城关两地实行刑警、巡警、派出所民警“三警”联勤打、防、控一体化的工作机制。以狠抓“三率”为突破口，考核民警对居民和单位住址熟知程度。全局29个派出所的202个责任区民警经考核，成绩达到了良好。狠抓科技强警，按照全区“十五”规划和公安“金盾工程”规划，全面提高计算机办公自动化和网络应用实战水平。开通了小型局域网。年内分局共购置计算机67台、服务器8台、笔记本电脑2部，初步配备了三级网为实战服务的硬件条件。加强警务保障工作，年内共争取各类专项资金576.12万元，报废更新机动车22辆，自筹资金完成洗衣房、副食基地的建设，安装空调13台，改善民警工作生活环境。完成了党组改建党委和50个党支部的换届选举工作。贯彻落实《公安机关人民警察内务条令》，开展派出所规范化达标、“三服务”和“两减一树”活动，初步建立了社会治安长效管理机制。

（田长春）

【圆满完成公开选拔竞聘警长工作】 年内，房山分局根据市局《关于在派出所设警长的通知》和《关于巡察支队机构调整和警区设置警长的通知》，在8个派出所和巡察支队设立29个警长职位，上报市局审核后，在全局范围内进行公开选拔竞聘。231人参加了报名，经资格审查、笔试、面试、综合考察、任命等步骤，28名同志走上了警长工作岗位。

（于凤琴）

【安装“110”报警灯箱】 年内，房山分局巡察支队为打击和震慑现行违法犯罪活动，增加广大群众的安全感。在房山城关、良乡13条街道安装了25个“110”报警灯箱，受到了社会各界的欢迎。

（于凤琴）

【加大执法力度，促进限养工作】 年内，房山分局加大限养执法力度，截止5月22日，全区登记注册犬数为10769条，比上年全年注册登记的多2395条，增加28.6%。同时，取缔3个非法犬市，没收无证犬246条，处罚违反限养法规行为9起9人，保障了全区限养工作的顺利进行。

（于凤琴）

【围绕“三服务”加大对派出所工作指导】 年内，房山分局加强对派出所窗口服务，入户审批，采取现场办公。截止到11月底，共受理各类入户材料5177份，共批准入户4577户、7506人，其中办理小城镇户口1312户、3445人，并开具准迁证1539份，入户通知单3038份，发楼门牌45311个，接待群众咨询1199人次，完成各种人口整治报告表工作，并取得全市第六，远郊区县第二的好成绩。

（于凤琴）

【福兴花园科技创安迈上新台阶】 年内，为从根本上解决“福兴花园”居民小区机动车、自行车被盗和入室盗窃发案多这一群众反映强烈的热点难点问题，房山分局城关派出所积极贯彻科技创安战略，在该小区设立昼夜有人值班的门卫室、物业办公室和护院巡逻队，小区5栋楼300多户居民全部安装上了具有网络功能的楼宇对讲系统。实现了技防、人防、物防三到位，居民普遍增强了安全感。

（于凤琴）

【受理网上信访破获街头抢夺案】 年初，根据市局网站110信箱“2000年12月底以来，良乡修造厂917路公共汽车站附近发生多起拎包抢夺案件”的信访反映，房山分局组织民警对该地区重点蹲守，于2月8日将正在实施拎包的犯罪嫌疑人马颜灵（男，22岁，河南省商水县人）抓获。经审查：马交待了单独和伙同同乡朱两蓬、贾来蛋，多次趁早晨上班高峰期实施街头拎包抢夺的犯罪事实。

（于凤琴）

【抓获一名特大诈骗犯罪嫌疑人】 3月7日，房山分局周口店派出所根据新疆库尔勒市公安局通报，将涉嫌一起特大诈骗案的犯罪嫌疑人刘强（男，47岁，北京市房山区人）抓获，并从其住处起获一张伪造的香港宝通银行3000万元的汇票复印件及3枚假公章。经审查，刘供认了于2月底伙同项春（男，59岁，北京市房山区人，已被新疆警方抓获）持伪造的香港宝通银行3000万港币汇票到中国银行新疆分行诈骗现金的犯罪事实。已将刘强移交新疆警方。

（于凤琴）

【开展“治爆缉枪”专项行动】 4月20日至9月30日，房山分局开展“治爆缉枪”专项行动。共收缴炸药2005.6公斤，雷管4524支，导火索440米，收缴枪支283支，子弹1555发，抓获涉案人员110人。被公安部授予“全国先进单位”。

（于凤琴）

【“严打”整治专项斗争成绩显著】 4月20日至9月30日，房山分局先后开展了“打黑除恶”、“清案会战”等一系列“严打”整治专项斗争，共破案932起，打掉各类犯罪团伙46个，抓获各类违法犯罪嫌疑人608

人，其中抓获网上逃犯23名，追缴汽车40辆，折合人民币200余万元。查处治安案件2716起，行政案件14752起，处理违法违规人员19033人，治安罚款32.46万元。

（于凤琴）

【开展整治文化娱乐服务场所专项行动】 4月20日至11月30日，房山分局在全区开展文化娱乐服务场所专项整治工作。共查获卖淫嫖娼案件32起99人，查获赌博案件317起1296人，查获传贩淫秽物品案件65起70人，打掉吸贩毒品团伙12个，抓获吸贩毒人员80名，收缴毒品海洛因59.5克，破获刑事案件163起。

（于凤琴）

【看守所发挥"严打"第二战场作用】 在"严打"整治斗争中，房山分局看守所充分发挥第二战场的作用，从在押人员中深挖犯罪线索。经工作，共获得各类犯罪线索383件，从中破获刑事案件48起，抓获犯罪嫌疑人26人，收缴枪支10支，在市局监管系统召开的监所专项整治总结表彰会上，房山看守所被评为优秀看守所。

（于凤琴）

【北潞园派出所正式成立】 5月16日，房山分局北潞园派出所举行揭牌仪式。该所是2000年12月18日经市局批准成立的户籍派出所，辖区24平方公里，有常住人口9284户25082人，外来人口7183人。

（于凤琴）

【岳各庄派出所开展"三满意"活动】 下半年，房山分局岳各庄派出所结合全局"两减一树"活动，在所内开展了"三满意"活动，即：对群众热情服务，急事快办，让群众满意在派出所；接处警迅速及时，快查快办，让群众满意在发案现场；责任区要多为群众办好事、办实事，让群众满意在责任区。派出所订制了20个警民联系箱、60块民警提示牌悬挂在辖区内的企事业单位、村委会和主要大街，公布报警和监督电话，将办理户口、办身份证等所需要的手续制成便民条，完善了办事指南，受到群众的欢迎。

（于凤琴）

【良乡刑警队被评为全国模范责任区刑警队】 6月8日，公安部部长贾春旺签署命令，授予房山分局刑侦支队良乡责任区刑警队"全国模范责任区刑警队"光荣称号，并荣记集体一等功。同时还被市局评为"优秀地区刑警队"。该队自2000年7月1日正式组建以来，共受理案件831起，立案787起，破获案件458起，人均破案23起。抓获犯罪嫌疑人180人，收缴赃物机动车33辆，为国家和群众挽回经济损失103万元。

（于凤琴）

【圆满完成建党80周年大型活动安保任务】 6月27日，中共中央政治局委员、北京市委书记贾庆林等领导在《没有共产党就没有新中国》词曲创作地霞云岭乡堂上村出席了由江泽民总书记亲笔题词"没有共产党就没有新中国"的主题雕塑揭幕仪式。当晚，北京电视台在房山区政府大院举办了有千余名演职员参加演出，1.5万群众到场观看的"燕山情"大型文艺演出。房山分局对两个大型活动制定了周密的保卫工作方案，分局长孙钫任总指挥，副分局长赵林、张国民、杨进则任副总指挥，共出动警力300余人。圆满完成了保卫任务。

（于凤琴）

【分局老干部活动室落成启用】 6月29日，由房山分局和安康医院合建的老干部活动室揭牌启用。活动室占地72平方米，配置了图书、报刊、象棋、扑克牌等，为老干部政治学习和开展文娱活动创造了条件。

（于凤琴）

【举办文保干部培训班】 7月16日至22日，房山分局举办文保系统保卫人员上岗培训班。培训班采取全封闭式管理，北京人民警察学院的教师为参加培训的52名学员讲解了《治安管理处罚条例》、《治安保卫责任制》、《保卫工作概述》和《消防知识》。培训结束进行了严格考试，成绩合格的将颁发上岗证和保卫人员工作证。

（于凤琴）

【交道派出所完成楼门牌制作任务】 8月5日，房山分局交道派出所完成了辖区内18个行政村及企业单位所有门楼牌制作任务。共制作门牌3836块，其中小门牌3749块，铜制大门牌14块，搪瓷大门牌39块，反光大门牌35块，制作率达到100%。在分局楼门牌工作中起到带头作用。

（于凤琴）

【开展保“大运会”安全“严打”整治统一行动】 8月5日至15日，按照市局统一部署，房山分局开展了为期10天的保大运安全“严打”整治统一行动，共破获刑事案件49起，抓获犯罪嫌疑人27名，抓获逃犯5名；查处卖淫嫖娼3起6人，赌博27起112人；共检查出租房屋9237间，市场门店999家，建筑工地122个，处罚外来人口1238人，处罚出租房屋主18人，收容遣送“三无”人员251人。重点检查生产、储存、使用危险物品单位183家，发现不安全隐患7件。收缴炸药200公斤，汽枪、仿真手枪21支。检查加油站、油库133个。为“大运会”的安全召开营造了良好的外围治安环境。

（于凤琴）

【发还被盗机动车】 8月30日，房山分局刑侦支队在区少年宫车场，将破案追缴的13辆桑塔纳、松花江等机动车分别发还给失主，为失主挽回经济损失100余万元，受到群众好评。

（于凤琴）

【加强对外来人口管理】 截止到11月底，房山分局共组织了10次外来人口集中清理整治活动，共登记暂住人口59609人，收容遣送“三无”人员1449人；依法处罚外来人口和出租房主20435人，罚款116万元；查获外地犯罪嫌疑人375人，抓获外地在逃犯19名。

（于凤琴）

【为山区民警送温暖】 12月19日，房山分局党委书记、局长孙钫，党委副书记、政委陈曦，党委委员、副分局长张国民、政治处主任隗合显代表分局党委慰问了长期工作在深山区的史家营等9个派出所和1个检查站的80名民警。为每名民警发放一次性补贴500元，为经费困难、条件落后的派出所、检查站送去6台计算机、3台电冰箱、4台洗衣机、1台彩电和5台电热器。

（于凤琴）

案例举要

【捣毁一“法轮功”邪教组织窝点】 1月1日，房山分局民警在良乡西潞园南里小区34号楼查获一“法轮功”窝点，查获“法轮功”宣传品3万余份、自动放音机电喇叭4个、横幅百余条。按照市局指示，分局成立专案组于1月20日晚将组织策划者吉林省通化市“法轮功”骨干分子张宏伟抓获，从其身上搜出匕首两把。根据张供述，专案组又查获3个“法轮功”地下窝点，抓获“法轮功”人员5人，收缴电脑2台、数码油印机1台、打印机3台、刻字机1台、自制印刷设备1套、喷字模版8套、复印机硒鼓50套、打印机显影器7套、下载“法轮功”数据软盘48张、碳粉54瓶、录像带27盘、录音带37盘、自动放音电喇叭1个、制板纸1箱、复印纸2箱及2万余份“法轮功”宣传品、2500余条横幅和70个“法轮功”贺年卡等物品。

（于凤琴）

【破获一起杀人碎尸案】 3月15日，房山区琉璃河办事处东羊户屯河道内发现一具被烧焦的男尸。房山分局刑侦支队接报后经工作，查明死者为房山区昌龙钢窗厂原厂长叶昌龙（男，46岁）。通过认真调查走访和摸排，将长期与叶姘居的女出租司机柴尚珍（女，46岁，住房山区良乡西潞园）抓获。经审查，柴供认：3月14日下午2时许，柴与叶在家中乱搞男女关系时被其丈夫王建国（男，47岁，房山区青龙湖中心小学教师）发现，王失手将叶打死，后抛尸至案发现场焚烧。3月16日，犯罪嫌疑人王建国被抓获，并迫使柴、王交待出另外两名参与犯罪的嫌疑人王友（男，52岁，房山区殡仪馆书记）、吴劲松（男，27岁，青龙湖镇果各庄小学教师）。3月18日，吴劲松被抓获。王友慑于压力到分局投案自首。

（于凤琴）

【打掉一盗销机动车犯罪团伙】　6月5日，房山分局长沟派出所和刑侦支队通过深追细查，蹲守布控，打掉了一个跨京津两地盗销机动车犯罪团伙，先后将犯罪嫌疑人张建国（男，36岁，长沟镇北正村人）、张振江（男，36岁，长沟镇北正村人）、张铁山（男，32岁，石楼镇坨头村人），屠支庆（男，32岁，住天津河西区景致里）抓获。从中破获盗窃机动车案件80余起，起获被盗机动车32辆，总价值100余万元。

（于凤琴）

【破获一起抢劫、强奸案】　6月10日，3名妇女在房山区城关地区田各庄村北麦地内被一伙歹徒抢劫、强奸。房山分局刑侦支队接报后全力开展摸排调查。根据犯罪分子在现场掉落一部手机的线索，民警将犯罪嫌疑人雇佣的个体出租汽车司机宋玉喜抓获。以此为突破口，于6月12日凌晨将刚刚抢劫作案归来的犯罪嫌疑人王学元（男，31岁）、许更友（男，33岁）、王松安（男，27岁，均为河南省上蔡县人）抓获。经审查，3名犯罪嫌疑人对2000年以来，在房山区城关、石楼、韩村河等地疯狂抢劫、轮奸作案94起，涉案财物价值达50万元的犯罪现实供认不讳。根据3人供述，又将为其销赃的犯罪嫌疑人孙艳秋、刘连栗（均为河北省涿州市的个体收购人员）抓获。彻底打掉了这一抢劫销赃一条龙的犯罪团伙。

（于凤琴）

【破获一起蒙面持刀抢劫案】　11月3日晚8时许，4名蒙面持刀歹徒闯入房山区史家营乡农民张文旭（男，46岁）家中，将张夫妻二人捆绑后，抢劫现金28000元、雷达手表一块、金项链两条、钻戒一枚，并扬言绑架其子，索要赎金。房山分局民警接报后经工作，于当日23时将犯罪嫌疑人李本才（男，31岁）、高文路（男，27岁）、董瑞臣（男，25岁，均为河北省隆化县人）抓获，犯罪嫌疑人于万江（在逃），侦破了全案。

（于凤琴）

房山分局2001年领导名录

职　务	姓　名	任职时间
分局长	杨晓毅	2000年4月—2001年4月（调市局政治部任职）
分局长	孙　钫	2001年4月—
政　委	陈　曦	2000年9月—
副分局长	赵　林	1989年2月—
副分局长	张国民	1996年8月—

职　　务	姓　名	任　职　时　间
副分局长	曹荣利	1996年 8 月—
副分局长	张丁南	1997年 6 月—
副分局长	王海清	2000年10月—
副分局长	杨进则	1999年 1 月—

通州分局

【概　况】 2001年，通州分局全力维护辖区政治稳定和社会安定，圆满完成了“两会”、“申奥”及“大运会”等重大会议和活动的安全保卫任务，成功遏制了“法轮功”邪教组织的反弹，完成了审查市局分流的“法轮功”人员任务。积极开展“严打整治”专项斗争，全年共破获各类刑事案件2016起，抓获犯罪嫌疑人1067名，打掉各类犯罪团伙127个，涉及人员433人，从中破案272起。查处违反枪支管理规定案件7起7人，收缴非法枪支112支，子弹127发；查获私运私售烟花爆竹案件38起44人，收缴烟花爆竹价值1272元；查获卖淫嫖娼案件47起122人，查获介绍容留卖淫案件28起33人；查获赌博案件147起818人，没收赌资265747元。年内，新建出租房屋和外来人口管理站125个，配备专职协管员102名；清理出租房屋8059户22492间，审查外来人口101700人次，抓获外来违法犯罪嫌疑人660名；清理“三无”人员4733名，比上年增加1472名。全年共发生火灾事故250起，死1人，直接经济损失16万余元，比上年减少7万余元。年内，共为群众办好事、实事3万余件，收到锦旗、镜匾91面（块），表扬信165封。分局连续三年被授予“首都文明单位”称号。

（耿大川）

【郎府派出所获“人民满意的政法单位”】 年内，通州分局郎府派出所被市委政法委、市人事局授予北京市“人民满意的政法单位”光荣称号。

（牛金平）

【许春兰获“人民满意的政法干警”称号】 年内，通州分局刑侦支队副支队长许春兰认真钻研痕迹检验技术，从警14年，提供了600余件有价值的痕迹物证，无一例差错，直接破获刑事案件120余起，被市委政法委、市人事局授予北京市“人民满意的政法干警”标兵称号。

（牛金平）

【继续开展打击“法轮功”邪教组织斗争】 年内，通州分局破获“法轮功”煽动性案件107起，捣毁“法轮功”窝点23个，有效地遏制了“法轮功”邪教活动的反弹。

（马　丹）

【加大“网吧”清查力度】 年内，通州分局会同有关部门开展了为期3个月的清理整顿“网吧”专项斗争。先后进行了6次集中统一行动，检查“网吧”68家，检查电脑设备800余台，暂扣电脑58台，对登录淫秽色情网站的10家“网吧”给予警告和罚款处理，罚款17300元。

(耿大川)

【荣获“北京市同‘法轮功’邪教组织斗争先进集体”】 年内，通州分局深入开展“法轮功”教育转化攻坚战，团结、教育、挽救大多数“法轮功”练习者，依法打击处理极少数“法轮功”骨干分子的违法犯罪活动，有效地维护了首都和通州区的社会政治稳定，被市委组织部等7部门联合授予“北京市同‘法轮功’邪教组织斗争先进集体”光荣称号。

(牛金平)

【加大对“黄、赌、毒”打击力度】 年内，通州分局以打击“黄、赌、毒”为重点，全面加强文化娱乐场所和特种行业的治安管理。共出动警力9064人次，清理娱乐场所1370家，中小旅店736家，检查特种行业3923家。查获卖淫嫖娼案件47起122人，查获介绍容留卖淫案件28起33人，赌博案件147起818人，没收赌资265747元。有效地净化了通州区的社会环境。

(张学刚)

【保安队伍发挥辅助力量作用】 年内，通州分局保安公司协助公安机关破获各类案件14起，查获各类违法犯罪人员36名，抢灾救险3次，挽回经济损失18万余元，较好地发挥了保安队伍的治安辅助作用。

(耿大川)

【中仓小区安全防范工作取得成效】 年内，通州分局中仓派出所在管界8个居民小区全部实行了封闭式管理，并增加了保安员或专职保卫员，成立了小区巡逻队，初步形成了人防、技防、物防相结合的安全防范机制。上半年小区发案52起，比上年同期减少106起，下降68%，使中仓小区安全防范工作取得了成效。

(耿大川)

【“严打”整治专项斗争成效显著】 4月至11月，通州分局开展“严打”整治专项斗争，共破获各类刑事案件1684起，抓获犯罪嫌疑人741名，抓获上网逃犯185名。工作中，共立挂帐督办案件49起（其中分局24起，市局25起），破获督办案件20起（其中分局5起，市局15起）。

(郭　俐)

【摧毁一地下赌博窝点】 4月27日，通州分局在果园小区义利民家务服务公司内查获一地下赌博窝点，当场抓获涉赌人员23人，缴获一批赌具和近20万元赌资，收缴仿真塑料手枪一把、监视器摄像探头2个、长片刀2把、匕首2把及手机、BP机等。主犯宋长春（男，40岁）于当晚7时许到刑侦支队投案自首。宋及6名涉案人员已被刑事拘留。

(耿大川)

【加强消防监督执法工作】 7月22日至9月10日，通州分局对辖区内168家重点单位进行了消防安全大检查，发现各类火灾隐患623件，对158家下发了当场改正通知书，对115家下发了限期改正通知书，经济处罚38家，罚金90450元。

(耿大川)

【开展打击偷盗自行车专项行动】 11月份，通州分局根据市局部署，开展了打击偷盗自行车专项行动，共查获盗窃自行车案件13起，刑事拘留6人，查获赃车23辆，收缴发还自行车718辆。

(耿大川)

案　例　举　要

【破获系列药品仓库被盗案】 年初，通州区鑫新制药厂、万维制药厂、北京同仁堂饮片厂、北京同仁堂通州药材仓库等地连续发生系列药品被盗案件。其中北京同仁堂通州药材仓库3月1日、19日连续被盗总价值20

余万元的药材。通州分局经工作，于4月12日将涉嫌销赃的犯罪嫌疑人蒋庆华（男，33岁，安徽人）抓获。根据蒋的交待，于当日将涉嫌盗窃的犯罪嫌疑人蒋传运（男，30岁）、张玉山（男，32岁）、朱金平（女，31岁）、李茂军（男，32岁）、徐英杰（男，31岁，均为安徽省人）抓获。另外3名安徽省犯罪嫌疑人王振、葛教育、徐英青在逃。该团伙对连续在通州区各药厂盗窃药品的犯罪事实供认不讳，并交代了将同仁堂通州药材仓库盗窃的药品销往安徽省，获赃款2万余元的事实。蒋等6人被刑事拘留，对在逃犯罪嫌疑人王振、葛教育、徐英青正在追捕。

（耿大川）

【破获“1·24”特大杀人案】　1月24日凌晨6时许，通州分局接“110”报警：胡各庄镇七级村“通海家具厂”厂长童云飞的妻子严琴琴（34岁）及儿子童腾辉（2岁）在家中被害。接报后，分局立即成立专案组，经深入摸排调查，于2月6日在云南将犯罪嫌疑人康钦江（男，21岁，云南省威信县罗布乡农民）抓获。康对纠集同乡陈昌武（男，17岁）、张术灯（绰号小张，曾用名张术银，男，18岁）于1月23日19时许在“通海家具厂”内杀害严琴琴、童腾辉及抢走现金900元、VCD机1台（因携带不便弃于家具厂院内）的犯罪事实供认不讳。康钦江被刑事拘留。

（耿大川）

【摧毁一黑社会性质犯罪团伙】　4月5日，通州分局根据上级转来的群众举报信提供的线索，成立专案组，经过8个多月的侦查取证，打掉了一带有黑社会性质的特大犯罪团伙，抓获以主犯高清龙（男，34岁，黑龙江省哈尔滨市宾县人）、柳德强（男，37岁，绰号“柳胖子”，北京市通州区人）、王洪生（男，30岁，绰号“黑子”，河北省廊坊市人）、王存文（男，41岁，北京市朝阳区人）等为首的犯罪嫌疑人133人，该团伙涉嫌杀人、抢劫、强奸、盗窃、贩毒、组织妇女卖淫、协助组织卖淫、敲诈勒索、私藏枪支、赌博、容留他人吸食毒品、运输毒品、窝藏、销赃、抢夺等15种罪名。该团伙成员供述各类刑事案件217起（其中年内市局挂牌督办的重、特大案件7起），收缴桑塔纳、尼桑、大宇轿车13辆；俄制式转轮手枪1把，子弹7发，管制刀具15把；赌博用具500余件；冰毒、海洛因50余克；高档家电及贵重物品13件。赃物、赃款总价值达250余万元。取缔卖淫场所4处，地下赌场5处。

（耿大川）

【打掉一个涉嫌重大盗窃犯罪团伙】　10月11日，通州分局中仓派出所接“110”布警后，迅速出击，将涉嫌盗窃机动车的重大犯罪团伙成员谭荣华（男，41岁，回族，无业）、戴国忠（男，32岁，汉族，曾因盗窃被判处有期徒刑6个月）、霍文祥（男，38岁，无业）等11人抓获。经审查，1998年至2001年10月2日间，该团伙先后盗窃两轮摩托车8辆、三轮机动车1辆、白色昌河面包汽车一辆以及彩色电视机、手机、VCD机等大量财物。

（耿大川）

【破获“9·21”抢劫案】　10月20日17时30分许，通州分局侦查员在通州区北苑附近抓获“9·21”抢劫案犯罪嫌疑人吕钢（男，24岁，黑龙江省佳木斯市人）、于景凯（男，29岁，吕的同乡）二人。经审查，吕、于交代了9月21日2时许，因吕玩牌输钱太多，遂利用威胁、恐吓等手段抢劫一同参与赌博的朱志详、王蕴生、臧京民3人现金2万元及价值3万元的钻戒和手表的犯罪事实。吕钢、于景凯被依法刑事拘留。

（耿大川）

通州分局2001年领导名录

职　务	姓　名	任　职　时　间
分局长	解　崑	1996年4月—
政　委	杜太原	1996年4月—
副分局长	赵　光	1994年4月—
副分局长	崔永祥	1994年4月—
副分局长	张志军	1998年8月—
副分局长	孙哲义	1998年8月—
副分局长	郭士德	2000年4月—2001年10月（调市局巡察执法总队任职）
副分局长	王保润	2000年10月—

顺 义 分 局

【概　况】 2001年顺义分局以“申奥”、“大运会”保卫为重点，以“严打”整治斗争为主线，较好地完成了维护稳定、打击犯罪、服务经济建设等各项公安保卫任务。深入开展“严打”整治斗争，严厉打击各类违法犯罪活动，共破获各类刑事案件1908起，其中重大案件808起，破案率分别为68.6%和50.3%；抓获各类犯罪嫌疑人1580名，其中在逃犯112名，打掉各类犯罪团伙197个，其中恶势力犯罪团伙2个。破获了“1.04”震惊华北地区的系列盗割光铝线倒塔案、骑摩托车连续抢夺行人作案32起的“幽灵”案。有力地遏制了刑事犯罪上升的势头。破获经济案件441起，破案率为87.4%，挽回经济损失4000余万元。加大对治安乱点的整治力度，全市77个重点整治地区之一的石门市场首批通过考核验收，全区社会治安秩序得到了进一步巩固。坚持把控制“法轮功”反弹工作作为维护政治稳定的重中之重，捣毁窝点12个，收缴“法轮功”宣传品1万余份。强化治安工作，加大治安整治和处罚力度。全年共查处治安案件5317起，处理违法人员6204名，查处率为96.3%；集中组织开展了“禁娼禁赌”等专项行动32次，清理整治文化娱乐场所147家，查处卖淫嫖娼、赌博案件186起，端掉卖淫、赌博窝点34处，处理卖淫嫖娼和赌博人员

533名；收缴各类枪支330支，各类炸弹26枚，雷管49支，炸药、黑火药430余公斤及导火索等物。处置因拆迁、农转非、下岗安置等问题引发的群体访150批3200余人次。加强警卫工作，保证重大活动和警卫对象的绝对安全，全年共完成一级以上警卫勤务419次。以“创安”为载体，狠抓安全防范工作的落实，共投资2338万元对16个居民小区实行封闭式管理，有效地减少了居民小区的刑事、治安案件的发生。狠抓交通安全管理，加大交通整治力度，全年共发生交通事故4779起，其中重大交通事故149起，死亡160人，比上年下降了2.6%，未超过市政府下达的指标；共发生交通肇事逃逸案件18起，破17起，破案率为94.4%。加强消防监督检查工作，有效遏制火灾事故发生。全年共发生火灾182起，死1人伤2人，直接损失82万元，比上年下降了17%。

（李海林）

【“110”接处警工作】 年内，顺义分局“110”接警服务台共接报警电话22811次，其中：报警7685件，咨询、求助等服务电话4516件，滋扰、无效电话10610件。共出动警力23801人次、9055车次，抓获违法犯罪人员283人，破获刑事案件44起。

（张国立）

【开展岗位练兵评选“四大能手”】 年内，顺义分局为提高民警的岗位技能，通过岗位练兵，开展了以射击、抓捕、计算机操作、公文写作为内容的“四大能手”评选活动。分局46个单位、346人参加了竞赛，评选出了单自军等10名射击能手、后沙峪抓捕战斗组等10个抓捕能手、雷新宇等10名计算机操作能手、张茂林等10名公文写作能手。

（倪国春）

【编印完成《顺义公安调研》】 年内，顺义分局将近几年分局领导撰写的50余篇调研文章汇集成《顺义公安调研》一书，用以指导公安工作实践。

（李海林）

【创建“平安大道”成绩显著】 年内，顺义分局交巡支队紧紧围绕“申奥”、“保大运”等重点工作实施“畅通工程”，创建“平安大道”，狠抓交通安全宣传整顿工作，全区400余个自然村全部达到区级“交通安全文明村”的标准，10个居民小区达到区级“交通安全文明小区”的标准；顺义城区和京密、顺平两条主干线的交通事故得到有效控制，实现了双项死亡指标双下降的目标。

（赵阔堂）

【警务督察工作】 年内，顺义分局警务督察队接“110”群众投诉52件，查证属实2件，查否50件。全年出警265人，出动督察车辆116次，完成各类督察任务12项，大型勤务现场督察4次，检查民警79人次，发现纠正各类问题18件，提出合理化建议16件，排除隐患2件，发督察通知书3件，建议书6件，上报各类文件材料15篇，被市局转发4篇。

（周长茂）

【社会治安巡控网络初步形成】 年内，顺义分局成立了由民警、武警、保安员、联防队组成的治安巡逻队56支，并分别在各村成立护村队、居民小区成立社区保安队，全区巡逻力量达5346人，初步形成了覆盖全区“四位一体”的治安巡逻防范网络。

（李海林）

【对外来人口实行计算机管理】 年内，顺义分局为31个户籍派出所安装了人口计算机管理系统，符合办证条件的外地来京人员及出租房屋等资料全部录入计算机，并进行了联网。在“追逃”专项战役中，通过网上比对抓获在逃犯21人。

（丰雪松）

【“红绿灯”节目在顺义电视台开播】 元

旦、春节期间，顺义分局交巡支队与顺义电视台协作开办的“红绿灯”栏目正式开播。每周播出一期，内容包括警官说法、交通安全常识、交通违章及事故“曝光”、服务指南等，节目的开播受到了全区群众的欢迎。

（赵阔堂）

【圆满完成“奥委会考察团”安保任务】 2月22日下午，国际奥委会评估团一行4人到顺义马坡考察。顺义分局出动警力170人，交通安全员100人，确保了考察团的安全。

（霍华强）

【常住人口系统三级网正式联通】 3月21日，顺义分局31个户籍派出所常住人口系统的三级网正式联通，实现户籍派出所常住人口系统与分局24小时联网，数据全部网上传送。

（丰雪松）

【建立外来人口证件办理服务中心】 4月18日，顺义分局在仁和派出所建立了“仁和地区外来人口管理服务中心”，实行外来人口办证一条龙服务。截止年底，共办理暂住证15828个，健康证4356个，就业证3125个，婚育证128个，房屋租赁许可证90个，房屋租赁安全合格证779个。

（丰雪松）

【深化干部人事制度改革】 7月，顺义分局开展公开竞聘领导干部工作。181名报名者通过笔试、演讲、考核、公示、任命等程序，有13人走上副科职领导岗位。同时，在全体民警中实行了末位培训和岗位交流制，年内，47名民警进行了岗位交流。

（聂仲生）

【交巡、刑侦综合办公楼投入使用】 8月上旬，顺义分局投资兴建的建筑面积1万余平方米的交巡、刑侦综合办公楼投入使用，交巡、刑侦两个支队350人迁入新楼办公。

（李海林）

【举办治保、外管干部培训班】 9月27日至28日，顺义分局举办了治保、外管干部培训班。培训班采取集中授课的形式，结合“严打”整治斗争和“十一”保卫，对治保、外管干部进行理论教育和业务指导。200名治保、外管人员参加了培训班。

（丰雪松）

案例举要

【侦破“8·03”系列盗窃摩托车案】 8月3日，顺义分局刑侦支队与胜利派出所协同作战，打掉一个在顺义区猖狂作案的盗窃摩托车团伙，抓获梁汝金（男，31岁）、高金宝（男，26岁）等4名陕西籍犯罪嫌疑人。经查，该团伙自2001年2月至7月先后作案35起，盗窃摩托车33辆，价值10万余元。

（王海林）

【侦破“8·08”杀人碎尸案】 8月8日，在顺义高尔夫球场机动车道东侧草丛中发现两个较新的“皇冠”牌密码旅行箱，内装一具被肢解的女尸。顺义分局刑侦支队会同市局刑事侦查总队经工作，查明被害人为朝阳区新源里大都会陪侍小姐李瑞臻（女，27岁，山东省荷泽市人，暂住朝阳区新源里）。经缜密侦查，于11月8日将勒索并杀害李的穆海华（女，25岁，吉林省人，暂住朝阳区望京新城）、穆伯春（男，27岁，吉林省人，穆海华之兄）抓获。二人供认了以介绍嫖客为名将李瑞臻骗至其在朝阳区的暂住地，用事先准备好的尼龙绳将李捆绑后掐死，将尸体肢解抛至顺义高尔夫球场及东西附近一公厕内的犯罪事实。

（王海林）

顺义分局2001年领导名录

职　务	姓　名	任 职 时 间
分局长	张建军	1999年9月—
政　委	孙玉文	1999年9月—
副分局长	张新军	1999年8月—
副分局长	田金生	1999年8月—
副分局长	闫志刚	1999年8月—
副分局长	张　明	1999年8月—
副分局长	王敏祥	2000年10月—
副分局长	何惠友	2000年10月—

昌　平　分　局

【概　况】 2001年，昌平分局充分发挥公安机关职能作用，全力维护政治稳定和社会安定，成功地遏制了“法轮功”邪教组织活动的反弹，妥善处置了群体性事件，有效地维护了高等院校内部及周边的良好秩序。通过持续不断地开展“严打”整治及各项专项斗争，共破获各类刑事案件1036起，破案率为40%，比上年提高11%；抓获网上逃犯126名（其中市局挂牌督捕逃犯12名）。加大治安案件的查处和管理工作力度，年内共受理治安案件3040起，查处2328起，查处违法人员3563名，清理“三无”人员5327名。圆满完成了全国“两会”等重大活动和节日期间安全保卫工作任务。共执行警卫任务41次，出动警力1093人次；维护大型活动现场秩序12次，出动警力1346人次。分局巡察支队与各派出所紧密配合，提高了主控区和辐射区域的“打、防、控”能力，通过巡逻共破获刑事案件451起，查处治安案件52起，抓获违法犯罪嫌疑人498名，救助群众1496人次。不断强化治爆缉枪工作，共收缴各类枪支270支，子弹2044发，火药7.22公斤，雷管80支，烟花爆竹5万余头。不断强化外来人口管理工作，共检查出租房屋2.1万余户8.64万余间，查获外来违法犯罪人员399名。加大对内部单位安全检查力度，对3228处次重点部位进行检查，发现隐患225件，当场解决205件，采取临时措施20件。对全区256家“网吧”进行调查摸底和集中清理整顿，规范了“网吧”经营管理秩序。加大对列管单位的日常消防安全监督检查力度，共检查单位2729家次，发现问题2961件，当场解决1993件，责令限期整改968件。全区共发生火灾146起，比上年下降了39.2%，直接经济损失53.54万元，比上年下降了68.88%；未发生一起致人死亡事故。落实科技强警战略，一批试点居民小区和400余家企业单位安装了自动报警装置；投入40万元对分局指挥中心的设备进行更新改造；投入180万元在昌平、松园等9个派出所推广紧急报警联网系统建设；投入70万元新购计算机72台。新增置警用车辆78辆。完成了机关办公大楼整体修缮、机关食堂装修和部分派出所房屋改造工作，改善了民警的办公条件和生活环境。保安服务公司1172名保安员为151家客户提供了保安服务，协助公安机关破获刑事案件18起，治安案件88起，抓获各类违法犯罪嫌疑人128名。狠抓队伍规范化建设，分局所属42个建制单位有33个达到了《条令》的规范要求。

（赵常友）

【开展同“法轮功”邪教组织的斗争】 年内，昌平分局举办了10期“法轮功”重点人员学习班，加强对“法轮功”重点人员的教育、转化和控制，确保了在重大节日和敏感时期昌平区“法轮功”人员进京滋事“零指标”的目标。端掉“法轮功”窝点8个，收缴“法轮功”书籍350本、磁带267盘、光盘874张，其它物品653件及宣传品1.5万余份。

（赵常友）

【重案队狠抓破案成绩显著】 年内，昌平分局刑侦支队重案队与地区刑警队协同作战，先后侦破“10.06”系列抢劫强奸案、南口“10.24”抢劫杀人案、霍营“11.17”抢劫杀人案和北七家“11.21”杀人案等重特大案件。全年共受理各类案件36起，其中重特大案件24起，占全部受案数的66.7%；破案38起，其中重特大案件23起，占全年破案总数的60.5%；通过破案共抓获各类犯罪嫌疑人70余名，其中网上在逃人员14名。

（赵常友）

【妥善处置群体性上访事件】 年内，昌平分局完善了处置群体性事件的各项工作预案，坚持早发现、早报告、早控制的原则，共出动警力1443人次，妥善处置到区委区政府的集体访42件次，到市政府的集体访24件次，依法处理以上访为名涉嫌扰乱社会秩序的犯罪嫌疑人。

（赵常友）

【加大对治安重点地区的整治力度】 年内，昌平分局对东小口镇中滩村、南口环岛市场等59个分局挂帐的治安重点地区进行了4次集中清理整治。期间，对回龙观北店村和昌平西大街等治安状况较复杂地区进行两次大规模清理整治。共出动警力17955人次、其他力量53800人次；破获各类案件555起，抓获并查处各类违法犯罪人员733名，收缴淫秽光盘839张，收容盲目来京人员3820人。通过整治，这些地区治安秩序明显好转。

（赵常友）

【加强内部交通安全和车辆管理】 年内，昌平分局先后制定了《昌平分局交通安全奖罚规定》和《昌平分局交通安全委员会管理干部的职责》等交通安全管理工作规章制度14项，并汇编成册下发到局属各单位。全年组织上路检查17次，检查车辆300余辆次，纠正违规驾车40人次，处罚发生交通事故人员5名。分局安委会与各单位民警及家属签订责任书1500份，与驾驶员签订责任书700余份。分局被区交通安全委员会评为“交通安全突出贡献”先进单位。

（赵常友）

【维护高校内部及周边的良好秩序】 年内，昌平分局多次对区内大专院校的周边环境进行清理整治，及时破获了侵害师生合法权益的刑事案件，如：“3.08”石油大学学生孙静被杀案、“3·18”京师科技学院学生张伟被故意伤害致死案等。对北京大学分校、北方交通大学分校等处的“网吧”进行了清理整顿，对7家有违法违规行为的“网吧”给予处罚，维护了高校内部及周边的良好秩序。

（赵常友）

【严格警务督察工作】 年内，昌平分局加强内部监督机制，制定了《昌平分局警务督察工作实施办法》，完善了警容风纪、工作秩序等6方面的检查考核标准。全年，分局督察队共出动督察警力1500余人次，出动督察车辆500余辆次，检查民警4000余人次，发现各类问题300余件次，现场纠正160余人，违纪登记80余人，提出整改建议42件（均被基层领导采纳），向领导提供督察信息21件，写专题报告12件。

（赵常友）

【开展“爱民月”活动】 1月，昌平分局开展了以“严格执法、热情服务”为主题，以“人民满意”为标准的“爱民月”活动。面向社会和群众征求意见，开展便民服务，进一步密切警民关系。期间编写“爱民月”活动专刊3期；发放征求意见测评表334份；办理重点信访案件74件，完成22件；召开赃、证物发还现场会，将总价值257万元的款、物发还给受害人；200余名民警到街道、学校、光荣院等场所参加清扫积雪活动；深入居（家）、村委会办理户口4次，13户居民收到了户口迁移证明。对群众的5个方面24条意见和建议作出了整改规划。

（赵常友）

【对电脑“网吧”进行清理整顿】 5月7日至8月，昌平分局对全区“网吧”进行了清理整顿，共登记“网吧”191家，审核144家，实地调查112家。通过检查，做停业处理23家，限期整改60家，罚款处理4家，规范了互联网经营市场秩序。

（赵常友）

【回龙观刑警队被命名为“全国模范刑警中队”】 6月8日，昌平分局刑侦支队回龙观责任区刑警队被公安部命名为“全国模范刑警中队”。

（赵常友）

【清理整顿娱乐服务场所成效显著】 8月，昌平分局会同有关部门对全区74家娱乐场所、234家（其中美容美发203家，洗浴业31家）服务场所进行了清理整顿。共出动警力8258人次，检查场所2534家次，发现各类隐患258件，取缔无照经营场所38家。查获卖淫嫖娼案件53起，抓获卖淫嫖娼人员153人；查获赌博案件29起，抓获赌博人员183人；收缴盗版光盘3371张，淫秽光盘720张；收缴赌资5.4万元，赌博机133台，电路板10块；取缔游戏厅10家，影视厅8家，暂扣电视和VCD机28台。

（赵常友）

【开展打击偷盗自行车专项斗争】 11月，昌平分局出动民警255人次，对治安秩序较乱、丢失自行车现象严重的地段进行了专项整治，检查上路自行车2600余辆，审查外来人口2120人，发现和查处案件11起14人，抓获违法犯罪嫌疑人5人，查获赃车131辆，收缴无主自行车873辆。

（赵常友）

【北七家派出所被命名为全国“青少年维权岗”】 昌平分局北七家派出所在打击侵害未成年人合法权益的违法犯罪活动、整治中小学校周边秩序、开展警民共建、救助贫困失学学生、帮助教育和感化有轻微违法青少年等方面做出了突出成绩，11月7日，被共青团中央、公安部联合命名为全国公安系统“青少年维权岗”。

（赵常友）

案例举要

【抓获一名持枪在逃犯】 1月18日11时，昌平分局南邵派出所根据线索，在昌平区崔村镇南庄村一民房内将劳改脱逃的马腾起（男，57岁，昌平区沙河镇农民）抓获。抓捕中马拔出手枪（子弹已上膛）欲拒捕，被民警及时制服，当场缴获自制短枪2支。经审查，马于1977年因盗窃罪被判处有期徒刑15年，1986年从新疆沙车城劳改场逃跑，1997年9月马腾起伙同尹某（男，27岁，吉林省人）、王某（男，46岁，昌平区人）在昌平区小汤山镇持枪蒙面抢劫一起。2月21日，马腾起被依法逮捕。

（赵常友）

【破获王淑兰团伙贩卖海洛因案】 2月20日，昌平分局刑侦支队根据工作线索，在昌平区城区镇分别将贩卖海洛因犯罪嫌疑人王淑兰（女，37岁，北京市人，无业，住昌平区，曾因贩毒被判刑一年，后刑满释放）、祁宝华（男，30岁，北京市人，无业，住昌平区，曾因犯流氓罪被判刑二年，后刑满释放）、宗广利（男，34岁，北京市人，昌平区南口机车车辆厂工人，住昌平区南口镇）抓获，收缴海洛因2.85克。经工作查明：1997年至2001年2月期间，王淑兰、祁宝华、宗广利在昌平区城区镇安福街等地，分别向张某等19名吸毒人员多次出售海洛因，其中，王淑兰贩卖海洛因170余克，祁宝华、宗广利贩卖毒品海洛因30余克。王、祁、宗对其犯罪事实供认不讳。9月20日，北京市第一中级人民法院以贩卖毒品罪判处王淑兰无期徒刑，剥夺政治权利终身，并处没收个人全部财产；分别判处被告人祁宝华、宗广利有期徒刑13年、12年，并处罚金人民币3万元。

（赵常友）

【破获向以双母子被杀案】 3月21日22时许，昌平区长陵镇辛庄村农民向以双（女，29岁）及其两岁儿子田磊被杀害。分局经工作于3月23日在昌平区长陵镇将犯罪嫌疑人李伟（男，20岁，北京市昌平区长陵镇辛庄村农民）抓获。经查：李与同村农民向以双的丈夫田某曾因琐事发生口角并互殴，后起意报复田家。3月21日22时许，李翻墙进入田家院内，乘向以双出门观望之机，用木棍及田家的煤气罐将向砸死。后听到向的儿子田磊在里屋哭喊，遂持木棍进屋将田磊打伤致死。李对其犯罪事实供认不讳。9月12日，北京市第一中级人民法院以犯故意杀人罪判处李伟死刑，剥夺政治权利终身。

（赵常友）

【破获2名大学生被绑架案】 10月7日18时，北京辅仁外国语大学学生曾某（男，18岁）、杜某（男，18岁）报案称：10月3日零时许，二人同吴某（男，20岁，海淀区中国管理软件学院学生）在昌平区松园村博世“网吧”门前被六七名男子拦劫，吴某借机逃脱，曾某、杜某被抢走现金100元。歹徒又逼迫二人从提款机中提出1000元，并将二人蒙面绑架到一间民房内关押、殴打，致使二人头部受伤。10月3日8时许，曾、杜被迫用手机联系让其同学瓮某送4000元现金赎人才得以脱身。由于受到歹徒的严重威胁、恐吓，案发4日后才向昌平分局报案。接报后，分局成立了专案组开展侦查，10月10日22时许，在松园村附近将犯罪嫌疑人李萌（男，18岁，昌平区南邵镇人）抓获。经审查，李供认：10月3日凌晨伙同邢宏（男，25岁，昌平镇二街人）、谷晓城（男，20岁，昌平区流村镇人）、刘建国（男，21岁，昌平区长陵镇人）等人绑架曾、杜和索要赎金的事实。根据李萌交待的线索，专案组分别于10月14日、11月20日、25日在海淀区、昌平区将犯罪嫌疑人谷晓城、邢宏、刘建国、陶志强（男，19岁，昌平区昌平镇人）、刘立兴（男，19岁，昌平区流村镇人）抓获。经审讯，6人对上述犯罪事实供认不讳。11月15日、12月21日李萌等6人先后被逮捕。

（赵常友）

昌平分局 2001 年领导名录

职　务	姓　名	任职时间
分局长	李清林	2000 年 9 月—
政　委	尹燕京	2000 年 9 月—
副分局长	施兰田	2000 年 5 月—
副分局长	王金忠	2000 年 10 月—
副分局长	战玉贵	2000 年 10 月—2001 年 8 月（调宣武分局任职）
副分局长	杜　兵	2001 年 8 月—
副分局长	胡墨杰	2000 年 5 月—
副分局长	王　玲（女）	2000 年 10 月—
副分局长	周燕滨	2000 年 5 月—
副分局长	郅文生	2000 年 8 月—

大　兴　分　局

【概　况】 2001 年 7 月 10 日经北京市公安局党委研究决定，北京市机构编制委员会批准，大兴县公安局改建为北京市公安局大兴分局。大兴分局下设 5 个正处、11 个副处、26 个正科级机构和 31 个派出所、1 个现役机构。分局成立大会于 7 月 26 日召开。年内，大兴分局通过持续不断地开展“严打”整治以及阶段性的专项行动，共破获各类刑事案件 1103 起（包括年前积案 35 起），破案率 59.35%，同比上升了 13.5%；破获经济案件 173 起，挽回经济损失 540.6 万元。打掉犯罪团伙 91 个，抓获团伙成员 373 人，抓获在逃犯 93 人，收缴各类赃证物总价值 1300 余万元。继续深化刑侦改革，在部分地区实行刑侦民警进驻派出所。针对“法轮功”邪教组织由公开聚集闹事转向地下活动的特点，大兴分局继续加大打击力度，先后打掉了 3 个制作、散发“法轮功”反动宣传品的团伙，抓获一批“法轮功”骨干分子。举办了 15 期学习班，教育转化“法轮功”人员 72 人。经工作使全区“法轮功”练习者 1426 人得到转化。美国“9.11”恐怖袭击事件之后，加强了反恐防爆工作，有效的维护了辖区的稳定。继续开展创建“平安大道”工作，大力整顿交通秩序。严格消防安全监督检查，全年发现、解决火险隐患

5200件。继续推行领导干部公开选拔制度，通过竞聘36人走上了领导岗位。通过全面夯实基层基础工作，大力推进科技强警，圆满完成了各项安全保卫任务，有效地维护了大兴区的政治稳定和社会安定。

（王 雷）

【加强道路交通管理力度】 年内，大兴分局交巡支队针对因拓宽主要大街出现的交通管理新问题，在主要大街安装了隔离栏、信号灯，完善了道路交通标志，同时加大交通事故易发地区的管理力度，发挥新安装摄像实时监控系统的作用，及时疏导交通堵塞，处理交通事故，工作效率得到明显提高。

（王 雷）

【黄村派出所实行《首接负责制》】 年内，大兴分局黄村镇派出所实行了《首接负责制》。《首接负责制》规定：派出所第一时间接案的值班民警是第一责任人，在接待群众报案、投诉、求助时，不得以任何借口推诿拖拉。户籍窗口民警为群众办理户口申报工作时，群众第一次来所时必须讲明办理程序，提供所需的材料，并全程负责。同时，派出所还出台了《领导责任制》、《责任追究制》等一系列规定，严格奖惩，保证落实。

（王 雷）

【积极推进居民小区技术防范工作】 年内，大兴分局以推广防盗、防抢报警设备的使用为基础，以楼宇对讲系统和巡更系统为重点，开展了城市居民小区的科技创安达标活动。全区92个居民小区中安装楼宇对讲工程的有10个，安装率为10.9%；达到科技创安标准的居民小区6个，达标率为6.5%。

（王 雷）

【加强文化娱乐场所的清理整顿】 年内，大兴分局加强文化娱乐场所的清理整顿工作，共检查清理5560余家（次），取缔无照、非法经营129家。查处卖淫嫖娼人员96名，收缴盗版、淫秽光盘6119张，没收盗版书刊3.2万册，查处赌博案件85起，赌博人员344人，收缴赌资20余万元。

（王 雷）

【开展"治爆缉枪"专项行动】 年内，大兴分局在开展"治爆缉枪"专项行动中，共收缴各类枪支236支，子弹705发，黑火药3公斤，雷管25枚，导火索20米，地雷1枚，烟花爆竹9万响，各种刀具258把，查处涉爆、涉枪等违法犯罪人员13名。

（王 雷）

【"打黑除恶"专项斗争取得初步成效】 年内，大兴分局成立以刑侦大队大案中队为主的"打黑除恶"专业队和由交巡大队组成的防爆队积极开展工作，共打掉带有黑恶性质的犯罪团伙3个，抓获犯罪嫌疑人43人，破案30起。

（王 雷）

【建立卫星车辆定位调度系统】 年内，大兴分局在区委、区政府的支持下，投资400万元，建立了GPS卫星车辆定位调度系统和重点地区电视监控系统。

（王 雷）

【打掉3个印制、散发"法轮功"宣传品团伙】 年内，大兴分局成立专案组，先后打掉了3个印制、散发"法轮功"宣传品的团伙，收缴电脑1台、复印机2台及大量"法轮功"书籍、录音磁带、录像带、横幅、照片等。

（王 雷）

【开办计算机应用培训班】 大兴县公安局自5月22日始，先后开办了3期计算机应用培训班，对60余名民警进行了培训。

（王 雷）

【圆满完成第十四届西瓜节安全保卫工作】 5月28日至6月2日，大兴区举办了第十四届西瓜节，40余万人参加了西瓜节的各项活动。大兴县公安局严密组织，精心部署，狠抓各项安全保卫措施的落实，圆满地完成了本届西瓜节的安全保卫工作。

（王 雷）

【大力整治治安重点地区】 7月，大兴分局对小白羊枣园市场、旧宫商业一条街两处市局挂帐的治安重点地区进行整治，共出动警力1450人次，收容“三无”人员744人，处理各类案件22起，打击处理违法犯罪嫌疑人30人；清理乱停乱放车辆150余辆，配合有关部门清除无照摊商240余个，拆除违章建筑150余平米。两个地区的刑事、治安案件分别下降95%和98%。

（王　雷）

【开展打击盗窃自行车专项行动】 10月25日至11月底，大兴分局在全区范围内开展了打击盗窃自行车的专项行动。共出动民警312人，联防、保安员、治保积极分子161人，查获盗窃自行车案件4起，收缴自行车203辆，赃车6辆，捡拾2辆。

（王　雷）

【野生动物园派出所挂牌成立】 11月30日，经市局批准，大兴分局成立了野生动物园治安派出所。

（王　雷）

【开展打击街头抢劫案件专项行动】 12月19日至28日，大兴分局开展了以打击街头抢劫为主要内容的集中统一行动。共出动警力1460人次、车辆490车次，组织发动联防队员、社区保安、护村队、护厂队等治安辅助力量2.4万余人次，通过巡逻堵卡，盘查过往车辆1万余车次、行人11700多人次，查处违法犯罪人员26名，破获各类刑事案件28起。

（王　雷）

案　例　举　要

【破获一起特大集资诈骗案】 3月1日，大兴县公安局破获一起特大集资诈骗案，并将犯罪嫌疑人北京北部鲸鹏科技发展公司董事长杨惠德（男，36岁，上海市宝山区庙行镇野桥村人）和总经理张卫东（男，37岁，住天堂河农场21—304号）二人抓获。经审查，二人交待自1999年7月以来，该公司以作“晒太阳”杀菌系列产品和“越西”化妆品的代理，利用低投入、高回报等手段，发展代理商、合作商共3万余人，进行变相传销，集资诈骗1000余万元的犯罪事实。

（王　雷）

【破获一起重大杀人案】 4月17日凌晨5时许，大兴县旧宫镇庑店一队一胡同口发生一起凶杀案，一名外地来京人员任红阳（男，35岁，无业，四川南充市龙泉乡观音村人）被人用刀刺死，另一女子王小荣（32岁，无业，与任同乡、姘居）被刺成重伤。县公安局接报后，经工作于6月18日14时许，在丰台区木樨园劳务市场将犯罪嫌疑人谢保林（男，个体服装加工，安徽无为县石澜镇人，暂住丰台区）抓获。经审查，谢保林交待了因与王小荣有暧昧关系，要求王与任断绝关系被拒绝，故于17日凌晨伙同一名叫“王大个”的河南男子（20余岁，在逃）将准备回乡的任、王二人拦在胡同口处，持刀将任红阳扎死，将王小荣扎伤后逃匿的犯罪事实。

（王　雷）

【破获11起系列抢劫案】 7月3日，大兴分局经缜密侦查一举破获了11起系列抢劫案，将犯罪嫌疑人王永刚（男，42岁，大兴区礼贤镇李各庄村人）、王书森（男，43岁，大兴区礼贤镇荆家务人）抓获。经审查，二人交待了2001年6月以来在黄村镇、庞各庄镇等地区专门抢劫女出租汽车司机作案11起，抢劫现金、手机等财物总价值18000余元的犯罪事实。

（王　雷）

【打掉一街头抢劫犯罪团伙】 11月16日20时许，北京石化学院两名学生在校门口被4名男子拦路殴打，歹徒持手枪威胁，抢劫二人现金65元及手机一部（价值1000余元），后乘一辆白色微型面包车逃匿。接报后，大兴分局经工作，于17日凌晨3时许，在黄村镇西黄村附近，查获赵某某（男，18岁，采育镇人）、赵某某（男，17岁，采育镇人）两名犯罪嫌疑人及作案用微型面包车及一支仿真手枪。二人交待了16日晚伙同赵某（男，16岁，采育镇人）、姜某（男，15岁，黄村镇人）窜至石化学院门口抢劫作案及17日凌晨2时30分左右，四人又窜至黄村镇枣园小区南口，持仿真手枪威胁两名事主，抢劫现金460元及文曲星电子记事本一部的犯罪事实。根据二人提供的线索，分局迅速出击，在天顺洗浴中心将姜、赵二人抓获。经进一步审查，四人又交待了于11月11日、13日、14日晚，先后结伙窜至大兴朋海园宾馆、石化学院附近，抢劫作案3起，抢得现金80余元，并将一名事主打伤的犯罪事实。

（王 雷）

大兴县公安局2001年领导名录

职 务	姓 名	任 职 时 间
县局长	马武英	1994年8月—2001年7月
政 委	席思友	2001年3月—2001年7月
副县局长	何立民	1995年8月—2001年7月
副县局长	韩 浩	2000年10月—2001年7月
副县局长	王克华	1995年8月—2001年7月
副县局长	李福明	1996年5月—2001年7月
副县局长	张京城	2001年3月—2001年7月

大兴分局2001年领导名录

职 务	姓 名	任 职 时 间
分局长	马武英	2001年7月—
政 委	席思友	2001年7月—
副分局长	何立民	2001年7月—
副分局长	韩 浩	2001年7月—
副分局长	李福明	2001年7月—
副分局长	王克华	2001年7月—
副分局长	张京城	2001年7月—

天安门地区分局

【概　况】 2001年，天安门地区分局以保稳定为中心，以反恐防暴为重点，圆满完成了各项安全保卫工作。全年到天安门地区旅游观光的游客达2390余万人次，分局共投入警力40304人次，完成各级警卫勤务1793次，其中重大警卫勤务62次。深入开展同“法轮功”邪教组织的斗争。果断处置了“1.23”“法轮功”人员自焚和“11.20”外籍“法轮功”人员在天安门广场闹事事件。全年收缴横幅2935条，宣传品5001份，处置突出情况64起。全年共受理刑事案件374起，抓获各类违法犯罪嫌疑人169人；处理各类违反治安管理规定人员24708人。年内，中央、市委、市政府、公安部领导多次到分局考察、指导工作。加强队伍的规范化管理建设，共起草61项工作规范。通过竞聘，6名同志走上基层领导岗位。积极开展“业务标兵”、“十佳”评选、“英语300句”评比等活动，凝聚了队伍，提高了战斗力。较好地维护了天安门地区的政治、治安秩序的稳定。

（柴钟鸣）

【新世纪第一次升国旗仪式】 1月1日7时36分，21世纪第一次升旗仪式在天安门广场举行，3万余名群众观看升旗仪式。天安门地区分局出动警力200人，确保了活动的安全。

（柴钟鸣）

【李岚清副总理亲切慰问公安民警】 1月23日，中共中央政治局常委、国务院副总理李岚清在中共中央政治局委员、北京市委书记贾庆林、市长刘淇、公安部长贾春旺、副部长田期玉、刘京、市委常委、政法委书记强卫以及武警总部领导的陪同下到天安门地区分局视察工作，并代表党中央、国务院向全体民警表示慰问。

（柴钟鸣）

【被评为全国同“法轮功”斗争先进单位】 2月26日上午，在人民大会堂举行的“全国同法轮功邪教组织斗争先进集体先进个人表彰会”上，天安门地区分局被中央组织部、中央宣传部、中央政法委、公安部、民政部、人事部、国务院防范和处理邪教问题办公室评为全国先进单位。天安门地区分局局长王聚成作为代表出席了表彰会，分局副分局长武顺发被评为全国先进个人并作大会发言。

（柴钟鸣）

【参加全国同“法轮功”组织斗争报告会】 2月26日下午，首场“全国同‘法轮功’邪教组织斗争先进事迹报告会”在人民大会堂举行。分局政委陈友代表天安门地区分局作了题为“文明执法不辱使命，全力维护天安门地区的政治稳定”的报告。

（柴钟鸣）

【“两会”安全保卫工作】 3月，九届全国政协第四次会议及九届全国人大四次会议期间，天安门地区分局共出动警力2360人次，确保了“两会”安全。

（柴钟鸣）

【完成建党80周年图片展安全保卫任务】 6月20日，由中宣部和北京市委、中央档案馆等单位共同举办的“肩负人民的希望”暨“纪念中国共产党成立80周年图片展”在中国革命博物馆开幕。江泽民、胡锦涛、尉建行等党和国家领导人参观了展览。展览共展出图片1300幅，文物450件，为期1个月的展览期间，平均每天有2.5万名群众到场参观，天安门地区分局出动民警3500人次，圆满完成了展览期间的保卫任务。

（柴钟鸣）

【完成紫禁城三高音乐会安保任务】 6月23日19时，世界著名三大男高音（帕瓦罗蒂、多明戈、卡雷拉斯）音乐会在紫禁城午门外广场举行。天安门地区分局出动警力280人次参加安保工作，确保了活动的安全。

（柴钟鸣）

【完成建党80周年庆祝大会安保任务】 7月1日9时，中国共产党建党80周年庆祝大会在人民大会堂举行，江泽民、李鹏等党和国家领导人出席了大会。天安门地区分局出动警力70人参加现场警卫，圆满完成当天的安全保卫任务。

（柴钟鸣）

【完成北京申奥成功庆祝活动安保任务】 7月13日夜，江泽民、李鹏、朱镕基、李瑞环、胡锦涛、尉健行等党和国家领导人到天安门广场与75万群众共同庆祝北京申办奥运会成功。天安门地区分局出动警力235人，确保了广场地区的安全。

（柴钟鸣）

【圆满完成国庆节安全保卫任务】 9月30日至10月7日“国庆节”期间，天安门广场游客达490余万人次，仅10月1日，就有20余万名群众观看广场升旗仪式。天安门地区分局共出动警力1250余人次，确保节日期间天安门地区秩序良好。

（柴钟鸣）

【确保中国足球队“出线”庆祝活动安全】 10月7日晚，中国足球队取得世界杯出线权，约50万群众聚集天安门广场举行庆祝活动。天安门地区分局出动警力150人维护秩序。

（柴钟鸣）

【完成北京秋季书市安保任务】 10月12日至22日，“2001年北京秋季书市”在劳动人民文化宫举行。参展单位600家，购书群众45万余人次，天安门地区分局出动警力500余人次，确保书市期间秩序井然。

（柴钟鸣）

【编辑完成《天安门地区文化民警读本》】 10月，天安门地区分局根据管辖地区的特点，编辑完成了《天安门地区文化民警读本》一书，对天安门地区的人文景观作了详细地说明，并人手一册，要求达到应知应会，全面提高民警的文明执法素质和文化内涵。

（柴钟鸣）

【分局计算机代表队获奖】 11月2日，由于江蛟、刘玉晗、孙丽娜组成的天安门地区分局代表队，在“市局首届青年民警计算机暨网络应用技能大赛（网页设计）”中，获得二等奖。

（柴钟鸣）

【妥善处置外籍“法轮功”人员非法活动】 11月20日14时16分，35名外籍“法轮功”人员（男21人，女14人）在天安门广场进行非法活动，天安门地区分局民警及时发现，并将这些人带离现场予以妥善处置。

（柴钟鸣）

【分局防暴技能培训】 12月17日，天安门地区分局聘请北京军区特种部队教官，对35名民警进行首批为期1个月的专业防暴技能训练。

（柴钟鸣）

案例举要

【侦破制售故宫假门票案】 1月5日上午，李立新（女，37岁，北京市人，无业）、黄小玉（女，31岁，广西柳州市人）在天安门广场纪念碑北侧，向金辉旅行社导游韩冰（女，22岁）以每张20元的价格出售假故宫门票，双方商定先给票后付款。随后，韩冰将一张真票放在34张假票上，企图带游客蒙骗过关。检票员发现后报告了天安门地区分局故宫派出所。11 时，民警在景山公园东门外将准备向韩冰收取假票款的犯罪嫌疑人李立新、黄小玉当场抓获，并收缴假故宫门票 558 张，为国家挽回经济损失 33480 元。

（柴钟鸣）

【抓获一企图在广场制造爆炸事件的嫌疑人】 11 月 19 日 13 时 10 分，上访人员罗义全（男，55 岁，甘肃省人）在天安门广场纪念碑东南侧抛洒上访材料，点燃缠在身上的爆炸装置企图自爆。天安门地区分局民警和武警战士及时发现，将罗抓获，当场缴获爆炸物 200 余克，火柴一盒，上访材料 426 张，横幅 1 条。经查，罗因对当地法院判处其子死刑不服，先后 4 次来京上访。罗被移交有关部门进一步审查。

（柴钟鸣）

天安门地区分局 2001 年领导名录

职　务	姓　名	任职时间
分局长	王聚成	2000 年 10 月—
政　委	陈　友	2000 年 10 月—
副分局长	武顺发	1999 年 5 月—
副分局长	甄树印	1999 年 5 月—
副分局长	张锡凤	1999 年 5 月—
副分局长	杨福德	1999 年 5 月—

北京西站分局

【概　况】 2001 年，北京西站分局以“把紧进京大门、确保地区平安”为目标，以“保申奥、大运会”为中心，以深入开展“严打”整治斗争为主线，实现了创建“窗口旗帜工程”第二阶段的目标。建立健全“反恐怖、防爆炸、防火”防范体系，完善各类处置突发事件预案，加大安全检查力度，延续了西站自开通以来火灾与爆炸事故“零”的记录。圆满完成了“申奥”、“大运会”及“春运”、“两会”、“暑运”等重大安全保卫任务。全年共执行警卫勤务 48 次，出动警力 3351 人次。以“把好大门，紧缩关口，多打流窜，多抓逃犯”为工作重心，深入开展“严打”整治斗争。年内，组织武警、治保积极分子进行大规模集中清理整治行动 15 次，对群众反映强烈的黑车、黑托运、票贩子等热点、难点问题进行严厉打击。实行“三警联勤”的工作体制，完善“打、防、控”一体化长效机制，维护站区良好的治安秩序与社会环境。实施科技强警战略，与市局有关部门共同研制、合作开发的适用于实战的便携式查询仪“警务助理”通过了专家组验收，并获得国家专利，被市局列入警务装备。建立了指纹比对系统及人像比对系统，完成公开选拔警长探长工作，17名同志通过竞争走上了警长、探长的工作岗位。加强纪检督察工作，全年未发生民警违法违纪问题，“110”信访投诉与上年相比下降了50%。按照“以警为本，服务第一”的原则，完成了分局食堂、站南派出所、拘留所办公用房的改造，重建了报警岗亭。经努力，分局连续两年被评为北京市“春运”工作先进集体，在连续三年被评为西站地区精神文明先进单位后，被评为首都精神文明单位。先后有4个集体1名民警荣立二等功，2名民警荣获首都精神文明建设奖，1名民警被评为市级人民满意的政法干警。分局目标管理在市局年终考核评比中荣获优秀。

（杜　渝　范　林）

【开展同“法轮功”邪教组织的斗争】　年内，北京西站分局采取有效措施查控“法轮功”及“法轮功”非法宣传品，全年共查堵外地进京“法轮功”17人，查获和收缴“法轮功”宣传品4600余份，光盘506张，抓获1名张贴宣传品的“法轮功”人员，被评为2001年度北京市同“法轮功”邪教组织斗争先进单位。

（秦卫平　贺　楠）

【深入开展“严打”整治斗争】　年内，北京西站分局将“严打”整治斗争与站区日常治安管理相结合。共破获各类刑事案件111起，抓获负案在逃犯75人（其中网上在逃犯43人）。同时，组织站区各职能部门进行了15次大规模的集中整治，共查处各类治安案件1305起，罚款1139人，收容614人，没收管制刀具60把，查缴淫秽物品81件，非法出版物2400件。

（苏咏梅　芦　菲）

【调研工作成绩显著】　年内，北京西站分局认真开展调研工作，共撰写调研材料17篇，其中2篇被公安部《人民公安》及市局《教育训练参考资料》刊载；1篇被市局政治部评为优秀论文；有3项调研课题转化为成果。

（苏咏梅　芦　菲）

【加强站区防火工作】　年内，北京西站分局加强对站区边缘、死角、重点易发生火灾的地区进行消防监督检查，共检查内部单位242个，发检查记录单200份，限期整改通知书17份，执法处罚通知单6份，发现问题451件（均已解决），确保了站区无火灾事故发生。

（康　艳　赵　宏）

【科技强警成绩显著】　年内，北京西站分局加大科技强警的投入，引进了指纹比对系统和人像自动比对系统，研制开发了便携式查询终端——警务助理，促进了工作水平的提高。年内，利用科技手段破获的刑事案件占破案总数的16.2%。抓获网上在逃犯占总数的22.7%。警务助理投入使用后，共破获刑事案件23起，抓获在逃犯19人，查获被盗机动车3辆，被盗机动车牌照1副。

（贺　楠　康　艳）

【完成春运暑运及两节保卫工作】　年内，“春运”、“暑运”、“五一”和“十一”4个客流高峰期间，北京西站共接送旅客1323万人次，日均接送旅客11.5万人次。北京西站分局提前介入，周密部署，狠抓落实，圆满完成了各客运高峰期间的安全保卫任务。期间，共破获各类刑事案件35起，比上年提高150%，抓获逃犯14人。

（秦卫平　李兴波）

【规范首都高校新生接站工作】　8月10日至9月17日，北京西站分局配合西站地区管理委员会，设立专门的高校新生接站地点，共出动警力140余人次，顺利完成公办

55所、民办120所高校4.8万名新生的接站安全保卫工作。

（康　艳　赵　宏）

案　例　举　要

【抓获一重大体内藏毒犯罪嫌疑人】 4月26日13时许，北京西站分局巡察支队民警在西站北广场西螺旋通道发现一男子行迹可疑，盘查中，在其携带的旅行包内发现一双长筒丝袜内装有89粒丸状绿色胶囊。经审查，该名男子贺代友（男，39岁，云南省临沧地区耿马县耿宣镇人）交待：4月初，在云南省临沧县有人以8000元人民币作为酬劳，让其吞服90粒毒品胶囊从云南携带至北京。4月24日贺吞服毒品后，乘62次列车进京。25日1时许，贺在列车厕所内排泄出89粒毒品胶囊，到京后准备交货时被民警查获。经鉴定89粒胶囊内为毒品海洛因，共267克。贺代友被刑事拘留。

（芦　菲　赵　宏）

【抓获一潜逃九年特大杀人嫌疑人】 5月7日11时许，北京西站分局站内派出所根据线索，将杀人在逃犯罪嫌疑人臧友军（男，33岁，吉林省双辽县人，暂住在北京市丰台区看丹大圈村177号）抓获。经审查：臧友军交待了1992年12月22日，在吉林省公主岭市玻璃城镇广宁村因经济纠纷，将王栋（男，36岁）、郑贵英（女，38岁）、王至刚（男，16岁）、王至超（男，7岁）一家四口用斧子砍死的犯罪事实。臧被刑事拘留并移送原籍公安机关处理。

（康　艳　贺　楠）

【成功处置携带爆炸装置挟持人质案】 5月13日凌晨2时10分许，一名歹徒在北京西站北广场一层北二出站口商品柜台内持匕首将一女售货员劫持，并称身上带有炸药，扬言要炸西客站，要求见公安部及其他有关领导。接报后，分局立即启动工作预案，采取措施，先期处置。在公安部和市局局长强卫，副局长吕实珉、阮增义的指挥下配合市局刑事侦查总队、巡察执法总队和防爆安全检查处等单位于上午9时45分，将犯罪嫌疑人制服，当场从其身上缴获匕首两把，爆炸装置一个，人质被安全解救。经查：犯罪嫌疑人郑有军（别名郑武军，男，42岁，河南省许昌县灵井乡小宫村人）1994年因与妻子分居精神受到刺激，怀疑被人追杀向当地公安机关、法院反映无果，曾多次来京上访。5月11日又离家出走来京。经市局法医中心鉴定郑有军患有精神分裂症（妄想型），属无刑事责任能力，被原籍公安机关接回强制治疗。

（贺　楠　赵　宏）

【打掉一重大制售假公章假证件的犯罪团伙】

7月26日21时，北京西站分局刑侦大队根据线索，在海淀区娘娘庙一出租房内，一举端掉一伪造、贩卖假公章、假证件窝点，将制假嫌疑人王为民（男，57岁，住北京西城区）、李凤琴（女47岁，住北京市丰台区）抓获。根据2人交待，在海淀区净土寺17楼1单元将正在制假的罗松柏（男，20岁，湖南省恒东县人）、罗春华（17岁，湖南省恒东县人）抓获，起获已制成的党政机关、人民政府和司法机关公章7枚，大专院校印章9枚，其他印章97枚，残次印章24枚，毛坯章1802枚，共计1939枚；假证书、证件18本，假发票1本，假居民身份证5个。

（康　艳　董　蔚）

北京西站分局2001年领导名录

职务	姓名	任职时间
分局长	肖毅	1996年8月—
政委	赵晓明	2000年4月—
副分局长	孔昭国	1996年2月—
副分局长	李京生	1996年12月—
副分局长	赵军	2000年10月—
副分局长	巩宝华	2000年11月—

公共交通分局

【概况】 公共交通分局围绕“严打”整治斗争和“大运会”保卫等中心工作，立足公交，服务全局，大力加强队伍、业务建设，确保了首都公共交通治安秩序的稳定。全年共抓获犯罪嫌疑人5929名，打掉各类犯罪团伙（结伙）563个，破获各类刑事案件2138起。参加各种勤务及安全警卫工作96次。年内，召开了法制工作研讨会，就扒窃犯罪的打击处理工作进行专题研究，有效地促进了依法办案的规范化、制度化建设。选举产生了第二届党委和纪委。成立了工会组织。

（孙　惺）

【打扒工作创新高】 年内，公共交通分局通过两次调整打扒指标、深化队所捆绑工作机制、分局领导分片包所靠前指挥、强化业务技能培训、开展网上打扒和抓好集中打击、专项打击、日常打击三个结合等措施，共抓获扒窃嫌疑人5524名，同比上升10.9%；破获扒窃案件2016起，同比上升11.3%。经过打击，公共电汽车上的扒窃案件发案得到有效遏制。

（孙　惺）

【集中打击非法运营出租汽车】 年内，公共交通分局按照全市清理整顿市场经济环境的部署，加大对非法运营出租汽车的打击力度，破获非法运营出租汽车的案件55起，查扣非法运营出租汽车53辆、打掉非法经营出租汽车的窝点1个，查获从事非法运营出租汽车的违法犯罪人员61名。

（孙　惺）

【召开被窃物品返还大会】 1月16日，公共交通分局结合“爱民月”活动，召开被窃物品返还大会。副分局长张振宾、范东华就反扒、防扒问题向在场群众做了认真解答，并向22名群众发还被窃现金人民币6.4万余元、被盗机动车6辆。

（孙 惺）

【反扒大队乔迁新址】 3月29日，公共交通分局反扒大队从东城区船板胡同2号院迁入位于丰台区马家堡的新址办公，办公条件得到了较大改善。

（孙 惺）

【召开公共交通行业“严打”整治动员大会】 4月，在市交通局和市公交总公司的支持下，公共交通分局分别召开了公交总公司系统、出租汽车行业和长途汽车、小公共汽车行业治安防范和“严打”整治斗争动员大会，1300余人参加了会议。这是分局召开的规模最大的一次行业宣传发动大会。会后，全行业迅速掀起了“严打”整治斗争高潮。

（孙 惺）

【召开公开逮捕大会】 4月11日，公共交通分局在市公交总公司礼堂召开公开逮捕大会，对盗窃公共汽车电瓶、强行猥亵妇女及进行扒窃犯罪活动的刘俊峰等10名犯罪嫌疑人进行了公开逮捕。

（孙 惺）

【打掉一非法经营的出租汽车公司】 6月4日，公共交通分局刑侦二大队根据线索，在丰台区角门西里2号楼一地下室内抓获涉嫌以“金顺叶家政服务公司”为名，非法经营出租汽车公司的3名犯罪嫌疑人。

（孙 惺）

【公开选拔竞争上岗】 6月26日，公共交通分局赵贺强等30名民警经过公开报名、资格审查、笔试、面试答辩、组织考察、任前公示等严格的选拔程序走上基层领导岗位。

（孙 惺）

【市局配发133台空调】 6月28日，市局装备财务处副处长张钢等领导代表市局党委和市局领导将133台海尔空调送到公共交通分局。分局政委李宝刚、副局长苏少林等代表全体民警对市局领导的关心和支持表示感谢。

（孙 惺）

【召开公开处理大会】 8月7日，公共交通分局在赵公口长途汽车站召开公开处理大会，对沈殿臣等5名严重扰乱长途汽车运营秩序的人员予以劳动教养，对长期非法经营出租汽车公司的犯罪嫌疑人赢长虹、孔凡宾予以逮捕。

（孙 惺）

【召开联合打击车匪路霸座谈会】 11月16日，公共交通分局牵头召开了京津冀公安机关联合打击省际长途客运汽车上刑事犯罪座谈会。市局副局长阮增义、刑事侦查总队总队长王军、公共交通分局局长蔡国柱、政委李宝刚等领导及天津市、河北省27个市、县公安机关主管刑侦工作的领导共100余人参加了座谈会。会议研究、座谈了3地公安机关联合打击省际长途汽车上刑事犯罪活动的工作对策。

（孙 惺）

案 例 举 要

【破获市局挂帐案件】 3月10日，公共交通分局祁家豁子长途客运派出所民警在919路长途汽车上抓捕扒窃嫌疑人时，犯罪嫌疑人持刀拒捕，将民警孙宝祥面部扎伤后逃跑。分局经深入调查，分别于4月13日、5月7日、5月23日将犯罪嫌疑人王凤全（男，28岁，北京市延庆县人）、孙燕军（男，27岁，北京市延庆县人）、胡占东（男，24岁，河北省赤城县人）抓获。

（孙 惺）

【打掉一贩毒团伙】 4月3日，公共交通分局刑侦二大队根据线索，在海淀区羊坊店大天元饭店楼下，将正在贩卖毒品的嫌疑人邢志国（男，42岁，北京市西城区人）抓获，当场收缴毒品51克。后在邢租住的大天元饭店513号房间内，将另外2名嫌疑人江浩（男，36岁，重庆市北碚区人）、张小平（男，33岁，湖南省绍东县人）抓获，收缴毒品80克，毒资2万8千余元。经鉴定，毒品为海洛因，共计123.08克。经北京市第一中级人民法院审理，邢志国因贩毒罪被判处有期徒刑13年，江浩因贩毒罪被判处无期徒刑，并处没收个人全部财产，剥夺政治权利终身；张小平因贩毒罪被判处死刑缓期执行，并处没收个人全部财产，剥夺政治权利终身。

（孙 惺）

【破获一起特大扒窃案件】 4月28日，事主郭某报案称在北京至河北省白沟的长途汽车上被窃人民币2.3万元，经公共交通分局刑侦二大队周密侦查，于当日将犯罪嫌疑人赵立俊（男，36岁，内蒙古包头市人）、江涛（男，29岁，内蒙古包头市青山区人）等人抓获，追回全部赃款。经北京市大兴区人民法院审判，江涛因盗窃罪被判处有期徒刑2年，罚金2000元；赵立俊因窝赃罪被判处拘役5个月，罚金1000元。

（孙 惺）

【侦破报侵占10万元公款假案】 12月14日，公共交通分局刑侦二大队接王府国际旅行社第四营业部职员罗某报案称：当日其乘坐358路支线公共汽车时，被窃内有10万元公款的尼龙背包1个。经分局刑侦二大队开展外围调查及甄别，用大量证据迫使罗某交代企图用报假案的手段侵占10万元公款的事实，被侵占的公款全部被追回。罗某被北京市东城区人民检察院以职务侵占罪起诉。

（孙 惺）

公共交通分局2001年领导名录

职务	姓名	任职时间
分局长	蔡国柱	2000年4月—
政委	李宝刚	2000年4月—
副分局长	王连生	1996年4月—
副分局长	张振宾	1996年4月—
副分局长	苏少林	1996年10月—
副分局长	范东华	1996年10月—
副分局长	吴长城	2001年5月—

地下铁道分局

【概 况】 2001年，地下铁道分局以认真做好防爆、防火、防毒、防恶性刑事案件、防治安灾害性事故，减少发案、减少治安纠纷，确保地铁一方平安为工作目标，开展刑侦、治安和内部安全工作。全年共立刑事案件124起，比上年下降13.4%；破获各类案件52起，同比提高4%；查获网上在逃人员15人。组织集中清理整治行动172次，查获各类违法犯罪人员19065人；查缴易燃易爆危险物品2301公斤，烟花爆竹2912头。收缴各类“法轮功”宣传品627份，横幅29条。年内，通过与地铁二级单位签订治安保卫责任书，重新确定二级要害部位2处，三级要害部位3处，重点部位113处。进行安全检查245次，发现并解决问题129件。加强消防宣传和消防监督检查力度。组织消防灭火演习25次，消防监督检查1854次，发现火灾隐患164件，解决162件，查处严重违反消防安全规定行为2起，处罚金额21400元。连续12年被评为北京市防火安全先进单位。做好地铁专包库线战备要害部位的警卫值守，出动警力1817人次，完成了“两会”、世界著名三大男高音音乐会、“申奥”成功庆祝活动等三级以上警卫任务61次。通过公开选拔、竞争上岗选拔干部22名，调整干部21人，降职使用干部4人。举办各种类型培训班11期，培训领导干部、民警421人次，占全员应训人员的96.3%。

（冯 岩 侯 明）

【加强民警计算机技能培训】 年内，地下铁道分局共组织100余名民警参加计算机操作培训。截止年底，已有279名民警取得计算机等级证书，占分局总人数的51.8%。

（侯 明 刘月军）

【获公安部“三项教育”演讲优秀奖】 年内，地下铁道分局民警宁彤彤代表市局参加公安部“三项教育”演讲比赛获优秀奖。并先后两次代表首都公安民警参加了全国公安机关“三项教育”报告团，为首都公安民警赢得了荣誉。

（侯 明 吕 郁）

【开展与沪穗地铁公安机关业务交流】 年内，地下铁道分局先后与上海、广州等地的地铁公安机关，就“地铁重大节假日大客流冲击预防和处置”、“地外伤亡事件的处理”、“城市轻型轨道交通安全防范”、“地下电视监控系统的安装与运用”等内容进行业务交流。

（侯 明）

【消防科更名为消防监督科】 自1月1日起，地下铁道分局消防科更名为消防监督科，由消防局现役干部履行消防职责。

（侯 明）

【分局财政经费改由市局划拨】 1月1日起，地下铁道分局财政经费由地铁总公司支出改由市局划拨。

（侯 明）

【召开“严打”整治依法公捕大会】 2月11日，地下铁道分局在地铁苹果园站站外广场召开“严打”整治依法公捕大会。对黄载禄（男，30岁，无业，重庆市巫峡县人）等8名涉嫌贩卖毒品、非法持有枪支弹药、非法出售制造发票的犯罪嫌疑人公开执行逮捕。

（侯 明）

【开通“反扒在线”，加大反扒力度】 5月21日，地铁分局与《北京晨报》联手推出的热线电话“反扒在线”引起社会关注。群众通过“反扒在线”及时反映地铁内或公交车上的扒窃线索。分局刑侦大队通过“反扒在线”，拓展了信息渠道，加大了打击扒窃活动的力度。

（李 江 侯 明）

【进行防爆处突演练】 美国发生“9·11”恐怖袭击事件后，地下铁道分局于9月13日晚，在军事博物馆站进行了一次防爆处置突发事件演练。市局防爆安检处有关领导到场进行指导。分局各派出所所长、警长观摩了演练。

（田 霞）

【圆满完成国庆节安全保卫工作】 9月30日至10月7日，全市地铁共运送乘客1307.2万人次，日均163.3万人次。其中，国庆节当天共运送乘客202万人次，创地铁客运史30年来的历史新高。地下铁道分局出动警力3120人次，全力做好以防爆、防火、防毒工作为重点的安全保卫工作，确保了地铁和乘客的节日安全。

（侯　明　吕　郁）

案例举要

【破获一起贩毒案】 2月10日22时，地下铁道分局刑侦大队根据线索，将正在进行毒品交易的吸贩毒团伙成员金福兰（女，40岁，回族，住石景山区广宁新立街，无业）、沙元春（男，39岁，回族，住石景山区模式口中里，无业）抓获，收缴毒品海洛因32.59克。后又在门头沟分局城子派出所的配合下，将居住在门头沟区城子和平路的吸贩毒团伙成员王二花（女，45岁，回族，个体户）、乌斯曼江·亚库普（男，26岁，新疆伊犁市人，无业）抓获，收缴毒品海洛因2.66克，毒资9800元。经审查，4名犯罪嫌疑人对参与贩卖、吸食毒品的犯罪事实供认不讳。7月11日，石景山区人民法院依法判处金福兰、王二花有期徒刑各10年，判处沙元春、乌斯曼江·亚库普有期徒刑各7年。

（李　江　冯　义）

【抓获一杀人在逃犯】 9月15日22时30分，地下铁道分局建国门站派出所民警在地铁北京站西南口发现一男青年戴一款女式手表，携带项链、耳环等物品，形迹可疑，当即对其进行盘查。经查，该青年程显明（29岁，吉林省榆树县青山乡日升村人）因恼恨其妻未经他同意作了人工流产手术，于9月13日8时30分将其妻用绳索勒死后逃跑来京（分局民警在和当地公安机关联系时，当地公安机关尚未接到报案）。犯罪嫌疑人程显明被移交原籍公安机关审理。

（侯　明）

地下铁道分局2001年领导名录

职　务	姓　名	任职时间
分局长	安金池	1998年2月—
政　委	杨文清	1990年8月—
副分局长	鲁思敬	1991年11月—
副分局长	张　福	1998年2月—
副分局长	程　勇	1995年5月—
副分局长	刘连海	2000年10月—

经济技术开发区分局

【概　况】 2001年，经济技术开发区分局以实现开发区经济大发展的战略目标为工作方向，以“严打”整治为工作重心，圆满完成各项公安保卫任务。年内，共受理各类刑事案件80起，破案率为47.2%；受理治安案件42起，审结率为100%。抓获上网在逃人员3人。加大对社会面和工地的治安整治力度，共组织清查统一行动80余次。深入区内单位进行安全检查246次，发现并解决治安隐患315件，对其中15家违反企业治安保卫责任制规定的单位给予行政罚款处理。深入区内单位进行消防检查425次，及时发现消除各类火险隐患428起（对存在问题突出的65家单位依法给予经济处罚73起），确保了年内未发生重大火灾事故。全年共纠正各类交通违章97900起，比上年提高20%，发生交通事故327起，比上年上升73.9%。年内，完成了党总支改建党委，成立工会组织等项工作。

（王海英）

【加大对区内重点企业服务力度】 年内，经济技术开发区分局对区内诺基亚、朗讯等重点企业，在不违反政策规定的前提下，在办事程序、办事时间等方面予以倾斜。6月底，现场办公为上述企业解决交通、消防、案件侦破等问题22个。为确保开发区的龙头项目诺基亚星网工业园8月份正式投产，民警深入施工现场，帮助整改消防隐患28个，提前完成该工程的消防验收工作。

（王海英）

【及时化解区内单位矛盾纠纷】 年内，经济技术开发区分局对发生在企业、工地的劳资、债务、雇工等各类纠纷及时受理，妥善解决，将矛盾纠纷消灭在萌芽状态。全年共调解处理各类矛盾纠纷34起，维护了企业正常的生产经营秩序。

（王海英）

【做好内保干部培训工作】 年内，经济技术开发区分局为区内单位保卫干部印发各类法规汇编500余份，召开内保工作会议8次，到企业讲课37次，培训内保干部230人次，促进了内保工作的开展。

（王海英）

【加强法制工作建设】 年内，经济技术开发区分局为有效提高办案质量，对局属执法单位办案情况进行了检查，并修订了刑事、行政办案工作规范。召开法制工作会议剖析执法办案工作中存在的问题，详细讲解办案规范。抽调各办案单位人员到法制科培训，提高了执法办案水平。

（王海英）

【建立治保组织，加强技术防范】 年内，经济技术开发区分局天华路派出所在开发区7个住宅小区内设立了治保组织，6个小区安装了红外线电子围墙报警系统等技防设施，促进了社会治安稳定。

（王海英）

【加强施工工地外来人口管理】 年内，经济技术开发区分局针对辖区工地多，外来人口流动频繁的特点，采取建立人员档案，实行单位承包制管理，坚持24小时巡逻制及对工地项目经理、施工队队长进行法律、法规教育等措施，加强外来人口管理。年内，辖区内工地发案12起，比上年下降58.6%。

（王海英）

【交通事故大幅度上升】　年内，经济技术开发区共发生各类交通事故327起（其中重大事故5起）比上年上升73.9%。受伤90人（重伤16人，轻伤68人），比上年上升32.4%；死亡5人，比上年上升66.7%。直接经济损失71万元，比上年下降11.2%。

（王海英）

【完成北京高新技术产业“国际周”安保任务】　5月11日至15日，第四届中国北京高新技术产业国际周期间，经济技术开发区分局出动警力34人次，圆满完成了第四届京台科技论坛暨京台科技合作研讨洽谈会、创新大厦暨工业园开园仪式等现场安全保卫工作，以及联合国驻华总代表莱特娜等贵宾到开发区参观考察的警卫任务。

（王海英）

【清理整顿出租房屋、商业网点、饭店】　8月16日，经济技术开发区分局对区内的出租房屋、个体商亭和商业网点、饭店进行了清理整顿。查出3户出租房屋未办理《出租房屋许可证》，15名外地来京人员未办理《暂住证》，均限期补办完毕。

（王海英）

【做好境外人员安全保护工作】　美国“9.11”恐怖袭击事件发生后，经济技术开发区分局加强了对开发区21个敏感国家所属企业53名境外人员的保护工作。年内，培训涉外接待人员21人次，接待临时入境人员4435人，区内境外人员临时住宿登记的发现率、登记率、准确率均达到100%，未发生境外人员人身、财物受侵害案件。

（王海英）

案例举要

【抓获一飞车抢夺犯罪嫌疑人】　年初，经济技术开发区分局多次接到群众报案：在开发区内被一骑摩托车男子抢夺财物。分局经侦查布控于2月19日11时许在开发区邮局西侧路口将犯罪嫌疑人王建（男，25岁，北京市通州区人）抓获。经讯问王交待曾4次骑摩托车尾随事主乘其不备抢夺共计价值5000余元财物的犯罪事实。王建被移送大兴区检察院起诉。

（王海英）

【破获张诚发特大诈骗、虚报注册资本案】1月19日，北京经济技术投资开发总公司向经济技术开发区分局报案称：2000年7月，蒯辙（男，33岁，吉林省吉林市人）、张诚发（男，46岁，北京市西城区人）二人以与该公司合作，投资22亿元兴建“中国国际汽车展示中心”为名诈骗该公司680万元人民币。分局接报后，经工作查明，蒯辙、张诚发所注册的公司资本为1600万元，而实际出资仅为100万元。2月11日，分局将犯罪嫌疑人张诚发抓获归案，张对诈骗及虚假注册的犯罪事实供认不讳。另一犯罪嫌疑人蒯辙逃往澳大利亚。3月6日，张诚发被大兴区人民检察院批准逮捕。

（王海英）

【破获一起职务侵占案】　7月27日，经济技术开发区分局刑侦大队破获一起职务侵占案，将犯罪嫌疑人鲍雷雷（男，23岁，北京市东城区人，和路雪公司职员）抓获归案。经查，2001年3月至5月，鲍雷雷利用职务之便先后18次将和路雪公司客户上交公司的冰柜抵押金据为已有，侵占数额达2.7万元。鲍对其犯罪事实供认不讳。鲍雷雷被移送大兴区人民检察院起诉。

（王海英）

【破获听涛雅苑系列盗窃敲诈连环案】8月25日，经济技术开发区分局接到辖区听涛雅苑一住户报案称在其住所内抓获一入室盗窃男子。接报后，分局出警将犯罪嫌疑人田建生（男，26岁，河南省驻马店人）带回审查，经工作，田交待了自2001年4月以来6次以维修房屋为名，趁室内无人，翻阳台入室盗窃财物总价值1万余元的犯罪事实，并交待了4月在盗窃一部手机后被小区保安卢立文（男，27岁，河南省潢川县人）发现，卢以此要挟，敲诈其6600元。分局当即将卢立文抓获归案。卢对其敲诈的犯罪事实供认不讳。田、卢被移送大兴区人民检察院起诉。

（王海英）

经济技术开发区分局2001年领导名录

职　务	姓　名	任职时间
分局长	宋金田	1995年 8月—
政　委	郭本立	1998年 9月—
副分局长	陈　征	1996年 4月—
副分局长	张金龙	2000年10月—

燕　山　分　局

【概　况】　2001年，燕山分局以“严打”整治斗争为龙头，以规范化管理为依托，维护了燕化公司安全稳定的生产秩序，实现了“守土有责、确保一方平安”的工作目标。根据辖区特点，强化内部单位安全监督检查和指导，加强对重点单位和重点部位的控制，内部单位发案比上年下降55.5%，创安率为96.7%。坚持“教育、挽救、打击相结合”的原则，举办“法轮功”痴迷者转化学习班8期，对“法轮功”顽固分子依法处理，破获“法轮功”案件1起，收缴“法轮功”宣传品297份，电脑、照相机等物品8件，完成了分流“法轮功”人员的审查任务。收集上报各种信息460余件，被上级采用100余件。全年共出动警力1250人次，完成重大警卫任务7次，妥善处置各种群体性事件3次。加大反恐防暴工作力度，成立了反恐防暴领导小组和办公机构，制定了严密防范和果断处置暴力恐怖事件工作预案，强化对重点单位、重点部位的防控措施。深入开展“严打”整治斗争，年内，破获各类刑事案件324起，破案率50.4%，抓获犯罪嫌疑人229名。端掉设赌窝点6个，收缴赌博机44台，赌博机电路板10块；铲除4个吸毒窝点，抓获吸贩毒人员44名，收缴海洛因13.43克；打掉卖淫嫖娼团伙4个，查处卖淫嫖娼违法犯罪人员29名；查封取缔各类违法经营场所35家，停业整顿25家。集中开展打击盗窃自行车专项行动，收缴无主和被盗自行车235辆，2次集中发还失主自行车177辆。全年查处治安案件2665起，处理违法人员4061名；查处行政案件6945起，罚没款168万余元。加强人户分离管理，强化常住人口了解。外来人口办证率为98.2%；全年登记出租房屋574户、1596间，检查出租房屋5248户、11076间，从中发现、收容“三无”人员112人，处罚7293人，查获犯罪嫌疑人93名。年内，分局5个派出所规范化建设全部达标；改革勤务模式，设立责任区巡警队和派出所巡逻队，健全联防队、义务巡逻队和护厂、护校队，初步形成了点线面一体、社会面和厂区内结合的治安防范控制体系。逐步完善以分局“110”指挥中心为中枢、派出所民警、巡警、刑警为支柱的快速反应机制。坚持科技创安，建立了燕山地区综合报警网管中心，联网住户13家；推进科技强警，加强计算机信息系统建设，投资48万余元为看守所安装了电视监控系统，为基层单位购置计算机、电台、宣传器材等物品43部。坚持从严治警，全年民警队伍没有发生严重违法违纪案件。对27名中层干部进行了调整交流，18名民警通过公开选拔走上领导岗位。举办各类培训班7期，参训民警228人次，受训面为76%。全年民警加班26万余小时，为群众办好事600多件。

（田广辉）

【强化企业安全检查】 年内，燕山分局组织民警和保卫干部1914人次，对397个生产要害部门、重点部位及其他部位9000余处进行11次安全检查，发现并解决各种不安全隐患80处，填发《隐患通知书》和《违规通知书》30份，处罚不落实《企业治安保卫责任制》的单位4个、责任人16名，罚款16670元。

（田广辉）

【完成改革劳动合同制安全保卫工作】 年内，燕山分局针对燕化公司在职工中实行协议解除劳动合同的改革措施引起部分人思想波动的情况，组织民警深入车间，及时掌握职工思想动态；加强政策法律知识教育，化解职工抵触情绪；加强重点单位和重点部位的检查控制和情报信息工作，对闹事苗头，作到早发现、早处置、早化解，保证了企业改革和生产的顺利进行。

（田广辉）

【实行巡逻工作改革】 年内，燕山分局改革巡逻工作体制。巡察执法队更名为巡警队并设立2个责任区巡警队，控制燕山地区9条主要大街及辐射地区；建立5支由24名派出所民警组成的派出所巡逻队，对各辖区内巡警控制区外的地区实行控制，严密了社会面的管理。

（田广辉）

【消防工作成绩显著】 年内，燕山分局加强消防监督检查工作。开展消防安全宣传活动4次，发放宣传材料2万份，召开消防工作会3次；开展消防大检查8次，检查单位942次，发现并消除消防违章和消防隐患673件，实施消防处罚201起；在5个街道建立1200余人参加的老年义务防火团。全年接火警32起，发生火灾1起，比上年减少95%，未发生火灾死亡事故；火灾损失500元，比上年下降99%。

（田广辉）

【限养工作成绩显著】 年内，燕山地区由重点限养区调整为一般限养区，燕山分局加大检查执法力度，加强调查摸底和有关法律法规宣传，集中重点整顿，以教育促执法，以执法促登记，以检查促执行。全年办理养犬登记656条，比上年增长549.5%；注册93条，处罚违章犬20条；收费783260元，比上年增长226.4%。

（田广辉）

【利用网上比对查询“法轮功”人员】 年内，燕山分局对一些不讲真实姓名和住址的“法轮功”顽固分子开展上网查询比对工作，经查询确定了6名“法轮功”人员的真实身份。

（田广辉）

【开展冬季严打压发案专项斗争】 2000年12月至2001年3月，燕山分局开展了以入室盗窃、盗窃机动车和盗窃企业生产物资为打击重点，以迎风地区为整治重点的“冬季严打压发案”专项斗争。共出动警力2834人次，开展集中清理整治行动26次，破获各类刑事案件116起，比上年增加118.8%，抓获犯罪嫌疑人41名，抓获网上逃犯2名，收缴赃款赃物总价值21.2万元；查处治安案件72起，清理“三无”人员29名。

（田广辉）

【开展治安集中整治行动】 6月1日至8月30日，燕山分局开展了为期3个月、以迎风地区、外来人口聚集区、文化娱乐场所、内保单位和沿街门店、农贸市场、居民生活区为整治重点的治安集中整治行动。期间立刑事案件58起，比上年下降54.7%；破案94起，比上年增加67.8%；抓获犯罪嫌疑人37名；查处治安案件46起，查结率为94%；查获卖淫嫖娼人员12名，收缴盗版光盘6511张。

（田广辉）

案 例 举 要

【破获一起抢劫杀人案】 4月1日下午5时，燕山分局接报案称：事主于迎革（女，32岁，住东风羊耳峪里）被2名歹徒抢走美金1500元、港币17000元并被人用铁丝和手机充电器电线勒死。接警后，分局立即组成专案组，经过缜密侦查，确定本地无业吸毒人员樊华（男，33岁，住迎风北庄南里）、赵大庆（男，32岁，住燕化星城健德四里）有重大作案嫌疑。侦查员转战北京、河北、广东、广西4省市，于4月10日凌晨4时在广西东兴市北部湾大酒店将准备越境外逃的犯罪嫌疑人樊华、赵大庆抓获。二人对抢劫杀害于迎革的犯罪事实供认不讳。2002年5月16日，北京市高级人民法院依法判处樊华、赵大庆死刑。

（田广辉）

【破获2起蒙面持刀抢劫案】 11月5日22时许，事主谭某在燕山东风铁路桥上被3名蒙面持刀男子抢走现金11元。11月10日，事主侯某被3名男子以同样手段抢走诺基亚5110手机1部和东方明珠BP机1台。案发后，燕山分局经连续摸排，于22日凌晨2时将犯罪嫌疑人刘宇峰（男，20岁，无业，房山区城关定府辛庄人）抓获。经工作，刘交代11月5日伙同曲林（男，20岁，无业，住房山区新镇东平街）、吴国梁（男，20岁，无业，住房山区新镇原新街）及10日伙同曲林、王蕾（男，20岁，无业，房山区新镇人）在燕山东风铁路桥连续蒙面持刀抢劫2起的犯罪事实。侦查员于22日凌晨5时许将犯罪嫌疑人曲林、吴国梁抓获，并起获做案用水果刀3把和蒙面用毛线帽子2顶，王蕾于23日到刑侦大队自首。经讯问，4人对两次持刀抢劫的犯罪事实供认不讳。12月27日，刘宇峰、曲林、吴国梁、王蕾被房山区人民检察院批准逮捕。2002年4月25日，房山区人民法院依法判处曲林有期徒刑10年，剥夺政治权利2年，并处罚金人民币15000元；判处刘宇峰、王蕾有期徒刑4年，并处罚金人民币5000元；判处吴国梁有期徒刑3年，缓刑4年，并处罚金人民币5000元。

（田广辉）

【侦破一起特大盗窃案】 11月26日上午11时许，燕山分局刑侦大队接燕化公司化学品事业部库房被盗，丢失美国进口轴承和柴汽机油等总价值约20万元物品的报案后，经侦查在燕山向阳地区双山废品收购站发现了部分被盗物品。根据该收购站经理张玉生（男，37岁，河北涿州人）提供的线索，侦查员在犯罪嫌疑人销赃的房山城关和河北徐水等地起获了总价值19万余元的柴汽机油93箱及部分被盗美国进口轴承等物，并于11月27日上午10时经蹲守，在双山废品收购站将犯罪嫌疑人杨希忠（男，32岁）、杨希伟（男，29 岁，均为河南省确山县农民）抓获，2 人供述了盗窃轴承、机油等价值 20 余万元物品的犯罪事实。12 月 30 日，犯罪嫌疑人张玉生、杨希忠、杨希伟被房山区人民检察院批准逮捕。2002 年 4 月 29 日，房山区人民法院依法判处杨希忠、杨希伟有期徒刑 9 年，剥夺政治权利 1 年，并处罚金人民币 5000 元；判处张玉生有期徒刑 6 个月，并处罚金人民币 30000 元。

（田广辉）

燕山分局 2001 年领导名录

职　务	姓　名	任　职　时　间
分局长	田爱军	2000 年 10 月—
政　委	梁建勋	2000 年 10 月—
副分局长	贾奎生	1995 年 5 月—
副分局长	刘志刚	1999 年 1 月—
副分局长	刘永巍	2001 年 3 月—

清　河　分　局

【概　况】 2001 年，清河分局以保稳定、保平安为工作主线，坚持标本兼治，“打防控”一体化的工作方针，确保了辖区监狱改造秩序的正常进行。年内，深入开展了“打黑除恶”、“清案会战”、“追逃”等专项行动，对重、特大案件及重点逃犯挂牌督捕。全年共破获各类案件 112 起，查处各类违法犯罪嫌疑人 149 名，抓获逃犯 2 名；打掉了以郝其元、刘德新为首的盗割电力线犯罪团伙。加强治安巡逻，防止外地“法轮功”人员在接见日等重点时间滋事；妥善处理了 3 次预谋在“全国人大、全国政协会议”和“党的十五届六中全会”期间进京上访的群体性事件；监所管理连续 15 年未发生在押犯脱逃、自杀等事故。坚持政治建警、质量建警、依法治警，深入学习、贯彻落实《公安机关人民警察内务条令》。开展岗位练兵和文体活动，加强教育培训，提高队伍的综合素质。

（王海涛）

【河东探组被评为市级“青年文明号”】 年内，清河分局刑警大队河东探组认真贯彻市局部署，深入开展“严打”整治斗争和抓逃等专项战役，取得了良好的战绩，被团市委和市局命名为市级“青年文明号”。

（王海涛）

【在市局警体运动会上获得优异成绩】 年内，清河分局参加了市局第十二届警体运动会丙组比赛，获得拔河、广播操、篮球 3 项第一，总分第二的成绩。

（王海涛）

【分局团支部连续四年获红旗团组织】 年内，清河分局团支部充分发挥青年突击队作用，组织团员青年开展了一系列有意义的教育活动，连续四年被市局评为红旗团组织。

（王海涛）

【吃水难问题得到解决】 年内，清河分局投资80万元，打成一眼深度500米的机井。结束了43年用水困难的历史。

（王海涛）

【看守所召开在押人员坦白检举动员大会】 5月9日，清河分局召开在押人员坦白检举动员大会。教育鼓励在押人员认清形势，揭发检举犯罪线索，争取从宽处理。116名在押犯人参加了会议。340人次坦白检举违法线索11件。

（王海涛）

【圆满完成派出所业务培训工作】 7月，清河分局开展了派出所民警的业务培训工作。通过培训，民警的业务水平得到提高，全部掌握了公安网查询方法。

（王海涛）

案 例 举 要

【打掉一专门盗割高架裸铝线的犯罪团伙】 4月16日，清河分局刑侦大队将涉嫌盗割高架裸铝线的犯罪团伙成员刘德新（男，46岁，河北南皮县人）、郝其元（男，49岁，山东省无棣县人）、高泽通（男，56岁，河北省人）抓获。经审查，2001年1月至2月间，郝其元、刘德新、高泽通在北京市清河农场地区作案6起，盗割高架裸铝线7500米，价值人民币21450元。7月6日，北京市第一中级人民法院以破坏电力设备罪，分别判处刘德新、郝其元、高泽通有期徒刑4年。

（王海涛）

【架网智擒“四眼猫”】 9月18日上午9时，北京市清河农场五科西街8号楼居民范某家被歹徒砸锁踹门入室盗走人民币6000元。清河分局刑侦大队经侦查于11月8日夜，在天津市塘沽区中心网吧将正在上网的案犯王文彬（绰号“四眼猫”，男，19号，无业，曾因盗窃3次被处理）抓获，王对9月18日入室盗窃犯罪事实供认不讳。2002年2月27日，北京市第一中级人民法院依法判处王文彬有期徒刑2年，罚金2000元。

（王海涛）

清河分局2001年领导名录

职　务	姓　名	任职时间
分局长	朱长友	1996年8月—
政　委	倪春生	1996年8月—
副分局长	唐东风	1996年8月—
副分局长	何　靖	2001年3月—

怀柔县公安局

【概　况】 2001年，怀柔县公安局以深化改革、科技强警为主线，以“严打”整治为契机，狠抓各项公安保卫工作的落实。在开展“严打”整治的同时，开展了“破案抓逃”、“打黑除恶”、“治爆缉枪”、“打抢劫”等专项斗争，有效地遏制了违法犯罪活动。全年共破获各类刑事案件402起，破案率为53.95%，与上年相比提高13.75%。抓获犯罪嫌疑人531名。打掉犯罪团伙55个，抓获团伙成员241名。收缴汽车、摩托车63辆，收缴赃款赃物总价值519.76万元。做好基层基础工作和外来人口管理工作，加大清理整顿力度，完成换发《暂住证》工作，外来人口管理站建站率达100%。加强对文化娱乐服务场所清理整治工作，净化社会环境。狠抓要害部门和重点单位内部安全保卫责任制落实，与633个单位签订治安保卫责任书，发现和解决各类不安全隐患284件，发隐患通知书61份。采取有效措施，妥善处置群体上访178批，3876人次。开展对“法轮功”邪教组织斗争，形成良好地“打防控转”局面。加快科技强警步伐，完成“110”指挥中心扩建工程，建立交巡指挥中心和电子警察监控系统。加强旅游景点安全保卫工作，确保了全县24个旅游景点630万游客的安全。档案工作跨入市一级管理行列。完成13册、80余万字的怀柔公安史志资料编印成书工作。以规范化建设为目标，提高办案质量，全年未发生冤假错案。加大对违法违纪案件的查处力度，处理民警违法违纪案件2起2人。举办民警培训班10期，受训民警259人。年内，大专以上学历的民警达到545人，占县局民警总人数的74.8%。取得全国计算机一级B证书的民警累计达到375人，占在编民警的50.5%。全年民警共为群众办好事、办实事2340件，收到锦旗、牌匾、表扬信87面（封）。

（葛浩生　孟繁海）

【强化外来人口管理工作】 年内，怀柔县公安局加大对外来人口清查力度，共检查出租房屋42073户（次）、154185间，施工工地806个，内部单位2508个，旅店招待所943个，各类市场251次（处），餐馆、酒吧、歌舞厅、洗浴中心1052次（处），其他复杂场所187处。审查外来人口114905人次，收容“三无”人员796名，处罚违法出租房主6人，完成换发新型《暂住证》工作，共换发《暂住证》25048个。外来人口管理站建站率达到100%。

（葛浩生　孟繁海）

【信访工作成绩突出】 年内，怀柔县公安局加大信访工作力度，先后制定7项制度，规范了信访工作程序。全年共受理人民群众来信来访来电915件（次），信访结办率达到100%。经群众举报处理各类违法犯罪人员50名，为群众挽回经济损失9.6万元，解决了16件重点疑难信访，排除闹事苗头6件。

（葛浩生　孟繁海）

【实行领导挂牌督战全力压发案】 年内，怀柔县公安局针对怀柔镇地区刑事案件发案居高不下的形势，实行领导挂牌督战、层层签订责任书、按期进行考核、严格落实奖惩等工作措施，全力压发案，使怀柔镇地区刑事发案比上年下降了4.6%。

（葛浩生 孟繁海）

【清理整治文化娱乐服务场所】 年内，怀柔县公安局对歌舞厅、美容美发店、桑拿按摩等场所进行了60次专项整治，清理整顿娱乐服务场所3100家（次），查获卖淫嫖娼人员67名，赌博人员361名，取缔违法经营场所20家，有效地净化了社会环境。

（葛浩生 孟繁海）

【继续开展同“法轮功”邪教组织的斗争】 年内，怀柔县公安局坚持“以转固控、以转促揭、以转促打”的工作方针，捣毁“法轮功”窝点5个，收缴“法轮功”宣传品33379件及用于非法活动的物品29台（件）。举办县乡两级转化班112期，转化“法轮功”人员473名。

（葛浩生 孟繁海）

【加大交巡执法力度见成效】 年内，怀柔县公安局会同有关部门严格道路交通管理。全年发生交通事故2253起，比上年下降2.6%，死亡46人，比上年下降23.3%。纠正交通违章10.5万人次，罚款349.05万元，暂扣车辆3567辆，暂扣证照1848件；清拖车辆1433辆。通过巡逻盘查破获刑事案件60起，查处治安案件270起，查获被盗汽车22辆，摩托车12辆，挽回经济损失120.89万元。

（葛浩生 孟繁海）

【推进科技创安，建立安全防范机制】 年内，怀柔县公安局统一新建居民小区技防建设标准，坚持技防设施与整体建筑同设计、同建审、同施工、同验收制度，并加紧对旧居民小区的技防设施进行更新改造。全年完成5个居民小区和2个平房大院的技防改造。全县新安装电视监控系统33个，红外电子防盗报警系统112个，电子巡更系统2个，楼宇（可视）对讲系统52个。

（葛浩生 孟繁海）

【杨宋派出所被定为公安部联系单位】 年内，怀柔县公安局杨宋派出所在“严打”整治斗争中，主动争取镇党委、政府及有关部门的支持，不断强化镇治安联防、治保组织建设。8月份筹措资金100万元在辖区内安装了报警平台，设置了电子探头，构筑起安全屏障，全年辖区内未发生一起刑事案件。12月13日，被公安部定为部领导联系指导单位。

（葛浩生 孟繁海）

【公安理论研究取得优异成绩】 年初，怀柔县公安局确定了8个调研课题，对新形势下公安工作的新情况、新问题进行研究探索。其中7篇调研报告被公安部、市局等部门刊用，4篇被县政府《领导参阅》刊用。年底怀柔县公安局将调研文章汇编成册，下发至各科队所以指导工作，收到了很好的效果。

（葛浩生 孟繁海）

【开展“治爆缉枪”专项斗争】 4月26日至9月底，怀柔县公安局坚持“严打、严治、严查、严管、严防”的原则，深入开展“治爆缉枪”专项斗争，共收缴社会上散存的炸药162.2公斤，导火索490.4米，雷管166支，氯酸钾200克，收缴各类枪支35支，子弹953发，查处涉爆、涉枪人员32名。

（葛浩生 孟繁海）

【严格规范爆炸物品管理】 4月27日至8月底，怀柔县公安局对全县22家爆炸物品储存库进行检查，依法提出了重建和撤销的意见。16家经过重建、改建达到安全标准，6家被撤销。在全县建立民用爆炸物品管理站5个，对74家使用单位的爆炸物品实行集中管理，统一规范，堵塞了由于私存滥放造成的管理上的漏洞。

（葛浩生 孟繁海）

【交巡大队指挥中心正式开通使用】 8月22日，怀柔县公安局投资600万元建设的交巡指挥中心正式开通使用。中心设有24个电视显示屏和一个3×4米大影屏，“电子警察”可监视31个重点路口。初步实现了交通指挥现代化。

（葛浩生　孟繁海）

【完成“110”指挥中心重建工程】　11月15日，怀柔县公安局“110”指挥中心重建工程竣工并投入使用。该中心面积198平方米，设4条“110”报警专线，配备了32个电视显示屏及120英寸大影屏，可监控县城32个主要路口并进行跟踪录像。

（葛浩生　孟繁海）

案　例　举　要

【打掉一盗窃机动车团伙】　4月16日，怀柔县公安局刑侦大队根据举报，将正在销赃的犯罪嫌疑人贾海云（男，31岁，内蒙古开鲁县人）、石宽（男，36岁，河北省沽源县人）抓获，当场收缴桑塔纳轿车一辆。根据二人交待，又将委托出售赃车的犯罪嫌疑人赵金宝（男，36岁，河北省人）抓获。赵交待了4月14日伙同李建民（男，35岁）、王海军（男，31岁，均为河北人）在朝阳区来广营乡清河营村以租车为名诱骗出租汽车司机吴某驾驶桑塔纳轿车行至昌平区劫车杀人的犯罪事实。侦查人员继续扩大线索，迫使贾、石二人陆续交待了自2000年4月至2001年4月伙同郑建利（男，河北沽源县人）、赵金飞（男，河北沽源县人）、丁广尧（男，现在押）等13人，在怀柔县城周边地区连续作案17起，盗窃微型面包车、农用车18辆、摩托车2辆的犯罪事实，抓获7名团伙成员。

（葛浩生　孟繁海）

【破获一撬盗保险柜团伙案】　9月28日，怀柔县公安局破获“河南信阳帮”撬盗保险柜团伙案。经查，2001年4月至9月间，犯罪嫌疑人杨明洲（男，32岁，河南省信阳市人）伙同其同乡张从刚（男，31岁）、杨玉章（男，31岁）、杨长浩（男，32岁）、汪大森（男，27岁）等人，连续在怀柔慕田峪长城游览区、红螺寺、九渡河镇政府等17个机关、企事业单位的财会室撬盗保险柜30余个，窃得人民币29万元及高档烟、酒、服装、首饰、手机等价值2.5万元的物品。

（葛浩生　孟繁海）

怀柔县公安局2001年领导名录

职　务	姓　名	任　职　时　间
县局长	许克嘉	2000年4月—
政　委	丁增进	1999年12月—
副县局长	李兰祥	1998年8月—
副县局长	孙长杰	2000年10月—
副县局长	齐志林	1992年7月—
副县局长	崔建祥	2000年8月—
副县局长	刘子民	1997年10月—
副县局长	张卫兵	1999年1月—

密云县公安局

【概　况】 2001年，密云县公安局以严打整治为龙头，以队伍规范化建设为主线，结合辖区特点，开展各项安全保卫工作。年内共破获各类刑事案件672起，比上年增加110%，破案率55.2%，比上年提高28.2%。全年抓获犯罪嫌疑人819名，其中负案在逃犯79名；打掉各类犯罪团伙37个，抓获团伙犯罪成员120人，收缴赃款赃物总价值700余万元。年内共查破“法轮功”案件48起，端掉“法轮功”窝点6个，打掉“法轮功”团伙5个，收缴各类“法轮功”宣传品10863件。加大水库地区的治安整治工作力度，全年组织集中统一行动78次，出动警力7295人次，收缴“黑船”64条，处罚“黑马拉客”20起36人，打掉卖淫嫖娼窝点8个，查处卖淫嫖娼人员30名，查获淫秽光盘126张，有效地维护了水库周边和全县旅游景区的治安秩序。3月，在公安部召开的旅游保卫工作总结表彰大会上，密云县公安局被评为全国旅游保卫先进单位。继续开展创建“平安大道”和“畅通工程”活动，全年共组织开展交通整治75次，纠正违章23万余起，查获非司机驾驶150人，抓获现行违法犯罪嫌疑人110名。加大消防监督检查力度，对95个重点防火单位和103个一般防火单位检查512次，防止了重特大火灾事故的发生。年内，35个建制单位用于规范化建设的资金达200余万元。纪检监察部门围绕中心工作开展警务督察，共出动警力400余人次，发现问题370余件次；年内受理人民来信来访472件，“110”投诉14件，结办率100%。在争创全国优秀县局活动中，广泛征求社会各界意见和建议并认真整改，县人大代表在评议中对整改满意率达到了97.6%

（田立文　张贺银）

【城关地区打防控工作见成效】 年内，密云县公安局针对城关地区刑事案件发案高的形势，制定了《城关地区打防控立体防范控制工作方案》，将该地区分为派出所、交巡大队、刑侦大队三个主控区，集中警力75人开展工作。使该地区发案由上年的713起下降到615起，下降了13.7%。

（聂　焱　孙　勇）

【强化外来人口管理】 年内，密云县公安局加大外来人口和出租房屋管理力度，对14900名外来人口和771户出租房屋实行计算机管理，换发《暂住证》10033个，发函调查9125人，从中获取犯罪线索13件，抓获在逃人员8名。

（任清福　张贺银）

【清理核实上年刑事案件数据】 年内，密云县公安局对上年刑事案件基础台帐进行了全面清理核实。根据清理结果，县局及时制定并印发了《关于加强刑事、治安案件立案统计工作意见》，有效地解决了立案不实问题。

（聂　焱　王宣民）

【新建办公大楼和看守所竣工】 年内，密云县公安局筹集资金5000余万元，新建了建筑面积均为8300平方米的县局办公大楼和看守所并投入使用。

（郭成军　张德强）

【指挥中心建成并投入使用】 年内，密云县公安局指挥中心建成并投入使用。中心总面积118平方米，备有先进的电视监控系统、通信报警系统及备用供电设施。至年底通过中心监控查询，破获交通事故逃逸案件5起，抓获交通肇事犯罪嫌疑人5名。

（王明江 张贺银）

【科技“创安”步伐加快】 年内，在密云县公安局协调指导下，密云镇李各庄村、东菜园小区安装了闭路电视监控设备，白檀新村安装了楼宇对讲设备。同时积极争取为农村信用社、建行等金融单位改造了相关设备，购置了10部专用运钞车。

（任清福 张贺银）

【编印《规范化管理制度汇编》】 年内，密云县公安局组织专门人员编印了《规范化管理制度汇编》一书，下发到基层民警人手一册，并树立6个所站为标杆单位，以点带面，推动了民警队伍规范化建设

（张天利 张贺银）

【开展打击盗窃自行车专项行动】 年内，密云县公安局深入开展打击盗窃自行车专项行动，共破获盗窃自行车案件83起，查获违法犯罪人员53人，打掉盗窃团伙2个8人；收缴被盗、无牌照自行车509辆，发还被盗自行车227辆。

（陈广利 聂 焱）

【保证办案质量，提高执法水平】 年内，密云县公安局法制部门运用法律武器依法办案，充分发挥了职能作用。对刑事犯罪嫌疑人的案卷逐卷审核把关。特别在严厉打击“法轮功”邪教组织斗争中，作到审核案件事实清楚，证据确凿，定性准确，未有久押未决或超期羁押的现象

（杨友杰 张贺银）

【加强对外宣传工作】 年内，密云县公安局围绕“严打”整治和队伍建设等中心工作，加大对外宣传工作力度。全年被中央电视台、北京电视台等市级以上新闻媒体采用稿件105篇，被县级新闻媒体采用稿件118篇。

（王蕴涛 张贺银）

【开展“治爆缉枪”行动】 年内，密云县公安局开展“治爆缉枪”专项行动，共收缴枪支92支，子弹420发，炸药92公斤，雷管674个，导火索582米，处理有关人员31人。

（聂 焱 陈广利）

【加强旅馆业微机登记管理】 年内，密云县公安局开展网上动态控制旅店临时住宿人员工作，由派出所牵头，各旅馆分片联合购买计算机，确保了上网比对工作的及时开展。截止年底，全县有155家旅馆配置了旅客户口登记计算机管理系统，占全县旅馆总数的83.3%。

（陈广利 张贺银）

【“严打”整治战果显著】 自4月份开展“严打”至年底，密云县公安局共破获各类刑事案件504起，抓获犯罪嫌疑人343名，其中抓获逃犯67名，打掉犯罪团伙31个，抓获涉案成员111名，收缴彩电50台，摩托车138辆。

（聂 焱 王迎武）

【集中整治学校及周边治安秩序】 4月份，密云县公安局对辖区103所中小学校及周边进行了集中整治。出动民警及其他力量330人次，检查重点部位1691处，发隐患通知书20份，取缔无照摊位16个，查抄路边台球桌3个，破获各类侵害师生人身、财产安全的案件5起，抓获违法人员6名。

（聂 焱 刘占林）

案例举要

【打掉一非法复印、制作“法轮功”宣传品团伙】 3月15日12时30分，群众举报：密云县光飞牌匾装璜部有一妇女正在复印“法轮功”宣传品。县公安局接报后，立即出警，当场将复印“法轮功”宣传品的“法轮功”骨干何桂兰（女，57岁，市水产局退休工人）抓获。经对何的居所依法搜查，查获高音电喇叭、定时播放器两套，“法轮大法好”等标语喷字模具44个和“法轮功”

宣传品13种1410份及“法轮功”书籍、录音带等物品。根据何桂兰和其丈夫李绍忠(男，62岁)的交待，又先后抓获了崔仕香(女，47岁，密云县文物局工作，原“法轮功”辅导员)等14名法轮功人员，查获了理光FT4027型复印机一台等作案工具及手抄经文等大量非法宣传品。4月21日，何桂兰被逮捕，密云县法院判处其有期徒刑7年。4月26日，经北京市劳动教养委员会批准，李绍忠、崔仕香被劳动教养1年。

(任光辉　张贺银)

【破获系列抢劫杀人抛尸案】 3月30日、4月3日，密云县巨各庄镇沙厂村南山一废弃矿井内和沙厂水库灌溉渠章子峪段先后发现两具女尸。经勘查，两尸系他杀。县公安局经工作，查明死者分别为刘玉芝、赵秀丽，并于4月18日下午4时许，将杀害刘玉芝、赵秀丽的犯罪嫌疑人杨立明(男，38岁，密云县巨各庄镇前焦家务村人)、任荣祥(女，化名任小雪，密云县溪翁庄镇走马庄人)抓获。并在其暂住地搜出手机3部、首饰3件、现金1.3万余元等赃物赃款和假身份证1张。至此，“3·30”、“4·03”抢劫杀人抛尸案告破。经突审，杨、任对抢劫杀人抛尸的犯罪事实供认不讳。2002年3月12日，北京市高级法院判处杨立明、任荣祥死刑，剥夺政治权利终身。

(聂　焱　杨振宇)

密云县公安局2001年领导名录

职　务	姓　名	任　职　时　间
县局长	李晓奇	2000年4月—
副县局长	马德朝	1985年8月—
副县局长	周宗明	2000年8月—
副县局长	王印生	1998年11月—
副县局长	田长丰	1998年11月—
副县局长	何跃先	1999年2月—
副县局长	吴长城	1998年8月—2001年5月(调公共交通分局任职)

平谷县公安局

【概　况】 2001年，平谷县公安局把维护政治稳定和社会安定作为首要任务，积极有效地遏制“法轮功”邪教组织的活动，深入开展“严打”整治斗争。全年共破获刑事案件660起，抓获各类犯罪嫌疑人721名；打掉各类犯罪团伙46个，抓获团伙成员179

名；抓获负案在逃人员96名，其中督捕逃犯9名。破获经济案件255起，收缴追回赃款、赃物折合人民币476.3万元。持续开展清理整顿文化娱乐场所和"治爆缉枪"专项斗争。查获卖淫嫖娼人员105名，收缴淫秽光盘378张；查处治安案件1132起，处理违法人员1539名；收缴各类枪（含仿真枪）266支，收缴炸药281.75公斤，雷管1342支，导火索2129.2米。建立健全打防控一体化长效机制，进一步增强了社会治安防范能力，建立和完善了以派出所为主体的三级治安巡逻网络，推动了社区创安工作的开展。交通管理工作继续以"压事故，保畅通"为目标，加大对农用机动车、摩托车、小公共汽车的专项治理和对酒后开车、非司机开车等严重违章行为的查处力度。积极开展创建"平安大道"和"平安大街"活动。坚持"预防为主，防消结合"的工作方针，开展了消防安全大检查，确保了全县无重大火灾事故的发生。落实《派出所工作规范》，进一步加强基层基础工作，通过开展达标活动，全县19个户籍派出所全部建立了统一规范的基础台帐。狠抓执法考评、监督、服务，出台了《平谷县公安局刑事案件审批制度规定》、《平谷县公安局内部执法质量考评办法》及《平谷县公安局行政执法责任制》等一系列规范性文件，进一步规范了执法办案民警的执法行为。年内，举办各类脱产培训班9期，培训民警680余人次；举办新任领导干部培训班，参训科、队、所领导达83人。

（王彩虹　王　华）

【清理整顿文化娱乐场所】 年内，平谷县公安局出动警力360人次，对全县279家歌舞厅、录像厅、洗浴中心和美容美发场所进行清理整顿，共收缴按摩床13张，淫秽及盗版光盘2870张，录音带5600盒，电脑设备17套，处理违法犯罪人员19名，取缔无照经营的美容美发厅、桑拿室26家。

（王彩虹　王　华）

【开展同"法轮功"邪教组织的斗争】 年内，平谷县公安局查获"法轮功"犯罪嫌疑人56名，摧毁"法轮功"地下团伙4个，捣毁印制窝点6个，收缴"法轮功"宣传材料1万余份，音像制品251盘，印刷播放设备17台。共举办"法轮功"人员转化班90期，教育转化"法轮功"人员301名。实现了重要敏感日平谷县"法轮功"人员进京滋事"零"的指标。

（王彩虹　王　华）

【加强城关地区巡逻控制工作】 年内，平谷县公安局对城关地区的巡逻控制工作进行了改革，改革后城关地区的巡逻控制工作由交巡大队和城关、兴谷、滨河3个派出所共同负责，共配置各种力量87名。通过全面布控，落实责任，实现了城关地区刑事、治安发案稳中有降的目标。全年，共立刑事案件542起，比上年下降了24.8%。

（王彩虹　王　华）

【"严打"斗争取得显著成效】 4月12日至年底，平谷县公安局深入开展"严打"斗争，共破获各类刑事案件536起，抓获犯罪嫌疑人483名，其中网上逃犯79名；打掉团伙35个，抓获团伙成员145名；追缴赃款赃物折合人民币266万余元；追缴机动车43辆。

（王彩虹　王　华）

【确保"五一"黄金周各景区秩序良好】 "五一"黄金周期间，平谷丫髻山庙会、金海湖、大峡谷等景区共迎来游客4万余人，平谷县公安局出动警力980余人次，社会辅助力量780余人次，落实各项安保措施，确保了各重点旅游景区的治安秩序良好。

（王彩虹　王　华）

【加大大桃市场治安整治力度】 7月2日，遵照县委、县政府的指示精神，平谷县公安局抽调20名民警临时组建了大桃市场管理办公室，全力配合有关部门，加大市场整治力度，严厉打击欺行霸市、强买强卖和其他扰乱市场秩序的违法犯罪分子，确保了大桃交易高峰期的市场秩序。

（王彩虹　王　华）

【召开巡逻工作改革暨规范化达标现场会】 8月9日，市局在平谷县公安局召开“巡逻工作改革暨规范化达标现场会”。公安部三局局长杨奇、市局副局长刘绍武等领导到会讲话，并向平谷县公安局交巡大队直属队等5个单位和昌平巡察支队执法一队颁发了“达标警队”标牌。与会领导和同志们还参观了平谷县公安局交巡大队规范达标情况，观摩了快速出警和盘查堵截等实战演练表演。

（王彩虹　王　华）

【打掉4个“法轮功”地下组织团伙】 10月21日，平谷县公安局将“法轮功”骨干人员王某某抓获。据王交代该团伙由当地及顺义区8个乡镇的20名地下骨干组成，其团伙组织严密、分工明确。此案案情复杂、涉案人员多，县局制定了专门的侦破方案，经工作抓获“法轮功”骨干10人，打掉团伙4个，收缴大批“法轮功”宣传品和机器设备。

（王彩虹　王　华）

案例举要

【破获利用伪造爆炸装置进行敲诈勒索案】 1月28日8时45分，平谷县公安局接到渔阳酒店董事长李国臣报案称：8时30分许，接到一男青年委托该酒店女服务员转交的一封匿名信和一份纸包的礼物，信中称纸包中装有自动爆炸装置，要李准备好人民币210万元，于当日14时30分送到人民公园歌舞厅中，否则将炸毁其家及酒店。接报后，县公安局会同市局有关部门赶赴现场处置，查明该爆炸装置为伪造爆炸装置。经过周密部署，于当日15时将前去公园取钱的犯罪嫌疑人刘建友（男，20岁，峪口镇大官庄人）抓获。7月11日，平谷县人民法院以敲诈罪判处刘建友有期徒刑5年。

（王彩虹　王　华）

【破获特大系列街头抢劫案】 2月27日16时许，3名男青年在平谷县城渔阳酒店租乘艾广学（男，45岁）驾驶的“面的”出租车行至大旺务检查站南侧时，持菜刀和仿真“打火机手枪”对艾广学进行威胁殴打并抢走300元现金和一部手机后逃走。接到报案后，平谷县公安局大旺务检查站和河北省三河市灵山检查站相互配合，将3名犯罪嫌疑人曹国玺（男，20岁）、刘艳辉（男，19岁）、姚少武（男，18岁，均为黑龙江省人）抓获。经审查，曹等人交代了用菜刀、仿真“打火机手枪”对出租汽车司机、行人采用威胁、殴打等手段，先后在平谷、顺义、朝阳等地抢劫作案10起，共抢劫手机4部、BP机2个，现金6000余元的犯罪事实。11月3日，平谷县人民法院以抢劫罪判处曹国玺、刘艳辉、姚少武有期徒刑13年。

（王彩虹　王　华）

平谷县公安局2001年领导名录

职　　务	姓　　名	任职时间
县局长	武延年	2000年4月—
政　　委	李术兰（女）	1999年12月—
副县局长	李茂林	1989年1月—

职务	姓名	任职时间
副县局长	徐殿豹	1992年6月—
副县局长	晏志林	1996年12月—
副县局长	艾长庚	1996年12月—
副县局长	王连合	1999年1月—

延庆县公安局

【概　况】 2001年，延庆县公安局以全力维护首都政治稳定为首要任务，继续严厉打击控制“法轮功”邪教组织的活动，深入开展“严打”整治专项斗争。全年共查破“法轮功”案件18起，端掉窝点5处。破获刑事案件665起。年内，共查处各类违反治安管理案件1308起，比上年上升1.4倍，处理各类违反治安管理人员2097名，比上年上升1.6倍。收缴火猎枪122支，仿真枪19支，子弹836发。查获卖淫嫖娼66人，查获赌博人员227人，吸毒人员10人。强化外来人口、出租房屋的管理，全年审查外来人口15646名，清理出租房屋1442户、4318间。加强交巡队伍规范化建设，全县年内共发生交通事故1223起，死亡74人，受伤243人，经济损失128.4万元，同比死、伤人数和经济损失分别上升8.8%、下降21.7%和49.5%。全年共发生火灾事故120起，比上年减少71起，下降37.2%，经济损失下降11.6%。圆满完成3级以上警卫任务184次及第六届冰雪艺术节、第六届消夏避暑节等40余次大型活动的安全保卫工作。继续加强队伍建设，全年，全局民警为群众办好事、实事6300余件，收锦旗99面、表扬信157封，队伍管理实现了“两减一树”的工作目标。

(康利新)

【加强治安工作规范化建设】 年内，延庆县公安局加强治安工作规范化建设，制定各种制度32个。危险物品管理实行一库一档，从业人员持证上岗；规范治安案件审批程序；特种行业100%完备上网系统；派出所全部建立基础台帐。

(康利新)

【看守所被公安部颁布为一级看守所】 年内，延庆看守所在连续两年被评为公安部二级看守所之后，经市局等级评定小组实地进行考察，上报公安部审核，被公安部颁布为一级看守所。

(康利新)

【加大投入，改善装备】 年内，延庆县公安局投入资金3200万元，为一线配备各种警务用车33辆，个人防护器材160件，办公设备730件，确保了规范化建设和“严打”斗争的顺利开展。

(康利新)

【连续开展打击控制“法轮功”邪教活动】 年内，延庆县公安局加大对“法轮功”分子的打击控制力度，端掉窝点5处，依法处理“法轮功”人员。实现了“大运会”和“国庆节”期间“法轮功”人员进京“零指标”。

（康利新）

【完善“110”报警规范化服务】 年内，延庆县公安局“110”报警服务台通过制定规范文件，完善各种规章制度，深入开展规范化服务达标活动。全年接群众报警及求助电话41218个，均及时进行了处理，群众满意率达99%。社会各界来访表扬13人次，电话表扬30余次，赠送锦旗、牌匾10余面。

（康利新）

【健全巡逻机制】 年内，延庆县公安局在全县建立以“110”为枢纽、交巡大队为龙头、刑侦为主力、派出所为依托的夜间巡逻机制。截止年底，通过巡逻抓获现行，破获入室盗窃、抢劫、强奸等刑事案件53起，刑事案件发案得到有效控制。

（康利新）

【全力做好“两节”旅游区安全保卫工作】 年内，延庆县公安局针对“五一”、“十一”黄金周可能出现的情况，制定工作方案，共投入警力348名，协调组织武警、消防官兵和保安人员403名，确保了“两节”期间各旅游区及98.22万游人的安全。

（康利新）

【联合执法查“网吧”】 年内，延庆县公安局联合有关部门对全县的13家“网吧”进行了2次联合执法检查，8家超范围经营的“网吧”被责令停业整顿。

（康利新）

【完成元首级外宾警卫任务8次】 年内，八达岭派出所完成新加坡总统、马来西亚最高元首、摩尔多瓦总理、莱索托首相、卡塔尔首相、巴布亚新几内亚总理、墨西哥总统、秘鲁总统等元首级一级警卫任务8次，确保了绝对安全。

（武　光）

【完成“夏都杯”中国滑水明星赛保卫工作】 6月20日、7月1日，延庆县政府、国家体育局水上中心在延庆妫水湖举办“夏都杯”中国滑水明星赛，2万余人参加了本次活动，延庆县公安局出动警力128名，确保了比赛的顺利进行。

（康利新）

【万里同志到延庆视察】 6月29日上午，万里同志到八达岭地区视察，延庆县公安局出动警力83名，圆满的完成了安全保卫任务。

（康利新）

【完成“2001佛戒杯”北京国际越野挑战赛保卫任务】 10月6、7日，由北京铁人三项协会、共青团北京市委员会、延庆县人民政府举办的“2001佛戒杯”北京国际越野挑战赛在延庆县境内举行。延庆县公安局出动警力150名，确保了比赛的顺利进行。

（康利新）

【完成第二届“康西杯”速度公开赛保卫任务】 10月21日，由延庆县康西草原旅游公司主办，北京马术协会、北京电视台体育频道骑士俱乐部等单位协办的“北京康西草原速度公开赛暨南北业余马术速度精英赛”北方预选赛在康西草原跑马场进行，三千余人参加了此次活动。延庆县公安局出动各种警力50余名，确保了比赛的顺利进行。

（康利新）

【新建看守所投入使用】 11月28日，延庆县公安局投资1150万元新建的占地100亩、建筑面积11288平方米的看守所投入使用。

（康利新）

案 例 举 要

【临危不惧智擒顽凶】 1月27日12时5分，千家店镇南沟村范炳娟家发生爆炸案，千家店派出所民警在驱车赶往现场途中，与犯罪嫌疑人杨建立（男，24岁，延庆县康庄镇东红寺村农民）相遇，当场将其抓获，收缴自制手枪一把（膛内子弹6发），子弹9发，匕首一把，子弹袋一个。经审查，杨对因失恋在南沟村杀死女友范炳娟后，又用200克TNT炸药在范家引爆，造成一死一伤的犯罪事实供认不讳。

（康利新）

【破获系列入室强奸、抢劫案】　2月13日至7月5日，延庆县城及周边地区相继发生7起入室抢劫、强奸案，除两起强奸未遂外事主绝大部分均在遭抢劫时被强奸。县公安局刑侦大队组织力量进行侦破，经工作，于12月2日凌晨，将犯罪嫌疑人卫立成（男，36岁，延庆县永宁镇孔化营村农民，1994年刑满释放人员）抓获。经突审，并抽取卫立成血样作DNA鉴定，迫使其供认了入室强奸、抢劫案件10起（其中包括2001年6起及与延庆县永宁镇农民张宝强共同强奸、抢劫1起）、盗窃13起的犯罪事实。

（康利新）

【破获李凤民特大杀人案】　6月2日夜间，延庆县四海镇大胜岭村天门关村民李尚国（男，54岁，农民）及妻子韩秀兰、侄女韩金玲、外甥女王俊花四人被杀。市局刑事侦查总队重案五支队与延庆县公安局刑侦大队经过缜密工作，确认王俊花的丈夫李凤民（男，36岁，北京市怀柔县九渡河镇东宫村农民）有重大嫌疑。王俊花与李凤民因离婚问题多次打闹，矛盾日趋激烈，案发后李凤民下落不明。6月23日，在大胜岭村天门关水库打捞出李凤民的尸体，经查证证实李凤民系杀人后投水自杀。

（康利新）

延庆县公安局2001年领导名录

职　务	姓　名	任　职　时　间
县局长	王春来	2000年4月—
副县局长	高合宽	1999年12月—
副县局长	张勇军	1999年1月—
副县局长	朱宝贵	1999年1月—
副县局长	李明义	2001年4月—
副县局长	佟　征	2001年4月—

北京市森林公安处

【概　况】　2001年，北京市森林公安系统通过开展“野保绿色行动”、林业“严打”整治斗争和“猎鹰行动”等专项执法活动，加大对破坏森林和野生动物资源的违法犯罪行为的打击力度。年内，共受理案件342起，其中刑事案件45起，治安案件9起，林业行政案件288起。涉及毁林2.66万株，折合立木材积1462立方米。与上年相比，受理案件数量上升15.2%，涉案林木株数下降16.9%、材积上升7.8%。查清处理336起，处理违法单位115个、违法人员257名，追究刑事责任的51人，行政罚款49.19万元，责令补种树木7.2万株。进一步加强了森林防火基础建设。开设防火隔离带368万延长米。新建2个森林防火指挥室、9座防火了望塔、6套电视监控系统。成立了北京市森林消防总队，举办了扑火指挥员培训班。建成护林防火巡查队42支。年内，全市发生一般森林火灾2起，森林火警4起，过火面积153.48公顷，过火率为0.075‰，受害林地面积52.53公顷，直接经济损失41.96万元。与上年相比，一般森林火灾减少3起、火警减少28起。年内，森林公安系统通过各种新闻媒体刊发宣传稿件868篇（条），编发信息183条。开展了“立党为公、执政为民”等教育活动。圆满完成领导干部、民警“三年轮训一遍”的任务，组织了森林防火、法制、信息、计算机等专业技能培训和领导岗位、新警初任、警衔晋升培训共139人次。有1/3的民警具备了计算机一级B类资格。在职民警中大专以上学历的达到49.3%，比上年增加2.8个百分点。为群众做好事176件，照顾孤寡老人189人。进一步加强了装备和基础设施建设。新配备或更新警用车45辆。森林公安派出所全部配备了警械具、办案用具和警用防护器具。18个派出所新建或改（扩）建了办公用房，人均办公用房面积由两年前的14平方米增加到20平方米。

（刘雄鹰）

【专项执法行动取得战绩】 年内，森林公安处先后开展了“野保绿色行动”、林业“严打”整治斗争和“猎鹰行动”，发放宣传材料近4万份，检查整治重点单位329个；共查处案件167起，其中刑事案件25起；查处违法犯罪人员32人，收缴各种野生动物1385多只（条），野生动物制品280多公斤。

（刘雄鹰）

【成立北京市森林消防总队】 年内，经过整合、扩建，北京市森林消防总队正式成立。总队下设10个大队（1个直属大队、9个区县大队），33个中队，消防队员1000名。区县森林消防大队由所在区县森林防火办公室管理为主，实行准军事化管理，非森林防火期保留1/3的骨干。每个中队通过社会招聘队员30人，建立独立的工作和生活用房。年内，专业森林消防队共出动380余队次，扑救山火240余起。

（刘雄鹰）

【发生两起森林火灾】 3月21日19时至22日6时，木城涧矿千军台820井口北坡发生森林火灾。经5支森林消防队、京煤集团公司职工和部队官兵2500余人扑救，12个小时后明火被扑灭。火灾过火面积63.33公顷，其中林地面积31.67公顷，烧毁树木2.37万株，起火原因是人为吸烟造成。4月24日14时至25日20时，密云县雾灵山林场发生森林火灾。7支森林消防队和驻地部队官兵及当地群众1000多人参加扑救。经勘测，火灾过火面积近66公顷，其中有林地面积近26公顷。火灾系当地农民刘克礼（男，47岁，于火灾发生的当日畏罪自缢身亡）在山上挖药材吸烟引起。

（刘雄鹰）

【扩大刑事案件办理权限】 自5月1日起，森林公安处依法管辖《刑法》规定的7种涉及森林和野生动物的刑事案件，并行使全部侦查权。为了适应工作需要，森林公安处制定了森林刑事案件分级管辖、内部执法监督、执法过错责任追究、刑事案件办理、刑事案件备案等规定和制度，进一步强化执法监管工作。

（刘雄鹰）

案 例 举 要

【破获门头沟潭柘寺重大滥伐林木案】 7月16日，门头沟区林业公安处接到关于潭柘寺滥伐林木案件的举报后，经工作抓获犯罪嫌疑人周玉成（男，45岁，门头沟区潭柘寺镇阳坡元村人）、陈四群（男，32岁，河北省行唐县九口子乡南家庄人）。经查：1999年以来周、陈在潭柘寺镇阳坡元村滥伐林木3798株，折合立木材积92立方米。

（董志斌）

【破获一起收购熊掌案】 7月19日晚，根据群众举报，市森林公安处派民警对西客站附近的京城东北菜酒楼非法经营熊掌的情况进行了调查摸底。20日，采取突击检查的方式，在该酒楼查获36只熊掌，并依法将犯罪嫌疑人王连生（男，45岁，黑龙江省牡丹江人）刑事拘留。经审查，王连生交代了从黑龙江省牡丹江非法收购熊掌的犯罪事实。2002年3月，海淀区人民法院依法判处王连生有期徒刑6年，罚金2万元。

（董志斌）

北京市森林公安处2001年领导名录

职 务	姓 名	任 职 时 间
处 长	王增禄	1989年1月—
副处长	孙泊晨	1991年5月—
副处长	宁晋杰	1995年9月—

北京首都国际机场公安分局

【概 况】 2001年，机场分局严格把好空防安全地面关，先后对货运、安检、航空售票、控制区管理等情况进行63次全面检查，处理违反规定人员15名，发现隐患18处；审查处理使用伪造证件的可疑人1418人，处理在飞机上谎称行李内有炸弹、打架等干扰民航飞行的违法违规事件96起；严格落实控制区证件办理审批规定，为提高证件管理的现代化水平，防止使用伪造证件，8月份启用了候机楼内IC卡门禁系统。积极协助外地公安机关遣送“法轮功”人员乘机离京189人次。配合市局遣送外籍“法轮功”人员离境。收缴“法轮功”非法宣传品97份。圆满完成各项警卫任务，共执行一级勤务114次（其中专机92架次），二级勤务956次（其中专机22架次），三级勤务230次（其中专机26次），接送要客18979人次，“两会”代表3000多人次，六中全会代表67个航班201人次，“大运会”贵宾和代表团551批次、7244人次确保了安全。全年共立刑事案件23起，破获19起，抓获犯罪嫌疑人33人。集中整治2号航站楼的治安秩序。查处“黑车”司机250人次，“私揽”司机410

人次；行政拘留68人，罚款4.3万元；收缴淫秽、非法书籍200册、光盘2万余张。帮助旅客查找发还遗失物品3500件。将消防工作落到实处，组织消防检查14次，督促整改了169件隐患。抓交通管理，处罚交通违章13760人次，全年发生交通事故706起，死亡2人。加快了科技强警的步伐，分局指挥中心改造工程顺利竣工。建立了与市局联网的计算机中心和电视电话会议系统，提高了快速反应和应急处置能力。

（冉 岩）

【加大投入，改进装备】 年内，民航总局拨出专款460多万元，为机场分局配备了防爆（暴）车、安检车、勤务车5辆，为了适应新形势下快速处置突发事件的需要，还专门改装了一辆技术先进、功能完备的通讯指挥车。

（冉 岩）

【交巡支队荣获“创建平安大道活动先进集体”称号】 1月15日，机场分局交巡支队在市公安交通管理局召开的表彰大会上荣获“创建平安大道活动先进集体”称号，民警徐长征被评为“创建平安大道活动先进个人”。

（冉 岩）

【公安信息计算机二级查询系统通过验收】 5月15日，机场分局公安信息计算机查询系统通过了由公安部一所、机场集团公司、分局联合组织的验收。该系统包括常住人口查询、车辆查询、驾驶员信息查询、在逃人员查询等6个查询系统。该系统的建成极大地提高了工作效率。

（冉 岩）

【完成“大运会”安全保卫任务】 8月12日至9月4日参加“大运会”的贵宾和代表团抵离京期间，机场分局共出动警力1620人次，安全接送贵宾430人次，代表团551批次，运动员、教练员、官员等6814人次，没有发生刑事案件和治安案件。

（冉 岩）

【举行紧急演练】 9月26日，机场分局举行紧急演练，检验快速反应能力。演练从发出紧急出动指令后，首车9分钟到达现场，12分钟后83名民警、20辆应急车辆全部到达现场，实际检验了快速反应能力。

（冉 岩）

【机场派出所公开竞聘警长】 12月26日，机场派出所进行2002年度警长竞聘工作。以公平、公正、公开为原则，对报名参加竞聘的12名同志进行了业务考核、群众测评、竞聘演讲等综合考评，6名同志当选为警长。

（冉 岩）

案例举要

【破获一起盗窃案】 12月，机场分局刑侦支队破获北京航空食品有限公司配餐物资被盗案件。经查，自1998年以来，犯罪嫌疑人佟志刚（北京航空食品有限公司生产部航机员）和北京碧莹经贸公司为外航飞机做清洁服务的岳辽、董宝山、刘保峰、于广水、尚金明等人勾结，利用回收机上待清洗物品之机，先后盗窃挪威三文鱼切片800余斤及大量洋酒等物，获赃款数万元。

（冉 岩）

北京首都国际机场公安分局2001年领导名录

职务	姓名	任职时间
局长	韩国良	1994年12月—
政委	吕长城	1997年3月—

职 务	姓 名	任 职 时 间
副局长	张广祥	1991年2月—2000年10月（退休）
副局长	王世平	1994年8月—
副局长	张 志	1997年3月—
副局长	杨卫群	1999年3月—

北京海关走私犯罪侦查分局

【概 况】 2001年，北京海关走私犯罪侦查分局加大案件侦办力度，全年共立案侦办涉嫌走私犯罪案件29起，案值9372.39万元，涉嫌偷逃税2879.72万元，抓获犯罪嫌疑人61名，其中网上逃犯5人，侦查终结案件35起，移送起诉49人。协助外地侦查分局办理案件403起，抓获嫌疑人53名。完成了刑事技术处的组建工作。3月，分局被公安部列为基层建设试点单位，分局党组探索建立队伍管理的长效机制，实施目标管理量化考核管理办法，强化了队伍思想建设、作风建设，提高了办案质量和工作效率。公安部授予北京海关走私犯罪侦查分局全国公安机关“三项教育”活动组织工作先进集体奖。

（惠小平）

【严厉打击毒品走私犯罪】 年内，海关总署北京缉毒犬培训基地纳入北京海关走私犯罪侦查分局编制。按照总署下达的任务，基地先后为各口岸海关培训了大批缉毒犬训导员，多次在海关监管现场查获毒品，还配合地方公安机关出色完成缉毒任务。年内，共抓获走私毒品犯罪嫌疑人3名，缴获冰毒2858.9克、鸦片1627.48克、海洛因226.29克。

（惠小平）

【发挥缉私情报职能作用】 年内，海关走私犯罪侦查分局完善情报信息网络，理顺工作运行机制，加强情报资源整合利用，发挥了海关各部门的风险分析信息数据和公安机关业务数据的作用，提高发现走私犯罪活动的能力。对各类举报线索甄别核实后，除本局办案部门使用外，还移交兄弟分局、地方公安部门和国外警方，有效地发挥了情报职能和先导作用。

（惠小平）

【加强法制建设】 年内，海关走私犯罪侦查分局结合办案实践对《分局办案程序规定》进行了修改，确立了刑侦新体制完善了执法监督机制。从加强法制基础工作入手，整理了相关的法律法规和司法解释，以及海关总署侦查局下发执行的有关规定，汇编成《分局法规汇编》第一册。

（惠小平）

【强化监督制约机制】 年内，海关走私犯罪侦查分局认真贯彻落实反腐败抓源头各项工作，进一步分析研究高风险岗位和工作环节容易发生问题的原因和隐患，健全完善各项规章制度和监督制约机制，制定了廉政、纪律“双十不准”，对违反的坚决辞退或开除。年内对一名违反廉政纪律的民警予以辞退处理。同时，通过弘扬正气、大力表彰好人好事，在局内形成廉洁奉公、勇于奉献的良好氛围，涌现出多起民警拒贿、拒收礼品、拒绝宴请的好人好事。

（惠小平）

【侦破多起走私珍贵动物制品案】 3月至4月间，海关走私犯罪侦查分局经过周密部署，破获3起跨国珍贵动物制品走私案，抓获犯罪嫌疑人13名，收缴大量象牙、犀牛角、猎豹皮等物及美国造手枪一支、子弹100发，查扣赃款人民币245万元，美元18.5万元。之后又在首都机场海关旅检现场连续查获6起旅客携带象牙及其制品走私案。

（惠小平）

案　例　举　要

【侦破特大走私普通货物案】 6月26日，海关走私犯罪侦查分局一举破获一起偷逃应缴税额540余万元人民币的特大走私普通货物案，抓获犯罪嫌疑人2名。经查，北京中电智能卡有限责任公司在进口IC卡制造设备时，总经理丁长怀（男，58岁）为偷逃进口环节税，采取包税形式，与广东省汕头市金锋社保发展总公司经理、法人代表林惠江（男，38岁）共谋，采取假合同、假发票低报货物价格的手段走私，共计偷逃税人民币5456524.90元。该案于2002年1月移送检察机关审查起诉。

（惠小平）

【侦破一起跨国走私毒品案】 6月，海关走私犯罪侦查分局在首都国际机场对某航班前往韩国的旅客中，查获两名携带毒品1860.85克的外国人。经工作，犯罪嫌疑人竹林幸四郎（男，72岁，日本人）、李成根（男，54岁，韩国人）供认了从韩国入境，接到毒品后准备向韩国走私的犯罪事实。7月，经分局侦查终结以涉嫌走私毒品罪将2人移送检察院审查起诉。北京市第二中级人民法院以走私毒品罪判处竹林幸四郎无期徒刑。

（惠小平）

北京海关走私犯罪侦查分局2001年领导名录

职　务	姓　名	任职时间
分局长	茹水泉	1999年1月—2001年1月（退休）
分局长	王　永	2001年1月—
政　委	王　永	2000年9月—2001年1月
副分局长	魏欣平	1999年1月—
副分局长	杨晓林	2000年6月—

北京铁路公安局

【概　况】 2001年，北京铁路公安局以确保铁路运输生产和旅客生命财产安全为中心，圆满完成了“春运”、“两会”、“暑运”、“申奥”、“大运会”、“国庆”、“调图提速”等重大事项的保卫任务。工作中始终把维护稳定放在首位。在同“法轮功”邪教组织斗争中，严密站车阵地控制，及时发现劝阻一大批企图进京滋事的“法轮功”分子，查获公安部网上督捕的“法轮功”顽固分子多名，打掉“法轮功”地下窝点多处，破获“法轮功”宣传品煽动案件多起，查获“法轮功”人员总数和职业“法轮功”顽固分子人员均名列全路第一。及时发现劝阻一批集体进京上访人员。严厉打击严重危及运输安全和影响路风、路誉的车匪路霸、站车抢劫、扒车越货盗窃等犯罪活动，破获了一批刑事案件，抓获了长期流窜站车作案的犯罪嫌疑人1289名，端掉了流窜犯罪团伙167个，抓获团伙成员615人，取得了连续6年消灭客车上“明火执杖”抢劫的好成绩。加大治安整治力度，抓获了近8000名票贩子，及时查处拆盗、摆障、石击等危害行车安全事件338起，抓获作案人员453名。督促有关部门认真落实铁路道口监护措施，路外伤亡和道口车辆肇事比上年分别下降4.3%和12.4%。把严密站车堵卡查缉作为铁路公安工作的主要任务。全年堵卡查缉各地公安机关通缉的犯罪嫌疑人、负案在逃犯7360人，其中查获杀人犯罪嫌疑人174名，协助地方公安机关破获案件2268起。全年共举办适应性培训班70期，培训民警3401人，同时鼓励民警自学成才和参加文化学习，大、中专以上文化程度的民警比例超过50%，比上年提高了7.4%。坚持“从严治警”方针，加强队伍建设和基层基础建设，深入开展立功创模和为民大办好事活动，全局广大民警为群众办好事17.7万余件，收到锦旗、镜匾4480余面（块）、感谢信7000余封。

（詹玉琪）

【打击扒车越货成效显著】 年内，北京铁路公安局加大重点车站、货场及重点线路、重点区段的巡逻和打击防范扒车越货犯罪力度，特别是加大了对此类案件一度突出的南同蒲线霍州至什林、京包线张家口的孔家庄、郭磊庄、王玉庄两个重点区段的整治和巩固，实现了连续5年无发案。

（詹玉琪）

【“网上追逃”争先夺冠】 年内，北京铁路公安局在为期70天的全国公安机关“网上追逃”专项行动中，共抓获各类在逃人员3259名，其中，网上在逃人员2442名，取得了抓获网上在逃人员全国地（市）级公安机关第一和抓获在逃人员总数、网上在逃人员总数、未上网在逃人员总数在全国铁路系统14个公安局中均位居第一的战绩。受到公安部表彰奖励并授予“网上追逃”先进单位称号。被铁道部公安局授予“网上追逃”冠军称号；北京、天津、太原铁路公安处“网上追逃”先锋称号。

（詹玉琪）

【“京城会战”打击票贩子】 年内，北京铁路公安局选择“春运”、“暑运”和节假日期间，票贩子抢购囤积火车票高价倒卖活动的高峰期，先后集中警力在北京地区多次开展打击票贩子的“京城会战”。全年共抓获票贩子7924人，收缴车票3125张，价值57万余元。

（詹玉琪）

【开展防火安全专项治理】 年内，北京铁路公安局在全局范围内开展防火专项治理，督促整改各类火灾隐患3.2万余件。全年没有发生重大火灾和客车火灾事故，一般火灾比上年下降50%。

（詹玉琪）

【监所管理连续6年实现安全无事故】 年内，北京铁路公安局所属6个看守所继续强化监所管理工作，连续6年实现安全无事故，再创全路监所安全最高纪录。

（詹玉琪）

【落实内部安全保卫责任制】 年内，北京铁路公安局组织民警深入铁路内部单位，加强对干部职工的法制教育，内部职工中不安定因素和闹事苗头比上年下降41.66%，确保了铁路内部稳定。

（詹玉琪）

【打掉一盗窃铁路行车设备犯罪团伙】 4月28日，铁路公安局经严密侦查搜捕，打掉一个由7人组成的盗窃铁路行车设备犯罪集团，一举破获铁路行车设备扼流线被割盗系列案件12起。受到了铁道部和北京铁路局领导的表扬。

（詹玉琪）

北京铁路公安局2001年领导名录

职务	姓名	任职时间
局长	姜战林	1995年12月—
副局长	马幼航	1992年7月—
副局长	王道明	1998年12月—
副局长	曹志科	1993年5月—
副局长	张庆和	1995年12月—

北京铁路公安处

【概　况】 2001年，铁路公安处以江泽民总书记“三个代表”重要思想为指针，以保卫铁路运输生产安全为中心，以防火、防爆、防破坏、防恐怖为重点，全力维护管内政治稳定，大力整顿铁路治安秩序，深入开展“严打”整治斗争。全年破获刑事案件501起，抓获犯罪嫌疑人464人，打掉犯罪集团36个，抓获成员154人，收缴赃款赃物折合人民币113万元。站车查堵流窜犯、在逃犯1921人，协助外单位破案1646起。查处治安案件884起，查清拆盗铁路器材和危及行车安全的治安案件71起，清理闲杂人员10万余人，从中查获各类违法犯罪嫌疑人3万余人。加强政治思想工作，努力提高民警的业务、文化素质，年内，有167名民警考入各类大专班、本科班学习。全处大专以上学历民警已占总数的18%。重视局内信息和对外宣传工作，全年编发公安信息675条，在各级新闻单位刊发稿件7268篇。

(李茂林　耿　炜)

【加强消防监督工作】 年内，铁路公安处大力加强消防监督工作。共检查单位906个次，重点部位370个次，发现各类问题554件，下发各类法律文书383份。检查客车727列11063辆，发现各类问题272件，下发限期整改通知书2份，当场整改通知书23份。对铁路分局管内86个防火委员会、704名成员；866个防火小组、3555名成员；952个义务消防队、21580名队员和96名专兼职消防干部进行调整和补充。对管内81个工程项目进行消防审核，提出建审意见486条，对竣工的30个工程项目依法进行验收。

(李茂林　耿　炜)

【整顿突出治安问题】 年内，铁路公安处加大治安清理工作力度，坚决打击和取缔扛包、私揽、无照经营、围车叫卖、扒乘火车等扰乱治安秩序的不法活动，共清理各类闲杂人员近10万人，从中查获各类违法犯罪嫌疑人员1931人。暑运期间，妥善处理安徽等地外出打工人员集体扒车返乡12批3040人，有效净化站车治安环境，保证了行车安全。

(李茂林　耿　炜)

【严格查堵危险品】 年内，铁路公安处加强危险品的查堵工作，保证旅客列车的运行安全。共查获携带危险品、易燃、易爆品案件8306起，收缴爆炸装置1个，雷管28支，炸药890克，导火索1.59米，自制枪支20支，子弹394发，爆竹8915个，管制刀具10973把，化工品、易燃品849.85千克，管段内没有发生爆炸案件。

(李茂林　耿　炜)

【加强沿线治安管理】 年内，铁路公安处狠抓沿线治安管理，重点防范、打击危及行车安全的不法活动，查清各类危行、拆盗事件71起，杜绝因治安问题引发的行车事故。

(李茂林　耿　炜)

【开展打击票贩子专项行动】 年内，铁路公安处在春运、暑运和重要节日前后，以北京站和北京西站为重点，开展打击票贩子专项行动8次，抓获倒票人员5239人，收缴车票1482张。召开公开处理大会3次，公开打击处理票贩子174名，维护首都铁路声誉。

(李茂林　耿　炜)

【查堵外地进京“法轮功”人员】 年内，铁路公安处以管内大站和长途旅客列车为重点，出动警力4500人次，破获“法轮功”宣传煽动案件7起，收缴横幅86条，书籍29本，音像制品54盒，传单1480张，图片8张，播放装置8套。

(李茂林　耿　炜)

【整顿旅客列车治安秩序】 年内，铁路公安处大力整顿列车治安秩序，抽调警力1200人次上车开展专项整治工作，共查获处罚随车叫卖、霸座卖座等扰乱列车治安秩序人员7282人，同时针对节日放假时间长、外出旅游人员多、加开旅游列车多的特点，抽调警力2500人次，维护旅游列车治安秩序。

(李茂林　耿　炜)

【圆满完成警卫任务】 年内，铁路公安处出动警力10.6万人次，执行专、特运警卫任务1934次，保证了党和国家领导人在管内乘降车、视察的绝对安全，保证了国家重要物资运输安全。

(李茂林　耿　炜)

【开展“严打”整治斗争】 自4月下旬开

始，铁路公安处先后组织开展“治爆缉枪”、“铁拳行动”和“客车反扒会战”等“严打”整治专项行动，严厉打击危及铁路行车安全、盗窃铁路承运物资及盗窃旅客财物的犯罪分子，共破获货盗案件193起，打掉货盗犯罪集团25个，为国家挽回经济损失60余万元。破获旅客财物被盗案件185起，打掉盗窃旅客财物犯罪集团4个，有力地推动了严打整治斗争开展。

（李茂林　耿　炜）

【开展追逃专项行动】 9月20日至11月30日，铁路公安处开展了为期70天的追逃专项行动。共抓获各类逃犯1042名，其中上网逃犯883名，未上网逃犯159名。铁道部公安局授予北京铁路公安处“追逃先锋”荣誉称号。

（李茂林　耿　炜）

案　例　举　要

【查获一抢劫犯罪集团】 3月9日，北京站公安段值勤民警在售票厅内将罗作仪（男，28岁，福建省福州市人）等4名抢劫、杀人犯罪嫌疑人抓获，当场从其行包中查获一个已组装好的爆炸装置（3根导火索、3管炸药），收缴自制手枪1支，弹夹内装有“六四”式手枪子弹4发（1发已上膛），匕首4把。经北京市公安局鉴定，爆炸装置中的炸药为国产铵锑炸药，总量为580克。经审查，4人供认了自1月22日以来，多次在外地持枪抢劫出租汽车，并将一名女司机杀死的犯罪事实。已将罗作仪等4人移交江苏省苏州市公安局处理。

（李茂林　耿　炜）

【破获盗窃铁路承运油料案】 5月18日，北京铁路公安处刑警支队在北京市房山区良各庄车站，将盗窃铁路承运油料的犯罪嫌疑人江作春（男，42岁，良各庄车站三产经理）、何东（男，37岁，良各庄车站职工）、李丽平（女，35岁，燕山石化有限公司职工）3人抓获。经审查，3人供认了自1999年至2001年4月，结伙在良各庄车站用导油管盗窃停留车上承运的油料，先后作案10余起，盗窃油料180吨（价值人民币60万元）的犯罪事实。2001年12月9日，江作春、何东、李丽平被北京铁路运输法院分别判处有期徒刑13年，剥夺政治权利2年，并处罚金1.3万元。

（李茂林　耿　炜）

【破获特大麻醉抢劫案】 8月7日，北京西站公安段民警在车站军人候车室内，抓获了抢劫犯罪嫌疑人向国荣（男，26岁，重庆市奉节县人）。经审查，向交代了自5月以来，用含有麻醉药的果冻在K49次、K106次、K77次列车上和北京西站、西安火车站等地进行麻醉抢劫作案7起，抢劫人民币15930元及手机4部的犯罪事实。2002年4月4日，向国荣被北京铁路运输中级法院判处无期徒刑，剥夺政治权利终身。

（李茂林　耿　炜）

【抓获特大持枪绑架、袭警案在逃犯】 11月7日，黑龙江省佳木斯市永红区发生一起特大持枪绑架、袭警案件，5名歹徒持枪劫持4名人质，索要现金100万元。佳木斯市刑侦支队民警在解救人质过程中，击毙2名、击伤1名犯罪嫌疑人，另2名犯罪嫌疑人逃跑。案件发生后，公安部部长贾春旺等领导做出重要批示，要求全力缉捕逃犯。11月8日，北京站公安段接到案情通报后，立即采取周密措施，对车站及周边地区全方位布控，当日19时30分，公安段刑侦队民警在站前广场将刚下火车的犯罪嫌疑人许佳东（男，35岁，黑龙江省佳木斯市人）抓获。已将许佳东移交黑龙江省佳木斯市公安局处理。

（李茂林　耿　炜）

北京铁路公安处2001年领导名录

职　务	姓　名	任　职　时　间
处　长	姜顶峰	1998年12月—
党委书记	段永吉	1996年10月—
副处长	陈炳镏	1991年12月—
副处长	姚克志	1993年7月—
副处长	孟耀武	1999年11月—
副处长	乔　信	1999年1月—
副处长	王连生	1998年1月—
副处长	刘宝成	1999年11月—

铁路工程公安局第八公安处

【概　况】 2001年,铁路工程公安局第八公安处全面加强公安队伍建设,以保运输安全、保建成安全、保开通安全工作为重点,开展各项公安工作,确保重点施工线路的安全有序。年内,按照"全方位预防、落实重点,全天候服务、延伸范围,全过程保卫、拓宽领域"的整体要求,加强了京广、哈大、朔黄、株六、秦沈、内昆、盘西、北京城轨等遍布全国各地和国(境)外80多个施工网点和线路的安全保卫工作;以"严打"整治为中心,严厉打击各类刑事犯罪活动;以落实内部治安保卫责任制为基础,全面加强公安基层基础工作。全年,共接报警案件2504起,立刑事案件222起,破案104起,破案率46.8%,抓获犯罪嫌疑人198人;立治安案件425起,查处371起,查处率87.3%,查处违反治安管理人员522人;收缴赃款赃物折合人民币44436元,挽回经济损失200多万元。19名民警及公安处"保春运"先锋队、第二公安分处韶广段"保开通"小组2个先进集体受到上级公安机关记功、嘉奖奖励。

(王　健)

【开展哈大线百日治安整治】 年内,铁路工程公安局第八公安处为确保哈(尔滨)大(连)线北段和南段开通安全,开展了为期100天的整治战役。期间,投入警力58名,民警徒步巡逻10400公里,警用车辆巡逻73000公里,登机巡逻24302公里,受理报警案件256起(立治安案件35起、立刑事案件16起),同时加强路地公安机关联防,确保了国内第一条由德方投资建设的电气化铁路的安全开通。

(艾满春　王　健)

【开展同"法轮功"邪教组织的斗争】 年内,铁路工程公安局第八公安处认真做好辖区48名

"法轮功"(分布于北京、郑州、襄樊、保定、石家庄、宝鸡等地)习练者的帮教转化工作,经工作已有45人脱离"法轮功"邪教组织。积极参与"7·20"打击"法轮功"违法犯罪集中统一行动,收缴"法轮功"非法宣传品249件。年内,辖区无"法轮功"人员进京闹事,实现了北京市委提出的"零指标"工作目标。

(霍学英　王　健)

【开展涉爆专项清理整治】 年内,铁路工程公安局第八公安处汲取石家庄"316"特大爆炸事件的教训,根据公安部、铁道部公安局统一部署,对辖区各施工线路进行了涉爆物品专项清理整治。经查,朔黄、内昆、株六、昆河等铁路电气化施工线路,累计使用炸药7933.62千克、雷管46572枚、导爆索645米,未发现隐患。

(张富存　王　健)

【研制推广"电气化施工器材断线报警器"】 年内,铁路工程公安局第八公安处为及时、快速抓获盗割铁路电气化施工线材的犯罪嫌疑人,减少民警劳动强度,积极研制推广"电气化施工线材断线报警器"。每台报警器监控线材长10公里,每8秒钟自动检测一遍。仅京广、哈大两线"保春运"、"保开通"战役中,就安装断线报警器6台,总价值13万元,并在一线举办了安装、使用培训班,取得了良好效果。

(袁　健　王　健)

【圆满完成(北)京广(州)线"保春运"任务】 春节期间,为保障京广线南段铁路运输干线和旅客生命财产安全,铁路工程公安局第八公安处组织50名民警、100名治安巡逻队员,开展了为期50天的"保春运"专项整治战役。共接报警案件65起,立刑事案件17起,破案29起(含积案14起),打掉犯罪团伙7个,抓获犯罪嫌疑人14名。确保了京广大动脉"春运"期间旅客生命财产安全和全线电气化按期建成开通。

(王　健)

【开展"严打"整治斗争】 4月至年底,铁路工程公安局第八公安处开展了"严打"整治斗争和治爆缉枪、打黑除恶等一系列专项斗争。共组织民警、治安员885人次,清理整顿出租房屋308间,审查外来人口8120人,利用公安信息网上网比对8120人,未发现网上逃犯。共接报警案件2384起,立刑事案件186起,破案78起,破案率41.9%,抓获犯罪嫌疑人186人;立治安案件424起,查处371起,查处率87.5%,查处违反治安管理人员522人;收缴各类枪支15支;收缴赃款赃物折合人民币44436元,挽回经济损失200多万元。

(艾满春　王　健)

【组织机关民警学习英语】 6月11日起,铁路工程公安局第八公安处在处机关开展了英语基本会话的全员学习,建立了"英语学习角",要求机关民警利用业余时间学习日常英语,在规定时间内完成学习计划。

(王　健)

【妥善处理朔(州)黄(骅港)线重大阻工事件】 8月27日,铁路工程公安局第八公安处在河北省安国市召开了"依法解决阻扰铁路电气化施工问题协调会",依靠当地政府使朔黄线因前期征地拆迁遗留问题,造成电气化长达半年多的重大阻工得以解决。8月28日早6时至晚10时,在安国市公安局、建设局、交通局、土地局、司法局、公路局、广电局及郑章镇、梨园村干部300余人的配合下,施工单位顺利实施了基坑开挖、支柱杆竖立及部分放线作业,使长达半年的安国市郑章镇梨园村村民阻工事件得到圆满解决。

(艾满春　王　健)

【配合完成"APEC"会议安全保卫工作】 10月7日至13日"APEC"会议在上海召开。公安处派员到上海、苏州等地对集团公司5个单位和2个工点进行安全检查,对涉及防火、防爆、防盗、防破坏等工作中存在的具体问题,提出了整改建议。同时帮助有关单位细化了安全防范措施,确保了"APEC"会议期间集团公司内部的安全。

(熊　光　王　健)

【成立“秦沈线公安分处”】　10月26日，根据中铁电气化局集团有限公司承建秦（皇岛）——沈（阳）客运专线沿线社会治安形势的要求，铁路工程公安局第八公安分处秦沈线公安处挂牌成立并对外办公。公安分处成立后积极与沿线地方政府和公安机关联系，开展敌社情调查，并完成了秦沈客运专线开工仪式和铁道部领导检查的安全保卫工作。

（肖全英　王　健）

【抓获一名网上逃犯】　11月8日，铁路工程公安局第八公安处第二公安分处民警在株（州）六（盘水）线治安整顿中，抓获公安部网上通缉的逃犯匡克海（男，25岁，四川省合江县人）。匡克海因2001年8月23日盗窃电气化接触网回流线（800米、价值5840元），造成经济损失100余万元，被广州铁路公安局怀化公安处上网追捕。

（艾满春　王　健）

铁路工程公安局第八公安处2001年领导名录

职　务	姓　名	任职时间
处　长	赵玉珉	1987年11月—
党组书记	赵玉珉	1985年12月—
副处长	孙　玲（女）	1997年3月—
副处长	毛沪生	1993年10月—

铁道建筑公安局第十六公安处

【概　况】　2001年，铁道建筑公安局第十六公安处紧紧围绕保障企业生产经营这个中心，加强情报信息工作，密切关注企业内部各种不稳定因素，及时化解矛盾，防止了集体上访等事件的发生。全年共出动警力842人次执行巡逻、值勤、值班任务。积极做好重大节假日和敏感时期的安全保卫工作，保证了机关和后方基地良好的治安环境。坚决查处“法轮功”违法犯罪活动。严厉打击刑事犯罪，切实抓好铁路重点工程的治安保卫工作。年内，共破获刑事案件156起，抓获犯罪嫌疑人243名，查处治安案件421起，调解各类纠纷751起，处理违法人员555名，追缴赃款赃物总价值235万余元。先后开展了“打黑除恶”铁拳行动、“严打”整治、“治爆缉枪”等专项行动。狠抓了消防监督检查工作，全年共组织防火检查91次，下发整改隐患通知书12份，整改隐患40处，确保全局无火灾事故。认真执行治安综合治理领导责任制，加大综合治理的量化考核力度。年内，3人荣立个人三等功；3人被评为铁道建筑公安局优秀民警，14人被评为公安处优秀民警，9人被通令嘉奖；1个单位被共青团北京市委授予“青年文明号”；5个单位被评为公安处先进单位。

（陆　菲）

【公安分处、派出所基础建设全部达标】 年内，公安处所属的7个公安分处，19个派出所坚持标准，落实责任，深入开展达标工作，强化了基层基础工作。经过验收7个分处、15个派出所全部达标。第二分处被评为达标优秀分处，第二分处第二派出所被评为“十佳”派出所。

（陆　菲）

【“治爆缉枪”成效显著】 年内,公安处组织进行了“治爆缉枪”专项行动。共发宣传材料1500余份,出动宣传车70多台次,出板报、墙报97期,张贴标语600多条,横幅100多幅。查处少开票据多进的炸药5.8吨,收缴导火索600余米,毫秒雷管820发,火雷管6枚,政审爆炸物品看守员、保管员100名,收缴各类枪支15支,子弹3876发,管制刀具22把。

（陆　菲）

【开展同“法轮功”邪教组织的斗争】 年内,公安处积极开展同“法轮功”邪教组织的斗争,成立帮教小组,对驻京各单位“法轮功”人员积极做好教育转化工作。管辖单位没有发生“法轮功”人员聚集滋事事件,实现了“零”指标。

（陆　菲）

【加大消防监督检查的力度】 年内，公安处共组织防火检查91次，下发整改隐患通知书12份，整改隐患40处，处罚7个单位，全年未发生火灾事故。

（陆　菲）

【六分处派出所荣获“青年文明号”称号】 年内,公安处第六分处第三派出所根据城市地下铁道施工特点,贯彻“严打”方针,破获刑事案件8起,查处治安案件21起,抓获犯罪嫌疑分子37人,挽回经济损失30余万元,有效的维护了施工生产的顺利进行,被共青团北京市委授予“青年文明号”荣誉称号。

（唐智明）

【召开公安工作会议】 3月13至14日，公安处在天津召开了公安工作会议，传达全国政法工作会议、全国公安厅局长会议、铁道建筑公安局太原会议精神，总结2000年公安工作，部署2001年公安工作，并对先进单位和个人进行了表彰。

（陆　菲）

【圆满完成“三高”演唱会搭台安全保卫工作】 6月,公安处承担了世界三大男高音紫禁城音乐会看台搭建施工过程中的内部安全保卫工作。在17天的施工过程中,公安处共出动警力170人次,24小时值班巡逻,实现了无火灾、无盗窃、无破坏、无事故的既定目标。

（唐智明）

【开展“追逃”专项行动】 9月20日至11月30日，公安处开展了追逃专项行动。共出动警力1628人次，清查出租房屋1069间次，清查宾馆、招待所82个次，清查民工队479个，上网核查人员16294人，清退“三无”人员435人，破获各类刑事案件17起，抓获犯罪嫌疑人19人。

（陈　锋）

铁道建筑公安局第十六公安处2001年领导名录

职　务	姓　名	任　职　时　间
处　长	宋佑玉	1996年12月—
党组书记	李定观	1994年1月—
副处长	沈仲岳	1999年1月—

警务信息

【“110”信箱受理内容】　“110”信箱受理对某地区、路段、公交线路高发盗窃、扒窃、抢夺、抢劫等刑事案件的举报；对某地区、场所欺行霸市、聚众斗殴、侮辱妇女、带有黑社会性质组织和地方恶势力活动突出的举报；对某地区、场所频发聚众赌博、街头设摊诈赌的举报；对某地区、场所卖淫嫖娼、色情服务、吸贩毒品以及制作、贩卖、传播淫秽物品等丑恶现象的举报；对某地区、路段、场所存在私刻印章、贩卖赃物、印刷买卖假文凭、假发票等非法交易现象的举报；对外来人口聚集地突出治安问题的举报；对存在重大治安隐患、治安防范漏洞的单位、场所的举报；对其他突出治安问题的举报等内容。

【治安管理总队举报电话】

公共秩序管理处：62014533
文化市场管理处：62018074
捡拾物品招领处：66176274
危险物品管理处：62014113
62014351（禁放举报）
限制养犬科：69738604
综合接待室：62074231（刻章换信）

【办理护照等证件的取证时间及费用一览表】

证　　件	事　　项		工作日承诺	费　　用
出国护照	申请新办	普通件	14个工作日	200元
		公派留学	5个工作日	
	护照换发		3个工作日	220元
	护照延期3工作日		3个工作日	220元
	护照丢失补发		3个月以后受理，14个工作日	420元
	护照损失补发		14个工作日	220元
	护照过期换发		14个工作日	220元
	异地办理护照		等通知	220元
	变更出境卡		1个工作日，当时取	不收费
	异地换卡		等通知	不收费
港澳台侨证件	台湾来大陆定居		60个工作日	55元
	补发临时台胞证		4个工作日	55元

续表

证　件	事　项	工作日承诺	费　用
	台胞延期	4个工作日	25元
	台胞多签		105元
	台胞暂住加注		25元
	因公赴台	7个工作日	新证75元，旧证25元
	赴港澳定居	等通知	55元
	赴港澳探亲	14个工作日	新证75元，旧证25元
	赴港澳台商务、就业	14个工作日	新证75元，旧证25元
	补发一次性出入境通行证	4个工作日	25元

【申请办理因私护照急事急办的暂行规定】 如果您遇到紧急情况，可在提交申请时申请加急，符合下列条件的可在5个工作日后取得护照。

1. 出国治病或探望危重病人；

2. 出国奔丧；

3. 公派出国留学；

4. 前往国入境许可或签证有效期即将届满；

5. 出国参加紧急商务活动，需15日内到达的；

6. 出国留学，开学时间不足一月的。

【关于解决当前户口管理工作中几个突出问题的意见】 根据《国务院批转公安部解决当前户口管理工作中几个突出问题意见的通知》（国发〔1998〕24号）精神，本着既要维护人民群众切身利益，又要严格控制首都城市人口增长的原则，提出如下意见：

一、关于婴儿随父落户问题

（一）外省市妇女和本市居民结婚，1998年7月22日以后生育的婴儿，要求随父落户的，按学龄前儿童优先解决的原则，凡5周岁的儿童，可以随父落户。

（二）外省市妇女和本市居民结婚，1998年7月22日以前出生的婴儿，要求随父落户的，分期分批逐步解决。凡满5周岁不满6周岁的学龄前儿童可以随父落户；已满6周岁的可以申请随母投父落户。

（三）外省市妇女和本市居民结婚，违反本市计划生育政策生育的婴儿不予解决在京落户问题。

二、关于夫妻投靠落户问题

夫妻分居的外地一方年满45周岁，且结婚已满10年，可以投靠在京一方落户。

三、关于老人投靠子女落户问题

男性超过65周岁，女性超过60周岁，身边无子女，并且其它城市也无子女的，可以投靠在京子女落户。

四、关于在本市投资兴办实业的公民落户问题

在本市投资兴办实业的公民，要求在本市落户的，按照《北京市郊区小城镇建设试点城镇户籍管理试行办法》（京政办发〔1997〕41号）的有关规定，可以在远郊区县的试点城镇落户。

五、其它问题

（一）对子女随父在京落户、夫妻投靠在京一方落户、老人投靠子女在京落户以及在京投资兴办实业人员在京落户实行指标控制。

（二）专业技术人员在京落户问题另行规定。

（三）通过投靠办理“农转非”的有关政策比照本《意见》进行调整。

本《意见》由市公安局负责解释，自2001年1月1日起执行。

【郊区小城镇户口向市区迁移的规定（试行）】

为贯彻落实北京人口发展必须实行有控制、有引导的发展方针，严格控制市区人口增长，根据《国务院关于北京城市总体规划的批复》和《北京市人民政府办公厅关于印发北京市郊区小城镇户口管理试行办法的通知》精神，制定本规定。

一、本规定适用于持有已满规定年限的郊区小城镇户口办理户口迁往市区的人员。

本规定中“郊区小城镇户口”指在经市政府批准的试点小城镇登记常住户口的人员。

本规定中“已满规定年限”指登记为小城镇常住户口的外地人员自迁入之日起满5年、登记为小城镇常住户口的本市人员自迁入之日起满2年。

本规定中的“市区”指东城、西城、崇文、宣武、朝阳、海淀、丰台、石景山区。

二、受理条件

1. 在市区购买合法住房，并在此长期居住的；

2. 投靠在市区生活的丈夫或妻子，在市区有合法住房，且在此长期居住，其随迁子女不能超过18周岁；

3. 18周岁以下未成年人投靠父母，其父母在市区有合法住房，并在此长期居住的。

三、办理程序

1. 申请人或未成年人的父母持书面申请和相关证件证明到迁入地派出所申请；

2. 派出所受理后，填写《小城镇户口迁移审批表》并签署意见，经主管所长审批后报分局；

3. 分局审核批准同意后，签发《市内户口准迁证》；

4. 申请人持《市内户口准迁证》到迁出地派出所办理户口迁出手续；

5. 申请人持《市内户口准迁证》、《市内户口迁移证》、《居民户口簿》、《居民身份证》及被投靠人的《居民户口簿》到迁入地派出所办理户口迁入手续。购房入户的，不需提供被投靠人的《居民户口簿》。

四、办理户口迁移所需证件证明

1. 购买住房办理户口迁移的：

① 申请人的书面申请；

② 北京市房地局统一制发的房产证原件及复印件。

贷款购房的，提供贷款购房合同原件、复印件以及贷款银行出具的贷款证明。

分期付款购房的，提供分期购房合同原件、复印件以及售房单位出具的分斯付款购房证明。

③ 申请人及随迁家属的《居民户口簿》和《居民身份证》原件及复印件；

④ 外勤民警的调查报告。

2. 夫妻投靠办理户口迁移的：

① 申请人的书面申请；

② 结婚证原件及复印件；

③ 被投靠人在市区的房屋产权证明或公有住房租赁合同原件及复印件；

④ 夫妇双方及随迁子女的《居民户口簿》和《居民身份证》原件及复印件；

⑤ 外勤民警的调查报告。

3. 18 周岁以下未成年人投靠父母办理户口迁移的：

① 父母的《居民户口簿》、《居民身份证》原件及复印件；

② 申请人的《居民户口簿》原件及复印件；

③ 北京市公安局法医鉴定中心出具的亲子鉴定证明原件及复印件；

④ 外勤民警的调查报告。

以上证件证明原件由迁入地派出所审核后当场退还申请人，复印件经核实后加盖派出所户口专用章留存。

五、审批时限

1. 派出所接到群众书面申请，证件证明齐全的要立即受理，并在 30 个工作日内完成调查、初审及上报工作；对证件证明不齐全的，要告知群众需补办的材料；对不符合迁移条件的，不予受理。

2. 分局在接到派出所上报的户口迁移材料后，15 个工作日内完成审批工作，批准迁入的签发《市内户口准迁证》。派出所接到上级机关审批决定后，5 日内将审批结果通知申请人。

六、《市内户口准迁证》的使用和管理

1.《市内户口准迁证》由迁入地分局签发，并加盖签发机关户口专用章，证件有效期自签发之日起 20 日内有效。超过有效期的，由签发机关换发新证，原证收回作废。公民丢失《市内户口准迁证》的必须申明理由，经签发机关审核批准后予以补发，并在备注栏内加以注明。

2.《市内户口准迁证》式样及技术标准由北京市公安局统一制定和印发。

3. 公民免费领取《市内户口准迁证》。

4.《市内户口准迁证》的保存期限为 5 年。

七、对违反该规定批准户口迁移的，要追究当事人的责任，并注销市区户口；对弄虚作假非法办理户口迁移的，要注销市区户口，并将户口迁回原住地，情节特别严重，性质特别恶劣的，要按照《治安管理处罚条例》有关条款予以处罚。

八、持有已满规定年限的郊区小城镇户口人员迁往本区县其他所或迁往其他远郊区县的，参照本规定执行。

九、本规定由北京市公安局负责解释。

十、本规定自公布之日起实行。过去有关规定与本规定不一致的，以本规定为准。

附件 1：

小城镇户口迁移审批表

申请人姓名		性别		出生日期	年　月　日
现户口所在地				公民身份证件编号	
申请入户地址					
迁移原因					

续表

随 迁 人 员					
与申请入户人关系	姓 名	性别	出生日期	工 作 单 位	公民身份证件编号

审批意见	派出所意见	
	分局意见	

填表日期： 年 月 日

附件2

市内户口准迁证明存根

（第一联）

京内准字 01019042 号

申请人姓名		公民身份证件编号			
户口登记地址					
户口登记机关					
与申请人关系	姓名	性别	出生日期	公民身份证件编号	
发往单位					
户口迁入地址					
准迁原因					
批准机关					
备注					
承办人签字盖章					

本证　　年　月　日签发

京内准字　　号

市内户口准迁证明

（第二联）

京内准字 01019043 号

____

兹有__________申请将居住在你辖区__________的下列人员共____人，由你处迁往______区（县）__________入户，经研究同意，请准予办理户口迁出手续。

准迁人员名单：

与申请人关系	姓名	性别	出生日期	公民身份证件编号
准迁原因				
备注				

注：此联由迁出地存查　有效期限为20天

本证　　年　月　日签发

京内准字　　号

市内户口准迁证明

（第三联）

京内准字 01019042 号

____

经研究同意__________等____人，迁入你辖区居住，请凭此证和市内户口迁移证办理入户手续。

准迁人员名单：

与申请人关系	姓名	性别	出生日期	公民身份证件编号
准迁原因				
备注				

注：此联由迁入地存查　有效期限为20天

本证　　年　月　日签发

样证

北京市公安局 户口专用

【关于高等学校及普通中等专业学校录取本市新生不办理户口迁移的规定】

为深化户籍制度改革，简化高等学校及普通中等专业学校录取本市新生户口迁移手续，结合我市实际情况，制定本规定。

一、北京地区高等学校及普通中等专业学校录取具有本市户口的新生，入学后不办理户口迁移手续。

农业户口学生,在学籍注册后,由招生学校填写统一式样的《××××院校本市农转非学生名册》、《北京市普通高等院校录取学生办理农转非证明》或《北京市中等专业学校录取学生办理农转非证明》(式样附后)分别报北京教育考试院高校招生办公室和高级中等学校招生办公室核对盖章。学生可凭《北京市普通高等院校录取学生办理农转非证明》或《北京市中等专业学校录取学生办理农转非证明》、录取通知书、本人户口簿和居民身份证到户口所在地派出所办理农转非手续。

二、外省（市、自治区）高等学校及普通中等专业学校录取的我市新生，入学后可以不办理户口迁移手续。

被外省（市、自治区）院校录取的原农业户口学生，可凭北京教育考试院出具的外省（市、自治区）院校录取证明、录取通知书、本人户口簿和居民身份证到户口所在地派出所办理农转非手续。如未报到，一经查实，即恢复原户口性质。

三、北京地区高等学校及普通中等专业学校录取的外省（市、自治区）新生，户口按照原有关规定办理。

四、入学前为本市农业户口、入学后被开除或退学的学生，所在学校应将学生开除或退学情况函告其入学前所在区、县公安局，由区县公安局通知学生户口所在地派出所，将学生的户口恢复为农业户口。学生在校期间，被公安机关依法逮捕、劳动教养注销户口的，其刑满释放、解除劳动教养后，按入学前的户口性质恢复户口。

五、北京地区高等学校招收的普通高等职业教育学生,有关户口政策,仍按照京教计(1999)020号和京教学(2001)19号文件执行。

六、高等学校和普通中等专业学校录取的本市新生(含小城镇户口学生),毕业后可凭毕业证和就业报到证到户口所在地派出所办理市内户口迁移。已将户口迁至就读院校的本市学生,毕业后的户口迁移仍按原有规定办理。

七、本市新生入学不办理户口迁移后，公安机关要加强居民身份证件管理和人口信息管理系统建设，以适应新形势下人口管理的需要。

八、本规定自发布之日起执行。

附件 1

北京市普通高等院校录取学生

办理农转非证明存根

第一联

__________户口所在地__________区县__________街乡__________楼村________号，身份证号码____________________，　　年　　月　　日被我校录取，同意办理农转非手续。

承办人签章：

学校盖章

年　　月　　日

北京市普通高等院校录取学生
办理农转非证明
第二联

__________分县局__________派出所：

你辖区__________街乡__________楼村__________号的__________，已被我校录取，并已到校报到，办理了注册登记，根据北京市公安局、北京市教委联合下发的京公人管2001年（570号）文件有关规定，同意办理农转非手续。

承办人签章：　　　　　招办盖章　　　　　学校盖章
年　月　日　　年　月　日

附件2

北京市中等专业学校录取学生
办理农转非证明存根
第一联

________户口所在地________区县________街乡________楼村________号，身份证号码__________，　　年　月　日被我校录取，同意办理农转非手续。

承办人签章：　　　　　学校盖章
年　月　日

北京市中等专业学校录取学生
办理农转非证明
第二联

__________分县局__________派出所：

你辖区__________街乡__________楼村__________号的__________，已被我校录取，并已到校报到，办理了注册登记，根据北京市公安局、北京市教委联合下发的京公人管2001年（570号）文件有关规定，同意办理农转非手续。

承办人签章：　　　　　招办盖章　　　　　学校盖章
年　月　日　　年　月　日

【消防服务热线电话】 62228119。服务范围为：对消防工作、消防法律法规、消防知识咨询；火灾隐患报告；对消防违法、违规、违章行为的举报；对消防官兵违法、违纪行为的举报；对消防设施被埋压、圈占、挪用、破坏等进行举报；对消防工作的意见、建议；受理除火灾和抢险救援报警以外，联系消防的各种电话。

消防服务热线设立值班室，隶属司令部调度指挥中心，局属各单位为承办单位。服务热线值班室对承办单位行使转办、交办、协调和督察职责，定期通报工作情况。热线电话24小时开通。

消防服务热线在消防局网站上开设了窗口，可进行浏览和查询。

【消防队站对外开放情况】

北京市公安局消防局目前对外开放中队共18个，分别是：

一支队：	亚运村中队	朝阳区安苑北里24号楼
	方庄中队	丰台区方星园3区甲1号
	西客站中队	丰台区南峰窝路19号
二支队：	垡头中队	朝阳区垡头消防中队
	酒仙桥中队	朝阳区蒋台路6号
	左家庄中队	朝阳区新源南路甲12号
三支队：	大兴中队	大兴区黄村镇青园路18号
	房山中队	房山区城关镇饶乐府村南
	右安门中队	丰台区翠林小区25号楼
四支队：	石景山中队	石景山区古城北路甲2号
	门头沟中队	门头沟区永安镇曹各庄村北侧
	双榆树中队	海淀区北三环西路30号
五支队：	怀柔中队	怀柔区迎宾路5号
	顺义中队	顺义区京顺路南法信段25号
	平谷中队	平谷区新平北路25号
六支队：	延庆中队	延庆县妫水街10号
	昌平中队	昌平区振兴路
训练中心：	高米店中队	大兴工业开发区科苑路

对外开放中队开放时间：

每月第一个星期六的上午8:00—11:30

对外开放的内容：

1. 消防常规器材及有关图片的展示。
2. 模拟火灾报警及火灾情况逃生演示及体验。
3. 观看消防部队内务摆放。
4. 观摩消防业务表演。
5. 观看消防常识录像。

【保安服务操作规程】

前　言

本标准从实现保安服务的规范化、科学化，提高保安服务水平，维护经营者和客户单位合法权益的目的出发，结合北京市保安服务业的实际情况和需要，提出了保安服务操作应达到的具体要求。

本标准由北京市公安局提出并归口。

本标准起草单位：北京市公安局保安管理处。

本标准主要起草人：宋建国、李福生、齐放、黎小康、潘铁树、范立刚、卢瑞玲、何智、元杰、王东岭。

1　范围

本标准规定了保安服务操作应达到的基本要求。

本标准适用于在北京市行政区域内，经北京市公安局批准、北京市工商行政管理局注册的保安服务公司。

2 定义

本标准规定的保安服务及服务种类采用下列定义。

2.1 保安服务

依照法律、法规和国家关于保安服务的政策、规定，根据客户的环境特点和要求，按照保安服务合同约定，采取巡逻、门卫、守护、押运、技术防范等形式，为客户提供保卫安全的相关服务。

2.2 巡逻服务

保安人员对特定区域、地段和目标进行的巡查、警戒的服务业务。

2.3 门卫服务

保安人员对客户单位出入口，进行把守、验证、检查的服务业务。

2.4 守护服务

保安人员对特定的目标进行看护和守卫的服务业务。

2.5 押运服务

保安人员采取随财物守卫方式，保卫客户财物运输安全的服务业务。

2.6 技术防范服务

保安人员运用科技手段和设备，为客户指定的区域和目标，设计、安装各种报警器材并定期维护，提供接警、先期处警和其他相关的技防服务业务。

3 保安服务操作的基本要求

3.1 保安服务操作必须按照国家法律、法规及政策规定进行，并执行公安机关的有关管理规定。属于保安服务职责范围内的事项按本标准实施，不属于保安服务职责范围的事项，交有关部门处理。

3.2 保安服务公司应向客户单位提供服务的真实信息，包括公司的资质、保安人员的素质状况、提供服务的种类和效果，以及所收取的费用等。对客户提出或询问的有关问题，应本着诚实信用的原则给以明确的答复。

3.3 保安服务公司根据客户需要，可以提供保安服务种类中的一种或同时提供数种服务，如客户有特殊需求，可视情况另行商定。

4 职责

保安服务公司内设机构应根据规模、业务分工等需要，按照精简高效原则设置，应明确规定各个机构和各类岗位的职责和权限。

4.1 经理职责

4.1.1 依照法律、法规和企业负责人职责的有关规定，主持公司的经营、管理工作；组织贯彻执行保安服务工作的法规、政策及规定；组织制定、实施年度经营计划和工作方案；对公司的人员管理、业务管理和发展建设负全面责任。

4.1.2 组织制定公司发展规划及阶段性、专门性工作计划，确定工作目标。

4.1.3 在权限内任免各内设机构的负责人。

4.1.4 组织制定、修订和批准公司各项规章制度。

4.1.5 对各级管理人员的工作实绩进行考核，实施奖惩。

4.1.6 对公司各部门的工作进行督促、检查、协调，确保队伍管理、教育训练、执行勤务、后勤保障等各项任务的完成。

4.1.7 依照法律有关规定，代表公司与客户签订服务合同；与保安人员签定劳动合同。

4.1.8 依法对公司财务进行管理并对会计工作和会计资料的真实性、完整性负责。

4.1.9 对公司各级管理人员进行政治和业务教育。

4.1.10 负责处理公司业务和队伍管理中发生的重大问题，必要时亲临现场处置。

4.1.11　掌握先进管理技术和管理经验，提高社会效益和经济效益。

4.2　大队长、中队长职责

4.2.1　负责对大队（中队）的管理，掌握全面情况，根据公司计划和要求，结合实际，科学安排落实各项工作，完成上级交给的保安服务任务。

4.2.2　根据公司与客户签订的合同，制定勤务方案，随时了解驻勤单位的情况，检查各项工作的落实。

4.2.3　认真执行公司有关规章制度，加强队伍管理。

4.2.4　掌握大队（中队）人员在岗情况。

4.2.5　按计划组织大队（中队）开展保安业务训练，提高保安人员的专业技能和服务水平。

4.2.6　对保安器械进行管理，保障保安器械的完好有效。

4.2.7　对保安骨干进行教育和培养，提高他们的组织能力和管理水平。

4.2.8　对保安人员进行法制教育、职业道德教育、爱岗敬业教育。

4.2.9　对驻勤单位进行经常性的安全检查，发现问题及时解决，消除隐患。

4.2.10　做好思想政治工作，关心保安人员的生活，及时帮助解决实际问题。

4.2.11　深入调查研究，定期总结工作，开展经验交流，及时向上级反馈队伍管理信息。

4.2.12　做好考勤审核，服装发放、报表和保安人员调配工作。

4.2.13　落实保安队伍内部安全措施，防止发生保安人员违法违纪问题和重大安全事故。

4.3　分队长、班长（含班以下驻勤点负责人）职责

4.3.1　根据保安服务合同约定应承担的任务，组织安排勤务；检查考核分队（班）人员的值勤情况。

4.3.2　负责分队（班）的学习和训练。

4.3.3　及时准确传达上级的工作部署，负责分队（班）实施各项保安服务任务。

4.3.4　与驻勤单位保卫部门或主管安全工作的领导保持联系。协助开展安全检查，发现问题及时解决，重要情况及时汇报。

4.3.5　组织、召开队（班）务会，布置工作、勤务讲评、思想教育，做到时间、人员、内容、效果四落实，做好会议记录。

4.3.6　做好思想政治工作，掌握保安人员的思想动态，及时解决队伍中出现的问题，搞好队伍团结。

4.3.7　关心保安人员的生活、学习和工作情况，认真帮助解决困难和实际问题。

4.3.8　负责统计考勤，检查值勤记录。

4.3.9　了解客户单位消防器材和报警系统的配置、性能、位置，并组织保安人员学习训练，掌握操作技能。

4.3.10　遇有紧急情况，及时向上级报告，立即进行现场处置，控制事态发展并做好现场保护。

4.4　保安人员职责

4.4.1　执行巡逻、门卫、守护、押运等保安服务任务。

4.4.2　利用科技手段和设备执行保安服务任务。

4.4.3　对发生在值勤区域内的不法侵害和灾害事故，及时报告客户单位和当地公安机关，采取措施控制事态扩大，保护现场，维护现场秩序。

4.4.4　落实防火、防盗、防爆炸、防破坏等防范措施，发现值勤区域内的隐患，立即报告客户单位，并协助予以处置。

4.4.5　保安人员对值勤区域内发生的不法侵害行为应及时制止，对不法行为人应送交公安机关或有关部门处理。支持和配合公安机关和其他执法部门依法执行公务。

4.5　人员管理部门职责

4.5.1　掌握保安人员的数量、质量、需求等情况。建立并管理保安人员人事档案，负责保安人员的补充、调配。

4.5.2 组织贯彻上级的工作部署，监督检查各项规章制度的落实

4.5.3 组织基层骨干的培训，提高组织管理、勤务指挥及协调能力。

4.5.4 负责对保安人员违纪违法问题的调查与处理。

4.5.5 负责保安人员的考核、奖惩、任免等事项。

4.5.6 掌握日常勤务情况，部署、检查阶段性、专门性的保安服务工作。

4.5.7 负责保安人员的政治思想教育，组织保安人员进行法律和保安业务知识学习。

4.6 纠察部门职责

4.6.1 现场纠察所属保安队及保安人员履行职责、遵守纪律的情况。

4.6.1.1 履行保安服务职责和队伍管理方面的情况；

4.6.1.2 重要保安工作部署的落实情况；

4.6.1.3 重点地区、场所保安工作的组织实施情况；

4.6.1.4 保安人员执行《首都保安人员文明礼貌行为规定》、《保安人员着装规定》等相关规定的情况；

4.6.1.5 听取客户单位、群众对保安队伍及保安人员的意见和建议；

4.6.1.6 保安队伍及保安人员履行职责和遵守纪律的其他情况。

4.6.2 定期汇总纠察情况，编发纠察工作信息、通报。

4.6.3 对纠察中发现的问题，要进行分析、综合、研究，并提出整改意见。

4.6.4 对屡纠屡犯的保安队提出处理、整改意见，并对其进行重点监督检查。

4.6.5 正确使用和妥善保管纠察装备、标志。

4.7 业务承揽部门职责

4.7.1 承揽向客户单位提供保安服务的业务，并负责洽谈工作。

4.7.2 通过与客户单位洽谈，商定驻勤方案。负责保安服务合同（协议）的起草、变更、续签和解除。

4.7.3 处理合同争议、纠纷、违约、索赔等事宜。

4.7.4 负责收取保安服务费及其他有关费用。

4.7.5 负责市场调研、业务预测、信息反馈等工作。

4.7.6 负责协调与客户单位的关系，听取客户单位对保安服务工作的意见及建议。

4.8 装备保障部门职责

4.8.1 负责被装、装备的统计，制定采购计划和预算。

4.8.2 对定点供货单位外的供货单位进行评价与选择。

4.8.3 对采购的被装、装备进行验收、保管、发放等。

4.9 技术防范部门职责

4.9.1 为客户设计、安装、维护各种技防设施、设备。

4.9.2 为客户提供安全技术防范服务。

5 保安服务合同的评审和签订

5.1 了解需求

了解客户单位的性质、位置、规模、周边环境及其所需保安服务的意向、服务种类、保安人员数量、服务要求等。

5.2 现场考察

对客户单位提出的服务需求，进行现场考察了解，协商保安服务的具体事宜。

5.2.1 所需保安服务的种类。

5.2.2 所需保安人员的人数。

5.2.3 所需保安服务的要求。

5.2.4 保安服务的费用。

5.2.5 保安人员学习、教育、训练、生活及后勤保障等有关事宜。

5.3 签订合同

经过协商，依照《中华人民共和国合同法》等相关法规签订合同。

6 保安服务的准备

6.1 制定保安值勤方案

根据合同要求，组织有关人员策划、制定保安值勤方案，在征得客户单位确认后实施。重大保安值勤方案须经上级主管部门批准后，方可实施。

6.2 建立联系

6.2.1 建立保安公司与客户单位的联系。

6.2.2 建立保安队与客户单位主管部门的联系。

6.2.3 建立保安队与当地公安、消防等部门的联系。

6.2.4 建立保安公司与派驻到客户单位保安队的联系。

6.2.5 确定向客户单位征求意见的联系方法。

6.3 装备的配备

根据合同和值勤方案，配备必需的被装、生活用品、防护用具及通讯设备。

6.4 保安人员的选用

根据合同，选派符合岗位需要的保安人员，保安人员须经专门培训，经考试合格，持证上岗。对从事特殊工作的保安人员，须具备相关知识和专业技能。

6.5 向客户单位派驻保安人员

按照合同准时将保安人员派驻到客户单位并开展保安服务。

7 保安服务的提供

7.1 巡逻

7.1.1 巡逻服务的内容

7.1.1.1 对特定区域、地段、目标，定时或不定时地进行巡查，发现和消除不安全隐患，发现可疑人员进行询问，必要时送交客户单位或公安机关处理。

7.1.1.2 制止正在实施的不法侵害行为。

7.1.1.3 发现事故应立即报告客户单位或公安机关，采取措施防止事态扩大，并保护好现场。

7.1.2 制定巡逻方案

7.1.2.1 根据保安服务合同，制定巡逻方案，确定巡锣人员、巡逻路线、控制重点及所需装备。

1）根据客户单位内部的实际情况，确定巡逻区域、地段及所需装备的种类和数量。

2）根据巡逻区域的地形、地物和要害部位、重点目标等情况，确定巡视控制的路线、巡逻重点、巡逻频次等。

3）确定各类情况的处置方法，制定紧急情况的处置预案。

7.1.2.2 巡逻方案需经客户单位和保安服务公司审定。

7.1.3 巡逻前的准备

担任巡逻任务的保安人员要按规定着装，携带经公安机关批准使用的防护用具。根据需要携带对讲机。夜间巡逻应携带照明用具。备有巡逻勤务登记簿。

7.1.4 巡逻的实施

7.1.4.1 徒步巡逻是保安人员实施巡逻勤务的基本形式，主要有穿行巡逻、往返巡逻和循环巡逻。要根据时间、气候、地形等具体情况实施。

7.1.4.2 两人以上徒步巡逻采取一字或一路形。巡逻人员之间的距离，应保持能目视联系和相互支援。夜间巡逻可约定用击掌或手电筒闪光等方法做联系信号。

7.1.4.3 保安人员在巡逻中发现可疑情况应认真观察，严密监视。视情况采取守候、跟随等方法，将其控制在视线之内。必要时对可疑人员进行询问，并及时送交客户单位或有关部门处理。

7.1.4.4 保安人员在巡逻时，不得影响客户员工或居民的生活、工作。

7.1.4.5 在夜间巡逻时，要提高警惕，保护自身安全。

7.1.5 **紧急情况的处置**

遇有正在实施的不法侵害行为时，应迅速制止，并将不法行为人扭送客户单位或公安机关。途中要防止其行凶或逃路。遇有火灾、爆炸等事故，应立即报警，采取措施防止事态扩大。要积极协助抢救受伤人员，同时做好保护现场的工作。

7.1.6 **勤务制度**

7.1.6.1 交接班制度

1）保安人员要严格遵守交接班制度，按规定的时间交接班。因故不能值勤时，必须提前办理请假手续。

2）上岗前的准备工作

接班人员做好上岗准备，按规定着装，携带值勤用品，准时接班。

3）交班

接班人员到达岗位后，交接时双方先行敬礼，然后边注意观察，边做交接班事宜。交班人员应告知本班发生的情况和处理结果，并交待需要继续办理的事项。移交勤务登记簿，双方签字备查。接班者未到或未办理交接班手续，当班者不能离开。

7.1.6.2 请示报告制度

保安人员遇到紧急情况和重大问题时要及时、具体、准确地向客户单位、上级领导和公安等有关部门请示报告，对客户单位、上级领导及公安等部门的指示要坚决执行，执行结果要及时反馈，并做详细记录。

7.1.6.3 勤务检查制度

驻勤单位保安队负责人或指定的勤务检查人员，负责对保安人员值勤情况进行检查。勤务检查的内容以保安人员履行岗位职责的情况为主。对勤务检查中发现的问题和处理结果，应做好记录，重要问题应向上级汇报。

7.1.6.4 勤务登记制度

勤务登记由当班人员负责记录。主要记载上级指示、通知、交办的事项及值班期间发生和处理的问题，记录必须清晰、准确，不得随意涂改，并妥善保管。

7.1.7 **岗位要求**

7.1.7.1 熟悉巡逻区域的地形、地物、要害部位、重点目标的位置。

7.1.7.2 熟记与有关部门、人员的联系方式。

7.2 **门卫**

7.2.1 **门卫服务的内容**

7.2.1.1 对出入客户单位人员进行验证检查、登记，严禁外部人员随便进入。对来访者，要及时与被访部门人员联系。

7.2.1.2 根据客户的要求，对出入的人员、车辆携带或装运的物品进行查验，防止客户单位财物流失。

7.2.1.3 指挥、疏导出入车辆，清理无关人员，维护出入口的正常秩序。

7.2.1.4 注意发现可疑情况，及时报告客户单位或公安机关，并配合做好工作。对现行不法侵害人应及时送交公安机关。

7.2.2 **制定门卫值勤方案**

7.2.2.1 根据合同，确定值勤方案、门卫值勤方式及所需装备等。

1）根据出入口的建筑特征，人员、车辆流量，确定门岗的具体位置。

2）确定各类情况的处置方法，制定紧急情况的处置预案。

7.2.2.2 门卫值勤方案需经客户单位和保安服务公司审定。

7.2.3 **上岗前的准备**

担任门卫任务的保安人员要按规定着装，携带经公安机关批准使用的防护用具。根据需要携带对讲机。备有门卫勤务登记簿。

7.2.4 **门卫勤务的实施**

7.2.4.1 验证

1）逐个查证。在一般情况下，当来人距门卫 2～3m 时，保安人员应请其止步并出示证件，接过证件后先看证件的封面，再翻看主页的身份情况。要着重查验照片与持证人的相貌是否相符，印鉴单位与签发证件单位是否相符，是否过期。夜间验证时，应提高警惕，保护自身安全。经查证未发现问题的，归还证件并礼貌地示意放行。对拒不交验证件、证明的人员，不准其入内。发生纠纷时，及时向客户单位报告，请有关人员前来处理。

2）重点查验。在人员、车辆出入比较集中时，保安人员应站在大门一侧提示出示证件，并仔细观察，注意发现异常。对无证件的人员、车辆，待高峰过后经检查再决定是否放行。对于上级事先通知的免检对象，应根据车号和特殊的免检标志，免检放行。

7.2.4.2　检查

1）对携物进出的人员，重点检查是否带有违禁物品。对进入车辆要检查是否装有易燃易爆等危险物品、是否载有无关人员，对无关人员应动员其下车在外待候。对携物外出人员和车辆，仔细检查携物证件或出库单据，重点查验物品的名称、规格、数量与证件是否相符。检查时要让对方动手开车门和包装物，视情况逐件清点或重点抽查。要与对方保持一定的安全距离，注意观察其神态表情，防止其弃物逃跑或突然驾车逃跑，同时要注意自身安全。

2）发现有携带可疑物品的人时，应先礼貌地要求其说出物品的名称、数量、来源及用途，请其自行拿出物品检查核对，出示有关证件或由有关部门开具的证明，对无手续和拒绝检查的应交客户单位保卫或有关部门处理。对盗拿物品的可疑人，保安人员不能对其进行搜身，应报告客户单位或交公安机关处理。

7.2.4.3　观察

在验证检查过程中，要从进出人员的身份、陈述、行为、表情、携物、痕迹等方面进行观察，对有疑点者应重点查验。

7.2.5　紧急情况的处置

当发生群体性事件，干扰、破坏客户单位正常的生产、生活、工作秩序时，保安人员应将有关情况及时报告客户单位或当地公安机关。协助做好疏导工作，维护秩序。

7.2.6　勤务制度（按7.1.6执行）

7.2.7　岗位要求

7.2.7.1　语言文明，手势规范，站姿端正，精神饱满。

7.2.7.2　熟记客户单位有关门卫的规章制度、出入手续，使用的各种证件、标志、车辆的牌号等。

7.2.7.3　了解门卫区域内的环境状况和安全措施。

7.2.7.4　熟悉和掌握单位内部机构的分布、位置，联系方式。

7.3　守护

7.3.1　守护服务的内容

守护服务是采取有效措施，守卫和看护指定目标，保卫其安全。

7.3.1.1　根据保安服务合同，对存有贵重财物、危险物品的场所进行守护。

7.3.1.2　对客户单位生产、经营活动的重要部位，重要设备、设施，根据实际需要组织专门的守护。

7.3.1.3　根据合同，保卫大型文化、体育、展览展销、集会、游园等活动的安全。

7.3.2　制定守护方案

7.3.2.1　根据守护目标的特征、范围、周边环境以及其他可能危害目标的情况等制定守护方案。

7.3.2.2　守护方案需经客户单位和保安服务公司审定，重大守护方案需经上级主管部门批准。

7.3.3　上岗前的准备

担任守护任务的保安人员要按规定着装，携带经公安机关批准使用的防护用具。根据需要携带对讲机。备有守护勤务登记簿。

7.3.4　守护勤务的实施

7.3.4.1 固定岗位。严格检查进出守护区域的人员及车辆，维护秩序，保卫目标的安全。

7.3.4.2 移动岗位。反复巡查，消除守护区域内的不安全隐患，保卫目标安全。

7.3.4.3 了望岗位。观察守护区域内及周围的情况，发现可疑人员和可疑情况立即报告，并采取相应措施保障目标安全。

7.3.5 紧急情况的处置

7.3.5.1 遇有无关人员违反规定欲进入守护区域时，应进行劝阻，对不听劝阻的，应坚决制止并迅速报告客户单位或有关部门。

7.3.5.2 遇有无证车辆，进入守护区域的，应示意其停车，对不听指挥强行闯入的，应记下车型、牌号、颜色等特征，并立即报告客户单位或有关部门。

7.3.5.3 发现现行不法侵害行为，应立即采取措施坚决制止，并将不法行为人送交客户单位或公安机关。做好现场保护工作。

7.3.5.4 发生火灾、爆炸等灾害事故，应立即报警。采取积极措施防止事态扩大、协助抢救受伤人员，并做好现场保护工作。

7.3.6 勤务制度（按7.1.6执行）

7.3.7 岗位要求

7.3.7.1 执行守护任务的保安人员，应熟悉有关制度、规定及准许出入守护区域的手续和证件。

7.3.7.2 熟悉岗位周围的地形、地物及设施，熟悉应急设备的位置、性能和使用方法。

7.3.7.3 熟记与有关部门、人员联系的方式。

7.4 押运

7.4.1 押运服务的内容

为客户承担财物押运任务，保卫下列财物运输安全：

1）金银、珠宝、玉器、文物等贵重物品；

2）现金、股票、国库券和其他有价证券；

3）易燃易爆、剧毒等危险物品；

4）高、精、尖仪器设备及其零配件等；

5）应客户要求承押的其他财物。

7.4.2 制定押运方案

7.4.2.1 在运输手续完备的基础上，要对押运任务进行分析、研究；根据押运财物的种类、数量、路途和运载工具等情况制定押运方案。

7.4.2.2 押运方案需经客户单位和保安服务公司审定。重大押运任务需经上级主管部门批准。

7.4.3 押运任务的实施

7.4.3.1 承接押运任务后需要了解：发货部门名称、物资种类、性质、价值、数量、代号、运输工具，到达目的地运行路线，出发及到达时间；收货单位名称、详细地址、代号；对押运的要求和应注意的问题。

7.4.3.2 办理押运手续，领取途中所需物品。

7.4.3.3 与发货部门人员共同清点财物的数量，检查财物包装密封标记等是否完好，如发现问题，应向客户单位提示并做好记录。装物时保安人员要在场点验，以防发生漏装或出现差错。

7.4.3.4 配备必要的防护用具和通讯器材，并保持完好有效。

7.4.3.5 在押运途中保安人员应注意观察道路两侧的情况，通过桥梁、隧道、交叉道口、转弯地段以及车速减慢时，要加强观察，遇到危险情况，确认险情排除后通过。

7.4.3.6 押运途中需暂时停留，应根据停靠的位置、周围情况，采取相应的警戒措施，以加强防范。途中遇财物中转、改换交通工具时，必须办妥接交、转换手续，并在现场实施监督。

7.4.3.7 多辆汽车押运时，要保持行车间距，防止塞入外部车辆。要根据实际情况，妥善安排行车、停车时间。遇有人员要求搭乘押运车辆时，应拒绝。

7.4.3.8 对押运财物实行监控。保安人员在装载时和装载后，不得离开所押运的财物，必须离开时，应在保证押运财物安全的前提下轮换进行。

7.4.3.9 运输途中，应随时对押运财物进行巡视、检查，观察财物堆放有无移动，包装、密封标记是否完好。发现问题应立即查清原因，做好检查记录。

7.4.4 紧急情况的处置

押运途中发生意外事件，要及时与当地公安机关或有关部门取得联系，妥善处理，并及时报告本单位和收、发货单位。

7.4.4.1 途中发生财物丢失，应立即报告当地公安机关，请其协助追查，并及时通报发货单位和收货单位。

7.4.4.2 途中发生交通事故，要严密看管所押财物，及时与公安交通管理部门联系，妥善处理。并立即通报发货单位和收货单位。

7.4.4.3 押运途中遇有对押运财物的不法侵害，应坚决制止并立即报警。

7.4.4.4 押运途中运输的财物发生火灾、爆炸等事故，保安人员应抢救财物和伤员，并立即报警。通报发货和收货单位。保护好现场，做好记录。

7.4.5 押运财务的交付

7.4.5.1 财物抵达目的地后，保安人员要观察周围动态。办理交接手续时，禁止无关人员接近财物。

7.4.5.2 接交财物应由发货部门和保安人员与收货部门共同清点财物的数量、检查财物包装等情况。认定无误后，由收货部门在收货单据上签名盖章。

7.4.6 押运制度

7.4.6.1 请示汇报制度。押运过程中应及时报告行走的路线、位置和途中发生的各种情况。

7.4.6.2 保密制度。保安人员必须对押运财物的种类、数量，运输时间、路线，押运人员数量等情况严格保密，不得向无关人员泄露。

7.4.7 岗位要求

7.4.7.1 掌握保安押运服务的知识和技能，了解押运方案的内容和要求。

7.4.7.2 了解财物收发、中转等手续的办理程序；掌握运输工具状况及财物的存放条件；清楚押运财物的性能、特点及防护要求；熟记与有关部门、人员的联系方式。

7.5 保安技防

7.5.1 技防服务的内容

7.5.1.1 为客户安装各种防盗抢及防火报警设备，并承担与之配套的技防工程的设计、施工任务。

7.5.1.2 为客户提供固定目标（重点要害部门）、移动目标（机动车辆）防盗抢的联网技防服务。

7.5.2 制定服务方案

7.5.2.1 根据客户要求，制定技防服务方案，其中包括工程施工方案、警情处置方案。

7.5.2.2 制定工程施工方案。保安技防工程施工之前，要按照技防管理的有关规定，根据客户的需求情况制定工程施工方案，其中包括各类报警探头位置设计、线路联系设计、监控平台设计等。

7.5.2.3 制定警情处置方案。对于联网报警的客户，要根据客户的地理位置、防范部位及报警探头的安装位置，制定警情处置方案，确保警情发生后，能够迅速调动保安人员赶赴现场进行处置。

7.5.2.4 工程施工方案、警情处置方案需经客户单位和保安服务公司审定。

7.5.3 保安技防服务的实施

7.5.3.1 为客户安装设备之前，工程技术人员必须亲临现场了解客户需求，根据实际情况，绘制施工现场图，制定施工方案。

7.5.3.2 与客户签定《技防工程施工合同书》。

7.5.3.3 施工必须按方案进行，不得随意更改方案，在施工中要做到文明施工。

7.5.3.4 施工结束后，由技防管理部门会同客户单位对工程进行验收。

7.5.3.5 工程验收结束后，专业技术人员应对客户进行技防设备日常维护培训和操作使用培训。

7.5.3.6 专业技术人员对联网报警客户技防设备要定期进行技术巡检，内容包括设备检修、设备保养和征求客户意见。

7.5.3.7 接到入网客户的报警信息，应迅速赶赴现场进行先期处置。

1）制止不法侵害行为，并将不法行为人送交公安机关。

2）协助救护受伤人员，同时做好现场保护工作。

3）误报时应查明误报原因，并予以排除或通知专业技术人员予以修复。

8 不合格服务的纠正措施

8.1 对不合格服务的识别和报告是每个保安人员的义务和责任。

8.2 发现不合格服务时，要立即采取措施加以纠正，减少由此产生的不良影响。

8.3 发现不合格服务时，应进行记录，并报保安服务公司有关部门。该部门应对出现不合格服务的原因进行分析、评价，以强化监控力度，完善管理制度，不断提高服务水平，防止问题再度发生。

【保安服务质量标准】

前　言

本标准从实现保安服务的规范化、科学化，提高保安服务水平，维护经营者和客户单位合法权益的目的出发，结合北京市保安服务业的实现情况和需要，提出了保安服务质量应达到的具体要求。

本标准由北京市公安局提出并归口。

本标准起草单位：北京市公安局保安管理处。

本标准主要起草人：宋建国、李福生、齐放、黎小康、潘铁树、范立刚、卢瑞玲、何智、元杰、王东岭。

1 范围

本标准规定了保安服务质量应达到的基本要求。

本标准适用于在北京市行政区域内，经北京市公安局批准、北京市工商行政管理局注册的保安服务公司。

2 定义

本标准规定的保安服务及服务种类采用下列定义。

2.1 保安服务

依照法律、法规和国家关于保安服务的政策、规定，根据客户的环境特点和要求，按照保安服务合同约定，采取巡逻、门卫、守护、押运、技术防范等形式，为客户提供保卫安全的相关服务。

2.2 巡逻服务

保安人员对特定区域、地段和目标进行的巡查、警戒的服务业务。

2.3 门卫服务

保安人员对客户单位出入口进行把守、验证、检查的服务业务。

2.4 守护服务

保安人员对特定的目标进行看护和守卫的服务业务。

2.5 押运服务

保安人员采取随财物守卫方式，保卫客户财物运输安全的服务业务。

2.6 技术防范服务

保安人员运用科技手段和设备，为客户指定的区域和目标，设计、安装各种报警器材并定期维护，提供接警、先期处警和其他相关的技防服务业务。

3 保安人员基本条件

3.1 政治素质条件

3.1.1 爱祖国、爱人民、爱社会主义、爱科学。

3.1.2 无违法犯罪记录。

3.1.3 爱岗敬业，恪尽职守。文明值勤，礼貌待人。遵纪守法、团结协作。

3.2 业务技能条件

3.2.1 具备基本法律知识及与保安相关的政策、规定。

3.2.2 具备一定语言和文字表达能力。

3.2.3 具备与岗位职责相应的观察、发现、处置问题能力。

3.2.4 具备使用基本消防设备、通讯器材、技术防范设施设备和相关防卫器械技能。

3.2.5 掌握一定防卫和擒敌技能。

3.3 身体条件

男性身高 1.70m 以上，女性身高 1.60m 以上，双眼裸视 0.8 以上，无色盲，身体健康，无纹身。

3.4 文化条件

具备初中以上学历，特殊岗位应具备相应的文化业务知识。

4 服务标准

4.1 着装

4.1.1 除不宜或者不需要着装的情形外，在工作时间必须着保安制服。因私外出时应着便服。

4.1.2 着保安制服时，要按规定佩带保安标志。

4.1.3 保安制服不准与便服混穿，不同季节的保安制服不准混穿。

4.1.4 在驻勤单位除工作外，着装时可以不戴帽子。

4.1.5 着保安制服应干净整洁，不准披衣、敞怀、挽袖、卷裤腿、歪戴帽子、穿拖鞋或赤足。

4.1.6 爱护和妥善保管保安制服和保安标志。严禁将保安制服和保安标志变卖、赠送或借给他人。

4.1.7 着装参加重要活动时，只准配戴领导机关统一颁发的勋章、奖章和证章，不准配戴其他徽章和饰物。

4.2 仪容仪表

4.2.1 值勤时要仪表端庄，精神饱满。

4.2.2 男性保安不准留长发、大鬓角和胡须，女性保安发辫不得过肩。

4.2.3 不得染发、染指甲，不得化浓妆、戴首饰。

4.3 礼节

4.3.1 在下列场合行举手礼：

4.3.1.1 着装遇领导时。

4.3.1.2 站岗、值勤、交接班时。

4.3.1.3 纠正违章时。

4.3.1.4 受到领导接见、慰问时；领导视察、检查工作时。

4.3.1.5 参加外事活动与外宾接触时。

4.3.1.6 着装在大会上发言开始和结束时。

4.3.1.7 接受颁奖时。

4.3.2 在参加集会、大型活动奏国歌、升国旗时，要自行立正行注目礼。

4.3.3 对日常接触的上级领导可以不敬礼。

4.4 举止

4.4.1 精神饱满，姿态端正，动作规范，举止文明。

4.4.2 着装外出工作、值勤和出入公共场所时，不准袖手或将手插入衣兜。不准搭肩、挽臂、边走边吸烟、吃东西、嘻笑打闹。不准随地吐痰、乱扔废弃物。

4.4.3 不准着制服在公共场所饮酒，严禁酗酒。

4.4.4 要自觉遵守公共秩序和社会公德，

遵守《首都市民文明公约》。

4.4.5 要尊重少数民族的风俗习惯。

4.5 语言

4.5.1 在工作中使用语言要简洁准确、文明规范，接触群众时，说话要和气，使用“你好、请、您、对不起、谢谢、再见”等礼貌语言。要注意称谓的使用。在与少数民族、宗教人士、外籍人士交谈时，不准使用对方禁忌的语言。

4.5.2 值勤时应讲普通话。

4.6 岗位纪律

4.6.1 严格在法律规定的范围内开展保安服务工作，不准超越职责权限。

4.6.2 严格履行岗位职责，不准做与保安服务无关的事情。

4.6.3 不准刁难群众。

4.6.4 不准脱岗、空岗、睡岗，不准迟到、早退。

4.6.5 遵守客户单位内部的各项规章制度，对客户单位内部的机密事项，不准随意打听、记录、传播。

4.6.6 未经允许不准动用客户物品和接受客户赠送的礼品。

4.6.7 要爱护公物。

4.6.8 有重要情况要妥善处置并及时上报。不准迟报、漏报、隐瞒不报。

4.6.9 要认真填写值班记录，做好交接班工作。

4.7 卫生

4.7.1 要自觉维护环境卫生，保持值勤区域整齐清洁。

4.7.2 内务卫生

4.7.2.1 床单、被褥整齐干净，床下无杂物。

4.7.2.2 地面无烟头、无痰迹、无纸屑。

4.7.2.3 门窗洁净，玻璃明亮。

4.7.2.4 生活用品摆放整齐，统一规范。

4.7.2.5 不准饲养宠物，不准私自张贴、悬挂图片、画报。

5 质量标准

依照保安服务合同提供防范性安全服务，维护客户单位的安全和秩序，防止守护目标受到不法侵害或灾害事故的损害，有效避免因服务提供方或保安人员责任造成客户经济损失，满足客户单位安全需求。

5.1 巡逻服务

5.1.1 保安人员对特定区域、地段和目标进行的巡查、警戒，保卫客户安全。

5.1.1.1 通过巡逻，震慑不法分子，使其打消对客户不法侵害的企图。

5.1.1.2 通过巡逻，发现可疑人员，对其进行询问，对有作案嫌疑的，送交有关部门处理。

5.1.1.3 对正在发生的不法侵害行为，应采取相应措施，予以制止，将不法行为人送交公安机关或有关部门处理。

5.1.2 检查、发现、报告并及时消除各种不安全隐患。防止火灾、爆炸等事故或抢劫、盗窃等不法侵害案件的发生。

5.1.3 在巡逻过程中，对已经发生的不法侵害案件或灾害事故，应及时报告公安机关或有关部门并保护现场。

5.2 门卫服务

5.2.1 保安人员对客户单位出入口进行把守、验证、检查，保卫客户安全。

5.2.1.1 查验出入人员的证件，办理登记手续，禁止无关人员进入。

5.2.1.2 根据客户的要求，对出入的人员、车辆携带或装运的物品进行查验，防止客户单位财物流失。

5.2.1.3 指挥、疏导出入车辆，清理无关人员，维护出入口的正常秩序。

5.2.1.4 及时发现不法行为人，截获赃物，做好治安防范工作。

5.2.2 协助客户单位做好来访接待工作。

5.3 守护服务

5.3.1 保安人员对特定的目标进行看护和

守卫，保卫客户安全。

5.3.2 维护守卫区域的正常秩序。及时制止无关人员进入守卫范围。

5.3.3 做好防火、防盗、防抢、防爆炸等工作。

5.4 押运服务

5.4.1 保安人员采取随财物守卫方式，保卫客户的财物运输安全。

5.4.2 防止押运财物被盗、被抢或遭受其他不法侵害。

5.4.3 通过安全检查，及时发现不安全隐患，防止发生火灾、爆炸等事故。

5.4.4 对押送财物置放、运输的条件、环境等情况，进行巡视检查，防止发生挤压、丢失等情况。

5.4.5 对押送的财物要进行清点、核对，防止出现差错。

5.5 技术防范服务

5.5.1 保安人员运用科技手段和设备，为客户指定的区域和目标，设计、安装各种报警器材并定期维护，提供接警、先期处警和其他相关的技防服务业务，保卫客户安全。

5.5.1.1 防止客户单位遭受不法侵害。

5.5.1.2 按到入网客户的报警信息，应迅速赶赴现场进行先期处置。

5.5.1.3 对正在发生的不法侵害行为，应采取措施制止，对不法行为人应立即送交公安机关处理。

5.5.1.4 对于误报警应迅速给予排除。

5.5.2 对联网报警客户的技防设备，应定期进行巡检维护，防止设备出现故障。

5.5.3 技防设备的安装，应严格遵照有关技术规范和标准进行。

5.5.4 对于客户提出的设备报修、移机应迅速给予处理。

6 保安设备设施

保安设备设施应满足提供服务的要求，对设备设施进行适当维护，确保设备设施始终处于完好有效状态。

7 保安服务质量的检查与改进

7.1 检查的内容与方式

7.1.1 检查内容

根据 DB11/T 130—2001《保安服务操作规程》和本标准的要求，对保安服务和队伍管理情况进行全面考核、检查。

7.1.2 检查方式

7.1.2.1 监督核查

1）独立驻勤保安队自查。

2）大、中队对独立驻勤保安队的检查。

3）分公司对大、中队的检查和对独立驻勤保安队的抽查，受理客户投诉。

4）总公司对所属分公司进行检查，对独立驻勤保安队抽查。

5）总公司保安纠察队对所属的保安队伍进行纠察和检查。

6）分公司保安纠察队对所属保安队进行日常纠察和检查。

7）保安人员对保安服务质量及管理进行监督，提出意见和建议。

7.1.2.2 客户评价

1）分公司定期向客户单位征求意见。

2）发放征求意见表。

3）公布保安服务质量监督电话。

4）驻勤保安队经常向客户单位汇报工作，征求意见。

5）做好投诉接待工作。

7.1.3 检查记录

以上检查方式，均应有详细的记录。

7.2 服务质量的改进与提高

7.2.1 对检查中发现的问题和客户、群众的意见、建议及投诉，认真进行汇总、分析和研究，有针对性地制定具体的改进方案和措施。

7.2.2 对改进方案和措施的落实情况及改进的效果，进行复查和评价，使服务质量得到改进和提高。将改进的方案、措施及效果主动向客户、群众反馈。

北京市保安服务总公司及各分公司通讯录

单位	邮政地址	办公电话	传真电话	经理	邮编
保安总公司	北京市丰台区成寿寺路23号	67681102 67616969	67619696	总值班室	100078
外事分公司	朝阳区广渠门外大街6号院	67760040	87774231	王 毅	100022
开远分公司	朝阳区后八里庄红领巾公园内朝阳游泳馆东侧	85818759	85818759	王庆喜	100025
文安分公司	海淀区知春路57号	62632997	62632911	王晨明	100080
东城分公司	东城区安外大街安外花园15号	64281515 64281100	64282323	石建明	100011
西城分公司	西城区裕中西里23号楼	62028966 62029022	62029022	李四全	100101
崇文分公司	崇文区天坛东里48号院鸿运花园	67147805 67147810	67101275	李友安	100061
宣武分公司	宣武区宣武门外大街169号	83163227	83163229	苗永庆	100052
朝阳分公司	朝阳区石佛营西里12号楼C座	85817578 85817570	85817569	孔繁树	100025
海淀分公司	海淀区成府路35号	62556101 62570122	62556101	李继典	100083
丰台分公司	丰台区花乡四合庄267号	63724575	63730567	刘洪泽	100070
石景山分公司	石景山区广宁地区麻峪村东街	88992336	88993732	宫兆君	100041

续表

单位	邮政地址	办公电话	传真电话	经理	邮编
门头沟分公司	门头沟区新桥大街45号	69843829	69843829	黄庆民	102300
通州分公司	通州区梨元镇政府大街车里坟村委会院内	81530811	81530802	贾文忠	101101
顺义分公司	顺义区保安公司	81495014	81495014	王广山	101300
房山分公司	房山区城关大石河南小田庄村西	69314302	69314302	张景利	102400
昌平分公司	昌平区城区镇西关路供销公司办公楼3层	69745252	69745252	刘希孟	102200
燕山分公司	北京燕山杏花东路1号(燕山公安分局院内)	69344657	69334895	关卫东	102500
大兴分公司	大兴县黄村兴华南路17号	69247846	69249335	吴淑英	102600
怀柔分公司	怀柔县下元市场保安公司	69646694	69646694	沈亚彤	101400
平谷分公司	平谷县城关镇大发路3号	69961254	69961254	赵联九	101200
密云分公司	密云县城西保安公司	69042599	69042599	瘳建华	101500
延庆分公司	延庆县高塔街62号	69175996	69171621	李永祥	102100
公交分公司	东城区北新桥炮局头条甲28号	64008072	64008072	党雪岭	100007
地铁分公司	德胜门内西大街甲5号(志强小学内)	62292490 62275332	62251505	刘福强	100088

续表

单　位	邮　政　地　址	办公电话	传真电话	经　理	邮　编
开发区分公司	北京市保安服务总公司经济技术开发区分公司	69288957	69218951	王书龙	100176
西站分公司	北京市莲花池东路 110 号	63951592	63951592	张武军	100055
铁卫分公司	北京市东城区东长安街 6 号	65259007	51835348	王友仁	100006
铁保分公司	北京西站西配楼 14 层 23 号房间	63963323 63951125	63963323	宋　军	100055

2001 年派出所名称变更一览表

单位名称（原名称）	现名称	办公地址	监督电话
海淀分局总后大院派出所	总后派出所	复兴路 22 号	66887504
海淀分局石油大院派出所	石油派出所	学院路 20 号	62311392
房山分局崇各庄派出所	青龙湖派出所	崇各庄西街 1 号	60321674
昌平分局南口铁道北派出所	道北派出所	南口镇北站	69771265

2001 年新增派出所一览表

单位名称	办公地址	监督电话
朝阳分局黄港派出所	沈家坟村东	84917631
朝阳分局崔各庄派出所	崔各庄乡政府对面	64323567
海淀分局翠微派出所	翠微路 16 号	88212588
房山分局北潞园派出所	良乡政通路 18 号	89368292　89368293
开发区分局天华路派出所	天华西路甲 1 号	67871512

【北京市森林公安处对外承办事务】

北京市森林公安处负责接收和处置与破坏森林与野生动物资源有关的警报。包括：森林火灾的警报，滥伐林木案件、盗伐林木案件及其它毁林案件的警报，违法猎捕野生动物的案件和违法收购、运输、经营野生动物及其制品的案件的警报。

负责接待并处理群众关于森林火灾、毁林、野生动物等案件和森林公安机关及其民警违法违纪问题的来信来访。

咨询电话：（010）62015136

【北京市居民住宅小区科技创安达标要求】

第一条 为进一步推进社区科技创安工作开展，突出小区安全防范的实用性、有效性和普及率，配合首都综治委的目标考核工作，制定本标准。

第二条 科技创安是指在社会治安综合治理工作中，充分运用现代科学技术手段，不断提高基层安全创建活动的科技含量，预防、打击和控制危害社会的违法活动，构筑人防、物防、技防三者有机结合的安全防范体系的一项社会系统工程。

第三条 居民住宅小区科技创安目标考核应以小区防范的有效性为主，分别对小区的周界防范、公共区域防范、住宅防范、值班室和人员管理等五项内容进行考核。

（一）周界防范是指在居民住宅小区的边界上安装实体防范或探测设备，阻止或发现犯罪分子侵入的措施。

（二）公共区域防范是指在居民住宅小区的公共活动区域，如停车场、重要出入口等，实施监视、控制和威慑的措施。

（三）住宅防范是指通过对住宅户窗、户门的防护，阻止或发现犯罪分子侵入的措施。

（四）值班室是小区安全防范的重要枢纽，具有管理巡逻人员，处理治安事件，甄别警情及时上报公安机关的作用。

（五）人员管理是通过建立相应的制度对居民住宅小区的警卫人员进行管理，以保障值班和巡逻的正常进行。

第四条 居民住宅小区科技创安达标的基本条件。

（一）“周界防范”考核主要包括“栅栏”、“围墙”、“周界探测报警系统”，只要其中一项达到要求，“周界防范”考核应属达标。

（二）“公共区域防范”考核主要包括“灯光照明”或“电视监控”，只要其中一项达到要求，“公共区域防范”考核应属达标。

（三）“住宅防范”考核主要包括“内置式防护窗（或防护玻璃）和联网型楼寓对讲系统”或“探测报警系统”，只要其中一项达到要求，“住宅防范”考核应属达标。

（四）“值班室装备”考核主要包括“楼寓对讲管理主机与通讯工具”或“报警系统中心设备与通讯工具”两项内容，只要其中一项达到要求，“值班室”考核应属达标。

（五）“内部管理”考核主要包括“保安人员配置”、“报警值机记录”、“报警处置预案”、“值班、巡逻管理制度”、“值班表”和“保安人员的档案”六项内容。这六项都达到要求，“内部管理”的考核应属达标。

第五条 考核形式采取填写《北京居民住宅小区科技创安考核表》的办法，符合要求在“是否达标”栏中打“√”；不符合打“×”。

附：

北京居民住宅小区科技创安考核表

小区名称：　　　　　　　　　　　　　　　　　　所属区（县）：
小区地址：　　　　　　　　　　　　　　　　　　联系电话：

序号	考核内容	考核项目	达标要求	是否达标
1	周界防范	栅栏	封闭，人不能钻入，高度不低于1.8米	
2		围墙	封闭，人不易翻入，高度不低于1.8米	
3		周界探测报警系统	封闭，安装在固定物上，探测灵敏有效，不易被破坏	
4	公共区域防范	灯光照明	安装在小区周界，主要公共活动区，住宅的周围	
5		电视监控	可以昼夜观察，覆盖整个公共区域	
6	住宅防范	内置式防护窗（或防护玻璃）	安装在住宅一层的户窗	
7		联网型楼寓对讲系统	使用的产品必须符合国家有关标准	
		探测报警系统	监控住户的门、窗	
8	值班室装备	楼寓对讲的管理主机	有对各分机进行管理的功能	
		通讯工具	有与外界联系的有线或无线通讯工具	
9		报警系统中心设备	可以自动显示和记录报警信息，并发出声光报警	
		通讯工具	有与外界联系的有线或无线通讯工具	
10	内部管理	保安人员配置	配有适当的保安人员和值机人员	
		报警值机记录	记录每次接警处置的过程	
		报警处置预案	贴于值班室明显处，规范接到报警后的处置方案	
		值班、巡逻管理制度	贴于值班室明显处，规范警卫人员的值班、巡逻	
		值班表	贴于值班室明显处，规范值班人员的时间安排	
		保安人员的档案	建立每个保安人员的档案	
小区是否达标				

【各区（县）安全技术防范管理办公室联系方式】

东城区安全技术防范管理办公室
联系电话：64074411—3704
地址：东城区交道口南大街大兴胡同45号东城公安分局信通处
邮编：100007

西城区安全技术防范管理办公室
联系电话：83995126、83995130
地址：西城区二龙路39号西城公安分局信通处
邮编：100032

崇文区安全技术防范管理办公室
联系电话：67102357
地址：崇文区幸福大街34号崇文公安分局信通处
邮编：100061

宣武区安全技术防范管理办公室
联系电话：83164150
地址：宣武区梁家园胡同1号宣武公安分局信通处
邮编：100052

朝阳区安全技术防范管理办公室
联系电话：85810124
地址：朝阳区石佛营西里12号C座104
邮编：100025

海淀区安全技术防范管理办公室
联系电话：82883538、82387483
地址：海淀区北四环中路229号海泰大厦南配楼202号海淀公安分局信通处
邮编：100083

丰台区安全技术防范管理办公室
联系电话：63897677
地址：丰台区东大街甲21号丰台公安分局信通处
邮编：100071

石景山区安全技术防范管理办公室
联系电话：88912390
地址：石景山区古城南里1号石景山公安分局信通处
邮编：100043

门头沟区安全技术防范管理办公室
联系电话：69854754
地址：门头沟区新华大街45号门头沟公安分局信通处
邮编：102300

房山区安全技术防范管理办公室
联系电话：69318934
地址：房山区城皇庙街10号房山公安分局信通处
邮编：102400

燕山区安全技术防范管理办公室
联系电话：69344875
地址：燕山区杏花东里1号燕山公安分局信通处
邮编：102500

通州区安全技术防范管理办公室
联系电话：69519656
地址：通州区新华北街303号通州公安分局信通处
邮编：101100

顺义区安全技术防范管理办公室
联系电话：69440714、81492239
地址：顺义区顺义镇太平2条南口
邮编：101300

开发区安全技术防范管理办公室
联系电话：67881113、67881412
地址：大兴亦庄经济开发区中和街甲3号开发区公安分局办公室
邮编：100176

大兴县安全技术防范管理办公室
联系电话：69248030
地址：大兴县黄村镇西大街大兴公安分局信通科
邮编：102600

昌平县安全技术防范管理办公室
联系电话：69703784
地址：昌平区昌平镇西环路甲68号昌平公安分局信通处
邮编：102200

怀柔县安全技术防范管理办公室
联系电话：69644125
地址：怀柔县府前街6号怀柔县公安局信通科
邮编：101400

密云县安全技术防范管理办公室
联系电话：69041177
地址：密云县公安局信通科
邮编：101500

平谷县安全技术防范管理办公室
联系电话：89993835
地址：平谷县新平东路2号县安全技术防范管理办公室
邮编：101200

延庆县安全技术防范管理办公室
联系电话：69103044、69103732
地址：延庆县延庆镇西街4号延庆县公安局信通科
邮编：102100

【北京市公安局专业分局、直属职能（局）处技防管理部门地址】

北京市公安局内部单位保卫局技防办
联系电话：66168936、66168386
地址：西城区太平仓1号指导处
邮编：100034

北京市公安局文化保卫处技防办
联系电话：62558862
地址：海淀区知春路57号信通处
邮编：100080

北京市公安局治安管理总队技防办
联系电话：62010688
地址：西城区德外新德街29号信通处
邮编：100011

北京市公安局地下铁道分局技防办
联系电话：62293941、66160046
地址：西外北河沿2号分局信通科
邮编：100044

北京市公安局公共交通分局技防办
联系电话：64012277—3002
地址：东城区炮局胡同23号分局信通科
邮编：100007

北京市公安局清河分局技防办
联系电话：022—67988200
地址：天津市汉沽区清河分局办公室
邮编：300481

北京市公安局天安门地区分局技防办
联系电话：65129617
地址：天安门分局信通科
邮编：100006

北京市公安局北京西站分局技防办
联系电话：6395636
地址：丰台莲花池东路110号分局信通科
邮编：100055

北京市保安服务总公司技防科
联系电话：67315701
地址：丰台区成寿寺路23号技防科
邮编：100078

铁路公安处技防办
联系电话：65623760、63554831
地址：北京铁路公安处刑警队东长安街
邮编：100006

机场分局技防办
联系电话：64564109
地址：首都机场公安分局空防保卫处
邮编：100621

【获2002年度安全技术防范工程设计、施工资格准许证的单位名单】

北京市安全技术防范管理办公室公告

为了加强我市安全技术防范工程的监督管理，保证工程质量和社会效益，维护建设单位的利益，根据《北京市安全技术防范管理规定》(1999第47号令)的规定，凡在我市行政区域内从事安全技术防范工程设计、施工及维修的单位，必须持有北京市安全技术防范管理办公室核发的准许证，方可从事相应经营活动。未加盖2002年度审验章的准许证，自登报之日起自行废止。现将获得2002年度安全技术防范工程设计、施工资格准许证的单位名单公告如下：(以申报顺序排序)

一级单位

1. 北京鼎安科技发展有限公司	62016688
2. 中国瑞达系统装备公司	68632851
3. 北京欧斯达安防系统技术开发有限责任公司	67656975
4. 北京明望科远电子技术有限公司	88364371
5. 北京天龙控制系统公司	65543121
6. 北京市报警器材服务公司	65247475
7. 北京洛达电子工程有限公司	68576451
8. 中国通广电子公司	64980690
9. 北京联视神盾安防技术有限公司	68425130
10. 北京声迅电子有限公司	68427943
11. 北京亚洲卫星通信技术有限公司	62566978
12. 北京中自技术集团	82614527
13. 北京龙博技术开发工程公司	62278886

14. 北京市中铁益安电子技术公司	51840273
15. 北京通威安全防范技术有限公司	62076668
16. 北京达明平安科技有限公司	64854850
17. 北京富盛星电子有限公司	65869587
18. 北京风险工程贸易总公司	66516073
19. 北京航天天盾电子技术有限公司	68766505
20. 中国电子系统工程总公司	68670797
21. 北京当代赛盾安全防范系统工程有限公司	68222201
22. 中航机场安全设备工程有限公司	65380098
23. 北京中北神力电子工程有限责任公司	62960874
24. 龙浩通信公司	68421994
25. 海鹰机电技术研究院	68375245
26. 北京银泰永辉智能科技有限公司	68486705
27. 北京京盾西科姆电子安全有限公司	65676277
28. 北京市门吉利磁电工程研究所	64853366
29. 世安国际安全技术有限公司	66116616
30. 北京新达川科技发展有限责任公司	65577527
31. 北京市星光电子技术开发中心	66767044
32. 清华同方股份有限公司	62791188 – 6328
33. 北京益泰牡丹电子工程有限责任公司	68421580
34. 北京民安达安防技术有限责任公司	68423121
35. 北京市新明星电子技术开发公司	68256978
36. 北京安警技术工程公司	82884100
37. 北京自动化系统工程研究设计院	68993328
38. 北京东方意德科技有限责任公司	82685633
39. 北京联视电子工程有限公司	65814635
40. 北京市宇安机电工程开发公司	84641132
41. 北京远东威迪电子工程中心	68038929
42. 北京中盾安全技术开发公司	68454096

43. 北京市刑事科学技术研究所	64042664
44. 华美工程有限公司	65077851
45. 航天信息股份有限公司	68379222
46. 北京北大青鸟安全系统工程技术有限公司	62755028
47. 北京冠林盈科智能系统集成有限公司	68438862
48. 北京华夏正邦科技有限公司	62632680
49. 北京晟利达科贸有限责任公司	66512613
50. 北京安普银保科技发展有限公司	63475596
51. 北京深蓝华岳防范技术有限公司	62973190
52. 北京市保安科技发展中心	67333054
53. 北京欣卓越技术开发有限责任公司	83526846
54. 北京中加集成智能系统工程有限公司	68042426

二级单位

55. 北京市新技术应用研究所	66160935
56. 北京韦驮安全工程有限责任公司	66068436
57. 北京中视华业电视工程中心	65128347
58. 北京长峰工业有限公司	68387118
59. 北京凯文警视技术研究所	62576300
60. 北京瑞拓电子技术发展有限公司	88026952
61. 北京集宝保安系统工程有限公司	65669500
62. 北京中山消防保安技术有限公司	88086633
63. 北京警神北阳电子安全有限公司	67153311
64. 北京科赛盈卫星应用技术开发有限公司	68382529
65. 北京市怀恩电子有限责任公司	83152649
66. 安华保安服务管理有限责任公司	89590274
67. 北京市比飒建筑智能化工程有限公司	84273361
68. 北京迈科电子系统工程有限公司	64981062
69. 华夏消防（集团）有限责任公司	63433090

70. 北京外通电子技术公司	64304963
71. 北京格盾安全防范技术工程有限责任公司	83536089
72. 北京欣优特通信技术有限公司	82612255
73. 北京澎达安全系统有限公司	66073318
74. 北京长信泰康通信技术有限公司	63601188
75. 北京安保利达科技开发有限责任公司	82250139
76. 北京安迪盛安全系统自动化有限公司	88354068
77. 北京华芯科技发展有限责任公司	62352368
78. 北京嘉德隆电子工程技术有限公司	88455326
79. 北京市德天电子技术工程有限公司	64446067
80. 北京康德视通信技术发展有限公司	66150965
81. 北京凌视科技发展有限公司	68470008
82. 北京三诚实业公司	68715291
83. 北京华讯和达数据科技有限公司	82318000
84. 北京天川科技发展有限公司	68431803
85. 北京尚方科技有限责任公司	82617245
86. 北京布鲁盾高新技术有限公司	62394190
87. 北京市警视达机电设备研究所	67182621
88. 北京世伟自动化设备有限公司	62173185
89. 北京科林杰伟世电子系统工程有限公司	64062806
90. 北京邮电通信设备厂	64375323
91. 北京利通源电子技术有限公司	67733869
92. 北京市高特技工贸公司	84896144
93. 北京市汉龙实业公司	68436220
94. 北京华科鸿泰智能系统工程有限责任公司	62988171
95. 北京奇华通讯有限公司	68373388
96. 北京英正科贸有限责任公司	65088003
97. 北京九州开元通信技术发展有限公司	84610308
98. 北京东方万事利智能科技有限公司	64315588
99. 北京三谷置地开发有限公司	64392366
100. 北京荣润科技发展有限责任公司	62136868

三级单位

101. 北京通建泰利特智能系统工程技术有限公司	82615630
102. 北京国都信业实业集团	62770491
103. 北京国龙科安科技发展中心	82883104
104. 北京世创泰格科技发展有限公司	62034836
105. 北京金时讯科技有限公司	62885399
106. 北京嘉美新电子技术开发有限公司	63267176
107. 北京崇威科贸有限公司	64987789
108. 北京华科园公司	62541558
109. 北京同熹智能建筑系统集成有限公司	62523111
110. 北京信利天明技贸有限责任公司	68719591
111. 北京方泰沃格科技发展有限公司	68706381
112. 北京国安电气总公司	62541757
113. 北京天礫电气设备有限责任公司	63423018
114. 北京中航弱电系统工程有限公司	68002626
115. 北京金狮宏视科技发展有限公司	62478858
116. 中国大恒（集团）有限公司	62625152
117. 北京燕京科学技术服务公司	68413457
118. 北京翔鹏电子设备厂	89746298
119. 北京国力达宽带网络设备安装有限公司	83982324
120. 北京润迪科技发展有限公司	68716648
121. 北京四方亚明科贸有限责任公司	68313388－5141
122. 北京翔实机电技术开发公司	68931740
123. 北京特必佳科贸有限公司	62588965
124. 北京裕祥电子工程有限公司	65220368
125. 北京洛特安全技术有限公司	65541996
126. 北京市雅汇安防工程有限公司	68341104
127. 北京盛丰电子安全技术有限责任公司	82190156
128. 北京国讯富通科技有限公司	68462511

129. 北京航天三金科技发展公司	68383941
130. 北京硕得安防设施有限公司	64415789
131. 北京四正测控技术有限责任公司	83519222
132. 北京合力光桥智能网络有限公司	82658583
133. 北京实现通信有限责任公司	67169149
134. 北京太极计算机房安装公司	62325847
135. 北京华安北海消防安全工程有限公司	67020854
136. 北京华源科半光电子科技有限责任公司	82304235
137. 北京行者多媒体科技有限公司	62632233
138. 北京金景山科技有限公司	82050115
139. 北京市滨宝机电设备技术开发有限责任公司	63288602
140. 北京市三维机电技术开发公司	67016618
141. 北京世纪先锋科技有限公司	68716261
142. 北京秦盾保安设备技术开发中心	88413194
143. 北京艾普克电子设备安装有限公司	63435321
144. 北京航天康明电子技术开发有限公司	67872933
145. 北京哈工大北方科技有限公司	68703134
146. 北京网星科技发展有限公司	65156708
147. 北京中经贸信息网络有限公司	64906800
148. 北京中博科信科技有限公司	65817135
149. 北京科技视经贸中心	64074055
150. 北京天创德生智能化技术有限公司	64412288
151. 北京市中建京海计算机工程公司	68415883
152. 北京航峰技贸公司	68931157
153. 北京成强机电设备有限公司	63450934
154. 北京欣备利机电设备有限责任公司	68284002
155. 北京兴通联自控系统工程有限公司	64181454
156. 北京共同电子技术有限公司	68472047
157. 北京威腾鹰视安全技术开发有限责任公司	67505500

158. 北京康明技通技术开发有限公司	68758980
159. 北京联合信通电子系统集成有限公司	67025279
160. 北京万安利达报警技术服务有限公司	62537374
161. 北京德坤科技发展中心	82326421
162. 北京四通智能建筑系统集成工程有限公司	62029930
163. 北京银方利达商贸有限责任公司	64985615
164. 北京长城电子机房技术联合开发公司	62025010
165. 北京博维仕电子设备有限责任公司	64871438
166. 北京安警视通技术发展有限公司	64965268
167. 北京精诚安保消防工程有限责任公司	63286278
168. 北京恒宇环讯智能交通技术有限责任公司	82024991
169. 北京熙荣科技发展有限公司	64801261
170. 北京共达科技发展有限公司	65709168
171. 北京思达伟业安全防范设备技术有限公司	62355117
172. 北京东方视通科技发展有限公司	82011242
173. 北京迅通宏达电子技术开发有限公司	88211146
174. 北京中航宇科技发展有限责任公司	63392521
175. 北京实创上地科技有限公司	62983309
176. 北京华祺洋消防安全有限公司	67033919
177. 北京市电子系统工程公司	64284717
178. 北京顺天裕科贸有限公司	66515158
179. 北京欣泰安科技发展有限公司	64288579
180. 北京银信通讯技术公司	65121922
181. 北京共同保安服务有限公司	67748681
182. 北京中科软件有限公司	82660085
183. 北京德力普科技有限公司	65156924
184. 北京国通网联科技发展有限公司	62227058
185. 北京恒安达电子有限公司	62149011
186. 北京柏利得科贸公司	66150467

187. 北京金保安科技开发有限公司	66211959
188. 北京兴百设备安装工程有限责任公司	67625316
189. 北京市德达数据系统有限责任公司	68686028
190. 北京中警安技术开发中心	67721355
191. 北京科园技术开发公司	62641418
192. 金达泰克电子系统（北京）有限公司	62127571
193. 北京平丰技贸有限责任公司	51911022
194. 北京航天华宇电子系统工程有限公司	63813759
195. 北京中广赛特莱特科技网络工程有限责任公司	68518920
196. 北京科力迅科贸有限公司	82895484
197. 北京善恩信息技术开发有限公司	87771878
198. 北京慧谷兴迪电子工程技术有限公司	64392098
199. 北京传视电子工程公司	64914477 - 3770
200. 北京达溪电子技术有限责任公司	88117189
201. 北京市金盾监控技术服务有限公司	67236803
202. 北京海文通得电器公司	63545521
203. 北京居安瑞韩科技发展有限公司	63814716
204. 吉利尼电子工程技术（北京）有限公司	62162621 - 212
205. 北京朴戈安防工程有限公司	64017744 - 6522
206. 保利通信公司	84013687
207. 北京二十一世纪科技发展有限公司	62546188
208. 北京华德亚太电子设备有限公司	64499115
209. 中航机场设备有限公司	64969396
210. 北京中岗联科技发展有限公司	82657893
211. 北京国联科技公司	67759109
212. 北京市牡丹信息通信公司	84015843
213. 北京恒安科技安防设施有限公司	61214848
214. 北京华北计算机系统工程联合公司	62570032
215. 北京宏中中电器有限公司	88124664

216. 北京航瑞机电技术有限责任公司	68178479
217. 北京警安视讯电子工程有限公司	62381833
218. 北京圣约达电子技术有限责任公司	63187738
219. 北京银帆汇安电子设备销售有限公司	82080366
220. 北京赤京鹏飞技贸发展中心	62628582
221. 北京永安技贸公司	62145508
222. 北京炬通远扬科技发展有限责任公司	64392039
223. 北京四方博特防范器材有限责任公司	67257312
224. 北京市志远电子技术公司	88430768
225. 北京宏大京电电子技术有限公司	88531410
226. 北京华贸远大科技发展有限责任公司	64446520
227. 北京顺奇网络系统有限责任公司	82005232
228. 北京聚通网络有限责任公司	64645947
229. 北京市南北华天科技有限公司	69341318
230. 北京天河地塬科贸有限公司	88354116
231. 北京求实科技发展公司	68251012－808
232. 中建电子工程有限责任公司	68700777
233. 北京智安达机电技术有限责任公司	62347307
234. 北京中生利华科技有限责任公司	62770565
235. 北京市巨龙工程有限公司	66068889
236. 北京市住宅建设安装公司	84603669
237. 北京永安报警系统工程公司	82857128
238. 华威保安工程有限责任公司	88117581
239. 北京峰谷安全技术有限公司	62023198
240. 北京日上红安全设备制造有限公司	87608188
241. 北京泰益丰技贸有限责任公司	68450655
242. 北京当代辰光科技发展有限公司	63446344
243. 北京胜嘉恒远电子工程设计有限责任公司	67111002
244. 北京玛斯特系统工程有限公司	62227601

245. 北京万家安全系统有限公司	64012390
246. 北京中建智能建筑系统集成有限公司	64254505

三级（暂定）单位

247. 北京鹰之冠技术开发有限公司	82618145
248. 北京鑫矗科技开发有限公司	64213936
249. 北京朗迈控制系统工程有限公司	67171798
250. 北京万事利达科贸有限公司	67111116
251. 北京市赛林科技发展公司	64714698
252. 北京海森电子安装工程有限公司	68340846
253. 北京首钢高新技术有限公司	88295597
254. 北京华声特种电器厂	66160922
255. 北京世纪立林科技有限公司	63438588
256. 北京大唐中联系统集成有限公司	65882278
257. 北京鑫安华科技发展有限公司	62034380
258. 北京创安达科贸有限公司	69441935
259. 北京安普日盛科技有限责任公司	62985304
260. 北京国益大同电子技术有限责任公司	68373030
261. 北京天安警视科技有限公司	60513326
262. 北京科电高技术公司	62610924
263. 北京思普威科技有限公司	64627115
264. 北京联众世纪科技有限责任公司	64956933
265. 北京住科电子设备有限责任公司	63052123
266. 北京晋科光技术有限公司	62141147
267. 北京泰跃三山卫星技术发展有限公司	82058855
268. 北京开元嘉业智能化信息技术有限公司	64936157
269. 北京安泰信达科技有限公司	83538606
270. 华旭金卡有限责任公司	64729988
271. 北京宏海创源科贸有限公司	67319848

272. 北京晓东顺电子器材有限公司	81485423
273. 北京裕邦宏达安全防范技术有限公司	68330642
274. 北京智网科技有限公司	83913065
275. 北京华讯办公自动化公司	62393464
276. 北京天润科技开发有限公司	88126688
277. 北京中北金盾科技中心	81349406
278. 北京乐达即现影象有限公司	66059455
279. 北京多普电子科技有限责任公司	67611376
280. 北京勤艺建筑工程装饰中心	66934045
281. 北京鑫同舟电子有限公司	81589388
282. 北京建新伟业科技有限公司	62980739
283. 北京恒业世纪电气技术有限公司	68425273
284. 北京中泰银科技术有限公司	62180682
285. 北京移舟启程信息技术有限公司	68712472
286. 北京易华录信息技术有限公司	82038836
287. 北京金城顺达科贸有限公司	62538999
288. 北京建安基业网络技术有限公司	62633329
289. 北京捷通机房设备工程有限公司	62398901
290. 北京市计威科技有限公司	66413108
291. 北京永华天雁科技发展有限公司	67219666
292. 北京迅通畅达通讯科技开发有限公司	64618888
293. 北京网合时代信息系统有限公司	82328924
294. 北京安银科技开发有限公司	60264450
295. 北京华讯金波通信技术有限公司	82884002
296. 北京市宏图高新技术发展公司	68749835
297. 北京巨融科技开发中心	65688202
298. 北京同信盈泰科贸有限公司	62313215
299. 北京警广贸易总公司	64968205
300. 北京森泰克数据通信技术有限公司	62148800

301. 北京桑泰高科技发展有限公司	68225122
302. 北京美江在线科技发展有限公司	86213322
303. 北京市康瑞达智能网络工程有限责任公司	64877954
304. 北京博旭科技有限公司	63527644
305. 北京奇汇信通科技有限公司	64855732
306. 北京东方远志电子工程有限公司	64801407
307. 北京世纪信业科技发展有限公司	68430895
308. 北京科杰科技开发公司	64930088
309. 北京宇宁科技发展公司	63439571
310. 北京宇盾科贸有限责任公司	68406699 - 9478
311. 北京兆维北创经贸有限责任公司	64321715
312. 北京启博通科技发展有限公司	62045588
313. 北京顺安达科技开发有限公司	60201150
314. 北京企中电子有限公司	68821378
315. 北京安安消防工程安装有限公司	83152395
316. 北京高枕科技开发有限公司	65769288
317. 铭基电子技术（北京）有限公司	84887345
318. 北京华电智宽电子系统工程设计有限公司	64298082
319. 中国远望机电技术发展中心	68745577
320. 北京建通电信工程公司	82009051
321. 北京长峰星桥计算机技术有限公司	68766043
322. 北京思源创意系统工程有限公司	68412304
323. 北京朗信通科技有限公司	64448094
324. 北京金尼斯电子技术有限责任公司	82685628
325. 北京世宗智能有限责任公司	64449560
326. 北京中广润通电子技术有限公司	68745255
327. 北京山河水科技开发有限公司	62650565
328. 北京视佳力数字监控科技有限公司	62172325
329. 北京中以联科技开发有限公司	65817774

330. 北京嘉冠华科技发展有限责任公司	67182208
331. 北京凌涛科技发展有限公司	62177506
332. 北京泰和恒通科技发展有限公司	62381585
333. 北京维特创业科技发展有限公司	67135141
334. 北京凯利通机电设备有限公司	88117629
335. 北京市金鑫泓岳机电设备有限责任公司	69420329
336. 北京东方安成电子技术开发有限公司	64916731
337. 北京市航卫高新技术研究所	82630928
338. 北京华星宏业科技发展有限公司	64422568
339. 北京适通科达数字技术有限公司	68179210
340. 北京东方伟亚网络技术开发有限公司	62194020
341. 北京市电信通系统集成有限公司	68981228
342. 北京融海世纪信息技术有限公司	82886666
343. 北京利华消防工程公司	64219813
344. 北京黄金眼科技有限公司	62143388
345. 北京铁威电子技术开发有限公司	62026305
346. 北京晨曦伟业科技发展有限公司	63554919
347. 北京恒律科贸有限公司	64801260
348. 北京宝瑞明科技有限责任公司	63570321
349. 北京平丰电子有限责任公司	62170432
350. 中国长城工业总公司	68748801
351. 北京金堡达网络开发有限公司	67713795
352. 北京前卫建工机电科技发展有限公司	84643925
353. 北京西门迅达科技发展有限公司	68474661
354. 中国建筑技术开发总公司	84281355
355. 北京卫锐通电子有限公司	68305822
356. 北京世纪大恒电子技术有限公司	64017030
357. 北京瑞特影音贸易公司	65159086
358. 北京通安电子技术公司	68371068